抽空

加尔文与现代秩序的兴起

孙帅 著

商务印书馆
The Commercial Press
创于1897

本成果受中国人民大学佛教与
宗教学理论研究所、凯风公益基金会资助

献给我无暇陪伴的小朋友

目　录

导言　加尔文与新教思想的道路

　　作为一种"心教",新教从一开始就试图剥除"礼教"①(即天主教)加在个体身上的制度规定,以"唯独信心"(sola fide)的名义让每个人成为不受传统、律法与事功约束的自由人,让他们在一切坚固之物都烟消云散的现代世界里,重构自我、上帝与他者之间的抽象关联。制造自由心性是新教对天主教进行礼教批判的根本目的所在,用路德1520年提出的著名命

---

① 关于心教与礼教的提法,参见孙帅:《基督教与现代性》,《读书》,2017年第8期,第48—49页。关于新教对天主教的礼教批判,特别参见路德的《教会被掳于巴比伦》(1520)和加尔文的《基督教要义》(以下简称《要义》)第四卷。

　　如无特殊说明,本书所引路德著作引文均由笔者译自魏玛版全集 *D. Martin Luthers Werke. Kritische Gesamtausgabe* (Weimarer Ausgabe), Weimar: Hermann Böhlaus Nachfolger, 1883 - 2009,以下简写为 *WA*;引用之处随文标出卷次与页码,若某卷包含多册,则在卷次后同时标出册次,例如"*WA* 40 I, 48"表示第四十卷第 I 册第48页。本书所引加尔文著作引文均由笔者译自加尔文全集 *Ioannis Calvini opera quae supersunt omnia*, eds. G. Baum, E. Cunitz, E. Reuss, 59 vols. (*Corpus Reformatorum*, vols. 29 - 87), Brunswick and Berlin: C. A. Schwetschike, 1863 - 1900,以下简写为 *CO*;引用除《要义》外其他著作时将通过脚注注出书名、章节号、全集卷次和页码。如无特殊说明,本书在提到和引用《要义》时均指1559年版,引用《要义》时将随文依次标出卷次和章节号。笔者参考的《要义》译本包括:Calvin, *Institutes of the Christian Religion*, trans. Ford Lewis Battles, 2 vols., Louisville: John Knox Press, 1960(中译本为加尔文:《基督教要义》[上、中、下],钱曜诚等译,孙毅、游冠辉修订,北京:生活・读书・新知三联书店,2010年);Calvin, *Institutes of the Christian Religion*, trans. John Allen, 2 vols., Philadelphia: Board of Christian Education, 1936(中译本为加尔文:《基督教要义》[上、下],徐庆誉、谢秉德译,北京:宗教文化出版社,2010年);Calvin, The *Institutes of the Christian Religion*, *trans.* Henry Beveridge, 3 vols., Edinburgh: The Calvin Translation Society, 1845。

题来说:"作为基督徒的人,是最自由的众人之主,不受制于任何人。"①
(*WA* 7,49)正是为了把人还原为没有规定的自由人,路德与加尔文等人
五百年前发动的改革运动②才会不遗余力地解构礼仪化的社会整合与
制度化的世界图景,由此将自我抽离出教会的等级秩序与恩典分配机
制,③将基督教变成羁旅于世的陌生人对陌生上帝的内在信仰。对新教
制造的自由心性而言,拯救的保障最终从礼的外在确定性变成信的内
在确定性,正如马克思在《〈黑格尔法哲学批判〉导言》中所说,路德用
信仰的权威破除了对权威的信仰,"把人从外在的宗教笃诚解放出来,
是因为他把宗教笃诚变成了人的内在世界"④。

　　然而悖谬的是,无论在路德还是加尔文笔下,这种不受权威约束的
自由都绝非意味着自治或自主(autonomy)。也就是说,试图走出礼教的
"巴比伦之囚","以自由与良知之名"(*WA* 7,537)对抗律法秩序的个体
并不是真正意义上的主体。在加尔文笔下,对抗礼教之法的"自由之
法"(una libertatis lege, 4.10.1)同时意味着罪的自我揭露与审判,即让
个体"用自己的见证证明自己有罪"(2.2.22),这样的良知自由必然同

---

　　①　这是路德在《基督徒的自由》中提出的"自由命题",与之相对的是"奴役命题":
"作为基督徒的人,是最顺从的众人之仆,受制于所有人。""自由命题"是就内在人(灵魂)
对圣言的信心来说的,"奴役命题"是就外在人(身体)对自我和邻人的善功来说的。

　　②　"宗教改革"是一场构成异常复杂的运动,不仅包括不同地区和不同方案的新教改
革,也包括天主教为应对新教而做出的改革,或者说"反宗教改革"(Counter-Reformation)。
本书主要围绕加尔文和路德(在必要情况下)的新教学说展开,对其他改革家不予特别
关注。

　　③　关于天主教围绕圣礼建立的恩典机制与社会整合,可参见 Ernst Troeltsch, *The So-
cial Teaching of the Christian Churches*, vol. 1, trans. Olive Wyon, New York: The Macmillan
Company, 1931, esp. pp. 201 – 327;John Bossy, "The Mass as a Social Institution 1200 –
1700," *Past and Present* 100 (1983), pp. 29 – 61。

　　④　马克思:《〈黑格尔法哲学批判〉导言》,载《马克思恩格斯选集》(第一卷),北京:
人民出版社,2012 年,第 10 页。这句话的字面意思是:路德把外在人从宗教中解放出来,
是因为他把宗教变成了内在人。

时意味着不堪承受却又无法逃避的生存重负。从自由心性的这种内在困境出发，就不难理解为什么路德与加尔文均认为"被捆绑的意志"（servum arbitrium）在拯救中没有任何自由的能动性：对于丧失向善能力且全然败坏的人类本性而言，义不可能是借由行为和习惯生成的内在之义与主动之义，而只可能是与律法无关的信心之义，只可能是以"唯独恩典"（sola gratia）的方式归算给我的外在之义与被动之义。在这个意义上，路德与加尔文从礼教中解放出来的自由人恰恰是最不自由的，恰恰是没有任何本质内容的空无个体。自由无异于是内在本性的空无化：自由即空无，越是空无就越能彰显自由。也就是说，新教对天主教的礼教批判必然指向对人性的批判，只有这样，才能使人成为不自由的自由人，成为同时缺乏外在和内在规定的空无个体。① 事实证明，在16世纪后期以降的早期现代社会，这种空无的自由人遭到了来自教会与国家的系统性控制与规训。② 同时，也正是他们将16世纪那场颠覆天主教世界的运动内化成了现代社会最强劲的动力之一，使整个社会的

---

　　① 参见 L. Daniel Cantey, "The Freedom of Formlessness: Justification by Faith Alone and the Protestant Experience of Grace," doctoral dissertation, Emory University, 2011。坎蒂的研究表明，在路德与加尔文笔下恩典的作用不是给人赋形、使有罪的本性能够成全律法，而是给人创造"无形性的自由"（freedom of formlessness），使本性和律法都变成没有形式的质料。坎蒂认为，这种新的恩典观念与奥古斯丁形成了显明的对比。

　　② 参见戈尔斯基：《规训革命：加尔文主义与近代早期欧洲国家的兴起》，李钧鹏、李腾译，北京：北京师范大学出版社，2021年；Heinz Schilling, "Confessionalization in the Empire: Religious and Societal Change in Germany between 1555 and 1620," in *Religion*, *Political Culture and the Emergence of Early Modern Society: Essays in German and Dutch History*, Leiden: Brill, 1992, pp. 205 – 245; "Confessional Europe," in *Handbook of European History*, *1400 – 1600: Late Middle Ages*, *Renaissance and Reformation*, vol. 2 (Visions, Programs and Outcomes), eds. Thomas A. Brady, Heiko A. Oberman, and James D. Tracy, Leiden: Brill, 1995, pp. 641 – 675; Ute Lotz-Heumann, "Imposing Church and Social Discipline," in *Cambridge History of Christianity*, vol. 6 (Reform and Expansion 1500 – 1660), ed. R. Po-Chia Hsia, Cambridge: Cambridge University Press, 2007, pp. 244 – 260。

秩序最终摆脱巨链式的存在等级而奠基于作为"改革"的自由行为。[①]

不管宗教改革是"教会"还是"教派"的改革，与资本主义经济有无必然联系，[②]也不管这是否是一场"意外的改革"（unintended reformation），由路德、加尔文、茨温利、布塞尔（Martin Bucer）等人推动的新教"大革命"不仅无情地摧毁了天主教"旧制度"及其背后的整个意义系统，而且决定性地开启了一种全新的多元世俗社会，并造成一系列难以克服的现代性后果。[③]在宗教改革之后，从脱节的时代中诞生的自由人，必然要在存在巨链被击碎的虚无世界里带着命运的呼召重新筹划自己的生活。问题是，我们到底该如何从思想上把握宗教改革的产生及其在现代秩序兴起中的地位呢？为了回答这个问题，下面笔者将主要从奥古斯丁、阿奎那、路德与加尔文之间的复杂关系入手揭示新教思想的革命性，尤其是加尔文神学道路的独特取向。在必要的情况下，我们也将对正文的部分内容和观点做一些简单的勾勒。

根据基督教思想史的主流叙事之一，这场从礼教到心教的宗教改革

---

① 现代秩序中的"改革"问题与加尔文及其改革宗传统（Reformed Tradition）的关系尤为密切。关于宗教改革观念对传统等级秩序的破坏，参见托德：《基督教人文主义与清教徒社会秩序》，刘榜离等译，北京：中国社会科学出版社，2011 年，尤其第六章"良心与存在巨链"。托德敏锐地看到，人文主义者与宗教改革家颠覆了关于"改革"的传统看法，即改革是秩序之恶，是"巨链中反复出现的怪物"，他们转而将改革视为善，将静态的、不变的等级秩序视为恶（参见第 236—240 页）。进一步对比沃尔泽：《清教徒的革命：关于激进政治起源的一项研究》，王东兴、张蓉译，北京：商务印书馆，2016 年，第 171—193 页。关于传统等级秩序及其形而上学基础即"存在巨链"（great chain of being），参见洛夫乔伊：《存在巨链》，张传有、高秉江译，北京：商务印书馆，2019 年。对比 Edward P. Mahoney, "Metaphysical Foundation of the Hierarchy of Being according to Some Late Medieval and Renaissance Philosophers," in *Philosophies of Existence: Ancient and Medieval*, ed. Parvis Morewedge, New York: Fordham, 1982, pp. 165-257。

② 参见韦伯：《新教伦理与资本主义精神》，康乐、简惠美译，桂林：广西师范大学出版社，2010 年；托尼：《宗教与资本主义的兴起》，沈汉等译，北京：商务印书馆，2017 年；Ernst Troeltsch, *The Social Teaching of the Christian Churches*, vol. 2。进一步参见本书第十六章关于"呼召"问题的讨论。

③ 参见 Brad S. Gregory, *The Unintended Reformation: How a Religious Revolution Secularized Society*, Cambridge, MA: The Belknap Press of Harvard University Press, 2012。

运动通常被理解为从阿奎那经院传统向奥古斯丁教父传统的回归。[①]　如果仅从基督教思想的发展趋势来看,这一从阿奎那向奥古斯丁的回归叙事当然没有太大问题,尤其是考虑到中世纪晚期的奥古斯丁主义复兴,以及路德本人的奥古斯丁修会背景。但如果我们细究从奥古斯丁、阿奎那,经司各脱、唯名论和人文主义到宗教改革的转变,[②]这一回归叙事就显得过于粗略了。将宗教改革简单理解为向奥古斯丁道路的回归,不仅遮蔽了奥古斯丁与阿奎那之间的共性,而且遮蔽了新教与奥古斯丁之间的差异,同时忽视了唯名论或新路派(via moderna)与人文主义思潮的

[①]　比如 Heiko A. Oberman, *Masters of the Reformation: The Emergence of a New Intellectual Climate in Europe*, trans. Dennis Martin, Cambridge: Cambridge University Press, 1981, pp. 64 – 110; *Luther: Between God and the Devil*, trans. Eileen Walliser-Schwarzbart, New York: Image Books, 1992, pp. 158 – 161; Jairzinho Lopes Pereira, *Augustine of Hippo and Martin Luther on Original Sin and Justification of the Sinner*, Gottingen: Vandenhoeck & Ruprecht, 2013; Phil Anderas, *Renovatio: Martin Luther's Augustinian Theology of Sin*, Grace and Holiness, Gottingen: Vandenhoeck & Ruprecht, 2019; Arnoud S. Q. Visser, *Reading Augustine in the Reformation: The Flexibility of Intellectual Authority in Europe, 1500 – 1620*, New York: Oxford University Press, 2011; Lucien Smits, *Saint Augustin dans l'oeuvre de Jean Calvin*, 2 vols., Assen: Van Gorcum, 1957 – 1958; 阿利斯特·麦格拉思:《宗教改革运动思潮》,蔡锦图、陈佐人译,北京:中国社会科学出版社,2009 年,第 112—113 页。

[②]　关于宗教改革思想史背景的概况,参见麦格拉思:《宗教改革运动思潮》,第三至四章;张仕颖:《马丁·路德称义哲学思想》,北京:人民出版社,2012 年,第 39—81 页。司各脱和唯名论对路德与加尔文的影响如今已是学界共识。关于司各脱的形而上学革命及其效应,参见雷思温:《铲平与破裂:邓·司各脱论形而上学与上帝超越性》,北京:生活·读书·新知三联书店,2020 年。雷思温的研究对于我们理解中世纪向近代的过渡具有重要意义。将现代性的起源追溯到唯名论乃至司各脱是晚近学界的重要趋势之一,比如吉莱斯皮详细梳理了唯名论危机及其引发的种种应对方案(《现代性的神学起源》,张卜天译,长沙:湖南科学技术出版社,2019 年)。英国“激进正统派”(Radical Orthodoxy)则旗帜鲜明地宣称现代世俗化社会在形而上学上发端于司各脱哲学,尤其是其“单义”(univocity)学说,参见 Catherine Pickstock, *After Writing: On the Liturgical Cosummation of Philosophy*, Oxford: Wiley-Blackwell, 1998, pp. 121 – 135; “Duns Scotus: His Historical and Contemporary Significance,” *Modern Theology* 21 (2005), pp. 543 – 575; John Milbank, *Beyond Secular Order: The Representation of Being and the Representation of the People*, Chichester: John Wiley & Sons, 2013, pp. 50 – 56。关于中世纪晚期思想和人文主义对宗教改革家　(转下页)

深刻影响。①我们研究加尔文的目的之一就在于表明：这位抛弃阿奎那及
其经院道路的日内瓦改革家并未严格遵循奥古斯丁的道路；相反，对奥古
斯丁的回归或利用，最终推动他像威腾堡的改革家一样在更深的意义上
背离了奥古斯丁。必须看到，《要义》这部旨在培育现代心性、重构世界秩
序的新教巨著，既不同于通过"类比"逐层搭建起来的《神学大全》，也不
同于对"自我"进行深度剖析的《忏悔录》。加尔文的思想必须被视为对
奥古斯丁与阿奎那的双重背离，只有着眼于此，我们才能明白加尔文的思
想道路何以意味着"内在性的抽空"，②才能明白从礼教的制度规定中解
放出来的自由人何以会成为不自由的空无个体。

为了理解加尔文及整个新教神学的抽空之路，这里需要简单介绍
一下宗教改革之前基督教思想的两条传统道路：一是奥古斯丁利用柏
拉图主义开出的道路，一是阿奎那利用亚里士多德主义开出的道路。

（接上页）（尤其是路德）的影响，进一步参见 Heiko A. Oberman, *The Harvest of Medieval Theology: Gabriel Biel and Late Medieval Nominalism*, Cambridge, MA: Harvard University Press, 1963; *Forerunners of the Reformation: The Shape of Late Medieval Thought*, Cambridge: Lutterworth, 2002; *Dawn of the Reformation: Essays in Late Medieval and Early Reformation Thought*, Grand Rapids: Eerdmans, 1992; "*Initia Calvini*: The Matrix of Calvin's Reformation," in *Calvinus sacrae scripturae professor: Calvin as Confessor of Holy Scripture*, ed. Wilhelm H. Neuser, Grand Rapids: Eerdmans, 1994, pp. 113–154; "Luther and the Via Moderna: The Philosophical Backdrop of the Reformation Breakthrough," *Journal of Ecclesiastical History* 54 (2003), pp. 641–670; Graham White, *Luther as Nominalist: A Study of the Logical Methods Used in Martin Luthers's Disputations in the Light of Their Medieval Background*, Helsinki: Schriften der Luther-Agricola-Gesellschaft, 1994。

① 如今仍有学者深受这种思路影响，比如 Marco Barone, *Luther's Augustinian Theology of the Cross: The Augustinianism of Martin Luther's Heidelberg Disputation and the Origins of Modern Philosophy of Religion*, Eugene: Wipf and Stock, 2017。

② 在本书中，"内在性"至少包含两大方面的问题：其一，世界的自然秩序和目的，及其与上帝之间的内在关联；其二，人的自然本性和内在自我（尤其是奥古斯丁意义上的）及其与上帝之间的内在关联。另外，这里需要指出的是，本书的主标题"抽空"一词源于加尔文自己的著作。他在说明人性的败坏与虚无时经常使用 vacuum/vacare 及其相关概念（比如 exinanire、nihil、vanitas 等），我们将这层含义概括为"抽空"，以说明加尔文对内在性的彻底解构。相关文本见后面的具体论述。

奥古斯丁与阿奎那的道路都可被称为"内在道路",这样说的主要根据在于,二者整体上都认为受造物与上帝之间有某种内在的存在论与目的论关联,且认为人可以通过受造物在一定程度上认识作为造物主的上帝。[1] 他们将受造存在理解为对神圣存在的"分有"(participation),不管这主要是指分有神圣心智中的"理式"(ratio,奥古斯丁),[2]还是分有作为现实活动的"存在"(esse,阿奎那)。对存在的分有不仅使每个受造物拥有相应的完满性与内在秩序,使世界整体构被造成为层级性的"存在巨链",而且使受造物的存在相似于上帝的存在,使它们趋向于作为最终目的或至善的上帝。因此,作为存在本身和最高存在者的上帝无论多么超越于世界,他都仍然在存在的意义上内在于世界,并引导每个事物趋向和实现自身的目的。正是考虑到神圣存在对世界的超越性兼容内在性,我们才将奥古斯丁的道路与阿奎那的道路同时称为内在道路。

虽然同为内在道路的哲学家,奥古斯丁与阿奎那之间仍然存在相当根本的分歧。[3] 笔者认为其中最关键的一点在于,前者走的是"内在的自我之路",后者走的是"内在的类比之路"。不是说奥古斯丁哲学中没有类比思想,阿奎那哲学中没有自我思想,而是说二者在处理上帝与受造物关系(尤其神人关系)时的侧重点截然不同。受新柏拉图主义和

---

① 比如,奥古斯丁认为我们可以通过受造物的三一认识上帝的三一,阿奎那认为我们可以通过作为结果的受造物认识作为原因的上帝。参见奥古斯丁:《论三位一体》,周伟驰译,北京:商务印书馆,2015 年,尤其是后七卷;阿奎那:《神学大全》,周克勤等译,高雄、台南:中华道明会、碧岳学社,2009 年,Ia,q2,a2-3,第一册,第 25—31 页。除特殊说明外,后文所引《神学大全》均出自周克勤译本,部分引文将根据原文和大陆译名略作调整。

② 可参见吴功青:《内在与超越:奥古斯丁的宇宙目的论》,《哲学研究》,2020 年第 11 期,第 96—104 页。

③ 这样说并不是要否定奥古斯丁对阿奎那的影响。关于阿奎那作为奥古斯丁主义者,参见 Michael Dauphinais, et al. eds., *Aquinas the Augustinian*, Washington, D.C.: The Catholic University of America Press, 2007。

保罗影响,奥古斯丁明确围绕"内在自我"(inner self)来建构其基督教形而上学的大厦,也正由于从自我问题出发,他才会在寻求上帝时遵循"由外而内、由内而上"的转向,并将上帝理解为比我还内在的自我:"你比我最内在的部分还内在,比我最高的部分还高。"①在奥古斯丁的意志、永恒与时间、记忆、三位一体、原罪、救赎等学说中,自我均是其中最核心的问题之一。他虽然没有完全抛弃古典形而上学的存在秩序,却在其中挖出一个不能被古典秩序本身统摄的、可以直通上帝的深度自我(参见本书第一章)。对自我问题的开发与构造,最终推动奥古斯丁将古典的"自然人性论"转变为全新的"自由人性论"。结果,虽然我们仍然可以认为人性有其目的,也可以将上帝称为人的最高目的,但这已经不是"自然目的论"意义上的目的,而是变成了"自由目的论"意义上的目的。正因此,奥古斯丁才没有简单延续柏拉图传统将自我对上帝的转向,仅仅界定为灵魂在存在秩序中的理智上升,而是进一步从全新的思路出发将其理解为意志的抉择。②

与从自我问题切入的奥古斯丁不同,阿奎那侧重从"存在的类比"(analogia entis)出发理解上帝与受造物之间的关系。③ 在他看来,所有作用者产生的结果都与自身相似,上帝这位首要作用者与世界的关系同样如此。上帝不仅将存在赐予受造物,而且构成受造物的范型因,他在受造物之中产生的各种完满性都可以类比他自身的绝对完满性。根据这条"内在的类比之路",阿奎那像奥古斯丁一样将人置于"存在巨链"的高处,却没有像后者那样将其制造为深渊般的内在自我。对希波

---

①　Augustine, *Confessiones*, 3.6.11. 如无特殊说明,本书所引奥古斯丁著作引文均由笔者译自 J.-P. Migne ed., *Patrologiae Cursus Completus*, Series Latina, Paris, 1844 - 1864。

②　Augustine, *Confessiones*, book 7 - 8.

③　关于阿奎那的"存在类比"学说及相关研究文献,详见本书第六章。

主教的自我之路来说,作为深度自我的个体及其与上帝的关系更为重要;而对天使博士的类比之路来说,世界与上帝之间由低到高的层级秩序更为重要。

在宗教改革之前,阿奎那的类比之路及其整个形而上学已经受到来自司各脱与唯名论的重创,后者对上帝超越性与绝对权能的强调,严重挑战了阿奎那在信仰与理性、超越与内在、上帝与世界、恩典与本性等方面建立的平衡。[①] 到 16 世纪,唯名论的后学路德进一步对类比之路进行了釜底抽薪式的解构,"十字架神学"(theologia crucis)对"荣耀神学"(theologia gloriae)的革命便是路德解构工程最深刻、最集中的体现。[②]

根据路德在《海德堡辩论》(1518)中的分析,我们不能像荣耀神学家那样遵循类比的相似性原则,通过神圣存在在可见世界的"显

---

① 关于这段思想史,参见雷思温以司各脱为中心所做的系统考察《敉平与破裂:邓·司各脱论形而上学与上帝超越性》。

② 关于"十字架神学"与上帝的隐藏,可参见 Alister E. McGrath, *Luther's Theology of the Cross: Martin Luther's Theological Breakthrough*, second edition, Oxford: Wiley-Blackwell, 2011; Marius Timmann Mjaaland, *The Hidden God: Luther, Philosophy, and Political Theology*, Bloomington: Indiana University Press, 2015; Walther von Loewenich, *Luther's Theology of the Cross*, Minneapolis: Augsburg Fortress, 1976; Brian A. Gerrish, "'To the Unknown God': Luther and Calvin on the Hiddenness of God," *The Journal of Religion* 53 (1973), pp. 263 – 292; Marco Barone, *Luther's Augustinian Theology of the Cross: The Augustinianism of Martin Luther's Heidelberg Disputation and the Origins of Modern Philosophy of Religion*; John Dillenberger, *God Hidden and Revealed: The Interpretation of Luther's deus absconditus and Its Significance for Religious Thought*, Philadelphia: Muhlenberg Press, 1953; Hellmut Bandt, *Luthers Lehre vom verborgenen Gott: Eine Untersuchung zu dem offenbarungsgeschichtlichen Ansatz seiner Theologie*, Berlin: Evangelische Verlagsanstalt, 1958;福德:《论做十架神学家》,任传龙译,上海:上海三联书店,2017 年;孙帅:《没有本质的实体:路德思想的形而上学基础》,《世界哲学》,2020 年第 2 期,第 85—98 页,尤其第 98 页。需要特别提到的是,受福德影响的美国"激进路德学派"(Radical Lutherans),也越来越关注上帝的隐藏问题,这与芬兰学派形成了鲜明的对比。参见保尔松新近推出的《路德的不法之神》三部曲,尤其是第二卷:Steven D. Paulson, *Luther's Outlaw God*, vol. 2 (Hidden in the Cross), Minneapolis: Augsburg Fortress, 2019。

现"认识不可见的上帝,而应该遵循对立或否定性原则,通过上帝在十字架死亡事件中的"隐藏"认识上帝。这样的上帝是一位"隐藏之神"(deus absconditus),他首先不再被理解为受造物背后那个绝对完满的存在与善,而是被理解为对存在与善的否定,因为(用路德的话说)上帝隐藏在了自身的对立面(sub contrario),亦即十字架所象征的死亡、软弱、愚拙、恶、耻辱等。当路德宣称上帝隐藏在十字架之中,他的意思不是说上帝是十字架或基督受难背后的某个东西,而是说上帝在十字架中的隐藏就是他的显现。上帝本是存在与善,隐藏在自身的对立面就是隐藏在存在与善的对立面,即隐藏在虚无与恶之中。在此意义上,隐藏之神同时是虚无之神和恶之神。一个人是否相信上帝,取决于他是否能在上帝隐藏之处看到他的显现,是否愿意认为那以虚无与恶的面孔显现者就是存在与善的上帝。正是这样的上帝观念,促使路德将"试炼"(Anfechtung)视为最典型也最重要的宗教经验。

根据路德关于两种工的著名区分,上帝并非直接实现"本性的工"(opus proprium),而是通过"陌生的工"(opus alienum)实现本性的工。也就是说,陌生的工与本性的工并非两种并列或不同的工,因为离开前者就不可能有后者,只有通过前者才能产生后者。基督在十字架上的虚无化就是这种运作模式最典型的体现:为了荣耀基督,使之称王,上帝首先使他受难和死亡。而基督的命运就是所有基督徒的命运:为了拯救人、将人造为义人(本性的工),上帝先要毁灭人、将人造为罪人(陌生的工),由此让人在死亡的试炼中被抽空。上帝这种工作模式具体表现为,他往往以与我们所思所想相反的方式悖谬地成就人的祈求,不但不立刻满足,反而一再打击祈求者;也就是说,上帝对人的回应总是与人的愿望背道而驰,似乎越祈求越冒犯上帝,越祈求越无望。对路德来说，通过毁减来拯救恰恰是最符合上帝本性的做法："因为这是上帝的本性，即在赐予他的东西之前，先毁减和摧毁我们里面的东西。"（*WA* 56,375；参见 *WA* 3,330；*WA* 1,160）可见，路德的上帝是一位陌生之神，他在十字架上的自我虚无化预示着人性与世界的虚无化。① 只有通过从上帝、自我到世界的全面虚无化，路德才能从根本上解构掉阿奎那荣耀神学的类比之路。

看到这一点，就很容易理解路德与加尔文在开辟新教神学的道路时，为什么会大量利用奥古斯丁的思想资源，特别是对恩典、原罪、信、自我、基督、预定、上帝主权等问题的强调。在某种意义上，相较于路德，奥古斯丁对加尔文思想架构的意义似乎更大，比如从 1536 年版《要义》开始，加尔文就坚持用奥古斯丁哲学的核心主题——认识上帝与自我——来构造自身的新教神学大厦。然而，仔细研究不难发现，恰恰是在这些问题上路德与加尔文经常表现出对奥古斯丁最深的背离，也就是说，回到奥古斯丁的他们并未完全忠实于内在的自我之路。② 比如，奥古斯丁从来没有像路德与加尔文那样主张外在的信心之义或归算之义，而且信或信仰在他那里始终处于比较低的层次（虽然是必需的），始终需要"寻求理解"（fides quaerens intellectum）。只有"理解"才能让尘世中的信仰者通过作为上帝形象（imago Dei）的自我反观作为原型的上帝。③

---

① 参见孙帅：《人性的虚无化：路德论罪》，《哲学门》，第 38 辑，2018 年，第 14—16 页。

② 卡里关于路德与奥古斯丁"福音"学说的最新研究对此有所揭示，参见 Phillip Cary, *The Meaning of Protestant Theology: Luther, Augustine, and the Gospel That Gives Us Christ*, Grand Rapids: Baker, 2019. 严格说来，甚至奥古斯丁都在路德"十字架神学"的批判范围内。

③ 孙帅：《动态自我与思的时间性：奥古斯丁论心智三一》，《哲学与文化》，第 569 期，2021 年 10 月，即刊；《人性的关系性：奥古斯丁论人作为"形象"》，《云南大学学报（社会科学版）》，2020 年第 6 期，第 26—37 页。

而且奥古斯丁认为,对神人关系的构造来说,最重要的是爱而非信,因为爱在根本上决定了一个人的存在及其与上帝的关系。"我的爱就是我的重量。不管我被载到哪里,都是被爱载到那里。"[①]路德与加尔文的做法则相反,他们一方面将"信"提升为神人关系的主导原则,另一方面在弃绝一切形式的自爱基础上,侧重将"爱"理解为对他者的爱。对这样的爱者而言,爱就是自我否定。而在奥古斯丁看来,没有自爱就不可能有邻人之爱,因为前者是后者的前提与原型,这也是"爱人如己"诫命的真正意涵。[②] 又比如,奥古斯丁诚然认为拯救取决于恩典,恩典之外的意志不可能转向上帝或追求善,但与此同时,即便是晚期的他,也仍然主张恩典与意志是可以兼容的。[③]作为"意志"概念的系统阐释者(甚至发明者),奥古斯丁不可能像路德与加尔文那样将"意志"视为应被废除的空洞术语,虽然"被捆绑的意志"这一说法本身出自他的著作。[④] 而正由于否定了意志在拯救中的能动性,路德与加尔文从礼教中解放出来的个体才会成为不自由的自由人。与此类似,在预定论问题上,奥古斯丁不仅没有像加尔文那样明确坚持拣选与弃绝的双重预定,同时将人的善行与功德完全排除出上帝的预定,而且更没有像加尔文那样将拯救问题还原为唯独上帝意志的预定论问题。在《要义》最终版中,预定论被置于加尔文整个救赎论的总结性位置,这无论如何都是奥古斯丁无法想象的。

---

① Augustine, *Confessiones*, 13.9.10. 关于这个问题,参见孙帅:《爱的重量:奥古斯丁世界的自由秩序》,《道风》,第45辑,2016年,第77—110页。

② 关于"爱"的古今之变,参见虞格仁的经典研究:Anders Nygren, *Agape and Eros*, trans. Phillip S. Watson, London: SPCK, 1982。

③ 参见奥古斯丁反佩拉纠派的相关著作:《原罪与恩典》,周伟驰译,北京:商务印书馆,2019年。

④ 关于奥古斯丁意志学说的研究可谓汗牛充栋,感兴趣的读者可参见吴天岳:《意愿与自由:奥古斯丁意愿概念的道德心理学解读》,北京:北京大学出版社,2010年,特别是第307—370页。

笔者认为,所有诸如此类的分歧背后都涉及一个更为根本的问题:自我。只有从"内在自我的发明"出发,①我们才能真正理解奥古斯丁为什么会被哈纳克(Adolf von Harnack)称为"第一位现代人"。但无论他的哲学多么深刻地塑造了现代心性,路德与加尔文笔下的这位权威教父都不可能是作为空无个体的新教徒。关于这一点,本书第一章做了专门讨论,这里仅仅需要指出一点:在神人关系上,奥古斯丁的做法是将上帝放入个体心灵的深处,使上帝成为真正的自我;就上帝内在于个体心灵而言,自我与上帝之间仍然具有根本的内在相似性,虽然这不是自然的相似性,也无法被逻各斯把握。与此相反,路德与加尔文的做法则是将奥古斯丁放入心灵的上帝请出去,在突出神人差异的基础上让上帝成为上帝,让人成为人。所以,路德与加尔文才会空前强调上帝的超越性主权与人的全然败坏,并将恩典与本性的关系理解为对立而非成全。恩典与本性的对立就是上帝与自我的对立,路德在《罗马书讲义》(1515—1516)中对此说得一清二楚:

> 除了上帝,恩典在自身面前什么都没有设下,它向着上帝运动和伸展。恩典只看见上帝,只寻求上帝,在所有事情上都趋向于上帝。恩典在自己和上帝之间看见的其他一切,它都好像没看见一样越过,并单纯转向上帝……另一方面,除了自我,本性在自身面前什么都没有设下,它向着自我运动和伸展。本性只看到自我,只寻求自我,在所有事情上都趋向自我。其他一切,即便是处在中间的上帝本身,本性都好像没看见一样越过,并转向自我。(WA 56,356)

---

① Phillip Cary, *Augustine's Invention of the Inner Self: The Legacy of a Christian Platonist*, Oxford: Oxford University Press, 2000.

本性与恩典之所以对立,是因为本性对自我进行偶像崇拜,在所有事情上都将自我当成上帝来追求,而恩典恰恰意味着从根本上扭转这种"弯向自我"(incurvatus in se)的自然倾向。在恩典与本性的对立之下,若要转向上帝就必须摧毁本性,将人还原为空无的自我。① 只有被抽空,"弯向自我"的本性才能被扭转。在加尔文笔下,对本性的虚无化还原又被具体归结为"自我否定"(abnegatio nostri),而所谓的"基督徒生活"就建立在自我否定的基本原则之上(详见本书第十五章)。只有在自我否定的生活中,作为基督徒的自由人才能真正抽空人性中所有的自然内容,从而将自我变成恩典运作的空无容器。在这里,可以看到新教与唯名论之间的复杂关系:一方面,路德与加尔文对类比之路的批判深受唯名论影响,尤其是对上帝超越性与主权意志的强调;另一方面,他们在此基础上发展出的虚无人性论,又对唯名论关于自然能力与神人契约的主张构成了尖锐的批判。

笔者认为,在一定意义上,加尔文对自我的抽空比路德要更为彻底,以至于他几乎消解掉了自我与上帝之间所有的内在相似性以及神人合一的可能性。其中最重要的一个原因在于,加尔文拒绝像路德那样将神秘主义纳入自身的神学,这导致我们在《要义》中很难找到关于神秘主义的正面讨论。

为了矫正将路德神学等同于称义神学、将称义等同于法庭称义(forensic justification)的传统研究思路,晚近西方有一批学者纷纷强调神秘主义思想家(尤其德意志神秘主义者)对路德的深刻影响,比如伯纳尔德(Bernard of Clairvaux)、库萨的尼古拉(Nicholas of Cusa)、埃克哈特大

---

① 关于路德学说中的恩典与本性及其"虚无人性论",有兴趣的读者可以参见笔者在别处的专门讨论《人性的虚无化:路德论罪》。

师(Eckhart Meister)、施陶比茨(Johann von Staupitz)、陶勒(Johannes Tauler)、吉尔森(Jean Gerson)以及《德意志神学》(*Theologia Germanica*)的作者等。[①] 表面上看,路德的称义学说倾向于将上帝揭示为外在于我的陌生者,而其神秘主义学说则似乎指向另一个方向,即人与基督的合一。不过笔者认为,我们不应将神秘主义仅仅视为路德思想的早期阶段,更不应将其与称义看成路德思想中的对立或平行主题;相反,神秘主义从始至终都是路德称义学说中一个至关重要的构成部分。只不过,当路德借用神秘主义资源来理解称义时,他既改变了中世纪的称义模式(无论是唯实论还是唯名论的模式),同时也改变了神秘主义传统本身,而对后者的改变就集中表现为将"爱的神秘主义"转变为"信的神秘主义"。在路德这里,以信心为中心的称义与神秘主义具有根本的一致性:无论是基督的外在之义借由信心被归算给我,还是灵魂借由信心与基督结合在一起,都和上帝陌生之工对人的试炼密不可分;个体在试炼中经验到的极限式毁减与焦虑,既意味着自我与基督的神秘合一,也

---

① 西方学界先后涌现许多关于路德与神秘主义的研究,基本文献可参见 Bengt R. Hoffman, *Theology of the Heart: The Role of Mysticism in the Theology of Martin Luther*, trans. Pearl Willemssen Hoffman, Minneapolis: Lutheran University Press, 2003; Steven E. Ozment, *Homo spiritualis: A Comparitive Study of the Anthropology of Johannes Tauler, Jean Gerson and Martin Luter (1509–16) in the Context of Their Theological Thought*, Leiden: Brill, 1969; David C. Steinmetz, *Luther and Staupitz: An Essay in the Intellectual Origins of the Protestant*, Durham: Duke University Press, 1980; Volker Leppin, *Die fremde Reformation: Luthers mystische Wurzeln*, Nördlingen: C. H. Beck, 2016; Knut Alfsvåg, "Cusanus and Luther on Human Liberty," *Neue Zeitschrift für Systematische Theologie Und Religionsphilosophie* 54 (2012), pp. 66–80;汉姆:《路德的信心有多少神秘主义的成分?》,载《早期路德:信心的突破》,李淑静、林秀娟译,新竹:中华信义神学院出版社,2017 年,第 395—464 页;张仕颖:《马丁·路德与神秘主义》,《同济大学学报(社会科学版)》,2013 年第 5 期,第 1—7 页。另可对比芬兰学派晚近的研究:Tuomo Mannermaa, *Christ Present in Faith: Luther's View of Justification*, trans. Kirsi Stjerna, Minneapolis: Augsberg Fortress Press, 2005; Carl E. Braaten, Robert W. Jenson eds., *Union with Christ: The New Finnish Interpretation of Luther*, Grand Rapids: Eerdmans, 1998;曼多马:《曼多马著作集:芬兰学派马丁·路德新诠释》,黄保罗译,上海:上海三联书店,2017 年。

意味着自我的全然倒空。① 也就是说,路德用信心学说同时颠覆了爱的称义传统(奥古斯丁与阿奎那)与爱的神秘主义传统,在这一颠覆背后是上帝与自我的双重虚无化:上帝的虚无化表现为隐藏在自身的对立面,自我的虚无化表现为陌生之工对本性的毁减和试炼。"在上帝面前,人所有的存在和能力完全幻灭、完全毁坏。"②

尽管路德没有将人与基督的合一理解为爱的交融,但不可否认的是,他在神秘主义影响下形成的信心观念具有十分强烈的内在色彩,为基督徒专注于主观的内心状态提供了充分的神学支撑,而信心经验的这种内在倾向正是加尔文所时刻警惕的。③ 对神秘体验及其内在性的拒绝,使加尔文笔下的自我变得没有任何"深度"可言。在奥古斯丁那里,自我的深度与比我还内在的上帝密不可分,是上帝内在于我却无法被我把握的结果。加尔文则坚决不同意将上帝内化到自我之中,不认为人能够通过神秘合一或对上帝的分有而"成神"(deification),即便仅仅是通过耶稣基督及其位格发生的成神。④

也正因此,加尔文才会毫不客气地批判奥西安德尔(Andreas Osiander)的称义学说。这位路德宗的神学家兼神秘主义者明确将称义理解为"本质之义"(essentialis iustitia),在他看来,称义意味着基督的本质被注入个体之中,意味着通过信心对基督之义的分有而成为内在的义人。称义就是神秘合一,神秘合一就是成神,成神就是分有基督的本质。加尔文认为,奥西安

---

① 关于"信的神秘主义"及其对于路德神学的意义,主要参见汉姆:《路德的信心有多少神秘主义的成分?》。汉姆的观点与芬兰学派形成了强烈的对比,后者在诠释路德的神人合一时主要借鉴了"成神"与"分有"观念(相关文献参见前注)。

② 汉姆:《路德的信心有多少神秘主义的成分?》,第443页。

③ 参见汉考克:《加尔文与现代政治的基础》,何涛译,北京:华夏出版社,2017年,第168—176页。

④ François Wendel, *Calvin: Origins and Development of His Religious Thought*, trans. Philip Mairet, New York: Harper & Row, 1963, pp. 234–242.

德尔严重混淆了信心与基督的义,究其原因在于后者没能看到信心的空无性。因为,个体与基督合一的前提是要保持信心的空无性,不能将这种合一变成神秘的或内在的本质性结合。用加尔文的比喻来说,信心只是领受义的容器,它从来不会真的变成义(参见本书第十一、十二章)。

看到这一点,我们也就不难明白为什么加尔文比路德更严格地坚持义的外在性:称义必须被理解为基督之义的外在归算而非内在注入,必须被理解为宣布为义人而非成为义人。只有抽空一切内在性的义,才是加尔文心目中的信心之义,才是行为和律法之外的自由义。也正因此,加尔文才会将称义与成圣区别开来,斩断二者之间的内在关联,既不像天主教那样使称义成圣化,也不像路德那样把成圣视为称义的结果。在加尔文这里,作为"双重恩典"的称义与成圣终究缺乏实质统一性,既不相互构成,也不互为因果。简而言之,加尔文对自我之路、类比之路及神秘主义的拒绝,最终推动他走上一条抽空内在性的、去神秘化的外在之路。

不过,无论是对神秘主义的不同态度,还是对称义与成圣的不同理解,均非加尔文与路德最根本的分歧。结合本书主题,我们认为两位改革家最根本的神学分歧可以概括为两条不同的神学道路:一是路德的"隐藏之路"(way of hiddenness),一是加尔文的"显现之路"(way of manifestation)。就是说,虽然路德与加尔文在对抗"内在道路"(奥古斯丁与阿奎那)的革命中是精诚团结的战友,但这并不妨碍挣脱大公教会的他们最终分道扬镳,并由此开辟出两条不同的抽空之路。当然,正如奥古斯丁与阿奎那的两条道路异中有同,路德与加尔文的两条道路同样如此,只不过前者更强调上帝的隐藏,后者更强调上帝的显现。上帝是隐藏之神,还是显现之神,不仅决定了两位改革家对上帝的不同理解,而且决定了他们对上帝与受造物之间的关系以及整个世界秩序的理解。

由前面关于《海德堡辩论》的考察可知,路德的"隐藏之路"首先是十字架神学的道路：作为耶稣基督的上帝，在十字架上隐藏到了自身的对立面，（悖谬地说）这种隐藏就是上帝的显现。如上文所言，路德之所以将上帝变成自我否定的隐藏之神，是为了解构荣耀神学的类比之路，拒绝从受造物的完满性——存在、善、生命、智慧、权能、义等——出发理解上帝，反过来将上帝理解为完满性的对立面。上帝与世界不再相似，从世界不再能推测和上升到上帝，因为这位隐藏之神被视为对世界原则的否定。从世界的角度来看，被钉十字架的上帝代表虚无、恶、死亡、愚拙、软弱与不义。上帝无法被人理解，不是因为他的完满性远远超越世界，而是因为在对立面中自我否定的他也否定了世界。根据十字架神学的隐藏之路，路德笔下的上帝与自我之间必然充满极限式的试炼之张力：正如上帝用"陌生的工"对待十字架上的基督，他也将用同样陌生的方式击打和摧毁基督徒，使他们在被虚无化时对弯向自我的本性彻底绝望，由此对上帝保持无条件的信心。

不过，十字架神学并非路德"隐藏之路"的全部内容。格里什的研究表明，路德著作中存在两种关于上帝隐藏的观念：一是十字架上的隐藏之神，一是与显明之神（deus revelatus）或被传讲之神（deus praedicatus）相对的隐藏之神；前者主要出自《海德堡辩论》，后者主要出自《论意志的捆绑》（1525）。[①] 与伊拉斯谟（1466—1536）争论时的路德认为，应该严格区分显明与隐藏的上帝：显明的上帝是一位可以传讲的怜悯者，他"断不喜悦恶人死亡"（《以西结书》33∶11），隐藏的上帝则是一位

---

① 关于上帝的两种隐藏及相关研究史，笔者主要参考了格里什的观点。格里什将第一种隐藏表述为隐于启示之中（in revelation），将第二种隐藏表述为隐于启示之外（outside revelation）。关于两种隐藏之间的关系，学界有相当多的争论，这里不予细究，感兴趣的读者进一步参见 Brian A. Gerrish，"'To the Unknown God'：Luther and Calvin on the Hiddenness of God，" pp. 265–268。关于第二种隐藏（隐于启示之外），另可参见保尔松围绕《论意志的捆绑》所做的最新研究：Steven D. Paulson, *Luther's Outlaw God*, vol. 1（Hiddenness, Evil, and Predestination）, Minneapolis：Augsburg Fortress, 2018。

无法理解而只能敬畏的审判者,他喜悦并预定一部分恶人遭永死;显明的上帝是以"言"(verbum)为衣的"启示之神",通过传讲之言被彰显出来,隐藏的上帝则是无法"言"说的"赤裸之神",亦即一位隐于自身之中、无法被把握的上帝。简言之,隐藏与显明的区别就是上帝的言和上帝自身,上帝的言与上帝无法理解的意志之间的区别:"没有什么能被抬高到那不被敬拜和传讲,而是存在于自身本性和威严中的上帝之上;相反,万物都在上帝权能之手的掌控之下。因此,上帝必须留在自身的威严和本性之中,这跟我们没有任何关系,他也不意愿跟我们有任何关系。"(*WA* 18,685)显明的上帝基本等同于福音书中的基督形象,①即应许生命的拯救者;隐藏的上帝则是预定论的上帝,即弃绝生命的毁灭者。根据路德的区分,隐藏之为隐藏,主要不是因为本性与威严中的上帝处在启示之外(如格里什所言),而是因为上帝自身及其意志与公开传讲的怜悯之言相矛盾,他在不愿意人死(显明)的同时却预定一些人死亡(隐藏)。隐藏的上帝及其意志根本上不可能被理解、敬拜和探究,而只能被敬畏。

　　简单分析不难发现,《论意志的捆绑》中的显明之神就是《海德堡辩论》中的受难者基督,亦即十字架神学的隐藏之神。只不过,相比弃绝者上帝,基督代表上帝的显明,而就上帝在对立面的自我否定来说,基督则代表上帝的隐藏。无论隐藏在自身对立面,还是隐藏在自身本性与意志中,上帝都是无法理解的死亡与虚无之神;只不过,在自身对立面的隐藏是一条拯救之道,即通过陌生的工实现本性的工,在自身本性与意志中的隐藏是一条毁灭之道,即预定他在传讲之言中所不愿意的

---

　　①　在《海德堡辩论》中,基督是隐藏之神(上帝隐于十字架上的基督之中),而在《论意志的捆绑》中,基督则变成了显明之神。整体上,笔者认为,上帝在基督中的隐藏,或者说十字架神学意义上的隐藏,对路德的上帝观来说更为重要。

死亡。换言之,无论从《海德堡辩论》还是《论意志的捆绑》来看,路德的上帝都主要是一位隐藏之神;无论是作为拯救之道的隐藏,还是作为毁灭之道的隐藏,都必定使面对上帝的个体陷入试炼的困境之中。总之,从隐藏之路出发的路德意在通过上帝的自我否定来构建上帝与世界、上帝与自我、上帝与律法之间的紧张关系。

与路德神学的"隐藏之路"不同,我们认为加尔文最终选择的是一条"显现之路",就是说,加尔文的上帝首先且主要是一位显现者。这当然不是一条不包含任何"隐藏"的显现之路,因为加尔文同样认为上帝有其隐藏的一面,比如在讨论神意(providentia)与预定论时,加尔文多次指出上帝治理世界及拣选与弃绝的计划本身是隐秘的,我们无法把握,也不应该出于好奇妄加揣测(参见本书第九章)。格里什据此认为我们同样可以在加尔文这里找到路德那里的第二种隐藏,即隐于预定论或隐于启示之外。[1] 不过笔者认为,表面的相似丝毫不能掩盖加尔文与路德在这个问题上的重要差异。首先,对路德来说,第二种隐藏是指我们无法理解上帝为什么会做与他的言相反的事,不喜悦人死亡的他为什么会弃绝一部分人。而对加尔文来说,这种隐藏则同时包含上帝的弃绝和拣选,以及他对整个世界和每个受造物的治理,也就是说,整个神意和预定的计划本身都是隐藏的。其次,至少从《要义》来看,加尔文对于隐藏之原因的强调明显不同于路德。对路德来说,上帝的弃绝意志之所以无法理解,主要是因为这时的上帝(至少在人看来)违背了他的怜悯之言,成了无"言"遮掩的赤裸之神。而对加尔文来说,上帝的神意和预定本身之所以无法理解,主要是因为,作为所有治理、拣选和

---

① Brian A. Gerrish, "'To the Unknown God': Luther and Calvin on the Hiddenness of God," pp. 279 – 286. 进一步参见 Paolo de Petris, *Calvin's Theodicy and the Hiddenness of God: Calvin's Sermons on the Book of Job*, Bern: Peter Lang, 2012。

弃绝行为的最高原因,上帝的意志是绝对自由的,不受理性和善的目的论规定。在这个意义上,神意与预定构造的必然秩序在人眼里恰恰是最偶然的,也是最无法把握的。所以,当加尔文谈论隐秘的神意或预定时,他并不是要像路德那样区分出一个与显明之神相对的隐藏之神,隐藏问题在其思想中的重要性也不像在路德思想中那么大。① 更重要的是,加尔文认为,上帝的所有行为及其在受造物中的所有运作,不管是对万物的治理还是对人的拣选与弃绝,都应该被理解为他的显现。②

显现而非隐藏,才是上帝与世界之间的基本关系。对此,美国学者扎克曼在其研究加尔文的专著③中给出了相当充分的例证。扎克曼试图将加尔文刻画成一位不同于路德的新教神学家。在他看来,加尔文的上帝不只是通过"言"进行自我宣告(proclamation)的上帝,同时还是一位通过各种"活生生的形象"进行自我显现(manifestation)的上帝。言离不开形象,形象也离不开言:"上帝之言不会单独临到我们,而是始

---

① 甚至有学者认为,路德的十字架神学同样可以在加尔文这里发现:正如路德的上帝隐藏在自身的对立面,加尔文的上帝则隐藏在他对人的"俯就"之中,参见 Jung Woo Shin, "God Hidden and Revealed in Luther and Calvin," doctoral dissertation, University of Edinburgh, 2005。笔者认为,这种观点是对路德与加尔文神学的双重误读。在加尔文这里,"俯就"被明确界定为上帝的"显现",作为俯就的显现不是神圣本质的直接呈现,但也不是神圣本质的隐藏。而在路德那里,十字架上的基督之所以被理解为上帝的隐藏,是因为这时的上帝遮蔽在他的对立面之中,只有真正的信徒才能从上帝的隐藏中看到显现,或者说,才能看到隐藏本身就是显现。如果说,"俯就"是上帝对人类认识的"适应",路德理解的"十字架"则是上帝对人类认识的"冒犯"。

② 从上帝在受造物中的显现出发,我们就很容易理解荷兰新加尔文主义者凯波尔(Abraham Kuyper)为什么会说加尔文神学的出发点不是人,而是"宇宙",不是称义的信心,而是上帝的全能:"路德从主观的、人类的一边开始,而加尔文则从客观的、宇宙的一边开始;路德的出发点是教会概念上称义的信心,而加尔文的出发点则宽广得多,他的出发点是上帝的全能在宇宙里的统一原则。"凯波尔:《加尔文主义讲座》,载凡赫尔斯玛:《加尔文传》(增订版),王兆丰译,北京:华夏出版社,2006 年,第 213 页。

③ Randall C. Zachman, *Image and Word in the Theology of John Calvin*, Indiana: University of Notre Dame Press, 2007.

终伴随上帝可见的自我显现……为了能够看见活生生的上帝形象，我们必须始终倾听言，而与此同时，就是在倾听上帝之言时，我们也必须始终睁开眼睛观看活生生的上帝形象。"①基于加尔文关于上帝的"双重认识"，扎克曼将上帝借以显现的形像划分为两类：一类是彰显造物主的形象，比如受造物构成的整个宇宙、尘世生活中的各种赐福、神意的照看等；一类是彰显救主的形象，比如律法、福音、旧约里的各种象征等。联系本书关心的世界秩序问题，扎克曼的研究让我们进一步看到，如果说路德用上帝在十字架上的"隐藏"解构了荣耀神学在造物主与受造物之间建立的类比关系，加尔文现在要做的则是借助上帝在受造物中的"显现"将世界从十字架的解构中拯救出来。这一点直接反应在两位改革家对不同经文的重视与注释上面：为了论证上帝的隐藏，路德在著作中反复引用《哥林多前书》1：18 以下，《以赛亚书》45：15、28：21，《出埃及记》33：18—23 等经文；加尔文正好相反，对他来说，《罗马书》1：20，《诗篇》11：4、19：1、104：2—4，《希伯来书》11：3 等关于上帝显现的经文更具神学意义。

　　就显现而言，作为"形象"的世界与上帝是相似的，从世界出发可以在一定程度上认识上帝。问题是，这样一来，加尔文岂不又回到奥古斯丁与阿奎那的内在道路上去了吗？果真如此的话，扎克曼将他称为"类比神学家"也就理所当然了。② 笔者认为，这种从传统的"类比之路"来理解加尔文"显现之路"的做法，一方面没有正确把握加尔文的上帝概念，另一方面严重误解了加尔文用"显现"重构的世界秩序之实质。究其原因，加尔文的上帝已经不再是奥古斯丁或阿奎那的上帝，上帝在世界中的显现首先或主要不再是存在与善的显现，而是全能的实效力量在受造物中的具体

---

① Randall C. Zachman, *Image and Word in the Theology of John Calvin*, p. 2.

② Randall C. Zachman, "Calvin as Analogical Theologian," *Scottish Journal of Theology* 51（1998），pp. 162–187.

运作。不仅如此,加尔文在理解受造物与上帝的关系时,同样没有严格使用奥古斯丁的"符号"理论。上帝在其中显现的世界,只是一个荣耀上帝的庞大"剧场",它既缺乏真正的自然目的,也缺乏与上帝之间的存在类比。重视上帝荣耀的加尔文不是与十字架神学家相对的"荣耀神学家"。相比传统神学,加尔文的上帝概念发生了巨大变化,我们将此变化称为"从本质到力量的神学转变",正是这种转变决定了上帝显现的性质及其对世界秩序的重构。重构被路德解构的世界及其意义,绝不是回到阿奎那或奥古斯丁的传统世界,而是为空无的自由个体制造一个全新的现代世界。

加尔文对世界秩序的重构,具体落实为对神意概念的再理解。《要义》第一卷的主题是"认识造物主",但与奥古斯丁、阿奎那等传统神学家对该问题的处理不同,加尔文真正关心的不是上帝如何创造世界,即如何将存在赋予受造物,而是上帝如何治理世界,即如何保存、照看和统治受造物。神意就是上帝对世界的治理,世界秩序就是神意的治理秩序。在这个问题上,加尔文思想的创造性不只在于将神意变成《要义》神学和改革宗的核心议题,更在于从根本上改变了此前思想家关于神意的传统理解:一方面抽空神意的存在论根据,使之变成不以存在巨链为基础的治理秩序;另一方面抽空神意的目的论意涵,使之变成奠基于意志的偶然秩序。加尔文深刻地扭转了以阿奎那为代表的神意学说;在后者那里,神意秩序根本上是一种目的论秩序,即受造物对自身目的的趋向。结果,秩序不再是存在秩序与理性秩序,而是权力秩序与意志秩序;秩序的根据不再是神圣存在和受造物所分有的理性层级,而是神圣权力与意志在受造物中的直接渗透。秩序意味着上帝主权的控制。上帝实效性的全能意志,使世界秩序同时具有绝对的必然性和偶然性。也正因此,《要义》的读者难免会有一种特别复杂甚至矛盾的感受:加尔文无时无刻不在强调神意给世界赋予的秩序性,但又无时无刻不在强调充斥世界的混乱、偶然与危险。如何在没有目的的无常世界过一种有秩序感和意义感的生活,是加尔文抛给每个现代人的基本生存问题。

　　加尔文神意和预定学说必然产生这样的困境:在一个没有自然目的世界中,受神意决定论支配的空无个体是否还有可能自由筹划自己的生活? 面对既非"机运"(fortuna)亦非"宿命"(fatum)的神意,作为"预备者"的人该如何在这个世界上存在和作为? 面对与行为无关的称义和预定,作为被拣选者的圣徒该如何理解生活、事功与成圣的意义? 加尔文比任何一个改革家都更强调上帝的主权和个体意志的捆绑,既然如此,加尔文主义的信徒又为什么会带着天职般的热情投身于尘世生活的浪潮之中呢?

　　随着路德与茨温利等人改革的成功以及"激进改革"(radical reformation)对"宪制改革"(magisterial reformation)的冲击,16 世纪的欧洲很快进入一个全面脱节的时代,作为第二波改革引领者的加尔文非常自觉地担当起"重整乾坤"的使命。[①] 正是这一秩序担当,最终奠定了加尔文在现代社会兴起中的历史地位。出于对重构秩序的关切,加尔文在《要义》中使用 ordo 一词竟多达 180 次之多。[②] 即便我们不读《要义》,

---

　　[①]　鲍思玛解读加尔文思想的切入点正是《哈姆雷斯》中的时代脱节(The time is out of joint)隐喻,参见 William J. Bouwsma, *John Calvin: A Sixteenth Century Portrait*, New York: Oxford University Press, 1988, chapter 3 (A World Out of Joint)。加尔文对教会秩序的重建就是最直接的体现,参见阿利斯特·麦格拉思:《加尔文传:现代西方文化的塑造者》,甘霖译,北京:中国社会科学出版社,2009 年,第 113—116 页。在沃格林看来,加尔文试图建立一种新的普世性教会,以克服路德因信称义和自由良知学说对传统秩序的解构。参见沃格林:《政治观念史稿(卷四):文艺复兴与宗教改革》,孔新峰译,上海:华东师范大学出版社,2016 年,第 318—319 页。

　　[②]　Richard A. Muller, "Beyond the Abyss and the Labyrinth: An ordo recte docendi," in *The Unaccommodated Calvin: Studies in the Foundation of a Theological Tradition*, Oxford: Oxford University Press, 2000, p. 81. 加尔文还使用了一系列与秩序相关的概念(进一步参见 pp. 81–82)。关于加尔文的"秩序"学说,参见 Susan E. Schreiner, *The Theater of His Glory: Nature and the Natural Order in the Thought of John Calvin*, Durham: The Labyrinth Press, 1991; William J. Bouwsma, *John Calvin: A Sixteenth Century Portrait*。

仅仅观看加尔文留下的肖像画也可以强烈地感受到这是一位内心焦虑之人。在鲍思玛看来，加尔文的"焦虑"（anxiety）可以用他笔下的两个意象来刻画：一是迷宫，一是深渊；前者代表秩序的缺乏，后者代表秩序的困境。这种深深的焦虑为加尔文重构秩序提供了动力。为宗教改革的新世界重构秩序，将宗教改革真正理解为一种"再赋形"（re-formation）运动，是加尔文终其一生的核心关切。耗时二十四年完成的《要义》便是最好的证明，这部鸿篇巨制堪称新教的秩序之书：第一卷论世界秩序，第二、三卷论救赎与生活秩序，第四卷论教会与政治秩序。加尔文神学全面的"秩序"关切，最终在天主教世界图景之外发展出一种作为"生活体系"（life system）的加尔文主义。①

　　关于加尔文思想中的"秩序"问题，20 世纪以来的西方学者从经济、政治、社会、法律、教会、自然等角度入手做出了许多经典研究，从中可以清楚地看到，加尔文对传统基督教的变革同时造成了经济、政教、权利（法）、规训、自然等方面的变革。② 本书旨在将加尔文对具体秩序

---

　　① 参见凯波尔：《加尔文主义讲座》，第一讲"加尔文主义作为一种生活体系"，第 205—225 页。

　　② 除了韦伯的著作，另可参见以下代表性研究：谢尔登·沃林：《政治与构想：西方政治思想的延续和创新》，辛亨复译，上海：上海人民出版社，2009 年；约翰·维特：《权利的变革：早期加尔文教中的法律、宗教和人权》，苗文龙、袁瑜琤、刘莉译，北京：中国法制出版社，2011 年；戈尔斯基：《规训革命》；汉考克：《加尔文与现代政治的基础》；沃尔泽：《清教徒的革命：关于激进政治起源的一项研究》；Harro Höpfl, *The Christian Polity of John Calvin*, Cambridge: Cambridge University Press, 1982; Quentin Skinner, *The Foundations of Modern Political Thought*, vol.2 (The Age of Reformation), Cambridge: Cambridge University Press, 2010; J. W. Allen, *A History of Political Thought in the Sixteenth Century*, London: Methuen, 1957, pp.49-72; Benjamin C. Milner, *Calvin's Doctrine of the Church*, Leiden: Brill, 1970; Susan E. Schreiner, *The Theater of His Glory: Nature and the Natural Order in the Thought of John Calvin*; Christopher Elwood, *The Body Broken: The Calvinist Doctrine of the Eucharist and the Symbolization of Power in Sixteenth-Century France*, New York: Oxford University Press, 1999; Ernst Troeltsch, *Protestantism and Progress: A Historical Study of the Relation of Protestantism to the Modern World*, trans. W. Montgomery, London: Williams & Norgate, 1912。

的构建还原到更基础的思想问题上面,考察他如何理解上帝与自我的关系,如何理解自然的根据与运作,如何理解个体在尘世的位置与处境,如何理解基督徒的命运、生活与工作,如何理解不确定世界中的确定性。只有回答了这些问题,我们才能从根本上搞清楚,加尔文思想孕育的空无个体为什么能够带着持久的激情创造自己的救赎或救赎的确信,[①]并将世界改造成我们如今熟悉的形态。

众所周知,关于加尔文是否有一个像路德"唯独信心"或"十字架神学"那样的"中心学说"(central dogma),以及他的中心学说是什么,学界至今仍然争论不休,先后涌现出一系列中心学说选项,特别是预定论、基督中心论、与基督合一、上帝的荣耀、对造物主与救主的认识、基督二性、称义与成圣、圣灵与圣言的结合等等。[②] 本书不认为加尔文思想是没有任何统一性的神学要点汇编,但也无意于将加尔文的某个理论确立为所谓的"中心学说",而主要想从"内在性的抽空"入手呈现这位新教神学家的"思想改革"及其对现代西方秩序观念的深刻影响。

在研究进路上,笔者在本书中接受穆勒提出的方法论导向:摆脱后世神学的种种先入之见,诸如改革宗正统、新加尔文主义、新正统神学等,进而将加尔文放置到他自身所在的种种语境中加以考察,以便呈现一个"不俯就的加尔文"。[③] 对本书来说,加尔文思想最重要的语境莫过于他自己的文本,以及该文本所面对的神哲学传统。文本是思想的第

---

① 韦伯:《新教伦理与资本主义精神》,第 95 页。

② 为了强调加尔文与正统改革宗的连续性,19 世纪和 20 世纪初的学者普遍将"预定论"视为加尔文的中心学说。此后受新正统神学影响,学界先后倾向于将加尔文的中心学说设定为"基督中心论"和"与基督合一",以强调后世加尔文主义者对他的背离。参见 Richard A. Muller, *Calvin and the Reformed Tradition: On the Work of Christ and the Order of Salvation*, Grand Rapids: Baker, 2012, pp. 62 – 63。进一步参见本书第十三章第二节。

③ Richard A. Muller, *The Unaccommodated Calvin: Studies in the Foundation of a Theological Tradition*.

一语境，只有通过文本并面对传统说话的加尔文才是作为思想家的加尔文。这是我们从思想史出发研究任何一位哲学家或神学家应循的基本原则之一。我们这项研究将主要围绕堪称新教神学大全的《要义》展开，同时辅以加尔文的其他著作，以期尽可能准确地呈现加尔文思想自身的逻辑和气质。只有在此基础上，我们才能真正明白加尔文是谁，他对我们意味着什么，我们为什么要研究他。

本书包含三部分，第一部分从整体上考察上帝、自我与世界问题，从中可以看到加尔文对这三个问题的独特理解，其中的关键是关于自我与上帝的双重认识、自然本性的空无化、上帝的力量化，以及上帝在世界中的显现。需要指出的是，现有研究多是关注关于"造物主与救主"的双重认识，很少讨论关于"自我与上帝"的双重认识，虽然对于理解整本《要义》和加尔文神学而言，后者比前者更基础更具结构意义。我们认为，在自我与上帝的双重认识问题上，加尔文在利用奥古斯丁哲学的同时无情地抽空了内在自我的深度内容。

第二部分以《要义》第一卷最后三章为中心，详细分析加尔文如何用神意重构被路德解构的世界秩序。与通常的研究不同，我们通过细读文本发现加尔文不仅没有明确区分特殊神意与一般神意，反而在对"活力论"的批判中试图将所有神意都理解为特殊神意。结果，神意统治下的加尔文世界非常类似机运统治下的马基雅维里世界。在一个没有目的且异常危险的偶然世界里，加尔文需要重新讲出行为筹划的道理，让个体积极谨慎地投身到不确定的生活之中。如何克服决定论造成的虚无主义，是加尔文神意论所要解决的关键问题。

第三部分围绕《要义》第二卷展开，旨在全面分析信心、称义、成圣与预定等问题，前两部分的相关主题在此得到进一步推进。在这部分的考察中，我们不仅可以看到加尔文对路德因信称义学说的继承，而且可以看到加尔文在此基础上所做的一系列创造性发挥,尤其是对成圣问题的突出和构造。第三部分的考察试图揭示救赎伦理蕴含的内在张力:一方面,加尔文毫无保留地抽空行为的内在价值与功德,将尘世生活变成否定性的虚无生活;另一方面,他又用"呼召"赋予生活以一种无目的的目的性,将基督徒的在世存在构造为荣耀上帝的"圣洁生活"。最后,加尔文认为,无论是自我与上帝的关系,世界秩序的基础,尘世生活的筹划,还是称义、成圣与呼召,最终都必须还原到唯独意志的预定论上来。没有任何理性根据的双重预定,既是个体命运的终极保障,也是足以吞没一切的"恐怖之渊"。

附录是笔者此前已经发表的三篇论文,也是这项研究的附属成果。它们与本书所论主题均有非常直接的关联,故收录于此。除个别文句与注释格式有所调整外,三篇文章收录时均未做实质改动。附录一可以帮助我们从形而上学角度理解路德的称义学说及其与加尔文的区别。附录二关于加尔文三一论的探究揭示了三位一体上帝的内在治理秩序,这是加尔文之所以能够重构世界秩序的重要前提。附录三是对加尔文与现代政治秩序的初步考察,由于写作时间较早,其中观点有待进一步深化。显然,如果要全面考察加尔文对西方秩序的塑造,就必须深入研究《要义》第四卷的教会与政治学说,但这已经不是摆在读者面前的这本书所能容纳的了。

第一部分

内在性的抽空：上帝、自我与世界

第一章　自我与上帝的"认识论循环"

第一节　加尔文的双重认识论

在 1536 到 1559 年的二十四年间,《要义》先后历经五次修订和完善,从一开始由八章构成的教理问答,最终发展成由四卷八十章构成的鸿篇巨制。有趣的是,在此期间加尔文从未对开篇第一句话做出任何实质修改:

> 我们的智慧,即那应被视为真实可靠的智慧,几乎全由两部分构成:认识上帝与我们自己(Dei cognitione et nostri)。(1.1.1)

相比 1536 年第一版,1559 年最终版第一句话所做的最大调整,也无非是将颇具基督教色彩的"神圣教导或教义"(sacrae doctrinae)一词,[①]改为在哲学中更常见更具普遍意义的"智慧"(sapientia)。正如英译者巴特尔斯(Ford Lewis Battles)所说,上述引文设定了加尔文神学的基本范

---

① 阿奎那:《神学大全》,Ia,q1,第一册,第 2—21 页。

围,并构成了随后论述的条件。① 对上帝与自我的"双重认识"(duplex cognitio),不仅是《要义》神学的起点和旨归,而且是理解整个加尔文思想的核心线索。

长期以来,学者们在讨论《要义》的文本特点时,②通常偏重分析这部新教经典如何在《使徒信经》、《罗马书》、《箴言四书》(Sentences)等影响下形成了最终的文本形态与结构。这样的分析当然不无道理,毕竟,《要义》全部四卷的内容大致分别对应《使徒信经》的四部分内容(父、子、灵与教会),而且加尔文确实从头到尾都在不断援引和注释《罗马书》。不过,这些更多是我们理解《要义》神学的形式线索,而没有真正揭示加尔文思想的实质构成。我们认为,《要义》第一卷第一章以开门见山的方式向我们呈现了加尔文神学的基本关切,亦即认识上帝与自我。

问题在于,学界的研究基本都是考察对上帝的认识,而没有充分注意到对自我的认识同样是智慧的构成部分,结果导致我们无法把握加

---

① Calvin, *Institutes of the Christian Religion*, trans. Ford Lewis Battles, vol. 1, p. 36, n. 3。该注释简单介绍了加尔文双重认识论(认识自我与上帝)的渊源与影响。在加尔文学者杜威看来,《要义》开篇的文字必须被理解为加尔文认识论的基本主张之一,参见 Edward A. Dowey, *The Knowledge of God in Calvin's Theology*, Grand Rapids: Eerdmans, 1994, p. 19。

② 关于《要义》文本的性质、结构与基本内容,可参见 Richard A. Muller, *The Unaccommodated Calvin: Studies in the Foundation of a Theological Tradition*; Bruce Gordon, *John Calvin's Institutes of the Christian Religion: A Biography*, Princeton: Princeton University Press, 2016; Calvin, *Institutes of the Christian Religion*, vol. 1, introduction, pp. xxix-lxxi; François Wendel, *Calvin: Origins and Development of His Religious Thought*, pp. 111-149; Alexandre Ganoczy, *The Young Calvin*, trans. David Foxgrover and Wade Provo, Edinburgh: T. & T. Clark, 1988, pp. 133-240; Karl Barth, *The Theology of John Calvin*, trans. Geoffrey W. Bromiley, Grand Rapids: Eerdmans, 1995, pp. 157-226。

尔文认识论进路的全貌。[①] 这种片面研究倾向的出现与《要义》的章节安排不无关系,因为正如每个读者都很容易看到的,对上帝的认识是《要义》借以展开的最直接也最重要的线索之一:第一卷"论认识造物主上帝"(De cognitione dei creatoris),第二卷"论认识救主上帝"(De cognitione dei redemptoris),第三、四卷进一步推进第二卷主题,分别处理领受救主即基督之恩典的内在方式(圣灵、信心),以及与基督结合的外在方式(教会)。关键在于,根据《要义》开篇及后文的提醒,所有对上帝的认识都与对自我的认识密不可分,或者更准确地说,都同时伴随对自我的认识。这不仅意味着,只有认识上帝才能认识自我,而且意味着只有认识自我才能认识上帝。在此意义上我们认为,加尔文这里的上帝与自我之间存在某种至关重要的"认识论循环":"除非对我们自己有相应的认识,否则我们就不可能清楚牢固地认识上帝"(1.15.1),反之亦然。也正因此,在指导 1559 年版《要义》的法文翻译时,加尔文才会将拉丁版第一句话中的"认识上帝与我们自己",翻译为"在认识上帝的时候,

---

① 从对上帝的双重认识入手理解加尔文神学是现代学者最常见的思路之一,相关研究可参见 Edward A. Dowey, *The Knowledge of God in Calvin's Theology*; T. H. L. Parker, *Calvin's Doctrine of Knowledge of God*, Eugene: Wipf and Stock Publishers, 1952; Wilhelm Niesel, *The Theology of Calvin*, trans. Harold Knight, Philadelphia: The Westminster Press, 1956, pp. 22 – 53; Paul Helm, *Calvin at the Centre*, Oxford: Oxford University Press, 2010, pp. 4 – 39; Benjamin B. Warfield, "Calvin's Doctrine of the Knowledge of God," *The Princeton Theological Review* 7 (1909), pp. 219 – 325; Richard A. Muller, "'Duplex cognitio dei' in the Theology of Early Reformation Orthodoxy," *Sixteenth Century Journal* 10 (1979), pp. 51 – 61; "In the Light of Orthodoxy: The 'Method and Disposition' of Calvin's *Institutio* from the Perspective of Calvin's Late-Sixteenth-Century Editors," in *The Unaccommodated Calvin: Studies in the Foundation of a Theological Tradition*, pp. 72 – 78; Brian G. Armstrong, "*Duplex cognitio Dei*, Or? The Problem and Relation of Structure, Form, and Purpose in Calvin's Theology," in *Probing the Reformed Tradition: Historical Studies in Honor of Edward A. Dowey*, eds. Elsie Anne McKee and Brian G. Armstrong, Louisville: Westminster/John Knox Press, 1989, pp. 135 – 153。

我们每个人也都认识自己"①。

在加尔文的"认识论循环"中，对上帝的认识与对自我的认识在结构上也是严格对应的。正如对上帝的认识是双重的，对自我的认识也是双重的；前者包含"认识造物主与救主"两个方面，后者包含"认识受造本性与堕落本性"两个方面。这意味着，加尔文神学中著名的"双重认识"理论并非像学界通常认为的那样仅停留于上帝论层面，而是同时包括自我层面。也就是说，加尔文笔下的"双重认识"是一个极为复杂的系统，不仅涉及造物主与救主的关系、受造与堕落的关系，而且（更根本的是）涉及上帝与自我的关系。因此，一共存在三个层面的双重认识：首先是对上帝与自我的双重认识；具体到上帝，是对造物主与救主的双重认识；具体到自我，是对受造人性与堕落人性的双重认识（具体表述参见 1.1.1、1.2.1、1.15.1、2.1.2—3 等处）。如果承认双重认识是加尔文神学的构建原则的话（且不论是不是唯一构建原则），那么我们就必须首先从整体上将其理解为对上帝与自我的认识，只有在此前提下，即只有从上帝与自我的关系出发，我们才能真正把握对造物主与救主的认识，以及对受造本性与堕落本性的认识。②

为了澄清双重认识中的神人关系，我们需要知道加尔文这一神学进路由何而来。根据巴特的观点，加尔文从对上帝与自我的认识出发构建自身神学大厦的做法，颇受改革宗第一代奠基人茨温利的影响。茨温利在改革宗的首部系统性著作《真假宗教诠释》（*Commentarius de vera et falsa religione*，1525）中指出："宗教"由两个要素构成，一是宗教所要达到的对象即上帝，二是通过宗教达到上帝的人；只有首先认识上

---

① Calvin, *Institution de la religion Chrétienne*, 1.1.1, *CO* 3, p. 37.
② 由"双重认识"的复杂结构可知，加尔文没有像路德那样在突出上帝的同时弱化自我的意义，在突出救主基督的同时弱化造物主的意义。

帝和人，才能恰当地谈论宗教。鉴于此，茨温利才在《真假宗教诠释》中以讨论上帝和人为起点构造他的改革宗新神学（第三条论上帝，第四条论人）。[1] 不过巴特正确地指出，对上帝和人的认识仅仅相当于茨温利思想的“绪论”（prolegomena），加尔文则要彻底得多，他倾向于从上帝与人的双重视角来构建基督教的“教义大全”（summa of doctrine）。[2] 换言之，对加尔文来说，认识上帝与自我不只是两个具有首要意义的局部问题，而是事关基督教教导和智慧本身的整体问题；不认识上帝与自我就不可能有“虔敬大全”（Totam fere pietatis summam，即 1536 年版《要义》副标题），不可能有“基督宗教的建立”（Institutio christianae religionis）。也许正如巴特所说，在写下《要义》第一句话的时候，加尔文很可能想到了茨温利的《真假宗教诠释》，可这显然不是加尔文双重认识论的全部来源。即便我们不将其追溯到作为德尔斐箴言的“认识你自己”，也不讨论苏格拉底、柏拉图等异教作家对这一箴言的哲学解释，而仅仅专注于基督教思想史，我们也很快就能发现，加尔文基于双重认识构建新教神学工程的做法，完全可以而且应该追溯到一个更远也更重要的源头——奥古斯丁。

正如我们在导言中所指出的，从阿奎那及其经院传统回到奥古斯丁传统，是加尔文新教思想得以生成的关键环节（虽然并未止步于此），这一环节的实质意义在于从类比之路转向自我之路。内在自我的转向，是奥古斯丁当年在新柏拉图主义启发下为基督教哲学奠定的核心

---

[1]　Zwingli, *Commentary on True and False Religion*, in *The Latin Works of Huldreich Zwingli*, vol. 3, trans. Samuel Macauley Jackson, Philadelphia: The Heidelberg Press, 1929.

[2]　Karl Barth, *The Theology of John Calvin*, p. 162. 巴特注意到，茨温利使用的是 agnoscere Deum 和 cognoscere hominem，加尔文则用了同一个词 cognitio。关于加尔文在认识上帝与自我问题上的用词，参见巴特尔斯的译注（vol. 1, p. 35, n. 1）。

进路之一，[①]一千多年后的加尔文再次回到并改造这一进路，以对抗亚里士多德与阿奎那传统主导下的基督教哲学。

奥古斯丁不仅是基督教内在自我观念的"发明者"，而且是从自我与上帝入手构建基督教哲学体系的真正开创者。[②] 早在《独语录》（Soliloquiorum，386）中，奥古斯丁就已经写下这样一段话：

> 理性：现在你想知道什么？
>
> 奥古斯丁：我祈祷的一切事情。
>
> 理性：请简单地总结一下。
>
> 奥古斯丁：我渴望知道上帝和灵魂（Deum et animam scire cupio）。
>
> 理性：再没有别的了吗？
>
> 奥古斯丁：绝对没有了。[③]

《独语录》属于奥古斯丁早期的加西齐亚根对话之一，"认识上帝和自我"作为主题贯穿这部"自己与自己"（奥古斯丁与理性）的对话始终。比如，奥古斯丁在第二卷进一步写道："上帝啊，你是永远的同一者，愿我知道我自己，愿我知道你（noverim me，noverim te）。这就是我的祈

---

① 参见 Augustine, *Confessiones*, 7.10.16。

② 关于奥古斯丁的自我学说，可参见 Phillip Cary, *Augustine's Invention of the Inner Self: The Legacy of a Christian Platonist*；Jean-Luc Marion, *Au lieu de soi: L'approche de Saint Augustin*, Paris: Presses Universitaires de France, 2008；Matthew Drever, *Image, Identity, and the Forming of the Augustinian Soul*, Oxford: Oxford University Press, 2013；泰勒：《自我的根源：现代认同的形成》，韩震等译，南京：译林出版社，2001 年，第 188—211 页。

③ 奥古斯丁：《独语录》，1.2.7，载《论自由意志：奥古斯丁对话录二篇》，成官泯译，上海：上海人民出版社，2010 年，第 8—9 页。

祷。"①而在另一部加西齐亚根对话《论秩序》(*De ordine*,386)中,奥古斯丁更是明确认为哲学就是认识上帝与自我:"属于哲学的问题有两个,第一个讨论灵魂,第二个讨论上帝。第一个使我们知道自己;第二个让我们知道自己的起源。"②在成熟时期的代表作中,"认识上帝与自我"不仅进一步成为奥古斯丁哲学最核心的问题,而且成为其思想展开的基本方式,这一点在《忏悔录》和《论三位一体》中的体现尤为明显(具体见本章第二节的分析)。

在这个意义上,将自我与上帝确立为神学的基础问题与构建原则,可以说是奥古斯丁对加尔文思想最深刻、最根本的影响,原罪、恩典、预定论、上帝主权等方面的影响反而是第二位的。在奥古斯丁道路的指引下,加尔文不仅将自我与上帝看成神学的基础问题,而且(更关键的是)认为对自我的认识与对上帝的认识密不可分,对自我的认识必然要求且意味着对上帝的认识,反之亦然。只有基于这种认识论循环,我们才能理解加尔文在原罪、恩典、预定论、上帝主权等方面的学说。于是我们不禁会问:作为奥古斯丁的后学,加尔文对上帝与自我以及二者之间关系的理解具体是怎样的?他是否忠实地延续了奥古斯丁的自我之路?为了回答这两个问题,下面我们先来分析加尔文双重认识论的相关内容,然后再回头分析他与奥古斯丁的异同。随后两节的分析将初步揭示"内在性的抽空"在加尔文人性论中的基本体现。

---

① 奥古斯丁:《独语录》,2.1.1,第31页,进一步参见1.8.15—1.9.16,1.15.27等处。

② 奥古斯丁:《论秩序:奥古斯丁早期作品选》,2.18.47,石敏敏译,北京:中国社会科学出版社,2017年,第131页。译文有改动。

第二节　"认识你自己"与虚无人性论

关于认识上帝与认识自我之间的关系，加尔文在《要义》开篇就明确指出，它们"被许多纽带连结在一起"，"不易分辨二者哪一个在先，并产生了另一个"（1.1.1）。也就是说，认识上帝与认识自我始终缠绕在一起，无论在时间上还是在因果上，似乎都不存在绝对的先后关系。对自我的认识必然要求且伴随对上帝的认识，对上帝的认识也必然要求且伴随对自我的认识，与其说二者是同时发生且相互关联的两件事情，不如说是同一件事情的两个方面。① 巴特用辩证法概念，将"上帝与自我"这一双重主题理解为某种"合题"，认为加尔文神学中的所有正题和反题都指向这一合题，都在此展开其对立统一的辩证法。加尔文的出发点是某种"未曾明言的、原初的综合知识"（unstated，primary，synthetic knowledge），即"我们知道上帝，上帝知道我们"，加尔文说的其他一切都是根据这种原初知识说的，都仅仅是对这种知识的发展、延伸与澄清，或者说表达与命名。② 巴特从辩证法角度所做的分析不无过度解释之嫌，但他至少清楚地提醒我们关于上帝与自我的双重认识在加尔文神学中的奠基意义。

在《要义》第一卷第一章中，加尔文从整体上向我们阐述了双重认识彼此交织的统一关联。首先，从自我认识角度来看：

---

① 关于双重认识的"相互关系"（correlation），参见 Edward A. Dowey, *The Knowledge of God in Calvin's Theology*, pp. 18 – 24。杜威写道："因此，（根据俯就原则）'对上帝的认识'总是人对上帝启示的认识，且（根据相互关系原则）上帝的启示总是以极端的方式暗含人的自我认识。"（p. 24）

② Karl Barth, *The Theology of John Calvin*, p. 163.

没有谁省察自我而不立刻将他的思想转向对上帝的思考。
(1.1.1)

也就是说,任何对自我的认识都必然同时导向并伴随对上帝的认识,不存在与上帝无关的自我认识。针对这一观点,加尔文主要从两个方面加以证明,一是人身上的才能和善,一是人性的贫乏和悲惨。如果说前者指人性之善,后者则指人性之虚无。① 下面我们先来看第一个方面。

根据加尔文的分析,之所以说对自我的省察必然伴随对上帝的思考,是因为我们所拥有的东西,无论是才能还是人的存在本身,无不来自上帝而非我们自己:"因为毫无疑问,我们拥有的才能不可能出自我们自己,甚至我们的存在本身也不过是在独一上帝之中的持存(subsistentiam)",因此,"从天上降到我们身上的那些善(bonis),就像河流一样将我们引向源头"(1.1.1)。加尔文在此将"善"当作自我与上帝关联在一起的纽带:才能与人的存在本身都是善的体现,但人的善并非来自人,而是来自作为源头的上帝。这意味着,若真正认识作为善的人之才能和存在,就会发现这些善不是自足的,不是源于自我,而是源于作为善之源头的上帝;如此,便能从自我的善导向对上帝的认识。而如果认识不到"你的生命属于他,不管你做什么,都应该归给他","对上帝的认识,如何能穿透你的心智呢"(1.2.2)?

加尔文这里的讲法显得异常笼统,甚至可以说毫无新意,因为从善入手理解自我与上帝的关系本来就是基督教哲学的老生常谈。既然上

---

① 关于这两个方面,可参见 Brian. A. Gerrish, "The Mirror of God's Goodness: Man in the Theology of Calvin," *Concordia Theological Quarterly* 45 (1981), pp. 211 – 222。

帝是世界的创造者，包括人在内的所有善的受造物当然都是造物主的赐予。不过继续往下读就会发现，人的才能与善的不自足性并非加尔文想要强调的重点；相反，从人性的贫乏和悲惨入手界定自我与上帝的认识论关联，才是他真正想要突出的方面。关于这一点，加尔文写道：

> 事实上，通过我们的贫乏（tenuitate），更能显现那存在于上帝里面的善的无限性（bonorum infinitas）。初人的背叛将我们抛入悲惨的毁灭，这种毁灭尤其迫使我们的眼睛往上看，我们不仅因饥饿而寻求我们缺乏的，且因被恐惧唤醒而学习谦卑。由于在人身上可以发现一个悲惨世界，由于我们被剥夺了神圣的义袍，可耻的赤身露体暴露出数不尽数的丑恶，每个人都必然被他自身那意识到不幸的良知（propriae infelicitatis conscientia）所叮咬，从而至少会使我们获得某种关于上帝的知识。这样，从自身对无知、虚妄、缺乏、软弱，以及堕落与败坏的感知（sensus）中，我们认识到真正的智慧之光、坚固的权能、所有善内的完满与丰富，以及义的纯洁只存在于主之中，正因此，我们的恶会激发我们思考上帝的善；而且，除非开始厌恶自己，否则我们就不可能真正追求上帝。（1.1.1）

这段话告诉我们，认识自我的关键不是认识人身上的善，而是认识人身上的恶。只有看到自身的贫乏、悲惨、毁灭与丑恶，只有在那意识到不幸的"良知"鞭策之下，人才会认识到自我的虚无，才会向上帝寻求自己欠缺的东西。也就是说，能够激发人思考和追求上帝之善的不是自我的善，而恰恰是自我的恶。前面的分析表明，自我有限的善来自上帝无限的善，对自我有限之善的认识可以将我们导向对上帝无限之善的认识，但加尔文现在却极为悖谬地告诉我们，更能彰显无限之善的并非来自无限之善的有限之善,而是善的对立面,即贫乏或恶。换言之,善与贫乏或恶之间的对立,而非善的有限与无限之间的类比,更能向我们揭示自我和上帝之间的关系,更能使人在自我认识中认识自己与之对立的上帝。所以加尔文才会说,认识到真正的智慧、权能、善与义只在上帝之中,靠的不是人身上有限的智慧、权能、善与义,而是这些东西的对立面,即"对无知、虚妄、缺乏、软弱,以及堕落与败坏的感知"。

上述引文提到的"良知"(conscientia)概念可以帮助我们更深地理解加尔文的人性论和自我观念。与经院哲学的传统理解不同,加尔文笔下的 conscientia 与其说是良知,不如说是恶知,因为他没有将其理解为人对道德法则的认识或应用,而是理解为对不幸或悲惨的意识。在《要义》第四卷的讨论中,加尔文将作为自我认识的 conscientia 正式界定为罪的自我见证和审判:

> 当人用心灵与理智获得关于事物的知识时,他们被说成"知道"(scire),"知识"(scientiae)一词就是这么来的。同理,当人们感受到神圣的审判时,那审判作为见证加在他们身上,不允许他们隐藏自己的罪,而是将他们作为有罪者带到审判台前,这种感知就叫"良知"(sensus ille vocatur conscientia)。良知处于上帝与人中间,因为它不允许人在自我里面压抑他所知道的,而是追赶他,直到使他承认自己的罪……因此,这把人带到上帝审判台前的感知,就像给人安排的守卫一样,以便注视和观察他所有的秘密,不让任何一件埋没在黑暗之中。(4.10.3)

从加尔文的定义来看,处在上帝与人中间的良知,主要不是人对道德法则的认识或运用,更不是上帝在人心中的直接临在,而是有罪者的自我认识。这种无处可逃的自我认识是个体内心深处发生的自我揭示，是对罪的揭露和审判。根据加尔文的分析可知，越是有良知的人越能认识自我，但这不是对人性之善的认识，而是对人性之恶的认识；进言之，越是罪大恶极的人越会隐藏和逃避自己的罪，同时也越是被良知逼迫和追赶，从而越能在良知之眼的鉴察下认识自我的罪恶与悲惨。

　　人的贫乏与悲惨之所以比才能与善更有助于我们认识上帝无限的善，是因为只有承认自我的贫乏与悲惨才能真正认识自我，才能真正触动人去思考上帝。"毕竟，谁不愿意安于自我（in se requiescat）呢？只要还不认识自己，就是说，只要还满足于自己的才能，不知道或不在意自己的悲惨，谁不会安于自我呢？因此，对自己的认识不仅催迫每个人寻求上帝，而且仿佛牵着手领他发现上帝。"（1.1.1）如果认识不到人的悲惨处境，就必然满足于自身的善，从而必然安于自我，安于自我就必然将人身上的善视为自己的和自足的，从而不再寻求和发现善的源头。所以，在体验不到悲惨的情况下认识人的才能和善是非常危险的，因为严格来讲人根本没有任何属于自己的东西，人贫乏到一无所有。只有建立在人性空无的基础上，才能真正谈论对自我和上帝的认识。

　　明白这一点，就很容易理解，加尔文何以会为了批判古代哲学而在《要义》第二卷开篇再次回到"自我认识"主题。加尔文认为，古代哲学家严重误解了"认识你自己"这句古老的德尔斐箴言，[①]他们认为这句箴言的目的是"劝人认识自己的尊严与卓越"，结果只会让人在自己身上看到令他们盲目自信和骄傲膨胀的东西（2.1.1）。这种理解，在加尔文看来，实际上严重背离了"认识你自己"的原义。因为，认识自我不但不

---

　　① 关于"认识你自己"从希腊到基督教的思想史流变，参见 Pierre Courcelle, *Connais-toi toi-même: De Socrate à saint Bernard*, 3 vols., Paris: Études Augustiniennes, 1974 – 1975。

是认识人的尊严,反而是要打破关于人性卓越的幻象,连根拔除令人骄傲的所有根据。在这个意义上,认识自我就是抽空自我,就是揭示人性悲惨的虚无主义处境。关于这一点,加尔文写道:

> 此乃上帝的真理对自我省察(excutiendis nobis)的要求:它所要求的认识将剥夺我们对自身能力的所有自信,毁掉我们荣耀自身的所有理由(materia),以便引导我们服从。我们如果想达到智慧与行为的真实目的,就应该持守这一准则。我清楚地意识到,相比注视让我们羞愧不堪的、悲惨的贫乏与丑恶,那邀请我们思考我们身上的善的观点是多么令人快乐。(2.1.2)

在加尔文看来,哲学家从"卓越"入手对自我认识的理解,实际上是对人性盲目自信、自爱和自大之天性的迎合,而不是真正的"自我省察"。如果听信那些唯独要我们思考"我们的善"的哲学教师,不但不会在自我认识上有所长进,反而只会陷入"最坏的无知"(2.1.2)。真正的自我认识正好相反,不是劝人看到自身的尊严、卓越和善,而是让人意识到自己缺乏这些东西,身陷羞耻、卑微和罪恶的处境之中。"认识你自己",在于认识到人没有任何可以自信的能力、可以自夸的根据,换言之,在于认识自己的无力,而不是认识自己的力量。加尔文告诉我们,作为自我认识的重要部分,认识堕落的人性就是要"衡量自己的能力,或者准确地说,能力的缺乏"(2.1.3)。

可见,加尔文对自我认识的理解与古代哲学的理解完全相反,他在另一个段落中对此说得更加清楚:

> 因此,智慧的第二部分在于认识我们自己,在这一点上,上帝

的真理与所有必朽之人的一般看法是一致的，但至于如何获得这种认识，则存在巨大分歧。根据肉身的判断，如果相信自己的理智与正直（intelligentia et integritate），人就会获得勇气并激励自己履行德性的本分，就会对抗罪恶，尽最大努力追求完美与高贵，这样人便自认为充分了解自己了。但根据神圣判断的准则探究和省察自己的人，找不到任何可以让心灵自信的事，他越深入地考察自己就越沮丧，直到丧失所有信心，完全不再靠自己来安排正直生活。（2.1.3）

哲学属于"肉身的判断"（iudicio carnis），基督教属于"神圣的判断"（divini iudicii），二者在自我认识问题上的立场正好相反：前者教导人依靠自己的力量弃恶扬善，后者教导人尽可能看到本性的空无真相。哲学的自我省察旨在挖掘本性的力量，让人通过追求德性来成全本性，尽力成为完美与高贵的人，（加尔文所认为的）基督教的自我省察则旨在抽空本性的力量，让人对倡导德性伦理的哲学智慧彻底绝望。进言之，在加尔文这里，自我的空无首先意味着，人性本身在根本上缺乏卓越的自然目的，以及实现这一目的的自然能力。认识自我不是认识人性之善，而是认识人性之恶，不是认识人性的存在性，而是认识人性的虚无性，唯有如此，才能从根子上打掉试图依靠自身力量追求尊严、卓越、完美与高贵的古典理想。①

不难注意到，加尔文这里提出的虚无人性论主要适用于原罪造成的堕落本性，而非正直的受造本性，但这是否意味着人性并非没有古典哲学家所说的卓越性，而只是因原罪丧失了受造时获得的卓越性呢？

———————

① 加尔文对古典道德伦理的批判，同时意味着对彼时人文主义道德的批判。

前文指出,自我认识是双重的,包括认识受造本性与堕落本性两个方面,而按照加尔文的界定,认识受造本性在于,

考虑我们受造时被赐予的东西,以及上帝如何持续慷慨地给我们恩典,这样就会知道,如果保持正直,我们的本性将有多么卓越(naturae nostrae excellentia)。同时也要思考,我们没有任何自己的东西,而是不稳固地(precario)拥有上帝赐给我们的一切,以至于始终得依靠他。(2.1.1)

在随后的段落中,加尔文进一步将对受造本性的认识归结为思考人被造并领受宝贵恩赐的目的,认为通过这种认识可以激励人仰望对上帝的敬拜和来生(2.1.3,参见2.1.1)。总结起来,对受造本性的认识大致包括以下三个方面:认识人类受造时获得的恩赐,以及后来从上帝那里获得的恩典;认识到这些赐予并不是人自己的,而是来自上帝且始终需要依靠上帝,所以人对它们的拥有极为不稳定,始终有丧失的危险;认识受造本性,以便激励堕落处境下的人仰望永生与天国。

上面的引文表明,加尔文也承认人有某种"本性的卓越",但这仅仅是在被赐意义上讲的,且以人不堕落为前提。在思考被赐意义上的本性卓越的同时,自我必须认识到本性的卓越已然因原罪而败坏。因为,虽然对受造本性的认识可以避免将堕落后的"本性之恶"(naturalia hominis mala)归咎于"本性的创造者"(naturae autorem),但"除非我们在这悲惨的毁灭中,认识到我们败坏与扭曲的本性是怎样的,否则理解我们的创造就没有多大意义"(1.15.1)。说到底,加尔文这里所谓的本性卓越,并非指目的论意义上的自然规定性,而是指那些虽不寻常但也无法稳固拥有的赐予。正如本性的卓越并非人的自然

规定性，这一卓越所指向的也不是作为自然目的的善，无论"对上帝的敬拜"还是不朽的"来生"，与"本性卓越"之间都不存在古典自然人性范畴下的目的论关联。也就是说，加尔文对"本性卓越"的理解不同于古代哲学家，他这里所做的不是将哲学家的人性观限制在堕落前，而是从根底颠覆古典自然人性论的合法性。只有这样，对本性卓越的思考才不会使人产生自我安顿的骄傲，因为真正认识受造本性的人必然会意识到自己已然丧失那些无法稳固拥有的赐予。

> 但上帝不要我们遗忘我们最初的高贵，那是他赐给始祖亚当的，应当激发我们对义与善的热情。因为，我们不可能想到我们最初的受造或受造的目的，而不同时受到激励去默想永生、渴望上帝的国。但这种认识不仅不会在我们身上滋生骄傲，反而会使我们丧失勇气并降卑自己。我们受造的目的是什么？是我们已经彻底远离的东西，以至于我们在对悲惨命运的厌倦中呻吟，在呻吟中哀叹那已经失去的尊严。(2.1.3)

总之，认识自我主要在于认识堕落本性的贫乏与恶，由此看到自我的悲惨与空无。对受造本性的正确认识同样需要揭示人性的虚无处境。为了解构哲学家主张的道德伦理及其人性秩序，加尔文试图提出一种与古典自然人性论针锋相对的虚无人性论。

问题在于，如果不认识上帝，就无法真正揭示本性的空无。加尔文认为，人在本性上始终倾向于自我满足和安顿，如果没有上帝与自我的善恶对照，如果不从"上帝视角"审视贫乏悲惨的自我，人根本就不可能认识到本性丧失卓越后的虚无困境。所以，加尔文一方面认为认识自我就必然认识上帝，因为没有谁省察自我而不立刻想到上帝，另一方面

又说只有认识上帝才能认识自我,因为,

> 只有先仰望(contemplatus)上帝的面,从仰望上帝下降(descendat)到省察自我,人才能获得关于自己的清晰认识。(1.1.2)

如果说从自我到上帝是由下而上的认识运动,从上帝到自我则是由上而下的认识运动,这不是两条不同的路线,而是同一个"认识论循环"中相辅相成的两个方面。上文主要分析了从自我到上帝的认识,接下来我们分析从上帝到自我的认识。

加尔文沿袭奥古斯丁以降的讲法,用"骄傲"来界定自我满足和安顿的本性倾向:"骄傲是我们所有人的天性(ingenita)。"人总是自认为正义、正直、智慧和圣洁,除非有清楚明白的证据让他确信自己不义、污秽、愚蠢和不洁。上帝就是那唯一能够让人确信本性虚无的标准:"如果仅仅注视自己而不注视主"(1.1.2),就根本不可能获得这样的确信。换言之,不能仅仅根据人自身的标准进行判断,而必须从与人相对的上帝出发,基于对上帝的认识由上而下地认识自我。因为,"只要我们不超越尘世,仅仅满足于自身的义、智慧和权能,就会自满自大,将自己看成神。而一旦开始向上(erigere)思考上帝,考虑他是怎样的,他的义、智慧、权能是何其完善",先前被认为的义、智慧和权能,就会显得极其邪恶、愚蠢和软弱,即便"在我们之中看起来最完善的(absolutissimum)东西,也没法与神圣的纯洁相比"(1.1.2)。

由此可见,从认识上帝下降到认识自我,这一由上而下的道路所揭示的,并非上帝与自我之间内在的相似,而毋宁说是二者之间的对立,即人存在于上帝之义、智慧和权能的对立面。即便像约伯这样的圣徒也甘愿屈服于上帝严厉的审判,因为"他感受(sensisse)不到自身有什么义不在上帝面前立刻崩塌"（3.14.16）。如此，加尔文笔下的自我就与上帝对立了起来，上帝对我成了绝对超越、绝对异质的他者，亦即对自我的否定，关于上帝和自我的双重认识就奠基于神人之间的这种相互对立。

也正因此，加尔文认为，圣徒面对上帝时所感到的不是内心的喜悦与平静，而是"恐惧与惊讶"（hinc horror ille et stupor），即当上帝显现自身的荣耀时，个体反而会深陷恐惧与不安，这是一种被死亡抓住、吞没和毁灭的极限感受（1.1.3）。换言之，在上帝荣耀的光照下，自我身上显现出来的不是人性的光辉，而是人性的黑暗。因此，越是认识上帝的荣耀，就越能看到自己与之不相似，越是认识自我的黑暗，就越能体会到上帝异质性的超越。真正的自我认识主要在于认识人性的贫乏、恶与虚无，而人性的贫乏、恶与虚无只有在自我与上帝的截然对立中才能最大限度地暴露出来。用加尔文的话说，"除非将自我与上帝的威严（Dei maiestatem）相比较，否则人就不足以被关于自身卑微的认识所触动和影响"（1.1.3）。无论是认识上帝无限的善，还是认识上帝的义、智慧与权能，在此都被归结和还原为认识"上帝的威严"，这无异于是将上帝刻画成令人恐惧与战栗的主权者形象。在此意义上，汉考克（Ralph C. Hancock）所言极是：对自我的认识和对上帝的认识被彻底区别开来，前者是"对自己的彻底贫乏和无意义的感知"，后者是对上帝"'无穷无尽的善'以及无可抗拒的威严"的认识。二者之所以能够联结起来，恰恰是由于它们从根本上被区别开来："无意义如果不认识权力的话，就不能认知自己，权力如果不认识无意义的话，也不能认知自己。"①

综上，关于上帝与自我的双重认识，在加尔文这里呈现出某种"认

---

① 汉考克：《加尔文与现代政治的基础》，第210页。汉考克认为，人类与上帝之间的这种关系是加尔文"联合而不混合"或"区别而不分离"公式的终极情境（参见第210—211页）。笔者对加尔文上帝与自我学说的理解颇受汉考克启发。

识论循环"的逻辑。理解这一循环的关键在于澄清加尔文如何基于上帝与自我之间的差异(而非二者之间的类比),来论证双重认识中由上而下与由下而上的一体关系。一方面,对人性贫乏、悲惨和恶的认识更能激励自我追求上帝的善,更能让人认识到上帝是自我之不义、愚蠢、软弱等的对立面;另一方面,如果不首先仰望上帝,人也不可能承认自己身处不义、愚蠢和软弱的悲惨处境。真正的自我认识必然导向且伴随对上帝的认识,反之亦然。从人的视角由下而上认识上帝,和从上帝的视角由上而下认识人,是同一条认识道路中互为前提且彼此蕴含的两个面向。不难看出加尔文的认识论循环思想可以直接追溯到奥古斯丁,但这是否意味着他对上帝与自我的理解和奥古斯丁并没有什么根本差异呢?

第三节　空无的自我:从奥古斯丁到加尔文

基于上述讨论,我们很容易在加尔文身上发现奥古斯丁的影子,无论是对堕落本性的强调还是对古代自然人性论的批判,都是二人思想中共同的主题。不过,我们这里关心的主要不是加尔文与奥古斯丁在这个问题上的共识,而是他们二人之间存在的根本分歧。在前文基础上,现在我们终于可以对照奥古斯丁检讨加尔文的双重认识论及其后果,而为了深入理解加尔文与奥古斯丁之间的复杂关系,下面有必要先简单介绍一下后者的自我与上帝学说。

我们之所以将奥古斯丁的道路称为"内在的自我之路",与他对西方人性论的突破密不可分。整体上,笔者认为奥古斯丁最终用某种"自由人性论"扭转了"自然人性论"的古典思路,由此将灵魂的自然结构和目的问题转化为"内在自我"及其与上帝之间的自由关系问题。① 也正因此，"认识你自己"这一希腊观念与"认识上帝"变得越来越密不可分。而且受新柏拉图主义影响，"认识你自己"更多被奥古斯丁理解为认识自我与上帝之间的内在关联，或者说认识人身上的神性。在奥古斯丁的成熟作品《忏悔录》中，《独语录》中呈现的自我对话（至少还保留古典作品的对话形式）彻底变成了奥古斯丁一个人的独白。这种独白同时也是一种对话，但不再是自我与理性的对话，而是自我与上帝的对话，即第一人称"我"直接向作为第二人称的"上帝"（你）忏悔。② 自我与上帝的对话之所以可以被理解为自我的独白，是因为通常的对话伙伴——不管是作为人的他者还是作为人的自己/理性——在此完全消失了，取而代之的对话者上帝仅仅作为沉默而陌生的倾听者在场。

更重要的是，奥古斯丁在《忏悔录》中把上帝完全内化到自我当中，使之成为比内在的我还内在的东西，正如我们在导言中引用的那句话所说："你比我最内在的部分还内在，比我最高的部分还高。"③在最内在的意义上，存在于自我深处的上帝成了真正的自我，即比我还是我的我。因此，认识自我就必须认识上帝，也只有认识上帝才能真正认识自我。只不过，作为自我之中最内在的东西，超自然的上帝又始终保持着相对于我的异己性和陌生性，对自我而言既内在又超越，换言之，上帝

---

① "自然人性论"向"自由人性论"的转变与奥古斯丁的一系列哲学观念密不可分，比如，强调意志对理性的优先性，将自我对上帝的转向理解为意志抉择而非理智上升。又比如，从"关系"范畴出发理解"上帝的形象"，将心智的心理结构理解为三位一体上帝在人心留下的"痕迹"。

② 关于奥古斯丁的"内在对话"，参见 Brian Stock, *Augustine's Inner Dialogue: The Philosophical Soliloquy in Late Antiquity*, Cambridge: Cambridge University Press, 2010。

③ Augustine, *Confessiones*, 3.6.11.

既在自我之中又不能完全被我把握和容纳。从自然人性论转向自由人性论所带来的后果,最终凝结为《忏悔录》中的一句名言:"我对我自己成了一个大问题。"①

在神学三部曲的另一部著作《论三位一体》中,奥古斯丁从三一论入手对上帝与自我问题做出了更为系统的考察。通常认为,整本《论三位一体》可以划分为两部分,前七卷(一说前八卷)讨论上帝三一,后八卷考察自我三一。奥古斯丁之所以在这部研究三位一体的著作中花大量篇幅分析内在自我,是因为他认为,人类有限的理性不足以直接把握圣三一,而只能通过间接方式,即通过自我这面"镜子"来推测上帝。之所以能在自我的"镜子"中看到上帝,是因为人是"照着上帝的形象"造的,且本身就是与上帝相似的"形象"。② 自我作为形象最重要的体现在于,人的心智中存在类似圣三一的三一结构,即记忆、理解与意志:一方面,只有认识作为形象的自我三一,才能借此认识作为原型的上帝三一;另一方面,只有记忆、理解和意愿作为原型的上帝,才能真正认识到自我是一种作为形象的关系性存在,而非自然自足的本质性存在。③ 简言之,只有在自我的内在深渊中才能发现上帝,只有指向作为原型的上帝才能找到真正的自我。

尽管自由人性论不同于自然人性论,奥古斯丁在讨论自我与上帝的关系时,仍然像柏拉图主义哲学家一样侧重强调人性中的神性,这里的神性既可以指自我之中存在与上帝类似的内在结构(心智三一与上帝三一的类比),也可以指上帝在自由而非自然意义上对自我的构造。

---

① Augustine, *Confessiones*, 4.4.9, 又见 10.33.50。
② 奥古斯丁:《论三位一体》,15.23.44—15.24.44,第 497—498 页。
③ 参孙帅:《人性的关系性:奥古斯丁论人作为"形象"》。进一步参见 Jean-Luc Marion, *Au lieu de soi: L'approche de Saint Augustin*。

上帝对自我具有超越性，这种超越性并非简单的外在超越，亦非只是存在秩序中的等级关系，而是一种更深的内在性：上帝超越于我、高于我，是因为他比我最内在的部分还要内在，内在到在我之中却无法被我把握。更深的内在意味着更深的超越。基于这种内在的超越，奥古斯丁将古典灵魂的自然结构——比如柏拉图那里的理性、意气与欲望——转化成了自我的无限深渊。只有在心灵的内在深渊中，个体才可能找到超越者上帝。所以，接触新柏拉图主义著作之后，奥古斯丁哲学很快便确立了一条核心的运动路线：通过由外而内的转向，即由外物到灵魂，再由灵魂到上帝的转向，来构建自我与上帝之间的内在关联。

根据奥古斯丁在不同著作中的不同表述，认识自我与认识上帝，要么统一于灵魂对真理的理解或真理对灵魂的光照，要么统一于永恒上帝作为"现在的记忆"在心灵深处的持续在场，要么统一于心智三一与上帝三一的类比，要么统一于上帝作为真正的"内在人"对内在自我的构造。无论从哪个角度来讲，自我与上帝之间都是自由的内在关系："自由"，是因为这种关系不是自然必然的，而是取决于自我对上帝的意志转向；"内在"，是因为超越者上帝就在自我之中，并构成了最深的自我。

让我们回到加尔文。笔者认为，在受奥古斯丁影响讨论自我与上帝的双重认识时，加尔文决定性地将后者的内在路线扭转成了某种意义上的外在路线，从而彻底抽空了自我的内在性，使上帝对自我成为外在超越的无限存在。从加尔文对双重认识的处理中不难发现，他并未明确主张自我与上帝之间存在任何内在纽带的可能性，反而着力解构奥古斯丁在自我与上帝之间建立的深度关联，抽空上帝在自我之中的内在性以及人性本身的神圣性。上帝不再（在奥古斯丁意义上）以任何内在方式构造自我,既不在自然意义上构成我的本质规定性,也不在超自然或内在心理意义上构成我的自由规定性。换言之,上帝与自我之间相似性的抽空,使上帝丧失了对自我而言的内在性,成了外在于我的绝对超越者。正如文德尔(François Wendel)所言,加尔文从一开始就将自己的神学置于一个基本的"改革"原则之下:上帝的绝对超越性及其"相对于人的完全的'他者性'"(total "otherness" in relation to man)。只有尊重上帝与造物之间的无限距离,放弃所有可能抹杀神人之间极端区分的混合,才是基督教的、符合《圣经》的神学。① 奥古斯丁当然也承认造物主对受造物的超越性,只是他认为上帝对人更多是内在超越,而到加尔文这里,上帝对人更多是外在超越,以至于上帝最终成了没有任何内在性的"他者"。

加尔文的遣词造句试图向我们传达这样一个意象:人对上帝的认识是上升,人对自我的认识是下降。② 但这里的上升和下降,并非古典自然秩序中的高与低,亦非奥古斯丁意义上的内与外,而毋宁说主要意味着上帝对自我的超越,一种抽空内在性且以异质性为前提的超越。奥古斯丁把上帝放进人心,从而使每个人都成为无法把握的"深度自我";加尔文则让上帝撤出人心,从而使每个人都成为无限空洞的"虚无自我"。在奥古斯丁那里,只有那些挖到心灵最深处的个体才能发现上帝,才能认识到自我与上帝在什么意义上是一致的;而在加尔文这里,只有那些看到神人差异的个体才能发现上帝,认识到上帝的无限存在和自我的无限虚无之间有多么遥远的距离。面对上帝这个外在超越的他者,每个个体都既被瓦解了自然根基,又被抽空了内在深度,最后只

① François Wendel, *Calvin: Origins and Development of His Religious Thought*, p.51.
② 除了前面的相关引文,又可参见1.2.1。

剩下一个废墟般的虚无自我：

> 如果我们是虚无，请问我们能做什么呢……除了赤裸可耻的
> 贫乏与空无，不要认为我们还有什么可以献给主。(3.14.5)

由此可见，加尔文在《要义》第一卷第一章强调的双重认识之间的统一性，实际上建立在上帝对于自我的绝对外在性、超越性和他者性基础之上。只要认识自我就需要且不会不认识上帝，只有认识上帝才能真正认识自我。之所以会产生这样的认识论循环，不是因为自我与上帝之间有任何内在的统一性，而是因为二者不仅没有统一性，而且还截然对立：自我之于上帝，好比不义之于义，愚蠢之于智慧，软弱之于权能，欠缺之于丰富，恶之于善。如果认识不到自我是不义的，就不会承认义唯在上帝，反过来说，如果认识不到上帝是完全的义，同样也不会承认自己不义。一方面，自我与上帝是两个完全异质的东西；另一方面，对自我与上帝的认识却是在同一个认识论循环中进行的。所以，若要获得加尔文所说的"真实可靠的智慧"，正确认识自我与上帝，就要毫无保留地抽空上帝之于自我的内在性，将其置于外在于我的绝对超越性之中。

对上帝与自我的认识是同一个认识，无论上帝还是自我都不可能脱离对方而被认识。在这个意义上，沃菲尔德很早就正确地指出：对上帝的认识是我们在借以认识自我的同一个行为中被给予的，即在认识自我的过程中认识上帝；我们必须认识到相对上帝而言，自我是依赖、派生、不完善和回应性的存在(responsible being)。[①] 上帝与自我之间内

---

① 参见 Benjamin B. Warfield, "Calvin's Doctrine of the Knowledge of God," p. 221。

在性的抽空与外在性的建立，并没有使人成为自由自足的存在，反而使之更加依赖作为绝对他者的上帝。

由此可以看到加尔文与路德的一个关键区别。加尔文无疑接受路德对阿奎那"荣耀神学"及其背后"类比"观念的批判，但这丝毫不能掩盖他们二人在神学路线上的一个基本分歧，即加尔文并未因此像路德那样走上"十字架神学"的"隐藏之道"。对主张"十字架神学"的路德来说，上帝的隐藏同时就是上帝的显现，但对加尔文来说，自我而非上帝的隐藏才是上帝的显现：因为，虽然人成了上帝的对立面，上帝却并未隐于自身（即智慧、权能、善与义）的对立面。对加尔文来说，人性隐藏之处就是上帝显明之处：越是认识自我的恶、缺乏与虚无，就越能认识上帝无限的善，越是看到神人之间的差异而非类比，就越能推进对自我和上帝的认识。

总之，通过将上帝构造成与自我相异的绝对超越者，加尔文彻底抽空了奥古斯丁发明的"自我"，致使个体成了没有任何本质规定与内在深度的空无自我，成了丧失自然根基和内容的"没有品质的人"①。只有从加尔文对奥古斯丁自我概念的抽空出发，我们才能深刻理解加尔文为何如此激烈地解构奥古斯丁自我学说中的"意志"概念。

---

① 语出 Robert Musil, *The Man without Qualities*, 2 vols., trans. Sophie Wilkins, Burton Pike, New York: Vintage, 1996。

第二章　自然本性的抽空：
意志与恩典的运作

第一节　自由意志与自然本性

　　自我的抽空与加尔文对自由意志的解构密不可分。自我与上帝的内在关联决定了奥古斯丁必须尽可能平衡意志与恩典之间的关系，即便是晚年驳佩拉纠派的他也没有走到唯独恩典的极端。奥古斯丁认为，恩典是对意志的治愈与成全，目的是使人在恩典的推动与帮助下，真正通过意志自由地追求善。堕落使意志失去了主动向善的自由，恩典是对这种自由的实现而非消解。背离奥古斯丁内在道路的路德与加尔文，力图从根本上否定意志的自由力量，以便将从礼教中解放出来的个体制造为不自由的自由人，不无悖谬的是，这一点恰恰是通过对奥古斯丁的"恩典"概念的利用和改造来实现的。对加尔文来说，恩典只是上帝"主权"（sovereignty）的表现形式之一，上帝绝对主权下的意志不仅在拯救中没有任何实质自由可言，在其他事情上同样没有，即便是犯罪的自由也离不开上帝的运作。因此，自由意志或自由抉择仅仅是一个空名。而且，在对自由意志的解构方面，加尔文表现得比路德还要彻底，后者毕竟还承认意志在世俗事务中的自由。[1]　在对自由的否定背后，是加尔文对自然本性的完全抽空。只有在抽空本性，尤其是意志的自由力量基础上，加尔文才能真正走出希波主教的自我之路。为了揭示加尔文虚无人性论的具体内容，本章将基于"本性全然败坏"这一新教人性论的基本前提考察意志与恩典的关系问题，下一章将着重分析上帝在作恶之人心中的运作方式。

在《要义》第二卷，加尔文试图通过对保罗书信（尤其《罗马书》第三章）的解读，证明原罪完全败坏了包括身体和灵魂在内的人类本性。他告诉我们，"若不经过重生，我们就没有什么东西是属灵的。因此，我们从本性那里获得的一切都是肉身"（2.3.1）。由于原罪的败坏和遗传，"想在人的本性中寻找任何善都是枉然的"（2.3.2）。因为，"人之中的一切，从理智到意志，从灵魂甚至到肉身，都已经被这种贪欲玷污和充满。或者，更简单地说，从其自身来讲整个人不过就是贪欲"（2.1.8）。超自然的赐予（诸如义、信、对上帝和邻人的爱，以及对圣洁与义的追求）完全丧失，自然的恩赐（诸如心智的健全与内心的正直，理性与意志）则被彻底败坏。加尔文如此写道：

　　堕落之后，拯救所依赖的、白白赐予的善从人身上被剥夺，自然的赐予被败坏和玷污。因此，我们坚信下面这些颠扑不破、确定无疑的真理：人的心智已经完全疏离上帝的义，以至于它仅仅思考、欲求和从事那些不义、扭曲、污秽、不洁与罪恶的事情；人的内心如此浸泡在罪的毒液之中，只会散发令人厌恶的恶臭。即使有人偶尔表现出善的外表，他们的心智也始终包裹在伪善与虚伪之

---

[1]　关于路德的意志学说，参见《论意志的捆绑》（WA 18）。

中，他们的心灵也受缚于内在的扭曲。（2.5.19）。①

　　具体到意志问题，加尔文认为，作为自然本性的一部分，意志（像理性一样）在堕落的人性中有所残留，但如果没有恩典，意志必然只会犯罪和作恶，而没有选择善的自由。本性中残留的只是受捆绑的意志："由于与人的本性不可分离，意志并未消失，但却受邪恶的欲望捆绑，以至不可能追求正直之事。"（2.2.12）加尔文引用奥古斯丁的讲法，以极为悖谬的方式指出"意志确实是自由的，但并未被解放"（2.2.8）。所以，鉴于自由意志必然受罪奴役，只有摆脱义而无摆脱罪的自由，加尔文在列举奥利金（Origen）、奥古斯丁、伯纳尔德、安瑟伦（Anselm）、伦巴第（Peter Lombard）、阿奎那等神学家各种复杂的意志学说之后，坚定地认为自由意志或者"自由抉择"（liberum arbitrium）是一个应该取消的空洞概念。因为，作为灵魂的官能，"意志"（voluntas）虽然仍是败坏本性的一部分，但实际上已经丧失意志之为意志的本质特点，即"自由抉择"。在加尔文看来，说被捆绑的意志有自由抉择本身就是矛盾的。

　　加尔文的自由意志批判不只涉及概念之争，更是直指中世纪神学家对人性及其与上帝关系的理解。这里的关键是：意志自身是否有任何向善的倾向？加尔文看到，若要否定自由意志，不仅要证明若不领受"特殊恩典"，自由意志便不足以使人行善，而且还要进一步证明，意志被剥夺了向善的所有自然能力，即便是那种靠自身什么都不能做的微

---

　　①　根据加尔文，人最初从上帝那里获得的超自然赐予完全丧失，自然赐予虽败坏却有所残留，比如，作为人性构成部分的理性和意志并未消失，不过残存的理性在使人区别于动物的同时，也使人陷入错误之中不能自拔，常常不知道要认识什么，意志更是被恶欲捆绑而无法追求正直之事。进一步参见《要义》第二卷第二章关于自然和超自然赐予的详细讨论。与加尔文有所不同的是，路德否定超自然赐予与自然赐予的区分，认为人类始祖最初拥有的义本身就是人类本性的一部分，它的丧失就是本性本身的丧失。

弱倾向。[①] 加尔文认为,当上帝说"离了我,你们不能做什么"(《约翰福音》15:5),他的意思"不是说我们太软弱,因而靠自己是不够的;相反,他是要将我们还原为虚无,以便消除对微弱能力的所有肯定"(2.3.9)。加尔文的意图很明确,那就是用釜底抽薪的方式对意志进行解构,将被抽空自然能力的意志或人性还原为虚无,由此与中世纪人性论彻底划清界限。

加尔文以伦巴第的《箴言四书》为例来说明自己与中世纪神学家的区别。伦巴第区分两种恩典:一种是"运作的恩典"(gratia operans),一种是"协作的恩典"(gratia cooperans)。[②] 前者保证我们有效地意愿善,后者协助向善的意志追求善。这一区分令加尔文首先感到不满的是,伦巴第"在将对善的有效欲求(efficacem boni appetitum)归给上帝恩典的同时,却暗示人自身的本性以某种方式欲求善,虽然只是无效地欲求"。他注意到,也正是在这个意义上,伯纳尔德一方面承认善良意志是上帝的工,另一方面又认为人根据自身的本性就有对善良意志的欲求(2.2.6)。就是说,灵魂内在拥有欲求善的能力,但这种微弱的能力不足以支撑坚定的情感(affectum)或努力(conatum),只有在运作性恩典的推动下才会产生追求善的有效意志。加尔文很清楚,中世纪神学家普遍接受的这种观点意味着在原罪之下存在某种"纯粹自然状态中的人"(2.2.27),由此出发便很容易理解保罗描述的人性分裂:"因为立志为善由得我,只是行出来由不得我。故此,我所愿意的善,我反不作;我所不愿意的恶,我倒去作。"(《罗马书》7:18—19)

---

① 关于意志的捆绑,进一步参见 Calvin, *The Bondage and Liberation of the Will: A Defense of the Orthodox Doctrine of Human Choice against Phighius*, trans. Graham I. Davies, Grand Rapids: Baker, 1996。

② 参见 Lombard, *Sentences*, 2.26.1, trans. Giulio Silano, vol. 2, Toronto: PIMS, 2010, pp. 123-124。

根据这一传统观点，人在自然上就意愿善，只是如果没有恩典，人无法有效实现向善的自然意愿。

与此不同，加尔文认为，（在原罪处境下）人类本性根本就不存在中世纪神学家所谓的自然状态，不仅意志没有恩典就无法有效地欲求善，而且本性根本就不可能产生哪怕极为微弱的求善意志，这意味着保罗笔下"意志"与"行为"或灵与肉的分裂不可能在自然状态下出现；因为，这种自我分裂是重生者在恩典状态下的标志。也只有在这个意义上，我们才能真正理解加尔文何以会说人的本性是彻底败坏的。基于对本性中最低限度的善良意志的否定，加尔文拒绝承认意志与恩典之间有合作的任何可能性。在伦巴第看来，人之所以能与上帝的第二种恩典合作，是因为我们既能通过拒绝运作的恩典而使协作的恩典无效，也能通过顺服地跟随运作的恩典而确认之（2.2.6）。但在加尔文看来，人既没有向善的自然倾向，也没有拒绝恩典的可能性；换言之，人根本没有对抗恩典在自己身上运作的自由，所有临到意志的恩典都是上帝无法抗拒的力量。上帝推动人的意志，我们无法选择或服从或对抗这种推动，因为这种推动意味着"上帝有实效地作用于意志"。"恩典本身就是有实效的"（2.3.10），这种动力性和运作性的实效恩典完全排除了意志选择的自由空间。恩典不是成全意志，而是操控意志，被操控的意志严格来说已经不再是奥古斯丁意义上的自由意志。

不过，既然人连最低限度的善良意志都没有，那么又该如何解释"万物根据自然本能都欲求善"这一被普遍接受的哲学观念呢？加尔文不否认人与其他事物一样有欲求善的自然本能，但他不认为这与人的意志有任何关系，因为意志之为意志的关键不在自然本能，而在"考虑"与"选择"。也就是说，只有在欲求的对象被心灵考虑，进而被选择的时候，才可能出现意志行为，这也是为什么意志会被界定为"自由选择或

抉择"的原因所在。与意志不同,欲求善的自然本能是不以自由选择为前提的自然必然性:

> 事实上,如果你考虑一下人对善的那种自然欲求的性质,就会发现那是人与动物的共性。因为,动物也会欲求对它们而言的善,当某种刺激感官的善出现时,它们就会追求它。但人并不根据其不朽本性的卓越,用理性选择并热情地追求对他而言的真正的善,也不利用理性考虑并使心灵趋向真正的善。相反,人在不利用理性也不考虑的情况下,便像动物一样追随自己的自然倾向。因此,人是否被自然冲动推动着追求善,与自由选择没有任何关系。而自由选择则在于:通过正确的理性辨别善,知道后选择善,选择后跟随善。(2.2.26)

一方面,意志以理性的考虑与选择为前提,自然倾向则不包含任何理性成分;另一方面,自然本能不是对真正的善的欲求,而只是人性中自我保存或趋利避害的倾向,就像所有动物都有自我保存、趋利避害的倾向一样。这一自然本能或倾向并非指向某种目的论秩序,因为加尔文这里的讨论清楚地表明,事物根据本能欲求的"善"根本不是事物的自然目的,而只是利害意义上的自我保存。本性的败坏使人的意志不再可能欲求真正的善,重建与善的目的论关系,人性中只剩下趋利避害的自然倾向。简言之,"这里的'欲求'不是指意志自身的运动,而是指本性的倾向;善不是指德性或正义,而是指人顺利时好的境况"(2.2.26)。

既已否定意志向善的可能性,加尔文进而抽空德性的自然基础,将未重生之人(比如异教徒)表现出来的德性归因于上帝的恩典,而非他们的本性。加尔文无意否认被弃绝者或未重生的人也能做出有德性的行为，甚至有可能一生都过着正直的生活，但他认为这并不能说明人的本性有培养德性的自然能力。相反，"这应该帮助我们认识到，在本性的败坏中仍有上帝恩典的位置，不是洁净本性的恩典，而是内在地限制本性的恩典。因为，如果主允许每个人放纵贪欲为所欲为，无疑不会有人不承认自己会犯下保罗指控一般本性的所有那些恶行"（2.3.3）。德性并非源于本性中向善的自然能力，而是源于恩典对败坏本性的限制。"限制"不是"洁净"，不会使败坏的本性变得正直，而仅仅是约束倾向于犯罪的贪欲。

根据加尔文的看法，恩典对败坏本性的约束有三种基本表现形式：一、一些人由于"羞耻感"或"对法律的畏惧"而节制犯罪；二、一些人由于认为"正直的生活方式是有利的"而追求之；三、一些人凌驾于其他人之上，通过自身的"威严"在职分（officia）上控制其他人。败坏本性表现出的"德性"都是恩典特殊运作的结果，恩典之于他们仅仅相当于限制性力量的干预，即利用"羞耻""畏惧""趋利之心"或"权力欲"来约束本性的邪恶倾向。换言之，德性不是本性自然实现的结果，而是本性被恩典内在限制的结果。上帝之所以限制被弃绝者的本性，使他们成为人前的有德之人，并非要拣选或拯救他们，而只是出于保存受造物的需要。

> 上帝仅仅是用缰绳约束选民之外的其他人，免得他们为所欲为，因为他预见到对他们的预备有利于保存所有事物……因此，上帝用他的神意约束本性的悖逆，免得他们为所欲为，但他并未内在地洁净他们。（2.3.3）

所以，不管是英雄卡米卢斯（Camillus）还是恶人喀提林（Catiline），不管是人眼中的好人还是坏人，在本性上都没有丝毫区别，他们都深陷人类普遍败坏的虚无处境。即便是那些德性出众的人，他们正直行为的背后也都隐藏着邪恶的意志（参见2.3.5），他们身上的德性"并非自然的一般赐予，而是上帝分配给不虔敬者的特殊恩典"（2.3.4）。加尔文认为，像卡米卢斯这样的古代英雄身上的德性其实都是恩典分配和限制的结果，这并不表示他这样的人本性比喀提林那样的人更卓越，而只是意味着上帝随己意将特殊恩典赐予他们而没有赐予其他人。不管一个人看上去多么"卓越"，他败坏的野心总是驱使他玷污所有德性，也正因此，无论不虔敬者身上表现出多么值得称赞的品质，也都必须被认为毫无价值（2.3.4）。在《要义》第三卷的另一个段落中，加尔文再次强调指出，身为非信徒的有德之人虽然充当上帝"保存社会"的工具，他们的德性却由于内心不洁和动机错误而不能被视为真正的德性[1]：

　　虽然他们在正义、节制、友爱、自制、勇敢和明智方面是上帝保存社会的工具，但却是败坏地做出这些善行的。他们之所以被限制作恶，并非由于真的热爱善，而仅是要么由于野心，要么由于自爱或其他扭曲的动机。因此，既然这些善行由于人内心的不洁从源头就被玷污了，它们就不应该被视为德性，正如那些由于与德性相似而具有欺骗性的恶不应该被视为德性一样。简言之，只要我们记住正直之事（recti）不变的目的，即服侍上帝，指向其他目的的一切便都已经丧失正直之名了。因为没有仰望上帝的智慧规定的

---

[1]　关于加尔文与西方德性传统，参见 David S. Sytsma, "John Calvin and Virtue Ethics: Augustinian and Aristotelian Themes," *Journal of Religious Ethics* 48 (2020), pp. 519–556。赛特斯马过于强调加尔文与奥古斯丁和亚里士多德德性伦理的连续性，严重弱化了加尔文新教伦理与古典伦理的差异。对比另一项研究：Elizabeth Agnew Cochran, *Protestant Virtue and Stoic Ethics*, London: Bloomsbury, 2018。

目的，他们所做之事虽看起来是善行，却由于邪恶的目的而是罪。（3.14.3）①

　　总之，加尔文本性败坏论的用意在于用运作性的恩典毫无保留地抽空人性的自然能力，将神人关系奠基于上帝在空无自我中的主权性运作。因为，"只有人的力量被连根拔除，上帝的力量才能建立在人之中……这既是宗教最必需的，也是对我们最有益的"（2.2.1）。换言之，"出自我们的东西都应该被除去，以便我们能转向义；取而代之的一切都出自上帝"（2.3.8）。可见，用上帝的力量抽空并取代自我的力量，同时又不认为上帝与自我之间具有内在的统一性，是加尔文思想一以贯之的主张。基督徒生活中最重要的两件事，"皈依"与"坚韧"，便是上帝力量在空无自我中运作的典型体现。

第二节　皈依与坚忍：恩典在空无意志中的运作

　　根据奥古斯丁《忏悔录》第八卷呈现的著名案例，恩典与自由意志的关系被认为是基督教"皈依"（conversio）问题的关键。加尔文一方面在整体上延续了强调恩典的奥古斯丁进路，另一方面又果断消解意志在皈依中的自由能动性。奥古斯丁将皈依困境理解为意志的自我束缚和分裂，即意志不服从自身的命令，在抉择皈依时既意愿（velle）转向上帝又意愿不（nolle）转向上帝，这一困境的克服得益于恩典将意志从自

———————

　　① 在《要义》第三卷，加尔文从称义问题出发区分出四种不同的人（3.14.1），像这样的人属于第一种，主要指异教徒。

我束缚中解脱出来。① 按照学界的通常看法,在奥古斯丁那里,恩典与意志之间不是"建立"与"拔除"(用加尔文的话说)的替代关系。相反,恩典是对意志自由的成全,只有在恩典作用下意志才能真正自由地转向上帝。而到加尔文这里,皈依完全成了上帝的工作,就连向善的意志本身都被理解为恩典运作的结果。

加尔文分析指出,意志的皈依发端于上帝在我们之中所做的善工,即"在我们内心激励对义的爱、追求与热诚,或者更准确地说,扭转、塑造、引导我们的心转向义"。在他看来,我们不能将恩典在皈依发端中的这一作用理解为"协助"软弱的意志,以便它能有效地选择善;而应该理解为对意志的"更新",使其重新被赋形。因为意志的问题不是软弱,即没有足够的力量有效地追求善,而是完全败坏,即丧失了对善的欲求。"更新"是指,"我们意志自身的一切都要被除去,用来自上帝的东西取而代之"。意志被除去,不是说作为本性构成部分的意志不再存在,而是说从邪恶意志变成善良意志,或者说被造为新的意志,但"这完全是上帝的作为……意志中的所有善都只是恩典的作为"(2.3.6)。换言之,皈依以抽空意志本身的一切为前提,使之成为没有任何内容的空洞容器,然后恩典得以在其中向着善有效地运作。作为向善的开端,皈依要求清除人类共同本性中的一切规定,由此使上帝在空洞意志中进行无中生有的新创造:"我们的皈依是新灵与新心的创造。"(2.3.8)

对加尔文来说,皈依的再造首先意味着意志和整个人性的力量被还原为虚无、变得空无一物,因为包括意志内在的整个本性都已经败坏到不可修复的程度。只有这种抽空一切内容,以至于无所谓善恶的中性意志,才能成为恩典运作其中的工具,才能在上帝的激励与扭转之下

---

① Augustine, *Confessions*, 9.1.1.

朝向善。空无的意志就是不再有任何向善能力的质料性意志，它不可能在自身的皈依中发挥任何能动作用，不可能为恩典做准备或伴随恩典，更不可能与之有任何协作。对于无力向善的空无意志而言，皈依是且只可能是恩典独自运作的结果。[①]

加尔文不仅将皈依视为运作性恩典在空无意志中的创造，而且将皈依后的"坚忍"（perseverantia）视为恩典给意志施加的实效。根据中世纪的一般看法，首先，在原初的运作性恩典推动下，意志完成对善的转向，即皈依；其次，为了奖励意志对原初恩典的接受和感激，上帝随后赐给人协作的恩典，使人能够经过努力完成皈依开启的善工并坚持到底，这就是所谓的"坚忍"（参见 2.3.11）。加尔文认为，正如皈依是在人心中独自运作的恩典，皈依后的坚忍同样是上帝白白赐予的恩典，与意志的努力和功德无关，意志也不可能主动与之协作。无力和空无的意志本身并未在皈依之后变得刚强有力，因此始终需要恩典独自有效的运作。无论意志的转向还是坚忍，无论善的开端还是完成，都不取决于人自身，而唯独取决于上帝的主权性运作。

所以，加尔文强调坚忍的恩典也是实效性的：坚忍是有实效的，人对此种实效恩典根本没有接受或拒绝的自由（2.3.10）。除了上帝无法抗拒的恩典，没有其他原因能解释"为什么有些人坚忍到最后，其他人却在一开始就跌倒。因为坚忍本身也是上帝的赐予，他并非将其无差别地赐给所有人，而是仅赐给他高兴赐给的人"。换言之，之所以会有的人坚忍有的人跌倒，其原因只能是"主用他的力量支撑前者，使之刚

---

①　需要指出的是，皈依与拣选密不可分："确实有足够充分的理由相信，善唯独源于上帝。只有在选民中才能发现向善的意志。而我们必须在人之外寻找拣选的原因。由此可见，人所有的正直意志不是出自人，而是出自我们在创世之前就借以被拣选的神之美意（beneplacito）。"（2.3.8）关于拣选，参见本书第十七章的专门讨论。

强而不至于毁灭，但对于后者，他并未赐予同样的力量，以便其他人以不坚忍的他们为戒"（2.5.3）。在向善的道路上，坚忍与否和个体的意志没有任何因果关系，而仅仅取决于上帝是否白白地赐予力量，从而使空无自我成为恩典独自运作的工具。凡被赐予坚忍恩典的人，最后一定会坚忍到底，作为工具的他们没有任何本性之力与坚忍的恩典合作，也不可能拒绝之。正如皈依的恩典是有实效的运作性恩典，败坏的意志不可能为之作任何准备，坚忍的恩典同样是有实效的运作性恩典，已经向善的意志也不可能与之有任何合作的自由。这两种恩典有先后，却无本质区别。

简言之，恩典在空无意志中的有效运作贯穿善行的开端与完成，以下三个方面都唯独源于上帝："意志开始爱正直，热情地渴望正直，被激励和推动着追求正直；其次，选择、追求与努力不会落空，而是能够达到实效；最后，坚忍到底。"（2.3.9）①

至此，加尔文抽空意志之自然力量的目的变得一目了然，那就是让上帝完全占据空无的自我，让恩典的有效运作成为个体皈依并坚忍到底的全部动力。为了更好地认识上帝，虔敬之人应该在自我之中充分感受重生之灵的运作，这种感受不应该变成对自我力量的感受，因为意志始终空洞无力，始终需要有效的运作性恩典推动它，始终没有任何力量与之同工。只有恩典持续独自有效地运作，才能让意志始终保持虚无空洞的中性状态。上帝对意志的控制不只表现在向善之人那里，同样表现在作恶之人那里。

---

① 又比如："当主在好人之中建立他的国时，他用他的灵限制他们的意志，以免他们放纵肉欲，根据自身的自然倾向摇摆不定。为了使他们的意志追求圣洁与义，主用他义的准则扭转、塑造、影响、引导意志。他用他灵的权能加固和坚定他们的意志，以免意志动摇跌倒。"（2.5.14，进一步参见2.3.11—14中的多处讨论）

第三章　意志与恶的工具化

上一章围绕恩典与意志的关系展开，初步澄清了上帝在自我之中的实效性运作，这种运作既体现在对败坏本性的限制上面，也体现在圣徒的皈依与坚忍上面。下面我们来分析与之相对的另一个问题：当坏人作恶时，上帝与意志之间是什么关系？[1]从上帝的主权来看，意志在行善的道路上根本没有属己的自由，无论德性、皈依还是坚忍都完全取决于恩典的有效运作。但这是否意味着，那些没有得到恩典的人，就能凭借自己的意志在作恶的道路上自由地堕落呢？加尔文的回答是否定的。

我们知道，奥古斯丁当年之所以用"意志"概念来解决恶的起源问题，是为了克服摩尼教二元论，将恶的原因理解为人的意志而非上帝。[2]而加尔文则认为，犯罪的意志同样受上帝推动，但这样一来上帝岂不就成了恶的原因了吗？为了澄清加尔文对奥古斯丁意志论的突破及其可能造成的困境，我们需要回答的关键问题是：上帝在作恶之人的心中是如何运作的？《要义》第二卷第四章向我们呈现了加尔文在该问题上的基本观点，他在这一章的开头写道：

---

[1]　关于上帝与恶，参见 Paul Helm, *John Calvin's Ideas*, pp. 93 – 128。

[2]　参见奥古斯丁：《论自由意志：奥古斯丁对话录二篇》，第 71—188 页。

　　但是,因为当人受魔鬼奴役的时候,他看上去更受魔鬼而非自己的意志推动,所以我们要探讨二者在行为中分别起怎样的作用;接着,我们要解决这样一个问题,即我们是否应该将恶行的任何部分归给上帝,因为《圣经》暗示上帝用某种行为(nonnullam eius actionem)干预那些恶行。(2.4.1)

　　在加尔文的基督教伦理中,作恶不再只是坏人自身所为之事,因为人的意志这时似乎处在被"两面夹击"的不自主状态,不仅受魔鬼"奴役",而且受上帝"干预"。于是,加尔文就需要告诉我们:在作恶或犯罪这件事上,上帝、魔鬼与人彼此间的结构性关系是怎样的? 魔鬼与人的关系不难理解,因为根据奥古斯丁奠定的传统解释,受魔鬼奴役的人并非"被迫"听命于魔鬼,而毋宁说是他们"必然自愿"服从他。罪人对魔鬼的服从既是自愿的,也是必然的。这里真正的麻烦在于,在人自愿受魔鬼奴役这件事上,上帝到底扮演什么角色。

　　加尔文认为,凡是圣灵没有引导的人,上帝都将根据正义的判决任由魔鬼处置他们(2.4.1),这一方面是上帝抛弃悖逆者的结果,另一方面是魔鬼在他们心中运作的结果,以至于他们的罪恶也被说成是"魔鬼的作为"。不过,这样仍然没有真正澄清上帝、魔鬼与人在恶行中扮演的不同角色。下面让我们具体考察一下加尔文对行恶所做的结构性分析。

　　加尔文尝试用迦勒底人对约伯的抢掠说明上帝与魔鬼在人心里的运作。众所周知,为了回应魔鬼对约伯敬神的质疑,上帝允许他降下一系列灾难考验自己的仆人,使其丧失一切财产、儿女乃至健康,迦勒底人的抢掠便属于约伯遭受的众多灾难之一（《约伯记》1：17）。① 在关于这桩恶行的分析中，加尔文试图表明，迦勒底人、魔鬼与上帝三者都参与了"把骆驼掳去，并用刀杀了仆人"这件事：首先，这毫无疑问是迦勒底人亲手犯下的"恶行"（facinus）；其次，魔鬼在这件事上也没有停止"运作"（opere），因为经上说整件事都出自他的阴谋；最后，约伯也在其中认出了上帝的"行为"（opus），并将迦勒底人抢走的一切视为上帝收回的。加尔文的用词清楚地表明，我们必须将约伯遭受的抢掠理解为三者共同完成的行为，但又需要将三者的作用区别开来。

这一解释面临的挑战在于，"我们如何能把同一个行为的产生者（autorem）说成是上帝、魔鬼和人，而不同时给魔鬼开脱，（说他是）上帝的伙伴，或使上帝成为恶的产生者"（2.4.2）。与奥古斯丁不同，加尔文着重加强魔鬼和上帝——尤其是上帝——在恶行中的作用，但他又不敢公然推翻奥古斯丁的结论，即恶的原因是人的意志而非上帝。为了化解恶行的结构性张力，加尔文根据行为的"目的"与"方式"对上帝、魔鬼与迦勒底人做出如下区分：

> 如果我们首先考虑行为的目的（finem），然后考虑行为的方式（modum），就很容易理解。主的目的在于通过灾难锻炼其仆人的耐心；魔鬼竭力迫使约伯陷入绝望；迦勒底人则违背法律掠夺他人的财产。目的上如此巨大的差异已经足以将行为区别开来。方式上的差别也不小。主允许（permittit）撒旦折磨他的仆人；他选择迦勒底人作为使者执行这件事，允许并将他们交给魔鬼驱使。魔鬼

---

① 关于加尔文对约伯问题的解释，进一步参见 Susan E. Schreiner, "Exegesis and Double Justice in Calvin's Sermons on *Job*," *Church History* 58 (1989), pp. 322 – 338; Paolo de Petris, *Calvin's Theodicy and the Hiddenness of God: Calvin's Sermons on the Book of Job*。

用他的毒箭刺激迦勒底人的心,使他们完成这件恶行。迦勒底人则疯狂地行不义,用罪行捆绑和玷污他们所有的肢体。因此,我们可以恰当地说魔鬼在被弃绝者身上运行,在他们身上施行统治,亦即邪恶的统治。我们也说上帝根据自己的方式运行,(既然魔鬼是上帝愤怒的工具)用他的意志和命令任意操纵魔鬼执行他正义的审判。我说的不是上帝的一般性推动,即万物从中获得活动的效力,以便能维持下去的那种推动。我说的是每一个恶行中出现的(上帝的)特殊行为(speciali actione)。所以,我们看到,将同一个恶行归给上帝、魔鬼和人并不荒谬。相反,目的与方式上的区分,使上帝的义毫无污点地彰显,同时也使魔鬼与人的邪恶因自身的羞耻而暴露出来。(2.4.2)

针对同一个行为,上帝的目的是锻炼约伯的耐心,魔鬼的目的是使约伯绝望,迦勒底人的目的是掠夺约伯的财产,目的的不同决定了上帝是正义的,魔鬼和迦勒底人是有罪的。根据此前的传统解释,罪人被认为是在魔鬼的诱惑下通过意志自愿犯罪,无论罪人还是魔鬼都没有因此摆脱上帝的控制。因为,允许(注意仅仅是"允许")他们作恶的上帝不仅会根据正义惩罚他们,还会善用他们的恶行,从恶中产生好的结果。这种解释的关键在于,魔鬼和上帝虽然可以分别在"诱惑"与"允许"的意义上被理解为罪的间接原因,却不能直接被说成恶行的"产生者"(author)。在奥古斯丁以降的解释中,严格来讲只能说人的意志是恶的产生者,即恶的原因。加尔文的解释与此不同,他明确认为迦勒底人的行为同时也是魔鬼和上帝的行为,针对这同一件事,三个行为者的区别主要不在于是否是恶的原因,而在于他们的行为分别指向不同的目的。对于迦勒底人来说,魔鬼并非仅仅是诱惑者,上帝亦非仅仅是允许、惩罚并善用人的恶,因为在抢劫约伯财产这件事上,魔鬼和上帝无不通过自己的意志积极主动地运作其中。

　　相比"目的","方式"上的差异对于理解三者的关系来说更为重要。从行为的方式来看,我们很容易发现三者之间的控制与被控制:上帝通过意志操纵魔鬼,利用他刺激和推动迦勒底人犯下抢掠之罪。上帝和魔鬼都是迦勒底人行为的原因(尽管加尔文没有直接说是恶的原因),这必须在积极推动的意义上来理解,而不能仅仅被理解为外在的"诱惑"(魔鬼)或消极的"允许"(上帝)。表面上看是人在作恶,其实人的背后是魔鬼,魔鬼的背后是上帝;作为工具,魔鬼与人分别以各自的方式执行上帝的意志。结果,人的意志与上帝的意志之间便呈现出巨大的张力:一方面,加尔文不认为上帝与魔鬼的运行可以成为罪人为自己开脱的借口,因为毕竟是他们通过自身全然败坏的本性犯罪;但另一方面,魔鬼和上帝的主动运作又极大地侵蚀了奥古斯丁为意志开辟的自由空间。对奥古斯丁来说,如果上帝撤出恩典,罪人必然会自愿犯罪。但加尔文认为,若将上帝在罪中的所为仅仅是恩典的撤出,无异于将人的行为交给意志自身的倾向,将上帝在人犯罪这件事上的原因性地位降为消极的"允许"。在他看来,上帝在恶行中的作用必须被理解为神圣意志的主动运作,亦即对坏人及其行为的有效控制,以至于我们甚至无法想象有什么恶行是人的意志在上帝的积极干预之外自由做出的。

　　所以,上帝才是这桩抢掠事件背后的"终极操盘手",他利用魔鬼并通过魔鬼利用迦勒底人,将他们作为工具来操纵,以实现锻炼约伯之耐心的目的。相比传统神学家的解释,加尔文这种观点的要害在于,上帝对坏人的利用,不仅体现在善用他们的恶行,更体现在以有效运作的方式参与到人的行为当中,通过魔鬼积极推动他们作恶,虽然上帝行为的目的和方式,使他不至于被指控为恶的原因。另外我们看到,随着上帝主权的加强,魔鬼在加尔文笔下成了执行上帝旨意的工具。对那些作恶的人来说,魔鬼仿佛成了上帝的代理,是上帝通过操纵魔鬼不断刺激他们犯罪。在上帝的绝对意志与主权之下,魔鬼与人最终都成了上帝的工具:魔鬼"服从上帝的意志和权力,作为上帝的工具行事,而非自发行事(quam a se ipso auctor)……上帝利用这些邪恶的工具,让他们服务于他的正义,他将他们控制在手下,随意扭转他们"(2.4.5)。上帝对人心的掌控深入他们的意志之中,不是让不想犯罪的人产生犯罪的意志,而是通过"愤怒的工具"持续刺激和助长作恶的激情,让罪人顽梗地奔跑在罪恶的道路上永不回头。

由此出发,加尔文对上帝使人心"刚硬"(obstinatio cordis)的相关经文做出了极为激进的解释。《圣经》中提到上帝使人心刚硬的经文比比皆是,最著名的例子无疑当数《出埃及记》,摩西在经中多次说上帝使法老的心刚硬,推动他击打离开埃及、前往迦南的犹太人。比如,"我要使他的心刚硬,他必不容百姓去"(《出埃及记》4:21);"我要使法老的心刚硬,也要在埃及地多行神迹奇事"(《出埃及记》7:3)。与"刚硬"相似,经上还经常说上帝"弄瞎"被弃绝者的心眼,"扭转""驱使""强迫"人心(indurare reprobos, eorum corda vertere, inclinare, impellere, 2.4.3)。① 加尔文明确指出,内心被上帝变得刚硬是被弃绝者的标志,因为上帝在吸引他愿意拯救的一部分人转向他的同时,也使那些罪不可赦的被弃者内心刚硬(3.3.21)。问题是,我们该如何解释"刚硬"一词的意思及其揭示出来的上帝与罪人、上帝与恶之间的关系。

① 比如《要义》英译者巴特尔斯给出的代表性经文:"要使这百姓心蒙脂油,耳朵发沉,眼睛昏迷。恐怕眼睛看见,耳朵听见,心里明白,回转过来,便得医治。"(《以赛亚书》6:10)

　　加尔文看到,在如何解释"刚硬"问题上有两种代表性方案,其中一种方案将"刚硬"理解为"允许",即当上帝收回他的灵或恩典时,人心就变得刚硬了。根据这种方案,上帝使人心"刚硬"的意思就是"不软化"人心,刚硬是撤出恩典而非刺激罪欲的结果:当人观看、服从和跟随上帝的力量被剥夺时,我们就可以说上帝弄瞎、刚硬和扭转人心(2.4.3)。相比这种传统解释方案,加尔文认为更接近经文意思的是另一种方案。根据后面这种方案,所谓"刚硬"并非是消极意义上的"不软化",并非是上帝撤出恩典后对恶行的消极允许;相反,"刚硬"必须在肯定意义上被理解为上帝对犯罪意志的积极推动。加尔文写道,

　　　　为了通过他愤怒的使者(即魔鬼)执行他的审判,上帝随意预定人的意图,刺激他们的意志,坚定他们的努力。因此,当摩西叙述说西宏王不容百姓从他那里经过,是因为上帝使他的灵刚硬,内心顽梗,他接着又立刻补充上帝计划的目的,说那是"为要将他交在你手中"(《申命记》2:30)。可见,上帝既然愿意(volebat)让西宏王灭亡,刚硬他的心就是为毁灭所做的神圣准备。(2.4.3)

　　魔鬼确实是上帝刚硬人心的工具,但魔鬼的工具性并未削弱——加尔文也不打算削弱——上帝在犯罪意志中的主动运作,上帝与魔鬼的差别仅仅是目的和方式上的,(像西宏王这样的)罪人之心被刚硬的有效驱动力仍然直接来自上帝,因为所谓"刚硬",无非就是上帝的意志推动人的意志:"上帝随意预定人的意图,刺激他们的意志,坚定他们的努力。"这样我们就更充分地看到,加尔文之所以拒斥奥古斯丁提出的"自由抉择"概念,不只是由于人对善的转向绝对依赖恩典,更是由于受上帝意志随意扭转的人类意志根本就没有"原因在自身之中"或"始终

在自身的权能之中"的那种自由。① 加尔文发现，若要保障上帝对人的主权与超越性，就必须从根本上抽空意志自身的自由与权能，使之成为受上帝随意扭转的工具；被拣选者与被弃绝者的意志都完全受制于上帝，只不过前者在坚忍恩典的推动下积极筹划自己的生活，后者在上帝的主动干预下刚硬地陷入罪恶的深渊而不能自拔(进一步见本书第十七章)。无论行善还是作恶，人的意志都被抽空了实质的效力和权能，最终沦为质料性的空无存在；换言之，意志之为工具，必须以被剥夺内在的效力为前提，只有这样，加尔文才能将"行事的效力"唯独保留给主权者上帝：

> 因此你不能说，他们跌倒是因为被剥夺了上帝的指引。因为，若他们真的被刚硬和被扭转，上帝就是定意将他们转向那个目的。而且，每当上帝想要惩罚百姓的悖逆时，他是通过什么方式借助被弃绝者执行他的工的呢？他的方式使你看到，行事的效力在他手里，而他们仅仅是在执行。因此，上帝威胁说他将发咝声兴起他们，然后利用他们作捕捉以色列人的陷阱，作粉碎以色列人的大锤。而当他将希西家称为他手中的斧头(《以赛亚书》10:5)，用来劈砍以色列人时，就明确表明他并非无所事事。(2.4.4)

最后需要指出的是，相比同样主张意志被捆绑的路德，加尔文对自由意志的否定更加彻底，在他笔下意志的无力与空洞不仅体现在拯救与善恶之事上，而且体现在善恶或是非之外的尘世之事上。人的意志在任何事情上都没有不受神圣意志操控的自由，即便是在与精神生活无关的物

---

① 　参见奥古斯丁：《论自由意志：奥古斯丁对话录二篇》，1.12.26，第89页；3.3.7，第144—145页。

质生活方面。加尔文提醒读者,虽然知道人无力向善是拯救需要的首要知识,但与此同时,我们也不应该忽略意志在物质生活中的无力:

> 每当我们在心灵中倾向于选择对我们有利的,每当我们的意志倾向于此,或者相反,每当我们的心灵和内心避免会伤害我们的东西,我们要知道那都是主的特殊恩典。神意的力量增强到如此大的程度,以至于不仅使事情的发生如上帝所预知的那样是有利的(expedire),而且使人的意志趋向于同样的(目的)。如果用眼睛察看对外在事物的管理,我们确实不会怀疑它们受人的意志控制;但如果我们用耳朵倾听经上的众多见证——那些见证宣称主同样在这些事情上统治人的心灵——它们就将迫使我们承认意志本身受制于上帝的特殊推动。(2.4.6)

加尔文认为,人是否有"自由选择的能力",最终取决于人是否在任何事情上有"判断选择和意志倾向的自由",而不是像人们通常认为的那样取决于事情的结果(2.4.8)。问题是,即便从"判断选择和意志倾向"的内在角度来看,人也没有任何自由可言,因为正如前述引文所表明的,"意志本身受制于上帝的特殊推动",这种推动意味着神圣力量始终在人心有效地运作,亦即决定和扭转意志的倾向——不管是追求对我们有利之物的倾向,还是回避对我们有害之物的倾向。正是在这个意义上,加尔文说,"神意"的力量不仅表现为事情的结果必然按照上帝预知的那样发生,而且(更根本的是)使人的意志趋向于同样的目的。[①]"他们的心灵更多受制于主,而不是由他们自己统治。"(2.4.6)加尔文据此认为,是上

---

① 神意是本书第二部分的主题,这里不拟展开。

帝驱使埃及人将金银送给以色列人,驱使扫罗暴跳如雷地出征,驱使押沙龙不接受亚希多弗的计谋,驱使罗波安接受少年人的主意,等等。如果没有上帝意志对人心的扭转,如果只诉诸人的意志,诸如此类的事情根本就不可能发生。由此可见,

> 即便在外在之事上,每当上帝意愿为神意开辟道路的时候,他也转变和扭转人的意志,他们的选择并未自由到可以让上帝的意志不主导他们的选择。不管是否愿意承认,每天的经历都迫使你意识到,你的心灵取决于上帝的推动而不是你的自由选择。(2.4.7)

加尔文看到,就算在最简单的事情上,我们也会判断和理解错,在最容易的事情上,我们也会丧失勇气;与此相反,在困难重重的事情上,我们有时却能轻松筹划,在关键的重大事情上,却能临危不乱。这一切都说明,人在所有事情上都受上帝控制,作为工具的人类意志根本没有自己把握自己的自由和力量可言。

综上,在自由意志问题上,加尔文与奥古斯丁的立场形成了尖锐的对立,这种对立首先不在于二人如何看待意志与恩典在拯救中的作用,甚至不在于如何看待堕落处境中的意志是否以及有多大程度的自由,而在于二人如何看待自由意志本身及其与上帝之间的关系,或者更简单地说,在于二人是否承认人有自由意志(无论是否堕落),是否承认意志是一种自由的力量。在奥古斯丁那里,不管意志选择什么,它的决定都出自自身(哪怕这是一种习惯性的倾向),①这是意志作为一种自由力

---

① 奥古斯丁认为习惯在形成之初也是由意志构成的,参见 Augustine, *Confessions*, 8.5.10。

量的最终根据所在。加尔文之所以能够以最彻底的方式颠覆自由意志,就是因为他无情地抽掉了意志自我决定的自由,然后用上帝的驱使和运作重新为人的行为奠基。无论在奥古斯丁还是阿奎那笔下,意志作为上帝的工具,都是以自由抉择为前提的;在加尔文这里,意志作为工具,反而以意志的去自由为前提。唯有如此,全能的上帝才能以特殊而现实的方式在空洞无力的意志中随意运作,被抽掉自由力量的空无个体才能以最彻底的方式服从神圣主权在自我之中的运作。在这方面,加尔文明显深受司各脱和唯名论的意志论影响,但与他们不同的是,他在抬高上帝主权的同时完全抽空了人的自然能力与自由意志。加尔文为新教创造的自由心性并无自治之自由,他们面对的上帝是一位绝对支配个体的力量之神。

第四章 力量：加尔文的"上帝"问题

第一节 加尔文的力量神学

上一章从意志入手展现了加尔文空无自我学说的基本立场，下面让我们将考察的重点从双重认识论中的自我转向上帝，虽然前面对自我的考察同时是对上帝的考察。

加尔文在《要义》第一卷第一章的最后指出，不管对上帝和我们自己的认识如何相互关联，"正确的教导次序"（ordo recte docendi）都要求我们先讨论前者，然后再"下降"到对后者的考察（1.1.3）。对上帝与自我的双重认识之间的"先后"，不是存在等级或因果关系意义上的，而只是"教导"所需要的秩序，即先讨论上帝能够帮助我们更好地理解始终关联在一起的双重认识。实际上，类似的讨论次序同样存在于另外两个层次的双重认识之间（虽然具体原因有所不同）：对造物主的讨论（第一卷）先于对救主的讨论（第二至四卷），对受造人性的讨论先于对堕落人性的讨论。当然，我们这里的考察没有严格遵循加尔文所说的顺序进行。处理过自我问题之后，我们接着研究加尔文的上帝学说，这里关注的重点是他对造物主的理解。

《要义》对造物主的正式讨论是从第一卷第二章开始的，这一章的标题由两个问题构成："何谓认识上帝"以及"对他的认识要达到什么目的"。加尔文一上来便对此做出明确回答：所谓认识上帝，是指不仅要"意识到有某个上帝(aliquem... Deum)存在"，而且要"明白对他的认识会给我们带来(refert)什么，对于荣耀他有什么用(utile)"，简言之，能让我们"获得什么好处"(quod denique expedit)。这不是指失丧与被诅咒之人通过中保基督将上帝理解为救主的认识，而是指"那种原初而单纯的认识"，即如果亚当不堕落，"真正的自然秩序"(1.2.1)将引导我们获得的认识。接着，加尔文将对上帝的双重认识——认识造物主与救主——的区别表述为：

> 感受(sentire)上帝我们的创造者，用他的权能(potentia)支撑我们，用他的神意统治我们，用他的善抚养我们，用他的各种赐福维护我们，是一回事。接受他在基督里向我们提供的和解恩典是另一回事。因为，主先是在世界的创造和《圣经》的一般教导中显现(apparet)为造物主，然后才在基督里显现为救主。这样就出现双重认识(hinc duplex emergit eius cognitio)，我们现在先讨论前者，随后再按照次序讨论后者。(1.2.1)

对造物主的认识先于对救主的认识，这在一定程度上是由上帝的"显现"次序所决定的，即首先作为造物主显现在世界中，并由《圣经》的教导加以确证，然后作为救主显现在基督中。当然，这并不意味着对上帝的双重认识在内容上可以截然区别开来或相互独立，因为二者只是同一种认识的两个面向，而非两种完全不同的认识。我们接下来的任务主要是澄清关于上帝的第一重认识，然后将在第三部分处理第二重认识。

首先要指出的是,加尔文所说对造物主的认识,不只是对上帝如何创造万物的认识,更是且主要是对上帝作为造物主如何保存和统治世界的认识。[①] 根据基督教的创造论,尤其奥古斯丁以降的神学传统,上帝针对世界的工作不仅包括创世六日之工,还包括"作事直到如今"(《约翰福音》5:17)之工,即对受造物的治理。加尔文在延续这一传统区分的同时,更加强调上帝对世界的治理,即主要从世界的保存来理解造物主,这一点在本书第二部分的讨论中将会看得更清楚。而且,正因为世界的创造指向上帝对世界的控制,加尔文才会对创造问题感兴趣,"造物主"的身份本身就意味着对世界的权力:因为上帝做了每件事,所以所有的主权和统治都是他的;整个世界都在他手中,他按照自己的意志治理世界。[②] 可见,加尔文所谓"认识造物主",主要是认识上帝对世界的保存、管理、治理或统治,并以此荣耀上帝,而非认识上帝如何创造万物的存在。

加尔文告诉我们,对造物主的认识包括对"有某个上帝存在"的意识,但这并非其神学认识论所要处理的重点。也正因此,《要义》没有像《神学大全》那样以关于上帝存在的证明作为神学起点。[③] 在加尔文笔下,认识上帝的关键在于把握上帝与人的关系,理解上帝如何对待人——用上述引文中的话说,在于感受上帝如何"用他的权能支撑我们,用他的神意统治我们,用他的善抚养我们,用他的各种赐福维护我们"。进言之,只认识到上帝应被所有人敬拜和尊荣是不够的,除非同时深信他是"一切善的源头",一切都要在他那里寻找,而这指的是:

---

　　① 关于加尔文创造学说的系统讨论,可参见 Rebekah Earnshaw, *Creator and Creation according to Calvin on Genesis*, Göttingen：Vandenhoeck & Ruprecht, 2020。

　　② William J. Bouwsma, *John Calvin: A Sixteenth Century Portrait*, p.163.

　　③ 关于这一点,参见 T. H. L. Parker, *Calvin's Doctrine of Knowledge of God*, pp.7-9。

正如上帝曾经造了这个世界，他不仅用无限的权能维持它，用智慧控制它，用善保存它，尤其是用义与审判统治人类，用怜悯宽容人类，用护佑看顾人类，而且没有任何一点智慧、光、义、权能、正直或真理不是源于他，不以他为原因。(1.2.1)

加尔文说智慧、光、义、权能、正直、真理源于上帝，所根据的主要不是存在的分有（尤其是创造意义上的分有），而是上帝对世界的治理：这些东西都来自上帝、以上帝为原因，是因为上帝用这些东西保存和治理世界（用权能维持、用智慧控制等），而不是因为人和其他造物从上帝那里分有这些东西，或者说，不是因为作为原因的上帝在作为结果的受造物中产生了这些东西。也正因此，尽管加尔文反复强调所有的智慧、义、权能和真理等都源于上帝，却并不认为受造物以符合自身本性的方式分有智慧、义、权能和真理。这一切唯独属于上帝，它们所揭示的仅仅是上帝与世界之间治理与被治理、统治与被统治的外在关系，而不是借由存在的分有建立起来的形式因或目的因意义上的内在关系。①

---

① 参见米尔班克对加尔文和改革宗的批评：John Milbank, " Alternative Protestantism: Radical Orthodoxy and the Reformed Tradition," in *Radical Orthodoxy and the Reformed Tradition: Creation, Covenant and Participation*, eds., James K. A. Smith and James H. Olthuis, Grand Rapids: Baker, 2005, pp. 25 – 41。相关讨论进一步参见 Wolter Huttinga, "Participation and Communicability: Herman Bavinck and John Milbank on the Relation between God and the World," doctoral dissertation, Theologische Universiteit Kampen, 2014; Jared Michelson, "Reformed and Radically Orthodox?: Participatory Metaphysics, Reformed Scholasticism and Radical Orthodoxy's Critique of Modernity," *International Journal of Systematic Theology* 20 (2018), pp. 104 – 128。晚近学界对加尔文"分有"学说的强调，不仅显得有些矫枉过正，而且大大偏离了加尔文思想的初衷，相关文献可参见 J. Todd Billings, *Calvin, Participation, and the Gift: The Activity of Believers in Union with Christ*, New York: Oxford University Press, 2007; "United to God through Christ: Assessing Calvin on the Question of Deification," *The Harvard Theological Review* 98 (2005), pp. 315 – 334。另可参见一项关于加尔文与阿奎那的对比研究：Charles Raith II, *Aquinas and Calvin on Romans: God's Justification and Our Participation*, Oxford: Oxford University Press, 2014。

加尔文关于认识造物主的讨论,一方面表明上帝与世界之间被剥夺了分有论的"内在性",另一方面也揭示出加尔文基于"外在性"重建神人关系与世界秩序的努力。在一个内在性被抽空的世界中,如何重构上帝与世界、上帝与个体之间的关系,是唯名论留给加尔文以及整个近代西方思想的基本问题。

在这个问题上,加尔文思想暴露出了极大的革命性。因为,上帝对世界的治理一旦丧失存在与善的本质规定性,就将只剩下"力量"的无限性。所以,加尔文在前述引文之后紧接着说:

> 因为,对上帝力量的这种感受(hic virtutum Dei sensus),就是(教导)我们虔敬的合适的教师,宗教便是由此产生的。(1.2.1)

在后来的改革宗经院主义那里,virtus 一词常用来指与力量、情感或道德品质相关的"上帝属性",诸如善、福、义和真。[1] 不过,加尔文在著作中并未对神圣属性做出明确的界定与区分,他笔下频繁出现的 virtus、potestas、vis 等概念多在原义上使用,[2]侧重指上帝的力量、权能、德能或权力,且是在受造世界中实际运作的现实力量,而非上帝就其自身而言的抽象能力。当加尔文谈论上帝的力量或权能时,多是针对世界的受造或治理而言的,而且多是指在运作中实现出来的力量。也

---

① 参见 Richard A. Muller, *Dictionary of Latin and Greek Theological Terms: Drawn Principally from Protestant Scholastic Theology*, 2nd edition, Grand Rapids: Baker Academic, 2017, "virtutes Dei," "attributa Dei"。

② 鲍思玛的研究表明,加尔文著作中处处充斥着"力量"(power)与"无力"(impotence)这对概念及其相关词汇,前者侧重指能量、创造性、生命与热情,后者侧重指无生气、迟钝、死亡、冷漠。William J. Bouwsma, *John Calvin: A Sixteenth Century Portrait*, p.162. 关于加尔文与上帝的属性问题,进一步参见 Benjamin B. Warfield, "Calvin's Doctrine of God," *The Princeton Theological Review* 7 (1909), pp.381–436。

正因此，无论是认识上帝对世界的维持、控制和保存，还是认识他对人类的统治、宽容和看顾，在此均被加尔文归结为对神圣力量的感受（sensus）。

进言之，造物主与世界之间既已丧失存在的内在关联，上帝对世界的治理便不再意味着万物及其整体之内在秩序的展开，不再意味着实体形式的实现和对自然目的的趋向，而主要意味着上帝力量本身的实施与荣耀。在这个意义上，上帝与世界之间主要是动力因意义上的力量关系，而且这种动力因已经脱离与目的因和形式因之间的存在论关联，成为理解上帝与世界问题的主导范畴。在阿奎那晚期著作中，造物主与受造物的关系同样可以被表述为动力因意义上的因果关系，但与加尔文不同的是，这一关系被阿奎那进一步界定为受造物对上帝的分有。在唯名论的深刻影响下，加尔文将动力因从形式因和目的因中独立出来，使之变成没有内在形式和目的的力量，[①]这种赤裸的力量既没有在上帝与万物之间产生分有关系，也不推动每个受造物以各自的方式实现自身的本性。在加尔文的世界里，上帝首先不再以被分有的方式在万物之中，而以统治和治理的方式在万物之中，不再以首要存在原理的方式在万物中，而以第一动力因的方式在万物中。换句话说，权能或力量才是上帝最根本的特点，智慧、光、义、权能、正直、真理等神圣属性都可以还原为权能，都可以被视为神圣权能的表现。用加尔文自己的话说，"我们在《圣经》中听到的与我们在天地中注意到的是同样的力量：仁慈、善、怜悯、义、审判、真理。因为力量与权能都包含在以罗欣（Elohim）这一称号之下"（1.10.2）。

认识上帝就是认识上帝的力量，这不是传统形而上学推崇的对神

---

① 相关思想史梳理，参见吉莱斯皮：《现代性的神学起源》，尤其导言和第一章。

圣本质的直观和理解,而是颇具感官与情感色彩的"感受"或"感觉"。①
对人来说,上帝就是他向我们或为我们彰显的力量,认识上帝就是直接
而现实地感受他的力量。正如一位加尔文学者所指出的,上帝的临在、
荣耀与威严在很大程度上是通过外感官(external senses)感知到的,对
它们的认识是通过感官"强加"(force)给人的。② 是否相信神圣力量对
世界的统治,是检验信徒虔敬与否的重要标志:在加尔文看来,虔敬的心
灵总会保持勤勉,以免胆大妄为,背离或逾越"上帝的意志";"虔敬的心灵
认识上帝,因为它知道上帝控制万物,且相信他是监管者和保护者,因而
完全信任他"(1.2.2)。力量既是最直接的,也是最超越的;上帝越是对受
造物施加力量,就越能显示自身的超越性。

第二节　"感受"上帝:从本质到力量

在加尔文的"力量神学"中,上帝就自身而言的存在是什么(Deus in
se),以及存在之为存在是什么,这一"存在-神学"(Onto-theo-logy)问题

---

① 加尔文在《要义》中相当频繁地使用 sensus 一词。汉考克甚至认为,加尔文这里
的"秩序"就是对上帝权力的感知,但汉考克使用的概念是 consciousness。参见汉考克:
《加尔文与现代政治的基础》,第 185—203 页。

② Cornelis van der Kooi, *As in a Mirror: John Calvin and Karl Barth on Knowing God*,
trans. Donald Mader, Leiden: Brill, 2005, pp. 76 - 77. 有学者认为,在五感官中,加尔文侧
重强调"触觉"——没有特定感官且一向被认为是最低的感觉——对于感受神圣力量的
重要性,触觉在其神人关系学说中的重要性盖过了代表观看与沉思的"眼睛"。参见 Mar-
jorie O'Rourke Boyle, *The Human Spirit: Beginnings from Genesis to Science*, Pennsylvania:
Pennsylvania State University Press, 2018, p. 206; *Senses of Touch: Human Dignity and Deform-
ity from Michelangelo to Calvin*, Leiden: Brill, 1998。对比一项从"视觉"切入的加尔文研
究:Franklin Tanner Capps, "Beholding the Image: Vision in John Calvin's Theology," doctoral
dissertation, Duke University, 2018。

已经变得不再重要，重要的是上帝对我们来说是什么（Deus quoad nos）。① 用加尔文的话说：

> 因此，提出"上帝是什么"这个问题的人不过是在猜谜。知道上帝是怎样的，以及什么符合他的自然（naturae），对我们来说更重要。若像伊壁鸠鲁那样信奉一位抛下世界不关心，只顾在闲暇中自己享乐的上帝，有什么好处呢？认识一位与我们无关的上帝，对我们有什么帮助呢？（1.2.2）

在加尔文这里，"上帝是什么"，成了一个被彻底悬置起来的问题。人根本无法理解上帝的本质（1.13.21、1.5.1），上帝也很少向人启示他自身的本质（1.13.1）。严格来说，只有上帝自己能够认识自己的无限本质："因为，尽管眼睛每日注视太阳，人类有限的心智仍不能确定太阳的本性，那么，它又如何能够测度上帝无限的本质呢？事实上，心智甚至都不知道自己的本质，它靠自身又如何能够发现上帝的本质呢？让我们心甘情愿地将关于上帝的知识留给他自己吧。因为，就像希拉利（Hilary）所言，只有上帝适合做自己的见证，他只有通过自己才能被认识。"（1.13.21）

表面上看，加尔文这么说似乎并没有什么特别的，因为在基督教形而上学中，上帝本质的不可理解性问题可谓由来已久，无论根据奥古斯丁传统还是阿奎那传统，尘世中的人都不可能把握上帝的本质。不过，

---

① 关于"就自身而言的上帝"和"对我们而言的上帝"，参见 Paul Helm, *John Calvin's Ideas*, Oxford: Oxford University Press, 2004, pp. 11-34。赫尔姆试图证明，上帝对我们的启示反映了上帝的本质，虽然后者本身是不可把握的。在笔者看来，这种看法实际上并不符合加尔文的神学思路。另外，赫尔姆书中关于加尔文与阿奎那的对比，忽视了两种神学道路之间最根本的差异。

对奥古斯丁与阿奎那来说，这并不意味着我们应该彻底悬置"上帝是什么"的问题，不再关心上帝与受造物在存在论上的内在关联。换言之，不能直接看到和把握上帝的本质，与不能以任何方式理解上帝的存在，并非一回事。在奥古斯丁那里，虽然永恒上帝是不可理解的，个体却依旧有可能通过灵魂上升或出神在一刹那看到上帝，有可能通过回到内在自我而找到上帝，有可能通过作为形象的心智三一在一定程度上把握作为原型的圣三一。在阿奎那笔下，人在此生无法看见上帝就自身而言的本质，只有永生中的人才能看见，虽然那时的人也无法完全把握或理解（comprehend）无限的神圣本质。不过与此同时，阿奎那还是承认人有可能获得某种关于上帝的实体性知识，或者说，有可能用"善""智慧""全能"等表示纯粹完满性的名称，以实体性甚至本质性的方式（尽管是不完全的方式）意指上帝。比如，我们说"上帝是善"，这一述谓在阿奎那笔下不仅意味着上帝是善的原因，更意味着受造物的善以更高更完全的方式首先存在于上帝之中。换言之，我们关于上帝所获得的知识并不是纯关系性的，并非仅仅在描述受造物和上帝之间的外在关系。相反，像"上帝是善"这样的知识同样具有内在的实体性，只不过我们需要从受造物及其与上帝的关系出发认识后者的实体，而不可能脱离受造物直接把握上帝就自身而言的无限本质。①

在上帝的不可理解性问题上，加尔文比奥古斯丁与阿奎那更进一步，他认为，人不仅无法把握上帝就其自身而言的本质是什么，而且不可能获得关于上帝本质或实体的任何知识。在这个意义上，人关于上帝的知识被抽空了一切内在性，我们不可能也无须知道上帝自身的本

---

① 关于阿奎那，主要参见 John F. Wippel, *The Metaphysical Thought of Thomas Aquinas: From Finite Being to Uncreated Being*, Washington, D. C.: The Catholic University of America Press, 2000, pp. 357-358。

质是什么,上帝的实体性存在是什么。

　　关于上帝的知识之内在性的抽空,从根本上揭示出一种新的神人关系。奥古斯丁与阿奎那之所以都认为,人应该且能够在某种程度上获得关于上帝的内在知识,一定程度上是因为上帝在存在上被理解为人的目的:这一目的论在奥古斯丁笔下意味着上帝是最深的自我,在阿奎那笔下意味着结果的完满性以无比卓越的方式首先存在于原因之中。奥古斯丁与阿奎那都认为,作为存在的分有者,人应该趋向于并认识上帝的存在,虽然前者更强调意志在趋向上帝中的作用,后者更强调理性的作用。在认识上帝问题上,加尔文悬置神圣本质且抽空知识之内在性的做法,等于在存在论上剥夺了上帝之于人的目的论地位。上帝不再被理解为人的目的,人无法也不必再认识上帝的实体和本质。可是,加尔文一方面主张人应该认识上帝和自我,一方面又认为有限的自我根本不可能把握无限的上帝,这难道不是自相矛盾吗? 为了化解其中的张力,加尔文引入一个核心的神学概念:俯就(accommodatio)。①

　　加尔文认为,由于人无法理解无限的上帝,上帝便由上而下“俯就”有限有罪的人类,让人们通过“启示”认识他——上帝的俯就便是人认识上帝所能达到的限度。所以,真正虔敬的心灵会满足于上帝自身向人显现出来的(1.2.2)。加尔文在讨论三位一体时指出,《圣经》常常按照人形描绘上帝,就像保姆以婴儿的口吻对婴儿说话一样,这种言说方式并未表达“上帝是怎样的”,而是“俯就我们关于他的有限知识”,他

---

① 相关研究可参见 Jon Balserak, *Divinity Compromised: A Study of Divine Accommodation in the Thought of John Calvin*, Dordrecht: Springer, 2006; Arnold Huijgen, *Divine Accommodation in John Calvin's Theology: Analysis and Assessment*, Göttingen: Vandenhoeck & Ruprecht, 2011; Ford Lewis Battles, “God Was Accommodating Himself to Human Capacity,” *Interpretation* 31 (1977), pp. 19–38; Edward J. Dowey, *The Knowledge of God in Calvin's Theology*, pp. 3–17。

这样做必然要从自身的至高处"下降"(1.13.1)。俯就是上帝的"下降",是他自上而下对人做出的启示。关键在于,俯就的启示所给出的绝非上帝本身是什么,或上帝本身是怎样的,而只是上帝对人意味着什么,即对我们来说他是怎样的、什么符合他的自然。加尔文告诉我们:

> 由于我们的软弱无法透达上帝至高(的奥秘),《圣经》向我们描述上帝时,就要屈就(submittenda)我们的能力,以便他能被我们理解。上帝通过这种屈就方式向我们呈现的,不是他本身是怎样的,而是他被我们感受成怎样的。(1.17.13)

加尔文试图用"俯就"概念将人的目光从上帝本身转移开来,使其聚焦到我们对上帝的感受上面,在悬置神圣本质的基础上彰显上帝的力量,以至于力量的彰显本身就蕴含着本质的悬置。从本质到力量的转向,对加尔文的上帝论来说具有整体意义,而不只局限于对造物主的认识,他在《要义》第三卷讨论"信"或"信心"(fides)问题时给出了几乎一模一样的讲法:

> 对信的理解,不是一个仅仅涉及"知道上帝存在"的问题,而主要是理解他对我们的意志。因为,我们关心的,与其说是知道上帝本身是什么,不如说是他意愿如何对待我们。因此我们认为,"信"就是关于神圣意志如何对待我们的知识,而这种知识是从上帝的言中获得的。(3.2.6)

真正的信,不在于认识上帝就自身而言的"本质",而在于认识上帝对我们的"意志",不在于"知道上帝存在"或"知道上帝是什么",而在于知道他的意志意愿如何对待我们；这种关于神圣意志的知识意味着在言或《圣经》中认识上帝的显现。在随后的讨论中，加尔文将"信"（即认识上帝对我们的意志），进一步明确为关于上帝之"慈爱"（benevolentia，字面意思为善好或善待的意志）的"确定而稳固的知识"。"信"这种知识的独特性在于，它主要是"内心"（cor）的情感性确信或信服，而非"心灵"（mens）或"大脑"的理解。[①] 严格来讲，作为信的对象，上帝通过"慈爱"对人显现出来的意志在"各方面都是无限的"，远远超出了人的理解（3.2.14），所以，信的确定性最终取决于"圣灵之力量对内心的加固和支撑"，而非对心灵的光照（2.2.33）。[②]

　　加尔文从创造论和救赎论给出两个相似表述说明，至少从人的角度来说，认识上帝就是认识他对我们是怎样的，即认识上帝对我们施展的意志和力量。对人来说，神圣力量的背后有无本质，本质是什么，已经变得不再重要，重要的是人是否足够确定地感受到神圣意志的无限力量。因为在加尔文这里，上帝的无限性首先表现为力量的无限："上帝的力量是什么样的？无限的，一种我们无法想象的力量。"[③]加尔文在讨论《圣经》的启示时指出，上帝时而用一些特定的符号"呈现神圣的临在"，以便可以说他被人们面对面看到，而他使用的所有符号，"既符合他的教导计划，同时也清楚地告诉我们他的本质不可理解"（1.11.3）。

　　我们可以将加尔文对上帝的这一理解概括为"从本质到力量或权能的神学转向"。在他这里，上帝主要不再作为理性所能认识的某种本质或实在出现，而是作为人所感受或感觉到的力量出现。对人有限的

---

　　① 在加尔文讨论信心问题时，cor 侧重指情感性的心，以区别于 mens，即理性或理智的心灵。在奥古斯丁以降的基督教传统中，animus 通常指理性灵魂，mens 指灵魂中最高的理智。需要指出的是，加尔文对 cor 与 mens 的使用并不十分严格，有时可以互换。

　　② 关于信心作为知识，详见本书第十一章。

　　③ Calvin, *Sermons on Job* 81, *CO* 34, p. 246.

认识来说,上帝就是力量,一种无须本质依托、不受本质规定的力量,一种始终在运作且指向我们的力量,一种需要个体去活生生地感受而非抽象地理解的力量。加尔文认为,《出埃及记》34:6—7①一开始重复两次"耶和华"的名,是为了彰显他的"永恒性"与"自存性",而随后提到的那些权能向我们描述的"不是上帝本身是什么,而是上帝对我们是怎样的",以便我们对他的认识是"活生生的感受"(vivo... sensu),而不是"空洞不居的思辨"(1.10.2)。加尔文在分析《诗篇》14:1所言"愚顽人心里说,没有神"时指出,那些不承认上帝的不敬之人,并不是"否定他的本质",而是"剥夺他的审判与神意",使之待在天上无所事事。这是与上帝最不相符的看法,因为这等于认为上帝放弃对世界的治理,将其交给机运,且无视人的恶行。换句话说,真正的愚顽与不敬不在于拒绝承认上帝存在,而在于"通过去除上帝的权能来剥夺他的荣耀"(1.4.2)。

总之,加尔文笔下的上帝首先不再是就自身而言的上帝,不再是人类上升所要达到的目的,而主要是与人相关、对人而言的上帝,是向人俯就的上帝。上帝的本质因其无限和超越而彻底悬置了起来,为了被人认识,上帝需要下降屈就人的有限性,向人彰显能够被感受的力量。与奥古斯丁或阿奎那不同,在加尔文这里,人对上帝的认识仅仅意味着上帝对人的俯就,而不再意味着人向上帝的上升:这种认识论"运动从上帝直接下降到人,而人不曾向上帝上升一步"。② 在加尔文的新教神学中,上帝的存在或本质是什么,上帝的本质属性和内在运作是什么,

---

① "耶和华在他面前宣告说:'耶和华,耶和华,是有怜悯有恩典的神,不轻易发怒,并有丰盛的慈爱和诚实。为千万人存留慈爱,赦免罪孽、过犯和罪恶,万不以有罪的为无罪,必追讨他的罪,自父及子,直到三、四代。'"

② T. H. L. Parker, *Calvin's Doctrine of the Knowlegde of God*, p. 13.

这些问题已经变得完全不可理解，也变得不再重要。上帝本质的不可理解性，不只意味着我们无法看见和把握上帝就自身而言是什么，而且意味着我们不可能获得任何关于上帝的实体性知识。加尔文"神学"的首要问题不再是上帝本身，而是上帝与世界、上帝与人的关系，是上帝通过力量在世界中展开的外在运作。上帝不再是本质的上帝，而是力量的上帝；不再是自身中的上帝，而是世界中的上帝；不再是与人无关的上帝，而是对人而言的上帝。这是一位可感而不可知的上帝："人类关于上帝的认识就在于，他无言地承认能靠感官感受到上帝的权力在自己身上的积极运作，因此上帝的自我荣耀就在于人类感知到他在创造物之中所积极行使的权力。"[①]

　　关于从本质到力量的神学转向，下面这段话给出了相当凝练而深刻的概括：

　　　　我们被邀请认识上帝，不是那种满足于空洞思辨、仅仅萦绕于大脑中的认识，而是那如果正确地获得且扎根于心，就将牢靠而有益的认识。因为主通过他的德能启示自己，我们可以在我们自身中感受那些德能的力（vim），并享受它们的恩惠。相比想象一个我们完全无法感知的上帝，这种认识必然能更活生生地触动（affici）我们。所以我们明白，寻找上帝最直接的道路和最合适的方式，不是试图出于好奇鲁莽地探究上帝的本质（本质应该被敬拜而非追根究底地研究），而是在他的工作中思考他，他通过工作使我们与他亲近、熟悉，并按照某种方式与我们交通。这正是使徒所指的，他说我们不用从远处寻找上帝，因为他通过自身最为临在的力量

---

　　① 汉考克：《加尔文与现代政治的基础》，第199页。

（praesentissima sua virtute）居住在我们每个人之中（《使徒行传》
17:27—28）。(1.5.9)

认识上帝不是理性的抽象把握,而是活生生的感受,不是用理性的
"大脑"探究上帝就自身而言的本质,而是用情感性的"内心"在上帝的
工作中感受他的德能和力量。上帝时刻临在于世界和人,这不是由于
他是存在的第一原理,而只是由于他始终作为力量运作于所有受造物
之中。上帝与世界之间最密切的关联,不是存在的分有,而是力量的统
治。力量既是上帝的超越性所在,也是他临在于世的基本方式。正因
此,对神圣力量的认识,不但不要求人离开自我向上帝上升,反而要求
人从上帝下降到自身,由此感受绝对力量在自我之中的俯就性运作,正
如加尔文所言,

　　虽然上帝的力量如此清晰地显现出来,但只有当我们下降到
自身之中,考虑主通过什么方式在我们之中揭示（exserat）他的生
命、智慧与力量,并为我们操练（exerceat）他的义、善与仁慈的时
候,我们才能把握上帝力量的主要趋势是什么,有什么价值,以及
我们为了什么目的思考它。(1.5.10)

第五章　显现:加尔文的"世界"问题

第一节　"拯救世界":阿奎那与路德之后

上文围绕加尔文的上帝概念初步澄清了从本质到力量的神学转向,其中触及但并未真正展开的一个问题是:在这一神学转向中,我们该如何重新理解上帝创造和治理的受造物整体即世界?另外,在力量化的上帝面前,作为受造物整体的世界意义何在?自我置身其中的世界与万物的创造者之间是什么关系?作为向第二部分"神意论"的过渡,本章将集中考察加尔文对世界的理解,以便进一步揭示加尔文从抽空之路出发对奥古斯丁与阿奎那内在道路的突破。

正如我们在导言中已经指出的,"世界"问题对加尔文之所以重要而迫切,与路德"十字架神学"对中世纪"荣耀神学"的批判密不可分,因为这一批判在很大程度上消解了世界对于我们认识上帝的意义。荣耀神学的基本观点认为,我们可以通过受造物的存在认识上帝的存在,保罗《罗马书》1:20 为此提供了最有力的支持:"自从造天地以来,神的永能和神性是明明可知的,虽是眼不能见,但借着所造之物就可以晓得,叫人无可推诿。"保罗的意思是说,从世界的创造开始,人们就可以通过可见的受造物认识上帝不可见的力量和神性。在阿奎那笔下,通过受造物认识上帝的可能性,与圣名及其背后的形而上学问题密不可分:当用于受造物的名称用于上帝时,比如上帝被称为善的、智慧的、义的等,这些表示完满性的名称是在什么意义上使用的呢? 是单义的(inivocal)、多义的(equivocal),抑或是类比的(analogical)? 阿奎那认为,这些名称既不是单义的也不是多义的,否则要么会抹杀受造物的完满性与上帝的完满性之间的差别,要么会使通过受造物认识上帝变得不可能。[①] 他认为,我们只能从单义与多义的中间项即类比出发理解那些用于上帝的名称,就是说,通过可见的世界理解不可见的上帝只能在类比意义上进行,这一学说被称为"存在的类比"(analogia entis)。

　　关于阿奎那的类比神学,西方学者 20 世纪中期以来的研究在很大程度上颠覆了卡耶坦(Thomas de Vio Cajetan)开启的传统解释,[②]他们认为阿奎那从早期到晚期的类比学说存在明显的发展或转向。比如,《〈箴言四书〉注释》强调内在的归属类比(analogy of attribution),即受造物由于分有上帝而产生不同程度的完满性;《论真理》强调外在的比例性类比(analogy of proper proportionality),即受造物及其属性之间的比例类似上帝及其属性之间的比例;《神学大全》《反异教大全》等晚期著作

---

① 阿奎那认为,受造物的完满性是可区分的、多重的,上帝的完满性则是单纯而统一的。比如,人的智慧区别于他的本质和其他完满性,上帝那里却并非如此。换言之,受造物并非作为动力因的上帝产生的充分结果,二者之间的相似是不完全的。阿奎那:《神学大全》,Ia, q13, a5, co.,第一册,第 178—179 页。

② 卡耶坦依据阿奎那《〈箴言四书〉注释》的相关内容,在影响深远的《论名称的类比》(De nominum analogia)中将"存在的类比"划分为三种:1. 不平等的类比,比如"形体"之于所有形体事物;2. 归属类比,比如"健康"之于药、尿和动物;3. 比例性类比,比如"看"之于眼睛和心智。卡耶坦认为,严格来讲只有比例性类比才是真正的内在类比。有现代学者试图为卡耶坦的观点辩护,认为所有的归属类比都需要还原或转化为比例性类比,参见 Steven A. Long, *Analogia Entis: On the Analogy of Being, Metaphysics, and the Act of Faith*, Notre Dame, Indiana: University of Notre Dame Press, 2012。

则进一步回到归属类比,不过,此时阿奎那开始强调动力因在结果中产生的存在相似性,以保证上帝对受造物的超越性。[①] 在他看来,作为主动作用者的原因产生的所有结果,都与原因相似(omne agens agit simile sibi),[②]这种相似不只是"存在"上的,更是"形式"上的,因为动力因将自身的范型因传递给结果,从而在结果中产生与自身相似(而非同一)的某种完满性。阿奎那在晚期著作中强调的归属类比,就奠基于原因与结果之间的直接相似性,[③]只不过,上帝在以原因方式内在于受造物的同时,依然保持自身的超越性,因为原因的完满性绝对超越结果的完满性。总之,从晚期著作来看,阿奎那倾向于从原因与结果之间的直接相似性出发理解上帝与世界的关系,由此使无限的上帝同时内在并超越于有限的世界。根据这种类比观念,世界与上帝既非完全相似,亦非完全不相似,而是不完全相似。

路德在其纲领性著作《海德堡辩论》中提出"十字架神学",就是要颠覆阿奎那建立在"存在的类比"基础上的"荣耀神学"。在路德看来,我们不能根据"类比"原则通过可见的世界认识不可见的上帝,而应该根据"对立"原则通过十字架上的死亡认识上帝,因为上帝不但没有以

---

① 参见 Bernard Montagnes, *The Doctrine of the Analogy of Being according to Thomas Aquinas*, trans. E. M. Macierowski, Milwaukee: Marquette University Press, 2004。关于阿奎那的类比思想及其发展,另可参考 George P. Klubertanz, *St. Thomas Aquinas on Analogy: A Textual Analysis and Systematic Synthesis*, Chicago: Loyola University Press, 1960; Ralph McInerny, *Aquinas and Analogy*, Washington, D. C. : The Catholic University of America Press, 1996; J. M. Ramirez, "De analogia secundum doctrinam aristotelico-thomisticam," *La Ciencia Tomista*, 24 (1921), pp. 20 -40, pp. 195 -214, pp. 337 -357; 25 (1922), pp. 17 -38。

② 关于阿奎那思想中的这一"相似性原则",参见 John F. Wippel, *Metaphysical Themes in Thomas Aquinas II*, Washington, D. C. : The Catholic University of America Press, 2007, pp. 152 -171。

③ 参见 Battista Mondin, *The Principle of Analogy in Prostestant and Catholic Theology*, The Hague: Martinus Nijhoff, 1963, pp. 86 -102。

类比方式显现在世界中，反而完全隐藏在了自身的对立面，即十字架所象征的死亡、软弱、愚拙、恶。换言之，上帝没有显现为存在和善，而是被虚无与恶所否定，这种否定被称为上帝的隐藏，如此路德就以最彻底的方式颠覆了传统形而上学的基本原则。在十字架神学的新教工程中，上帝不再是传统哲学家和神学家设想的存在和善，而是存在和善的对立面。在这个意义上，路德的隐藏之神无疑是一位虚无之神。按照《海德堡辩论》中的著名表述，那些通过理解受造物来观看上帝不可见之事（德能、神性、智慧、义、善等）的人，不配称为神学家；相反，只有那些通过观看受难和十字架来理解上帝可见和后显之事（posteriora）的人，才配称为神学家。世界本身不是上帝的显现；相反，十字架对世界的否定才是上帝的显现——一种悖论式的显现，因为这种显现实则是上帝的隐藏，正如路德所说，那些没有通过上帝显明的工作荣耀他的人，应该通过他在受难中的隐藏荣耀他。从根本上讲，上帝与世界之间不再是类比，而是对立；否定世界才能认识上帝，正如上帝已经以十字架的方式隐藏在对自身的否定之中。隐藏到自身对立面的上帝是完全不可理解的，同时也只有隐藏到自身的对立面，才能给信仰留出充分的空间。上帝不可理解，不是因为他超越了有限的世界和理性，而是因为隐藏到对立面的他成了毁灭与虚无之神。路德认为，只有上帝以最彻底的方式，即以自我否定的方式隐藏起来，才能真正为人开辟出信仰的空间：

　　　　第二个原因在于，信仰与未见之事相关。因此，为了有信仰的空间，被信的一切都应该是隐藏的。然而最深的隐藏莫过于隐藏到相反的对象、认识和经验之下。所以，当上帝要使之生的时候，他通过使之死来进行；当上帝要使之称义的时候，他通过使之有罪来进行；当上帝要使之升入天国的时候，他通过使之下地狱来进行……因此，上帝将他永恒的善和仁慈隐藏在永恒的愤怒之下，将他的义隐藏在不义之下。这是最高的信仰，即当上帝拯救的如此少、谴责的如此多的时候，仍然相信他是仁慈的，当他通过自己的意志使我们必然受谴责的时候（以至于他看起来喜欢折磨不幸的人，看起来应该被恨而不是被爱），仍然相信他是义的。所以，如果我能以任何方式理解这个如此愤怒和不义的上帝是仁慈和义的，就不需要信仰了。由于这些事情无法理解，当它们被宣讲的时候才有锻炼信仰的空间，正如当上帝杀戮的时候，对生的信仰就在死中得到锻炼。（*WA* 18,633）

可见，路德既否定了从德能、智慧等属性出发对上帝的形而上学理解，也由此否定了基于存在的类比对上帝与受造物之间关系的理解。正因此，与荣耀神学倚重《罗马书》1:20 不同，路德十字架神学倚重的是《哥林多前书》1:18 以下："因为十字架的道理，在那灭亡的人为愚拙，在我们得救的人却为神的大能。"十字架代表的否定性力量，是对存在之比例性和类比性的彻底解构，悖谬地说，上帝在十字架上的隐藏与虚无，而非在世界中的显现与存在，才是他向人类彰显的最大荣耀。上帝的隐藏才是荣耀的真正显现，这也是十字架神学之为"悖论神学"的根本原因所在。

虽然同为新教神学家，加尔文不仅没有像路德那样强调十字架对上帝和世界的否定，反而像荣耀神学家一样试图着眼于《罗马书》1:20及其他相关经文将世界理解为不可见上帝的可见显现。如果说路德的上帝是"隐藏的上帝"（隐于十字架），加尔文的上帝则可谓是"显现的上帝"(显于世界)。① 在这个问题上,扎克曼的专著《约翰·加尔文神学中的形象与圣言》(*Image and Word in the Theology of John Calvin*)为我们提供了翔实有力的证据。与从圣言和《圣经》出发理解加尔文及整个新教神学的传统进路不同,扎克曼认为加尔文思想的核心从来都不是单纯的圣言启示,而是上帝在各种形象中的自我显现(manifestation)。正如没有无言的显现,也没有无显现的言。通过扎克曼的细致研究,我们可以清楚地看到,无论是在《要义》还是解经著作中,加尔文都明确将"世界"界定为彰显上帝力量和荣耀的主要方式之一,并为此使用了许多广为人知的比喻,比如将世界比喻成"活生生的上帝形象""镜子""剧场""画""学校"等。

　　基于对"显现"概念的阐释,扎克曼进而径直将加尔文称为"类比神学家"(analogical theologian)。在他看来,加尔文是根据"符号"与被意指的"实在"之间的类比和神秘关联(anagoge),来理解上帝的自我俯就和自我启示的;"类比"强调符号与实在之间的相似与区别,"神秘"强调从尘世符号到精神实在的上升。② 换言之,扎克曼笔下的加尔文相当于阿奎那和奥古斯丁的综合:为了对抗路德"十字架神学"的解构,重建上帝与世界之间的内在相似性,这位日内瓦的改革家从阿奎那手中接过"类比"学说,从奥古斯丁手中接过"符号"学说。

　　必须承认,扎克曼关于"显现"问题的研究向我们展现了加尔文神学中向来被忽视的一个重要面向,可以帮助我们更好地理解加尔文神学的特质,以及改革宗区别于路德宗的关键之所在。不过,扎克曼径直将加尔文归为类比神学家的做法,又反过来严重遮蔽了这位改革家的

---

　　① 相比强调上帝"隐藏"的路德,加尔文更加强调上帝的"显现",而这将带来对上帝与世界的不同理解。当然,这并不是说"隐藏的上帝"(hidden God)这一观念在加尔文这里没有任何体现,具体参见后文关于神意之隐秘性的讨论。

　　② 参见 Randall C. Zachman, "Calvin as Analogical Theologian," p. 162,进一步参见扎克曼在 *Image and Word in the Theology of John Calvin* 一书中的相关论述。

新神学。不能说加尔文这里没有任何形式的"类比"观念，但我们可否因此就将其称为类比神学家呢？加尔文基于"显现"概念重构世界秩序的努力，当然是要"拯救"被十字架解构的世界，但我们可否因此就认为他是要重建"存在的类比"呢？简言之，我们可否将加尔文对路德十字架神学的克服，理解为向荣耀神学的回归呢？[①]

也许是意识到自己所说的"类比神学家"并非阿奎那那样的荣耀神学家，扎克曼才没有将"类比"直接说成"存在的类比"，而是谨慎地从奥古斯丁哲学出发将其理解为符号（signum）对实在或事情（res）本身的意指。问题在于，且不说奥古斯丁那里的符号与实在之间是不是阿奎那意义上的存在类比，加尔文这里的世界与上帝是否可以完全还原为奥古斯丁那里的符号与实在呢？他对符号与实在的理解与奥古斯丁又是否完全一样呢？

我们在考察加尔文世界问题时面临最大的困难是，如何在与奥古斯丁符号理论和阿奎那类比理论的对照中，准确理解和定位加尔文将世界重新符号化（resignification）的努力。[②] 当加尔文基于力量化的上帝观，将"世界"从路德的"十字架神学"中拯救出来，变成上帝显现的符号时，这究竟意味着什么？

第二节　世界作为上帝的显现

就《要义》第一卷的结构来看，第一章从自我与上帝问题出发给出

---

① 关于类比从阿奎那到新教的发展，参见 Battista Mondin, *The Principle of Analogy in Prostestant and Catholic Theology*。

② 关于世界的符号化，参见一项着眼于当代政治哲学的研究：Michelle Chaplin Sanchez, *Calvin and the Resignification of the World: Creation, Incarnation, and the Problem of Political Theology in the 1559 Institutes*, Cambridge：Cambridge University Press, 2019。

"认识论循环"的基本原则；第二章从总体上界定对上帝的认识，以及关于造物主和救主的双重认识；第三章以下的章节则开始具体考察对造物主的认识。其中第五章对我们现在的讨论来说最为重要，这一章的标题为"关于上帝的知识闪耀在世界的创造和持续治理中"。

　　加尔文之所以认为可以通过世界认识上帝，是因为在他看来，世界本身就是上帝显现的场所：上帝"在针对世界的整个事工（in toto mundi opificio）中启示自己，每天公开呈现（offert）自己，以至于人不可能睁眼而不被迫看到他"（1.5.1）。加尔文认为，尽管上帝的本质无法把握，尽管"他的神性"（eius numen）远远超出所有人的感觉，但是人依然有可能认识他，因为上帝作为"俯就者"通过自己遍布世界的工作时时向人显现自身的"荣耀"（gloria）。对加尔文来说，我们置身其中的整个世界好比是由上帝操纵且荣耀上帝的庞大"机器"。为了更好地把握加尔文的世界学说，我们不妨引用一长段颇具代表性的文字：

　　　　上帝在自己的各个工中都刻上自身荣耀的确定标记（certas gloriae suae notas），这些标记如此清楚和醒目，就连文盲与愚人都不能以无知为借口。所以先知非常贴切地称颂（上帝）"披上亮光，如披外袍"（《诗篇》104：2），这就好像是说，上帝开始通过可见的衣袍彰显自己，因为他在世界的创造中显现自身的标志（insignia），无论何时何地，凡我们的目光投向之处，他都向我们显示他的荣耀……由于上帝权能和智慧的荣耀在天上更辉煌地闪耀，天就常被称为他的官殿（《诗篇》11：4）。但无论你的眼睛投向何处，世界上没有任何一个地方不能看到一点上帝荣耀的火光。你不可能放眼看到向远处伸展的、庞大而美丽的世界机器（machinam），而不完全叹服上帝荣耀的无限力量。正因此，《希伯来书》的作者才会正确地将尘世称为不可见之事的彰显（invisibilium rerum spectacula，11：3）；世界有序的构成对我们来说如同一面镜子（speculi），本来不可见的上帝可以借此被看到。先知之所以认为天上的造物说着万族都知道的言语（《诗篇》19：1 以下），就是因为它们如此清楚地见证神性，连最愚钝的民族都不会注意不到。使徒讲得更清楚，他说：上帝的事情，人所能知道的，上帝已经给他们显明。因为自从造天地以来，上帝的不可见之事，即便是他的永能和神性，每个人都可以通过理解（所造之物）看到（《罗马书》1：19—20）。（1.5.1）

这段话集中体现了加尔文世界学说的基本思想。为了论证上帝在世界中的显现，加尔文在此列举许多他经常引用的经文作为依据，其中不仅有类比神学家喜欢的《罗马书》1：20，而且还包括《诗篇》11：4、19：1、104：2—4，以及《希伯来书》11：3。这里尤其需要指出的是，为了强调世界之于上帝显现的意义，加尔文故意改变《希伯来书》11：3 的传统翻译和理解，将可见的受造物称为"不可见之事的显现"，而这句话在通行本中的意思只是说，可见的事物是从不可见的事物中造的。[1] 这样一来，《希伯来书》11：3 与《罗马书》1：20 的含义完全一致了，二者都证明人们可以通过理解可见的受造物认识不可见的上帝。[2] 仅从加尔文对这些经文的使用就不难看出他与路德之间的差异。路德为了论证十字架神学频繁引用的是《哥林多前书》1：18 以下，《以赛亚书》45：15、28：

---

[1] 参见 Randall C. Zachman, *Image and Word in the Theology of John Calvin*, pp. 27 - 28。和合本将《希伯来书》这句话译为："我们因着信，就知道诸世界是借神话造成的。这样，所看见的，并不是从显然之物造出来的。"关于加尔文在不同著作中对相关经文的使用和解释，进一步参见 Randall C. Zachman, *Image and Word in the Theology of John Calvin*, pp. 26 - 54。

[2] Calvin, *Comm. Hebrew* 11：3, *CO* 55, p. 145.

21,《出埃及记》33∶18—23 等,这些经文与加尔文倚重的经文之间最根本的差别在于:前者强调上帝在世界中的隐藏及其相对于世界和人的陌生性,强调上帝与世界之间的断裂,后者强调上帝在世界中的显现和荣耀,强调上帝与世界之间的关联或连续性。也就是说,路德用上帝的隐藏消解世界的意义,加尔文则用上帝的显现重建世界的意义。

摩西在《出埃及记》中对上帝说"求你显出你的荣耀给我看",上帝告诉他:"你不能看见我的面,因为人见我的面不能存活。耶和华说,看哪,在我这里有地方,你要站在磐石上。我的荣耀经过的时候,我必将你放在磐石穴中,用我的手遮掩你,等我过去,然后我要将我的手收回,你就得见我的背,却不得见我的面。"(《出埃及记》33∶18—23)关于这段经文,路德和加尔文都不认为世界中的有限者能面对面看到上帝完全的荣耀;二人的区别在于,路德认为这段经文说的是荣耀在十字架上的自我否定,而加尔文则认为说的是荣耀在受造世界中的有限显现。换言之,路德的隐藏之神首先是死亡或受难的上帝,加尔文的显现之神则首先是生命或生生(vivification)的上帝。加尔文写道:"上帝根据他分配给每个造物的特性,通过同一个灵的力量(eiusdem spiritus virtute)充满、推动万物,并赐生气或生命(vegetat)给它们。"(2.2.16)[1]

加尔文在注释《出埃及记》这段话时告诉我们,上帝之所以不让摩西看到自己的面,只允许他看到自己的背,并不是因为上帝隐藏在了自身的对立面中,而只是为了约束有限之人观看荣耀的欲望。所以,他认为"背"代表荣耀的不完全显现,而非荣耀的隐藏,正如一个人的后背可以让我们对他有部分的认识,岩石中幽暗的洞穴可以让我们看到太阳

---

[1] 关于这个问题,参见 Marjorie O'Rourke Boyle, *The Human Spirit: Beginnings from Genesis to Science*。

的些许光芒。肉身中的我们"不可能通过直接而自由的直观认识上帝的荣耀,但他从倾斜的角度将我们照亮,以便我们至少可以从后面看到他……有人认为'背'(posteriora)指的是时间的成全(temporis plenitudinem),即基督在肉身中的显现,这就好比是说'你不能看到我,除非我披戴人性'。这是玄思妙想,没有任何根据,也几乎没有任何道理"。① 不管加尔文这里所言具体是否有所指,路德肯定属于将"背"理解为上帝道成肉身的神学家,只不过路德认为上帝在基督中显现,或者更准确地说,在十字架上的显现,实则是荣耀的隐藏,因为这时的上帝以异于自身本性的陌生方式,披戴上了作为自身对立面的软弱、愚拙和死亡——只有看到这一点,才真正是在荣耀上帝。而在加尔文神学中,世界和基督在上帝显现问题上并无本质区别,二者只是上帝自我显现的不同方式而已,虽然堕落后的人没有基督就不可能真正认识上帝的荣耀和力量。

　　前面的讨论表明,加尔文神学的一个重要特点在于,从就自身而言的上帝转向对我们而言或为我们的上帝,这意味着上帝的"本质"被彻底悬置了起来,一种无须本质依托的"力量"由此成为加尔文上帝观的关键。由上面的长段引文(1.5.1)可知,上帝在世界中的"显现"问题可谓是加尔文"神学转向"最重要的体现。人之所以有可能理解一个本质被悬置起来的上帝,这样一个上帝之所以还与人有关系,正是由于上帝时刻显现在受造物中,时刻通过在世界中的工作向人启示自己。加尔文在《希伯来书注释》中说:

　　　　在世界的整个构架中(in tota mundi architectura),上帝清楚地

---

① Calvin, *Comm. Exodus* 33:21, *CO* 25, p.145.

见证他永恒的智慧、善和权能;虽然上帝本身不可见,但他却以某种方式显现在他的工作中。因此,世界被正确地称为神性的镜子(divinitatis speculum)……信徒(上帝赐给他们眼睛)看到荣耀的火花仿佛在每个受造物中闪耀。整个世界被建造,无疑是为了成为神圣荣耀的剧场(divinae gloriae theatrum)。[1]

上帝在世界中向人显现的,不是被悬置起来的本质,而只是他的荣耀。而荣耀的显现,归根结底源于上帝权能和力量的驱动:"因此我们必须承认,在他的每个工中,尤其是在它们构成的整体(universitate)中,上帝的力量就仿佛被绘在一幅画中。"(1.5.10)换言之,上帝的"权能通过如此清楚的标记抓住我们,让我们思考他",因为上帝用他的"力量"维持或支撑着无限广袤的天地(1.5.6)。加尔文以自然现象为例来说明这种力量的性质和运作,比如,只要上帝愿意就可以让雷声震动天庭,让闪电照彻万物,让暴雨扰乱天空、大海淹没陆地,且可以随意将它们平息。总之,加尔文相信,如果追踪那描绘出"活生生的上帝形象"(vivam eius effigiem, 1.5.6)的天地轮廓,不管是不是基督徒,都可以按照这种方式在世界或自然中发现上帝。

世界整体是上帝显现的"剧场""形象""镜子",[2]作为世界组成部分的人更是如此。加尔文不仅将世界比喻成"神性的镜子",而且认为人本身就如同一面能够反映上帝工作的"明镜"(clarum operum Dei speculum, 1.5.3),或者说,如同包含上帝无数工作的"作坊"(offici-

---

① Calvin, *Comm. Hebrews* 11:3, *CO* 55, pp. 145 – 146.
② 正如学者们普遍注意到的,加尔文特别喜欢用比喻来刻画世界和上帝的关系,除了"剧场",他频繁使用的比喻还包括"形象""镜子""画""学校"等。相关文本可参见 Randall C. Zachman, *Image and Word in the Theology of John Calvin*, pp. 25 – 54。

nam)与装满无价之宝的"宝库"(1.5.4)。如果说世界是上帝显现的大宇宙,人本身则是上帝显现的"小宇宙"(microcosm)。加尔文告诉我们:"有些哲学家曾经恰当地将人称为小宇宙,因为人是上帝权能、善与智慧罕见的例证,人身上包含足够多值得我们的心灵思考的奇迹。"(1.5.3)将人称为小宇宙的讲法同样出现在加尔文的《创世记注释》中,他在那里指出,相比其他造物,人是神圣智慧、正义和善的卓越体现,所以古人将其称为"小宇宙"。① 正如《要义》英译者巴特尔斯所注意到的,加尔文提到的"小宇宙"至少可以追溯到亚里士多德《物理学》第八卷中的相关论述。② 可问题是,加尔文对小宇宙与大宇宙、人/世界与上帝之间关系的理解,跟他所说的"哲学家"或"古人"是否一致呢?

　　在《物理学》中,"小宇宙"这一概念出现在亚里士多德关于运动问题的讨论中。《物理学》第八卷第一章从正面证明运动是永恒的,第二章转而驳斥那些持相反观点的人。亚里士多德注意到他们反对运动永恒的一条理由是,正如人这样的动物有时不运动,有时却能从自身生成运动,整个世界也同样如此:"如若这种情形能在动物中出现,又为什么不能在宇宙全体中同样地出现呢? 因为如果它能在小宇宙中发生,也就能在大宇宙中发生;如果它能在宇宙中发生,也就能在无限中发生,假如整个的无限可能被运动或静止着的话。"(《物理学》252b24—28,中文全集第二卷第216页)③根据亚里士多德这里提到的观点,人之所以能被称为小宇宙,是由于人和世界之间具有结构性的一致性,二者都遵

---

① Calvin, *Comm. Genesis* 1:26, *CO* 23, p.25.

② Calvin, *Institutes of the Christian Religion*, trans. Ford Lewis Battles, vol.1, p.54, n.9.

③ 本书参考的亚里士多德著作中译本为苗力田主编:《亚里士多德全集》,北京:中国人民大学出版社,2016年。引用时在标准编码后注出中文全集卷次与页码。部分引文根据希腊原文稍做调整,以下不再一一注明。

循原因在自身之中的自然运动原理,可以通过人的自我推动来理解世界的自我推动,反之亦然。

　　与亚里士多德不同,加尔文认为小宇宙和大宇宙的一致性主要在于二者都是上帝权能、善、智慧与正义:上帝显现在大宇宙的自然中,也显现在作为自然构成部分的人之中,而且相比世界中的其他事物,包含足够多"奇迹"的人堪称上帝显现的罕见例证。换言之,加尔文之所以将人称为小宇宙,主要是因为人和上帝的关系类似大宇宙和上帝的关系。在这个意义上,可以说人和其他受造物并无实质区别,包括人在内的所有受造物无不被加尔文理解为权能、善、智慧与正义的显现。对上帝的显现而言,人和世界具有相同的意义,二者都是上帝荣耀的"剧场""形象""镜子"。在加尔文看来,这种无差别的均质性就是小宇宙和大宇宙的同构关系,一种没有内在关系的外在关系,或者说,一种没有关系的关系。

　　进一步考察不难发现,加尔文实际上摒弃了从"自然"角度理解小宇宙和大宇宙的古典进路。[①] 在亚里士多德笔下,就其作为自然存在而言,大宇宙和小宇宙运动和静止的原因都在自身之中。也就是说,自然性是二者存在或运动的共同基础。而当加尔文将人和世界视为上帝荣耀的显现时,他虽然反复从受造物的创造、构成和变化来论证,却并不

---

　　① 关于加尔文思想中的"自然"问题,参见 Susan E. Schreiner, *The Theater of His Glory: Nature and the Natural Order in the Thought of John Calvin*; Stephen J. Grabill, *Rediscovering the Natural Law in Reformed Theological Ethics*, Grand Rapids: Eerdmans, 2006; Lindsay J. Starkey, "John Calvin and Natural Philosophy," doctoral dissertation, University of Wisconsin-Madison, 2012; Irena Backus, "Calvin's Concept of Natural Law and Roman Law," *Calvin Theological Journal* 38 (2003), pp. 7 – 26; Stephen J. Grabill, *Rediscovering the Natural Law in Reformed Theological Ethics*, Grand Rapids: Eerdmans, 2006; C. Scott Pryor, "God's Bridle: Calvin's Application of Natural Law," *Journal of Law and Religion* 1 (2006 – 2007), pp. 101 – 130; David Vandrunen, "The Context of Natural Law: John Calvin's Doctrine of the Two Kingdoms," *Journal of Church and State* 46 (2004), pp. 503 – 525。

关心小宇宙和大宇宙内在的运作机制及其自然目的性，结果，一切自然的东西都被还原成了对上帝的荣耀。一旦被剥夺内在的目的性，自然物便不再具有严格的自然性，它们的存在便不再被解释为自身完满性的实现，而是被解释为对一个绝对超越者之力量的荣耀。在这个意义上，人类在自身之中没有发现任何"自然的东西"，严格地说根本不存在自然的东西，因为当我们将自主性和独立的完整性归给被造物从而赞美自然时，就等于排除了上帝的圣名。①

综上可见，加尔文神学和荣耀神学至少有一个相似的起点，即从世界出发理解上帝。他没有像路德那样基于对世界存在者的否定来突出上帝的隐藏，而是基于对世界存在者的肯定来突出上帝的显现。加尔文认为，试图认识上帝的人不应该仅仅关注象征世界之解构的十字架，而应该同时且首先关注受造物的存在，因为所有可见的受造物都是对不可见上帝的荣耀；上帝并未隐藏于十字架的否定之中，而是直接显现于包括人类在内的世界整体之中。上帝绝对超越于受造物，但他并不在世界之外，而是时刻显现在世界之中，以至于我们可以说，世界就是上帝的在场。这听上去着实像中世纪荣耀神学的主张。而且，加尔文对上帝的力量化理解也很容易让我们想到阿奎那晚期的类比学说，即从动力因与结果之间的相似性出发理解上帝与受造物的直接关联。可是，我们果真可以将加尔文称为类比神学家吗？

---

① 参见汉考克：《加尔文与现代政治的基础》，第 195 页。汉考克认为，加尔文这里的讲法蕴含着对古典灵魂论的突破。根据古典观念，灵魂之所以被称为小宇宙，是因为它能借助理性的统治参与宇宙秩序，在自身之中构建一种与自然相似的等级秩序。而在加尔文这里，"理性绝没有资格宣称自己的统治，因为各种欲望都（和理性一起）直接服从上帝的统治"（第 193—194 页）。关于上帝与自然，进一步参见本书第二部分的考察。

第三节 类比与符号:加尔文的世界

基于以上分析,我们现在来看加尔文是否是,以及(如果是的话)是什么意义上的类比神学家。众所周知,"存在的类比"涉及两个层面的问题:在语言层面,"类比"说的是,同时用于上帝和受造物的完满性名称既不是单义的,也不是多义的,而是类比的;在形而上学层面,"类比"说的是,上帝和受造物之间存在某种相似关联,不管是比例性的间接相似还是归属的直接相似。经由阿奎那的阐述,"存在的类比"最终成为解决西方形而上学和神学核心问题的主导进路之一,这一进路试图通过受造物的存在来理解上帝的存在,通过那些用于受造物的完满性名称(诸如善、全能、智慧等)来认识和言说上帝。根据阿奎那的晚期思想,上帝和受造物之间存在某种内在的因果相似性,上帝同时是受造物的动力因和范型因,受造物则是神圣存在及其完满性的分有者。正因此,那些用于受造物的名称所意指的完满性不仅可以用来理解上帝,而且首先以无比卓越的方式存在于上帝之中。阿奎那笔下的"类比"之所以是一种内在关系,根本上是因为超越者上帝通过动力因的作用和受造物建立了内在的存在论关联。换句话说,作为原因的上帝和作为结果的受造物之间不只有作用与被作用的力量关系,更有范型因与分有者之间的目的论关系。上帝以原因的方式内在于万物之中,正如万物的存在事先都已潜在于上帝之中。类比中涉及的完满性首先属于作为类比项的上帝,亦即首要的类比项,然后才属于作为类比项的受造物。不但如此,从类比出发对完满性的理解,总是同时伴随这样一种意识,即受造物的完满性始终导向、相关于并依赖首要的类比项。①

　　从《要义》中很容易看出，加尔文并不关心语言层面的类比问题，他也不可能将上帝与世界的关系理解为外在的比例性类比，因为整部《要义》无处不在强调受造物对上帝的绝对依赖——当然，这也是整个新教神学的基本特点。这样一来，从阿奎那的角度来看，如果说加尔文还是某种类比神学家的话，他笔下的类比似乎只可能是内在的归属类比。我们在上文已经指出，阿奎那的归属类比侧重从结果与原因之间的内在相似性出发，强调受造物对神圣完满性的不完全分有及其与上帝之间基于分有与被分有产生的直接关联。归属类比中作为结果的受造物，一方面必然依赖绝对完满的原因或作用者，另一方面也从原因那里获得了实体性的存在地位，因为它们根据各自的方式从上帝那里获得了完满性程度不同的存在。当加尔文将世界视为上帝的显现时，他是否要告诉我们，受造物与上帝之间的关系可以被视为因果意义上的归属类比呢？

　　一方面，必须承认的是，加尔文像阿奎那一样将上帝理解为万物的第一动力因，认为万物作为结果都依赖神圣力量的运作。但另一方面，在加尔文这里，受造物对上帝的因果性依赖主要被理解为力量关系，就是说，上帝与受造物之间的因果关系主要是外在性的作用与承受，而非存在的赋予与分有。② 为了更清楚地揭示加尔文给西方世界图景带来的改变，我们不妨对照一下阿奎那关于上帝如何在万物之中的讨论。

---

　　① John F. Wippel, *The Metaphysical Thought of Thomas Aquinas: From Finite Being to Uncreated Being*, pp. 571-572.
　　② 桑切斯注意到这一点，即加尔文拒绝将"分有"理解为对神圣存在的分有，而只是将其理解为对"共同的意指实践"（common practices of signification）的分有。Michelle Chaplin Sanchez, *Calvin and the Resignification of the World: Creation, Incarnation, and the Problem of Political Theology in the 1559 Institutes*, p. 127, n. 29.

阿奎那在《神学大全》中写道:

> 　　上帝是在万物之内,但不是有如物之本质的一部分或有如物的偶性,而是有如主动者(agens)临止于其所做(agit)之物。因为凡是工作者,都应该与他工作直接所及之物有所相连,并以自己的能力及于该物……可是,由于上帝因自己的本质而就是存在,所以受造的存在应该是他特有的结果,就如燃烧是火特有的结果一样。上帝之在(受造)万物中产生(causat)这种结果(使它们存在),不仅是在它们开始存在之初,而且也是在它们继续保持其存在的时段中;就像为太阳所光照的天空,只要天空继续有光,就是太阳在产生这光。所以,一物多久持有其存在,上帝就多久依照该物存在的方式临止于它。存在,对每一物而言都是最内在者,它位于万物的最深处……与一物内其他一切比较起来,存在是形式性的(formale)。所以,上帝必定是在万物内,而且是很密切地在万物内。[1]

　　这段话清楚地告诉我们,阿奎那通过力量的因果性在受造物和上帝之间建立的是一种内在的存在关联。在他看来,上帝在万物之中,就如作用者及其力量在承受者之中,但上帝作为动力因在结果中的在场不是外在的力量性在场,而是内在的存在性在场。因为,动力因对万物的作用奠基于上帝的存在:既然上帝因其本质而就是"存在",在受造物中产生"存在"自然是上帝存在的特有结果。换句话说,上帝作为作用者在万物之中的实质意涵是,因其本质而"存在"的上帝在万物中造成

---

[1]　阿奎那:《神学大全》,Ia, q8, a1, co.,第一册,第 92 页,译文有改动。

"存在"的结果，无论在万物产生之初还是在它们持存之时，上帝都依照每个造物特有的方式在它们之中。无论何时都没有什么东西能离开上帝的临在，它们的存在本身——无论是受造还是保存——就来自因自身本质而存在的上帝。只有从存在出发，我们才能说上帝以最内在的方式在受造物那里在场，因为存在作为形式是每个东西最内在的东西。总之，在阿奎那笔下，上帝与受造物之间的力量关系依托于内在的存在关系，而这正是加尔文所要力图打破的世界图景。

相比阿奎那，唯名论影响之下的加尔文果断否定上帝与受造物之间具有真正意义上的存在类比，抽空二者之间可能具有的内在的类比关联，从而将上帝与每个造物的关系都还原为没有存在根基的力量关系。也就是说，不仅自我被抽空了内在性，世界之为世界也被抽空了内在性。作为力量的上帝不再受存在和善规定，世界也丧失了作为受造存在的内在性和实体性，万物的意义主要在于彰显和荣耀上帝的力量。从作为结果的世界可以认识作为原因的上帝，但这并不意味着可以从分有的受造存在认识被分有的非受造存在本身，而仅仅意味着可以从力量的承受者认识力量的作用者。表面上看，当加尔文说世界是上帝的显现，通过世界（结果）可以认识上帝（原因）的时候，他好像确实在坚持类比神学或荣耀神学的基本原则，但整部《要义》的讨论表明，上帝与世界之间不仅没有内在的存在关联和目的论关联，而且从后者到前者也没有任何确定的上升等级和阶梯。世界绝对依赖创造和维持它的上帝，但上帝是上帝，世界是世界；世界中的一切都是对上帝的荣耀，没有任何受造物把上帝作为存在的目的趋向于他。

只有看到这一点，我们才能真正理解加尔文对"上帝的灵运行在水面上"（《创世记》1∶2）这句话的解释。"运行"在希伯来《圣经》中为 mĕraḥepet，最早的拉丁本《圣经》将其译为 superferebatur，武加大译本将其译为 ferebatur。① 根据奥古斯丁提供的经典解释,流变不居、黑暗无形的水和渊面象征万物的质料,运行其上的圣灵以向上提升(super)的方式支撑着(ferebatur)它们,将形式赋予质料,使之不至于沉沦于虚无。进言之,圣灵在水上的"运行"意味着,只有转向上帝,只有在"爱"(圣灵作为爱)的提升下,万物特别是人,才能在上帝那里获得自身的规定性,找到能够安顿自身的位置。② 为了扭转奥古斯丁解释中的形质论和爱的原则,加尔文不惜改变拉丁《圣经》的传统翻译,转而用 agitabat se(驱动、推动、搅扰、折磨)来翻译 měraḥepet,以强调"上帝作为宇宙之创造者、维持者或破坏者的绝对行动"。③ 摩西说上帝的灵运行在水面上,是要告诉我们"为了支撑世界圣灵的力量是必须的",因为只有通过"圣灵隐秘的效力"(arcana spiritus efficacia)世界的混沌状态才能变得稳定。所以,圣灵在水面上运行和运作(moveret se atque agitaret)纯粹是为了赋予世界以生力(vigoris... exserendi),而非像鸟儿孵蛋那样通过爱孵化万物,④即促进万物的形成与发展。

对比奥古斯丁可以发现,加尔文笔下的上帝之灵不再是爱的灵,而是力量的灵;不再是安息的灵,而是不安的灵;不再是通过提升性的运

---

①　参见 Marjorie O'Rourke Boyle, *The Human Spirit: Beginnings from Genesis to Science*, p. 18。

②　参见孙帅:《爱的重量:奥古斯丁世界的自由秩序》。

③　Marjorie O'Rourke Boyle, *The Human Spirit: Beginnings from Genesis to Science*, p. 195.

④　参见 Calvin, *Comm. Genesis* 1:2, *CO* 23, p. 16。关于孵蛋的比喻,参见 Augustine, *De Genesi ad litteram*, 1.18.36:"上帝并非像人类和天使那样,通过心灵或身体在时间中的运动来工作,而是用与他共永恒的圣言之永恒不变的固定理式来工作,用与他共永恒的圣灵的孵化(fotus)(如果可以这样说的话)来工作。因为,根据与古希伯来语关系密切的古叙利亚语,希腊文和拉丁文版《圣经》所说上帝的灵'运行在水面上',意思并不是'运行在水面上',而是指'在水面上孵'。据说有个博学的叙利亚基督徒就是这样解释的。这与身上的肿胀或受伤之处被冷敷或热敷不同,而是类似鸟儿孵化它们的蛋,鸟妈妈通过鸟类具有的爱的作用,用她身上的温暖以某种方式促成雏鸟的形成。"

行为万物提供位置或目的的灵，而是通过介入性的驱动使万物永不停息地运动的灵。加尔文对圣灵所做的力量化解释，无异于斩断了上帝与世界之间的内在关联，从而使前者在后者那里的显现或在场变成外在的力量性运作，而不再具有内在的存在论意义。上帝不在存在的意义上（阿奎那）在万物之中，但也唯有如此，上帝与世界的关系才能被彻底还原为力量本身的显现。因此，"存在"的消解与"力量"的凸显，使加尔文不再可能成为严格意义上的类比神学家，虽然他并不因此就是十字架神学家。

　　前面提到，扎克曼将加尔文称为类比神学家的根据在于，他认为加尔文笔下的世界是指向实在即上帝的"符号"，人应该基于符号与实在的类比而从世界上升到上帝。扎克曼从符号理论出发论证加尔文是类比神学家的思路，相当于从奥古斯丁出发论证加尔文与阿奎那之间的亲和性，因为他诉诸的符号理论显然出自奥古斯丁《基督教教导》（De doctrina christiana）。[①] 这一思路至少存在两方面的问题。首先，扎克曼将荣耀神学的形而上学基础即"存在的类比"，简单还原成了符号与实在之间的"意指"（signification）关系，这种做法包含对奥古斯丁与阿奎那哲学的双重误读。因为正如上文所揭示的，后者的类比学说奠基于动力因与结果之间的存在论关联，而非符号与实在之间的意指关系。其次，加尔文确实在很大程度上吸收并改造了奥古斯丁的符号理论，但

---

　　① 关于奥古斯丁"符号"理论在加尔文思想中的运用，参见桑切斯从"道成肉身"问题入手所做的研究：Michelle Chaplin Sanchez, *Calvin and the Resignification of the World: Creation, Incarnation, and the Problem of Political Theology in the 1559 Institutes*, part III, pp. 179 - 287。另可参见 Lee Palmer Wandel, "Incarnation, Image, and Sign: John Calvin's *Institutes of the Christian Religion* & Late Medieval Visual Culture," in *Image and Incarnation: The Early Modern Doctrine of the Pictorial Image*, eds. Walter S. Melion and Lee Palmer Wandel, Leiden: Brill, 2015, pp. 187 - 202。

主要用来解决圣礼问题，而非世界问题。[①] 这意味着，加尔文对受造物与上帝的理解不可能源于奥古斯丁的符号理论。

根据奥古斯丁在《基督教教导》中的讲法，[②]符号（signum）是那些意指其他事物的事物，就是说，所有符号首先都是事物，但它们作为事物指的是就其自身而言的存在，作为符号指的是它们对另一个事物的意指。这里的关键在于，被意指的事物是目的（扎克曼将其称为"实在"），符号仅仅是这一目的意指性显现，比如，可见的文字是符号，不可见的含义是文字符号意指的事情和目的本身。严格来说，作为事物的所有受造物都可能成为意指性的符号，但上帝即唯一非受造的事物，只能作为被意指的目的，而不可能成为指向其他事物的符号。基于符号与事物的区分，奥古斯丁进而认为，只有不能变成符号的上帝应该被"安享"（frui），其他所有可能成为符号的事物都只应该被"利用"（uti）；二者的区别在于，只有安享的对象能够使人获得幸福，利用的对象只是帮助人获得幸福，在一定意义上相当于"手段"，因而不应该被当作目的安享。[③]

对奥古斯丁的符号理论来说，至少以下几点是比较明确的。第一，受造物具有事物和符号的双重性，它们既具有自身的实体性，又具有指向（referre）或意指其他事物（无论指向别的受造物还是指向上帝）的关系性。第二，上帝这一终极事物不是任何事物的符号，不意指任何事

---

① 晚近加尔文学界的研究可参见 Christopher Elwood, *The Body Broken: The Calvinist Doctrine of the Eucharist and the Symbolization of Power in Sixteenth-Century France*。

② 参见 Augustine, *De doctrina christiana*, 尤其第一卷。

③ 关于奥古斯丁符号理论的一般研究，参见 Robert Markus, "St. Augustine on Sign," *Phronesis*, 2 (1957), pp. 60‐83。关于"利用与安享"及其相关的伦理问题，参见笔者在别处所做的系统分析：《自然与团契：奥古斯丁婚姻家庭学说研究》，上海：上海三联书店，2014年，第303—356页。

物，但包括人在内的万物都可以成为意指上帝的符号，都应该被当作利用而非安享的对象，之所以如此，归根结底是因为受造物的存在都来自上帝，都是对上帝之永恒存在的分有。第三，奥古斯丁对符号与事物、利用与安享的划分，奠基于对古代目的论的继承和改造：作为不意指其他任何事物的目的本身，上帝是唯一能够给人带来幸福的事物，这意味着人的目的不再是人这个事物本身——即人的自然本性——的完善和实现。不是说人不是实体意义上的自然（natura），①而是说人的目的不在于自身自然本性的实现，而在于超自然本性对自我的内在安顿，也正因此，奥古斯丁才会悖谬地认为上帝是比我还内在的自我。

奥古斯丁用符号理论讲出的世界图景及其背后的存在论基础，在加尔文这里遭到了根本性的破坏。一方面，加尔文不再像奥古斯丁那样区分受造物的双重性，即同时是事物和符号，而这显然源于他对受造物之实体性和本质性的解构。另一方面，加尔文像后者一样认为所有受造物都应该指向上帝，但这并不意味着他像奥古斯丁一样认为上帝是人应该且能够安享的目的，而仅仅意味着包括人在内的一切都应该用来荣耀上帝，都应该被理解为神圣力量的显现。换句话说，内在性的抽空，使上帝不再可能被自我当成目的来安享和爱，而主要被当作异己的力量来荣耀。如果说奥古斯丁解构了古典的自然目的论，代之以超自然目的论或自由目的论，加尔文则进而解构了奥古斯丁的超自然目的论。在奥古斯丁那里，受造物作为符号以意指的方式显现上帝，目的是为了让人通过符号的中介抵达作为事物的上帝，符号的意义仅仅在于向人意指而非直接呈现上帝这个事物本身的存在。而到加尔文这

---

① 奥古斯丁经常在"实体"或"存在者"意义上使用 natura 一词，他认为所有的存在物都是一个"本性"或"自然"。

里,当人在受造世界中认识上帝的时候,力量的显现本身就是对我们而言的上帝,力量的显现背后并无进一步的目的有待人去安享和爱。所以,加尔文从本质到力量的"神学转向"不仅彻底突破了基督教对上帝的传统理解,而且从根本上构建出一种全新的世界图景和神人关系。

这样,我们就很容易理解加尔文与奥古斯丁对待世界的不同态度了。奥古斯丁在著作中不遗余力地揭示受造物的不自足性,劝人警惕可变世界与尘世生活的虚无性,从而尽可能专注于沉思和安享不变的上帝。相比奥古斯丁,加尔文对世界之不自足和虚无性的强调可以说有过之而无不及,但他并未因此认为人应该在精神上远离世界、转向上帝;因为,上帝显现在世界中,并不是要人离开世界转向他,而恰恰是要让人在世界中活生生地感受他的力量。对加尔文来说,作为荣耀剧场的世界是上帝借以彰显自身力量的工具,这既是对世界自然目的的瓦解,也是对世界意义的重建,因为运作其中的力量本身是神圣的。从符号对事物或实在的意指来看,奥古斯丁的世界是通往终极目的的必要阶梯,而加尔文的世界则不再是一个阶梯,[①]因为从世界到上帝,不但丧失了类比性的阶梯,也丧失了符号性的阶梯,因为世界不仅欠缺实体存在的自然目的,而且不再将人指向作为超自然目的的上帝。在这个意义上,加尔文将世界比喻成"形象""镜子""剧场",并不是为了让生活于世的人从形象和镜子推测原型或实在,或从剧场中彰显的荣耀理解世界背后的本质,而只是为了让人专注于上帝在世界中的显现本身及其荣耀。

由此可见加尔文世界观的独特性:不同于奥古斯丁,加尔文不再在

---

① 关于与此相反的解读思路,可参见 Julie Canlis, *Calvin's Ladder: A Spiritual Theology of Ascent and Ascension*, Grand Rapids: Eerdmans, 2010。

严格意义上将世界和上帝的关系理解为符号与目的（事物、实在）的关系，相反，神圣力量在世界中的显现本身就是目的；不同于阿奎那，加尔文彻底斩断了世界与上帝之间的类比关联，从作为结果的受造物不再可能获得关于上帝的实体性认识；不同于路德，加尔文没有基于上帝的隐藏否定世界对于认识上帝的意义，而是试图通过上帝的显现重构类比消解后的世界图景。加尔文笔下的"荣耀剧场"是一个抽空内在性的外在世界，正如这个"剧场"的观众是抽空内在性的空无自我一样。

简言之，在从本质到力量的神学转向之下，加尔文对内在性的抽空意味着对两条内在道路——奥古斯丁的自我之路与阿奎那的类比之路——的双重背离。首先，加尔文不再像奥古斯丁那样将上帝理解为真正的自我，不再用精神性的上帝概念将个体制造成为专注于内在心灵的深度自我；结果，加尔文这里的个体最终变成了空洞的自我，因丧失深度内容而不再是奥古斯丁意义上的内在自我。奥古斯丁的道路，即围绕自我的内在深渊理解人性与神人关系的道路，在加尔文哲学中并未得到真正的贯彻。其次，加尔文笔下包括人在的世界虽然被视为上帝的显现，但世界和上帝之间已经丧失阿奎那意义上的内在类比关系，作为世界的结果与作为原因的上帝之间主要不再是存在的赋予和分有，而是神圣力量的运作与承受。面对巨大的"荣耀剧场"，个体应该在可见的世界中观看不可见的上帝，但这与其说是根据结果与原因之间的相似性通过受造物的存在把握上帝的存在，不如说是通过上帝在受造物中的行动和运作来感受他的力量。加尔文对奥古斯丁自我之路的背离，意味着个体不再可能通过转向心灵来构建神人之间的内在关系，而应该转向外在世界；他对阿奎那类比之路的背离，意味着转向外在世界的个体根本不可能从受造物的存在逐渐上升到造物主的存在。留给没有内在深度的自我的，是一个没有内在深度的世界。上帝、世界和自我彼此之间都丧失了实质性的内在关联，只有在此基础上，我们才能真正理解加尔文为什么要用"神意"概念将世界秩序重构为意志性的治理秩序。

第二部分

神意:世界秩序的偶然化与现代个体的筹划

第六章　加尔文与神意问题

　　进入神意问题之前,让我们稍微回顾一下前文的讨论。第一部分的考察表明,从本质到力量的转向是加尔文新教思想的要害之一,正是从这一"神学转向"出发,加尔文认为我们无须关心也不可能认识上帝就其自身而言"是什么",而应该从包括人内在的世界出发感受上帝在受造物中运作的力量。当加尔文告诉我们世界是上帝借以显现的方式时,他的意思不是说世界与上帝之间有存在性的类比关联(阿奎那),或符号性的意指关联(奥古斯丁),而只是说世界是彰显和荣耀上帝力量的场所。面对路德十字架神学对世界意义的解构,加尔文试图用赤裸裸的"力量"概念将受造物重构为上帝的显现场所,而他在这样做的同时也抽空了世界与上帝之间或经由类比,或经由意指建立的目的论关联。只有着眼于没有存在根基的"力量",我们才有可能以正确的方式"认识造物主"。

　　在加尔文看来,无论是关心"上帝是什么"的哲学家,还是《诗篇》14:1中说"没有神"的愚顽之人,都没有否定上帝的本质和存在,而是错误地将上帝理解为不关心世界的无所事事之神。加尔文认为这种与世界无关的绝对超越之神,只是伊壁鸠鲁的神,根本不是他所理解的上帝。对加尔文来说,那位本质不可理解的真正的上帝,通过自己的力量直接显现在世界之中,作为父亲般的造物主积极地照看、保存、统治和管理自己的每一个造物。套用科学史家柯瓦雷的话说,加尔文的上帝是"工作日的上帝",而不是"安息日的上帝"。① 因为,真正的造物主并未抛下自己的造物,让其按照原初获得的动力维持存在,而是时刻通过"神意"干预和统治世界。就是说,神圣力量在世界中的显现主要体现为"神意"对受造物的治理。也正因此,决心重构世界秩序的加尔文才会在《要义》和其他著作中如此重视"神意"观念。②

　　"神意"是西方思想和基督教的古老观念,③加尔文之前的斯多亚学派、奥古斯丁、阿奎那等对此有相当丰富的讨论,但从来没有哪个思想家像他这样将神意问题提升至如此重要的地位,以至于晚近西方学者越来越将其视为把握加尔文神学的核心线索之一。④ 事实证明,神意也

---

　　① 参见柯瓦雷:《从封闭世界到无限宇宙》,张卜天译,北京:商务印书馆,2018 年,尤其第十一章关于牛顿与莱布尼兹的讨论,第256—298 页。加尔文的上帝更接近牛顿笔下的上帝,与莱布尼兹笔下不干预世界的上帝形成了显明的对比。

　　② 关于加尔文的神意学说,进一步参见《驳放任派》(*Contre les Libertins*, *CO* 7)、《论上帝的永恒预定》(*De aeterna Dei praedestinatione*, *CO* 8)等著作。

　　③ 关于"神意"观念的思想史梳理,基本文献可参见 Genevieve Lloyd, *Providence Lost*, Cambridge, MA: Harvard University Press, 2008; Carlos Steel, *Fate, Providence and Moral Responsibility in Ancient, Medieval and Early Modern Thought*, Leuven: Leuven University Press, 2014; Mikko Posti, *Medieval Theories of Divine Providence 1250 – 1350*, Leiden: Brill, 2020; Brenda Deen Schildgen, *Divine Providence: A History: The Bible, Virgil, Osorius, Augustine, and Dante*, New York: Bloomsbury Academic, 2012; Dennis W. Jowers ed., *Four Views on Divine Providence*, Grand Rapids: Zondervan, 2011; Francesca A. Murphy and Philip G. Ziegler eds., *The Providence of God: Deus habet consilium*, London and New York: Bloomsbury, 2009。

　　④ 现代学者对加尔文神意学说的主要研究包括:Susan E. Schreiner, *The Theater of His Glory: Nature and the Natural Order in the Thought of John Calvin*; Michelle Chaplin Sanchez, *Calvin and the Resignification of the World: Creation, Incarnation, and the Problem of Political Theology in the 1559 Institutes*; Richard Stauffer, *Dieu, la création et la providence dans la prédication de Calvin*, Berne: Peter Lang, 1978; Maurice Neeser, *Le Dieu de Calvin*, Neuchâtel: Secrétariat de l'Université, 1956; P. H. Reardon, "Calvin on Providence: The Development of an Insight," *Scottish Journal of Theology* 28 (1975), pp. 517 – 534; Joel R. Beeke, "Calvin on Sovereignty, Providence, and Predestination," *Puritan Reformed* (转下页)

是后世加尔文主义最重要的思想和教义之一。[①]

早在1536年版《要义》中，加尔文就已经相当明确地将神意作为上帝论的核心问题提出来，他在第二章解释使徒信经第一条"我信上帝，全能的父，创造天地的主"时告诉读者，我们不仅要承认上帝是万物的创造者，而且要承认："他建立这一切之后，又借着他的慈爱与大能维系、滋养、发动、保守这一切。离开他的这种神意，万有就会立即崩溃，归于虚无。"[②]

1539年版将"预定"与"神意"放在一起作为第八章的主题（该章标题为"论上帝的预定与神意"），加尔文在该章开宗明义地指出他之所以坚持预定论，是为了解释为什么"生命之约"（foedus vitae）没有平等地传给整个世界，为什么听闻生命之约的人并未全都领受。在他看来，人们听闻和接受生命之约的差异性表明存在上帝隐秘的审判，是上帝的意志决定谁被拯救、谁被弃绝，而这便是所谓的"预定"。加尔文接着指出，该问题包含两方面的内容，一是如何理解拯救与弃绝，二是如何理解神意对世界的统治，因为万事的发生都依赖上帝的命令。1539年版的章节安排表明，神意与预定密不可分，如果说前者侧重指上帝对世界的整体治理，后者则侧重指上帝对人的治理。

（接上页）*Journal* 2（2010），pp. 79 – 107；W. J. Torrance Kirby，"Stoic and Epicurean? Calvin's Dialectical Account of Providence in the *Institute*，" *International Journal of Systematic Theology* 5（2003），pp. 309 – 322；Charles Partee，*Calvin and Classical Philosophy*，Leiden and New York：Brill，1977，pp. 126 – 145；Rebekah Earnshaw，*Creator and Creation according to Calvin on Genesis*。

①　时下颇有影响的加尔文主义者皮佩的新作表明，神意至今仍然是加尔文传统中最具生命力的观念之一，参见 John Piper，*Providence*，Wheaton：Crossway，2020。

②　加尔文：《虔敬生活原理》（《基督教要义》1536年版），2.1，王志勇译，北京：生活·读书·新知三联书店，2012年，第54页，译文有改动。

　　尽管如此，加尔文最终还是在 1559 年的最终版中将神意作为上帝论问题挪到第一卷最后，将预定作为救赎论问题放在第三卷最后（预定论的位置相当于没变）。二者的分离不仅凸显出预定论在加尔文拯救学说中的重要性（改革宗正统推进了这一点），而且使神意问题在《要义》神学中获得了更高的结构性地位，尤其是对于世界秩序的重构来说。① 本部分将集中考察神意和世界秩序问题，第三部分最后一章再回到预定论问题。

　　在 1559 年版《要义》中，关于神意的专门讨论出现在第一卷的最后三章：第十六章是对神意问题的正面界定，加尔文试图证明上帝始终用他的力量维护受造世界，用神意治理世界中的每个受造物；第十七章讨论神意学说对"我们"有什么益处；第十八章处理神意与罪恶之间的关系，即上帝如何利用恶人却又不需要为恶负责。我们看到，加尔文早在第十六章之前就已经多次触及神意问题，但直到最后三章才集中处理此前没有真正展开的这一问题。在《要义》的双重认识论中，与其说神意是"认识造物主"所涉及的内容之一，不如说"认识造物主"主要落实为认识神意，即认识上帝对世界的维护和治理。进一步研究不难发现，神意问题不仅是认识造物主的核心所在，而且在《要义》文本的展开中具有极为重要的结构性意义。

　　用一位学者的话讲，神意好比舞台的框架，它既提醒我们受造物是"荣耀剧场"，又提醒我们《要义》文本的布局；既在一般意义上揭示出上帝与受造物之间的本质，又建构和支撑着第二至四卷中的"论证行为"（argumentative acts）：第二卷讨论神意的救赎工作，第三卷讨论恩典

---

　　① 关于围绕"神意"与"预定"之关系展开的学术史争论，可参见 Charles Partee, *Calvin and Classical Philosophy*, pp. 134 – 135。

领受中的神意,第四卷讨论神意俯就所利用的工具,即教会和世俗政府。[①] 这样看来,神意不仅是第一卷所谓"认识造物主"的主要意涵,而且是后三卷的落脚点。如果说对上帝与自我的双重认识是加尔文神学的核心原则的话,那么神意则是这一原则贯彻到《要义》文本结构中的基本方式之一。只有从神意出发,加尔文才能在抽空内在性的基础上重建上帝与自我、上帝与世界、自我与世界之间的关系。不过,仅澄清神意在《要义》中的结构性地位还远远不够,问题的关键毋宁说在于揭示加尔文是如何理解上帝对世界的维护与治理的。

在具体考察加尔文的神意观之前,我们需要稍微了解一下"神意"概念在西方思想中的发展脉络。虽然现代学者常常将神意观念的出现追溯至希腊哲学甚至希腊悲剧,这一观念却直到斯多亚哲学家那里才真正展开并获得实质的思想地位,而且加尔文之所以如此重视神意,与斯多亚主义对他的影响有非常直接的关联。[②] 在斯多亚那里,神意与神、自然、命运、逻各斯(理性)等概念密不可分:神意是一种具有自然必然性的秩序和命运,其必然性不是来自某个人格神的预定,而是来自内在于世界的逻各斯。换言之,斯多亚哲学家没有将神意设想为神圣心

---

① 参见 Michelle Chaplin Sanchez, "Calvin, Difficult Arguments, and Affective Respon-ses: Providence as a Case Study in Method," *The Journal of Religion* 99 (2019), pp. 470 – 471。

② 一方面,加尔文在神意等问题上深受斯多亚主义影响,而且他的第一部著作便是关于塞涅卡《论仁慈》的评注;但另一方面,正如下文将会看到的,加尔文又不遗余力地批评斯多亚的命运观。关于斯多亚的神意学说,参见 Michelle Chaplin Sanchez, *Calvin and the Resignification of the World: Creation, Incarnation, and the Problem of Political Theology in the 1559 Institutes*, pp. 97 – 107; Genevieve Lloyd, *Providence Lost*, pp. 90 – 128。关于加尔文与斯多亚主义的关系,参见 Charles Partee, *Calvin and Classical Philosophy*, pp. 116 – 125; P. H. Reardon, "Calvin on Providence: The Development of an Insight"; Kyle D. Fedler, "Calvin's Burning Heart: Calvin and the Stoics on the Emotions," *Journal of the Society of Christian Ethics* 22 (2002), pp. 133 – 162。

智在自然之外做出并施加于自然的统治或决定，而是将其理解为自然中的秩序层面，在这个意义上，神意仅仅是一个使人根据自然法则认识自然的技术术语。[①]

斯多亚哲学家对世界秩序的古典理解，在奥古斯丁那里发生了十分根本的变化，[②]他不仅将意志纳入世界秩序的构造当中，而且由此在上帝与恶、意志与恶之间造成了巨大的张力。[③] 斯多亚的神意是一种理性的世界秩序，而到奥古斯丁笔下，神意在很大程度上取决于神圣意志对世界和历史的安排。不过必须指出的是，奥古斯丁的世界图景背后不只有意志论原则，而且还有不可否认的理智论基础。比如他认为，上帝创世之初就已经为将来的所有事物造出了作为原因的"种子理式"（rationes seminales），以便每个事物能够根据自身的"尺度、数量和重量"在时间中产生和发展。[④] 神意既是上帝意志的外在安排，也是原因理式的内在实现，只不过，奥古斯丁开出的哲学传统后来越来越强调神意的意志论层面，我们可以在司各脱、加尔文、笛卡尔等人那里清楚地看到这一点。事实证明，这种意志化的神意与恶和自由之间存在巨大的张力，结果导致奥古斯丁一生都在尝试回答：全善全能全知的上帝为什么允许恶存在？恶在神意秩序中的意义是什么？必然发生的神意和个体的自由意志之间是什么关系？如何在预知和预定的框架中，为个体的道德责任奠基？

---

① 参见 Michelle Chaplin Sanchez, *Calvin and the Resignification of the World: Creation, Incarnation, and the Problem of Political Theology in the* 1559 *Institutes*, p. 99。

② 关于奥古斯丁对斯多亚命运观的批评，参见 Sun Shuai, "Fate and Will: Augustine's Revaluation of Stoic Fate in the *De Civitate Dei* V, 8 – 11," *Mediaevistik* 25 (2002), pp. 35 – 53。

③ 关于奥古斯丁的神意观，参见 Genevieve Lloyd, *Providence Lost*, pp. 129 – 159。

④ Simon Oliver, "Augustine on Creation, Providence and Motion," *International Journal of Systematic Theology* 18 (2016), pp. 379 – 398.

与奥古斯丁的进路不同,阿奎那的神意观更偏重理智论进路。[①] 阿奎那在《神学大全》中指出,事物中所有的善都是上帝创造的,不仅事物的实体之善如此,它们归向目的的秩序(ordo earum in finem)之善同样如此,尤其是对最终目的即神圣之善的归向。既然上帝通过理智成为事物的原因,每一种结果的理据或理(ratio)都事先存在于上帝之中,那么,"万物归向目的的秩序之理,亦必然预先存在于上帝的心智中。而万物归向目的的秩序之理据(ratio autem ordinandorum in finem),却正是神意"[②]。阿奎那这里的思路显然深受亚里士多德目的论思想影响,他认为万物在自然上都趋向自身的目的,这种目的论秩序的理据就是神意。神意的独特之处在于,它所关涉的善不是事物的实体,而是事物在趋向目的时所展现的秩序。根据上帝借着理智与万物建立的因果关系,神意作为目的论秩序的"理据"必然事先存在于神圣心智之中。这也是"神意"不同于"治理"(gubernatio)的地方,因为神意作为秩序的理据事先且永恒地存在于上帝之中,而治理作为"秩序的实施"(executio ordinis)则需要在时间中才能展开。[③] 换言之,神意是就事物的目的论秩序存在于上帝之中说的,治理则是就这种目的论秩序存在于事物之中说的。

结合前文关于阿奎那的相关分析不难看出,作为目的论秩序的神意,在他这里首先且主要是一种关于上帝与造物的存在秩序。我们已经在阿奎那笔下看到,上帝与造物之间的因果关系实则是存在的分有关系,神意的目的论秩序不过是对这一分有关系的另一种表述;既然万

---

① 关于阿奎那与经院哲学的神意学说,参见吉尔松:《中世纪哲学精神》,第八章,第130—144 页。

② 阿奎那:《神学大全》,Ia, q22, a1, co.,第一册,第 342 页,译文有改动。

③ 阿奎那:《神学大全》,Ia, q22, a1, ad2.,第一册,第 343 页。

物对目的的趋向本身是上帝在受造物中造成的结果，这一结果的理据必然事先存在于上帝的心智中。也正因此，阿奎那才会从存在的因果关系入手论证每个事物都在神意之中：每个作为动力因的行动者皆为某个目的而行动，第一动力因的作用范围有多大，结果趋向目的的秩序范围就有多大；上帝这个第一行动者的因果关系扩及所有存在者，包括所有种属及其个体存在者；因此，神意即趋向目的的秩序之理据，必然包括所有事物在内。"就它们分有存在而言，万物都必然同样受制于神意。"①

总之，我们看到阿奎那这里的神意实则是一种奠基于目的论的存在秩序：一、上帝是受造物的原因，他在万物中产生存在的结果；二、所有分有存在的受造物都由于第一动力因的作用而趋向自身的目的，并最终趋向上帝；三、对目的的趋向是受造物内在的存在秩序，这一秩序的理据在上帝心智中的先行存在就是神意。

在司各脱和唯名论影响下，加尔文的神意观整体上更接近奥古斯丁开出的意志论传统，而不是阿奎那的理智论传统。在神意问题上，奥古斯丁与阿奎那进路的区别不只在于神意主要是意志性的还是理智性的，更在于神意秩序中的受造世界与上帝之间是什么关系。奥古斯丁当然没有完全抛弃古典目的论和理智论传统，但当他用神圣意志的决定及其无法被人把握的目的来理解神意时，已然在相当程度上偏离了古典理性传统下的目的论秩序。奥古斯丁之所以备受"恶"的问题困扰，就是因为"自由意志"观念一旦被发明出来，便不再可能完全从理性入手在神意秩序为"恶"定位。这也是为什么从奥古斯丁传统出发的加尔文，会同时对抗斯多亚那里具有自然必然性的神意/命运，与阿奎那

---

① 阿奎那：《神学大全》，Ia, q22, a2, co.，笔者自己的翻译。

那里作为目的论秩序之理据的神意。对加尔文来说,神意不是自然必然的因果关系,也不是目的论秩序的理据,而是神圣意志在受造世界中的运作本身。由于出现彻底的意志化和行动化转向,加尔文笔下的神意致使受造物的理据受到相当根本的威胁,结果导致世界的自然秩序主要不再被视为上帝创造技艺的产物,而是被视为神意即治理技艺的产物。由于始终依赖神圣意志的自由运作,自然便不再指世界秩序及其目的的自然实现。自然去自然化的根源正在于此。

第七章　神意的特殊化与秩序的意志化

第一节　不自然的自然：加尔文的"活力论"批判

神意在加尔文这里首先属于上帝论，理解神意就是理解上帝及其与世界的关系。在《要义》第一卷第十六章正式处理神意问题时，加尔文指出自己和不虔敬者的最大区别不在于是否承认造物主，而在于是否承认造物主对世界的持续治理。加尔文认为"神圣力量的在场"（presentia divinae virtutis）不仅出现在世界被造之初，而且出现在世界持续存在的状态中（1.16.1）。只有认识到神意之人才是真正的虔敬之人，这要求人们充分感受上帝通过力量在世界中的持续在场。根据加尔文，如果不留意"神意"，我们就无法真正把握"上帝是造物主"这句话的意思，因为造物主不只是万物的创造者，更是万物的统治者和治理者。"除非上帝是世界的创造者，否则就无法相信他关心人事；除非相信他关心自己的造物，否则没有人会真的相信世界是他创造的。"（1.16.1）

进一步阅读可知，对加尔文来说，最根本的问题还不是造物主是否关心世界，而是他以怎样的方式管理自己的造物，他与造物之间的具体关系是怎样的。正是在这个意义上，如何理解神意的本质及其展开方式,如何界定和区分"一般神意"与"特殊神意",便成了问题的要害。在加尔文看来,若要真正认识造物主,仅仅知道他与世界的延续和运行有关是不够的,还必须认识到他以具体而特殊的方式关心自己的每一个造物,也就是说,仅仅承认"一般神意"是不够的,还必须承认上帝在世界中实施的"特殊神意"。① 也正因此,加尔文才会在《要义》第一卷第十六章中集中批判一般神意论者。在他看来,后者主张上帝的治理仅限于看顾事先设定好的世界秩序的看法,既有损造物主的主权,又严重误解了受造秩序的本质及其与造物主的关系。

加尔文认为,之所说以仅仅承认一般神意不足以使人真正认识造物主,是因为属肉身的人或不虔敬者面对上帝创造的力量时,除了能想到创世的智慧、权能与善,同样也能想到一般神意。在不虔敬者看来,"上帝起初就已经赐下足以维持万物的活力(vigorem)",而他们所谓的"一般神意"其实就是"某种能够产生运动之力(vis motionis)的一般性保存和控制"。在看到上帝是万物的创造者基础上,虔信者当然也应该进一步看到他是永恒的控制者和保存者,但这并非仅仅指一般神意,即"通过一般运动推动世界及其部分",更是指特殊神意,即"支撑、滋养和照看他造的每一个事物,即便是小麻雀"。在神意与世界秩序问题上,不虔敬者与虔信者的区别被加尔文进一步界定为哲学家与基督徒的区别:"整体上,哲学家教导且人的心灵认为,通过上帝注入的某种隐秘灵感(inspiratione)世界的所有部分都被赋予了活力……然而他们根本体会不到上帝特殊的照看(specialem Dei curam),而唯独借此才能认识上帝父亲般的关爱。"(1.16.1)

---

① 关于一般神意与特殊神意,参见 Charles Partee, *Calvin and Classical Philosophy*, pp. 126 – 145。

　　根据加尔文的描述,一般神意论实际上是某种"活力论",①其基本观点是,世界靠上帝创世时注入的活力便可以自行维持和运转,上帝不需要在受造物发展过程中给予额外的力量和引导,更不需要持续不断地干预受造物。一般神意论者的上帝并不直接照看每个特殊的个体造物,他只是根据最初设定的秩序和最初赐予的活力,对世界整体——尤其自然界——进行一般性的保存、推动和管理。活力是一般神意的哲学基础,正是活力的注入使万物都能内在具有"运动的力量",使包括人在内的每个造物都可以根据各自的自然倾向和能力运动。用加尔文的话说:"运动的源头是上帝,但万物,不管出于自发还是出于偶然,都受自然倾向(naturae inclinatio)驱使。"(1.16.5)

　　由此可知,在一般神意论者那里,说世界受上帝管理,只能是因为万物借以运动的活力或权能源于上帝,而不可能是因为每个造物的运动或行为受上帝决定和支配。在一般神意论者的世界图景中,"世界、人事与人自身受上帝的力量而非决定管理"(1.16.4),他对受造物的控制既是内在的,又是外在的。"内在",是说每个受造物内在的倾向和活力来自造物主最初赐予的力量;"外在",是说造物主此外不以任何方式干预和支配受造物的存在和运动。这里的"内"与"外"相辅相成,正因为造物主已然安排好世界秩序的内在生成机制,所以他可以超然于拥有自然倾向的世界之外,"无所事事"地让受造物顺其自然,"无动于衷"地旁观它们的生长消息。"没有什么阻止所有受造物被偶然地推动,或阻止人根据意志的自由抉择任意行事。他们(即一般神意论者)在上帝和人之间如此分配,以至于上帝通过他的力量就能在人身上激

————————

　　① 一般神意论类似莱布尼兹的活力论,参见柯瓦雷:《从封闭世界到无限宇宙》,第256—298页。

起运动,借助这种力量人可以按照天生的本性行为,但要通过意志的计划控制这些行为。"(1.16.4)在这一点上,一般神意论者眼中的人和自然界的其他事物没有本质区别,上帝对它们的管理都是通过自然倾向进行的,只不过人的自然倾向及其内在动力主要表现为自由意志:"人根据自身的自然倾向被上帝推动,但他可以根据己意运动。如果真是这样,对道路的自由选择就在人自己控制之下。"(1.16.6)意志的自由选择和神意的控制并不矛盾,一来是由于一般神意论的上帝并不在"决定"的意义上支配个体受造物及其运动,二来是由于意志借以进行自由选择的活力或能力本身来自上帝。

加尔文与一般神意论者的区别,与其说在于他同时坚持一般和特殊神意,而后者仅仅接受一般神意,不如说在于他不同意后者对一般神意的理解,即不同意上帝对世界的管理是通过最初注入的活力和受造物的自然倾向进行的。只有看到这一点,我们才能真正把握神意的一般和特殊之间是什么关系,以及(一个更基础性的问题)到底何谓神意。

加尔文主张神意的统治细致入微到涉及每个受造物及其运动,而非仅限于世界整体秩序的构建和维护,他拒绝认为上帝对万物的管理只通过或主要通过活力和自然倾向进行。相反,加尔文发现,如果神意不以决定的方式直抵个体受造物,它们最初获得的活力和自然倾向就没有任何意义。所以,即便是那些没有生命的东西,我们也应该认为,

虽然它们每一个在自然上都被赋予了各自的特性,但如果上帝不亲手引导,它们的力量就发挥不出来。因此,它们只不过是上帝的工具(instrumenta),上帝按照自己的意志持续地赐给它们效力(efficaciae),

根据自己的自由选择驱使它们,让它们这样或那样做。(1.16.2)

在神意问题上,加尔文认为,理解上帝与受造物之间关系的关键不在于"活力"的赐予,而在于"意志"的决定,就是说,不在于受造物最初从上帝那里获得的自然倾向,而在于上帝按照自己的意志持续而特殊地赐给每个造物以效力,驱使每个造物根据他的自由选择运动。如果没有意志的决定和效力的持续赐予,受造物的自然倾向、活力和特性就不可能发挥出来,最初获得的力量就没有实效或效力,就算不上真正的活力。自然物如此,人更是如此。加尔文认为,我们不仅要将人行事时的"力量"或"能力"归给上帝,也要将"选择和决定"(electionem quoque ac destinationem)归给上帝(1.16.6)。所以,人和其他受造物都并非仅仅通过自然倾向和活力受上帝间接推动,而是受神圣意志的决定直接推动。在这个意义上,对受造物而言,神意的实施就不再表现为它们内在的自然倾向和活力,而是表现为以直接而外在的方式施加到它们身上的意志和命令。加尔文写道:"受造物中没有什么力量、行为或运动是随意的,相反,它们都受上帝隐秘计划的统治,以至于没有什么能在上帝自己知道且意愿的命令之外发生。"(1.16.3)因此,神意作为意志,在根本上意味着上帝对世界的持续干预和对每个受造物的控制,而不只是对世界秩序的设定和预知。在这个问题上,笔者同意桑切尔的观点,即加尔文所说的神意实际上是"神圣的行动",而不是"抽象的计划"。① 为了说明这一点,有必要引用桑切尔在分析加尔文神意学说时同样十分重视的一段话:

---

① 参见 Michelle Chaplin Sanchez, *Calvin and the Resignification of the World: Creation, Incarnation, and the Problem of Political Theology in the 1559 Institutes*, p. 130。进一步参见书中第二、三章的相关讨论。

神意不是指上帝在天上悠闲地观看(otiosus speculetur)尘世中发生的事情,而是指他作为钥匙的掌管者掌控所有的事件(eventus omnes moderatur)。这属于他的眼,同样属于他的手。当亚伯拉罕对他的儿子说,"神必预备"(Deus providebit),他不仅想宣布上帝对未来事件的预知,而且将对未知之事的担心托付给那位愿意指点迷津者的意志。由此可知,神意在于行为(providentiam in actu locari)。许多人极其无知地喋喋不休,认为神意仅仅在于预知。(1.16.4)

根据加尔文,真正的神意不是上帝对世界及其事件的单纯预知,而是上帝通过意志和行为对所有事件的掌管;而所谓"掌管不就是控制(praeesse),以便按照决定好的秩序(destinato ordine)统治你所控制的东西吗"?"上帝统治世界,不只是因为照看他设定好的自然秩序,更是因为他对每一个受造物都予以特殊的关心。"(1.16.4)表面上,加尔文似乎仅仅改变了对一般神意的理解,认为上帝并非通过事物的自然倾向和活力从整体上管理世界,而是通过意志和行为的干预控制每个受造物。"上帝的一般神意不仅积极地遍布受造物,以维持自然秩序,而且根据他奇妙的计划用于确定而特殊的目的。"(1.16.7)基于这种无所不在、无孔不入的神意,加尔文引用《马太福音》中的话说,"如果没有父的意志,连一只小麻雀都不可能掉到地上(《马太福音》10:29)。而如果连鸟的飞行都受上帝确定的计划(certo Dei consilio)统治,我们就必须和先知一起承认,上帝既居至高处,又谦卑地照看着发生在天地中的一切"(1.16.5)。然而问题在于,对于这种意志化和行动化的上帝而言,以及对于渗透到万物中的至高主权而言,一般神意和特殊神意之间还有什么区别呢?

由上述分析可知,一般神意论者和加尔文的实质分歧在于,神意到底是自然还是意志:一般神意论者将神意还原为万物从上帝那里获得的自然倾向和活力,这种"神意即自然"的观念在某种意义上依然是斯多亚式的,因而也是古典式的;加尔文则试图在受造物的自然背后寻找更为基础的意志原则,将每个受造物的运动、变化或活动理解为神圣意志自由运作(而非自然生成)的结果,这种"神意即意志"的观念显然与奥古斯丁对古代哲学的扭转密不可分。归结为一句话:加尔文笔下作为主权者的上帝,用他时刻临在的、无孔不入的意志化神意,彻底抽空了自然倾向和活力的内在基础。不过,意志对内在自然的抽空,还不是加尔文神意学说革命性的全部。

第二节 神意的特殊化与现代世界图景

仔细检讨加尔文为驳一般神意论者而举的诸多例子,尤其是自然现象,我们不禁产生这样一个印象,即他对活力论的批驳似乎抹平了一般神意与特殊神意之间的差别,其结果不是使所有神意都一般化,而是使所有神意都特殊化。在笔者看来,这恰是加尔文神意学说的最大悖论和困境所在。

比如,加尔文在《要义》第一卷第十六章中指出,没有什么受造物的力量比太阳更神奇和耀眼,也没有什么比太阳对万物的生长更重要,但这一切的荣耀都是上帝而非太阳的。因为,正如他在造太阳之前已经造光并使事物生长结果,太阳仅仅是上帝用来发光的工具而已,他完全可以不用太阳而亲自光照世界。更重要的是,《圣经》中上帝针对太阳产生的奇迹(比如挂在相同的地方两日不落,日影倒退十度)与太阳的常规运转之间并无实质差别：

> 上帝通过这几个奇迹表明，日出日落并非出于自然盲目的本
> 能；相反，为了更新我们对他父亲般关爱的记忆，他亲自管理太阳
> 的运行。没有什么比冬去春来、春去夏来、夏去秋来的更替更加自
> 然。然而在这种季节的轮回中，我们仍然看到巨大而不等的变化，
> 由此可见，每年、每月、每天都由上帝新而特殊的神意控制着
> （1.16.2）

按通常的理解，正常的四季更替属于一般神意，超常的奇迹或异常的现象属于特殊神意，前者遵循自然法则，后者是自然法则的例外。但现在加尔文却告诉我们，严格来说即便我们习以为常的季节轮回和日出日落也不是绝对自然的，因为这同样是上帝以特殊的方式直接运作的结果，虽然一般来说只有奇迹才能让我们意识到神意的意志化和特殊化。进言之，在加尔文的神意秩序中，作为自然法则之例外的奇迹与我们习以为常的自然现象并无实质分别，二者拥有同样的神学基础，均被还原成了"新而特殊的神意"。上帝始终在控制着世界，不是借助受造物的自然倾向和活力，也不是借助设定好的自然秩序，而是借助治理万物的特殊意志。

加尔文认为，如果接受一般神意论者的观点，我们诚然可以将合乎自然法则的现象归于上帝的设定，但诸如自然灾害那样的异常现象就成了绝对的例外，无论如何都不可能与上帝的工作联系起来。为了化解这里的张力，将例外之事安置到世界秩序的意义系统中，加尔文反过来将一切正常与异常的自然现象都还原为特殊神意的支配，结果使自然不再像看上去那么平常，使奇迹也不再像看上去那么例外。正是在

这个意义上,加尔文说,正如自然灾害代表上帝"确定而特殊的报复",风调雨顺则彰显上帝特殊的恩惠,而如果我们接受这一点,就会确信"若非有上帝确定的命令,一滴雨都不会落下"(1.16.5)。由此可见,加尔文笔下的世界被构造成了意志化的受造物整体,其中所有的自然现象都以特殊而非一般神意的方式直接承受上帝意志的决定。世界对神圣意志的依赖在此被空前加强,自然不只是创世意志的产物,因为自然的展开与运作也都取决于上帝的旨意。

在解释经文"耶和华在天上,在地下,在海中,在一切的深处,都随自己的意旨而行"(《诗篇》135:6)时,加尔文认为这句话是说"上帝无限伟大,因为上帝不仅创造了天地,而且通过他的意志控制万物"。然后,加尔文强调指出,上帝通过意志对万物的控制,并非人们通常所理解的"一般神意",即"不假思索地维持世界秩序";相反,经文对自然空间的区分表明这里说的是"特殊照看"。特殊神意与一般神意之间最重要的区别在于,前者是通过"意志"展开的,一定有"计划"(consilium)和"确定的理据"(certamque rationem);上帝在统治世界中的海陆空各个部分时,正是根据特殊神意来分配其力量的,以至于除非上帝决定并下令,否则什么都不会发生。[①] 所以,即便是在自然秩序中实施的神意,也都必须被理解为上帝意志积极而主动的特殊运作,而非对世界秩序的单纯维持或保存。

在这个问题上,加尔文极大地背离了阿奎那关于神意秩序所做的一个区分,在后者看来,神意是事物趋向目的的秩序之理据,而事物所趋向的目的有两种:一种是超乎受造本性之比例和能力的超自然目的,比如永生;一种是与受造本性成比例的自然目的,受造物根据本性的能

---

① 参见 Calvin, *Comm. Psalm* 135:6, *CO* 32, p.359。

力可以达到这种目的。① 到加尔文这里，不仅永生绝对超乎人的能力，完全取决于上帝的赐予，而且如果没有上帝意志的直接干预和推动，任何造物都不可能靠自身的能力成全自然目的——或者说，加尔文这里根本就没有严格意义上的自然目的。

为了论证神意的意志化与特殊化，加尔文在《要义》中用意味深长的笔触向读者列举彰显上帝权能与力量的众多经文。他告诉我们："此外，我总体上要说的是，特殊事件乃上帝特殊神意的见证。"（1.16.7）对一般神意论者来说，异常的特殊事件是神意秩序的例外，但对加尔文来说，恰是特殊事件最能揭示上帝对世界的管理。加尔文在《要义》第一卷第五章特别引用《诗篇》第一百零七章提到的许多奇迹：比如，保护流浪者不被野兽吃掉，使饥饿者得饱美食，解救囚徒或遭遇海难的人；又比如，使江河变旷野，使水泉变旱地，使肥地变碱地，使旷野变水潭，使旱地变水泉，等等。所有这些例子都说明，"被认为偶然发生的那些事情，实则是对天上神意的众多见证"（1.5.8）。从神意角度来看，这些异常或超常的偶然之事并无特别之处，因为在那些正常的自然现象背后同样有特殊神意在操控，虽然我们不易感受到这一点。上帝兴起狂风将约拿抛入海中（《约拿书》1：4）是特殊神意，上帝借风的翅膀而行，以风为使者，同样是特殊神意，风刮到哪里完全由上帝"决定"（suo arbitrio），"他在它们之中彰显自身力量的特殊在场"。与此类似，"虽然人在自然上就被赋予了生育能力"，但谁能生谁不能生，都取决于上帝的"特殊恩典"；虽然没有什么比饮食"在自然中更常见"，但地上的出产依旧是上帝"特殊的赐予"，而且滋养人的并非土产，而是"隐秘的赐福"（1.16.7）。尽管一般神意论者有

---

① 参见阿奎那：《神学大全》，Ia, q23, a1, co., 第一册，第353页。

时也不得不承认有的事被上帝特别看顾着,但他们也仅将它们限制在"极为特殊的行为"(ad actus tantum particulares)范围内,可在加尔文看来,"上帝通过统治照看每一个事件,它们全都出自他确定的计划,以至于没有什么偶然发生"(1.16.4)。

在加尔文的对手那里,不管是否纳入神意秩序,特殊事件永远是特殊和偶然的;而在加尔文这里,恰是那些看起来违背自然法则的特殊现象最能说明神意对世界的管理。换言之,恰是人类眼中罕见或偶然的奇迹与异常之事,最能暴露万物都无法避免的普遍处境,即它们都处在"特殊神意的普遍秩序"中。只有从特殊神意的普遍化出发,我们才能理解帕蒂为什么会说:"整个自然秩序都是上帝特殊神意的结果。"[1]或者,用沃尔泽的话说:"大自然永恒的秩序成为一种由诸多非本质和特殊的事件构成的秩序,任一件事的起因都是直接的和积极的(但确实不可测知的)上帝的意志……这同一位全能的和总是积极的上帝可以随意违背自然界的各种模式。"[2]简言之,为了驳斥一般神意论者,加尔文不仅将特殊神意纳入世界秩序,而且对特殊神意做了普遍化的理解,以至于最后所有神意都成了特殊的。

正因此,1559 年版《要义》才不再像《驳放任派》(Contre les Libertins,1545)那样基于对一般与特殊的区分来界定神意。[3] 加尔文在《驳放任派》中将神意划分为三种:第一种是在自然中展开的一般神意,即根据受造物的条件和特性(condition et proprieté)对它们加以引导的一般运作(operation universelle),也就是我们所说的"自然秩序";第二种

---

① Charles Partee, *Calvin and Classical Philosophy*, p. 129.
② 沃尔泽:《清教徒的革命:关于激进政治起源的一项研究》,第 39—40 页。
③ 参见 P. H. Reardon, "Calvin on Providence: The Development of an Insight," p. 529.

是在历史中展开的特殊神意,比如对信徒的帮助、对坏人的惩罚,以服务于上帝的善、正义和审判;第三种是在救赎中对圣徒的管理,即上帝通过圣灵在他们那里生活和统治。[①]《驳放任派》划分神意所根据的,一方面是管理范围上的一般与特殊——自然整体是一般,人与圣徒是特殊;另一面是运作方式的一般与特殊——自然秩序的展开是一般,恩典在救赎史中的展开是特殊。

而 1559 年版《要义》中的加尔文在处理神意的种类时,无论行文还是观点都变得异常暧昧与微妙。他既没有从一般与特殊的角度明确区分神意,也没有明确否定这种区分方式;相反,我们看到他在这个问题上明显故意保持模棱两可的态度。[②] 与此同时,加尔文的讨论告诉我们,自然秩序与历史秩序不再分别对应一般与特殊,而且他还主要围绕自然现象为特殊神意辩护,并在批判活力论基础上讲出自己对自然秩序的全新理解。上文考察表明,加尔文坚持某种意志化的、不自然或去自然的自然观,在他这里自然秩序借以展开的根本动力并非来自创世之初形成的内在倾向和法则,而是来自上帝在持续干预个体造物时施加的特殊神意。

加尔文在《要义》第一卷第十七章总结道:“我们刚刚在上文正确地反驳了某些人的观点,他们想象上帝的神意是一般性的,没有达到对特殊造物的特殊照看,但认识上帝对我们的特殊照看才是首要的。”

[①] 参见 Calvin, *Contre les Libertins*, 14, *CO* 7, pp. 186 – 190。

[②] 或许是由于看到了这一点,帕蒂才会认为,加尔文一方面肯定一般神意与特殊神意的区分,另一方面他的主要兴趣却又是特殊神意,参见 Charles Partee, *Calvin and Classical Philosophy*, p. 141。笔者认为,《要义》1559 年版中的加尔文不仅没有明确区分一般神意与特殊神意,而且对一般神意做了特殊化的理解,由此在根本上否定了一般神意的传统观念。

（1.17.6）从神意的特殊化来看，整个自然秩序不过是对上帝意志的执行。[1] 加尔文这里的"自然"成了执行上帝意志与命令的"场所"与"工具"，我们甚至可以说，对以特殊方式展开的神意来说，每个事件都是上帝活动的独特表达，没有哪个事件比另一个更能彰显上帝的在场和力量。[2] 只有瓦解活力论的内在原理，抽空自然秩序的内在根基，加尔文才能用特殊神意的上帝主权重新为现代世界图景奠基，使所有受造物及其构成的整体成为荣耀造物主的"剧场"。正是在这个意义上，加尔文说："每当我们每个人考虑自身的自然时，要留意有一个上帝在治理所有的自然。"（1.5.6）

特殊神意的治理，非但不是对自然机制的简单维持，反而提供了一个瓦解自然根基的绝对意志，由此导致自然的运作依赖上帝权力的持续干预。自然不再是由目的论秩序充实起来的存在巨链，而只是一个被抽空了内在目的，从而供神圣权力运作其中的空间或框架。于是，如汉考克所言，自然成了一个均质的系统（machina）："自然不是一个等级体系，理性也不能借助这个体系上升到上帝；相反，自然是一个系统，一个暗示着上帝的系统；这个系统中的每一部分都同等地缺乏神圣性。正是因为加尔文的整个宇宙系统的每一部分都是空无意义的，所以它才是无限神圣的。"[3]换言之，加尔文的上帝统治下的世界是一个去等级化的单一而统一的领地，"所有权力都直接源于他，与自然没有任何关

---

① Calvin, *Comm. Psalms* 147:15, *CO* 32, pp. 430-431，转引自 Charles Partee, *Calvin and Classical Philosophy*, p. 77, n. 76。关于加尔文世界秩序的去自然化，参见一项有趣的科学史研究：Kristen Poole, "Physics Divined：The Science of Calvin, Hooker, and Macbeth," *South Central Review* 26（2009）, pp. 127-152。

② C. J. Kinlaw, "Determinism and the Hiddenness of God in Calvin's Theology," *Religious Studies* 24（1988）, p. 501.

③ 汉考克：《加尔文与现代政治的基础》，第 196 页。

系"。为了成为抽空自然的主权者,上帝需要成为一位现实的"全能"
之神。

第三节　全能之神:从可能性到实效性

澄清神意的意志化与特殊化之后,我们就可以理解加尔文为什么
在讨论神意时会重新界定"全能"(omnipotentia)概念。在他看来,上帝
的全能

> 并非如哲学家想象的那样是空洞、懒惰的,且几乎死气沉沉,
> 而是机警、有效、运作的,且持续不断地在行动(sed vigilem, effica-
> cem, operosam, et quae in continuo actu versetur);并非只是混乱运
> 动的一般原则,仿佛上帝是令河水按照既定的渠道流淌一样,而是
> 专注于各个特殊的运动(singulos et particulares motus)。上帝被认
> 为是全能的,不是由于他能做但有时不做,并保持闲暇,也不是由
> 于他通过一般本能(generali instinctu)延续之前设定的自然秩序,
> 而是由于他通过自己的神意治理天地,以这种方式控制万物,以至
> 于没有什么在他的计划之外发生(accidat)。因为,《诗篇》所言"他
> 随自己的意志行事"就是指他确定而慎思的意志。根据哲学家的
> 方式解释先知这句话是毫无意义的,即认为上帝是第一主动者
> (primum agens),因为他是所有运动的开端和原因。(1.16.3)

在哲学家那里,(按照加尔文的理解)全能要么是抽象的"能力",
即上帝可能做但没做;要么表现为(如上文所见)万物的"活力",即通

过一般本能或倾向维持自然秩序；要么等同于"第一推动力"，即作为第一主动者推动所有运动。与哲学家相反，加尔文认为"全能"首先必须被理解为现实力量而非抽象的能力，必须被理解为上帝根据自由意志对世界中的每个受造物与"各个特殊的运动"展开的持续有效的运作。换言之，加尔文所说的"全能"，是渗透到所有行为和运动中的现实效力：上帝全能，是因为他持续不断地介入世界的角角落落，用他确定的至高意志治理和控制万事万物。加尔文在解释《以赛亚书》26：4 时指出，先知在说到上帝的力量与权能时，指的"并不是未使用的权能，而是有效与现实的权能，亦即那施加在我们身上，并将他已经开启之事导向终点的权能"。[①]

加尔文在《诗篇注解》中写道，那些认为上帝悠闲地坐在天上，将世界交给机运的人，实际上不虔敬地剥夺了上帝的力量，相信上帝仅有"权能的影子"，亦即那种"缺乏实效的权能"，但《圣经》明确教导我们上帝的权能是"现实性的"（actualem）。[②] 只有基于这种积极且有实效的现实全能，一种超越一切又掌控一切的力量，加尔文才能将神意的所有运作还原为特殊的，才能在抽空内在性的唯名论世界中重构自然与人世的秩序。"当我们称上帝为全能的，并称他是万有的创造者的时候，我们必须思考他这种在万有之中做工的无所不能，以及他规范万有的护理之工。"[③]

加尔文从持续的现实力量出发对"全能"所做的界定，与阿奎那在《神学大全》中的界定形成了显明的对比。根据后者，全能首先与可能而非现实的事情相关，上帝的全能意味着他能够做所有可能的事情，不

---

① Calvin, *Comm. Isaiah* 26：4, *CO* 36, p. 429.
② Calvin, *Comm. Psalm* 135：6, *CO* 32, p. 359.
③ 加尔文：《虔敬生活原理》（《基督教要义》1536 年版），2.1，第 54 页。

是说相对能够做他能力范围内的事情（正如人能够做自己力所能及的事情），而是说绝对能够做所有可能的事情。所谓"绝对能够"，是指主词与谓词没有矛盾，比如说"苏格拉底坐着"，这样的事情都在上帝全能范围内；与此相反，那些自相矛盾的事情则不在全能范围内，比如说"一个人是驴"。这种作为绝对可能性的全能并非加尔文所说的抽象可能性，因为在阿奎那笔下，上帝的全能与存在的完满性之间有着密不可分的形而上学关联：

> 由于每一个主动者都产生与自己相似者，所以每一个主动能力（potentiae activae）都根据作为主动能力基础的活动之本性（rationem illius actus）有相应的可能者作为自己固有的对象，比如：热化能力以可以变热的存在者作为自己固有的对象。可是作为神圣能力之基础的神圣存在，是无限的，不是被限定于某一种类之物的存在，而是在本身内预有全部存在的完满性，是以，凡是能够具有存在本性的东西，均包括在绝对可能者之内，上帝是针对它们而被称为全能的。①

阿奎那在此从主动能力与对象的相称来理解全能，在他看来，每个作用者都拥有自身固有的承受对象，后者对作用者的主动能力而言是"可能的"。关键在于，神圣权能不是无规定的赤裸动力，而是被上帝的"存在"所规定：上帝的存在是无限的，即上帝"在本身内预有全部存在的完满性"，所有可能的存在者或所有可能具有存在本性的东西，都来自上

---

① 阿奎那：《神学大全》，Ia, q25, a3, co., 第一册，第386—387页，根据段德智译本（《神学大全》，第一卷第一集，北京：商务印书馆，2013年），略有调整。

帝的无限存在及其完满性,因而都以绝对的方式在上帝能力范围内。上帝正是针对所有"能够存在"的东西才被称为是全能的,因为所有能够存在的东西都是上帝主动能力的固有对象,他作为作用因必然产生与自身相似的结果,使结果以各自的方式分有他的完满存在而存在。可见,阿奎那从可能性出发构造的全能概念,向我们揭示的其实是上帝的无限存在和受造存在之间内在的类比关联,而不是超越的意志和力量以现实的方式对受造物的外在控制。

加尔文重新界定"全能"概念的意图非常明确,那就是使上帝的力量及其与受造物的关系摆脱"存在"概念的支配,使神意奠基于没有存在依托的权能和意志,用神圣意志在每个受造物之中的现实运作来构建没有自然根基的现代世界新秩序。上帝的全能是现实的,奠基于现实全能的神意是特殊的,特殊神意不是对自然秩序的补充或维系,而是以架空自然的方式对自然秩序施加的控制。为世界奠基的东西并非来自世界自身,而是来自神圣意志与全能。

如此我们也就不难理解,加尔文为什么会对"有序权能"(potentia ordinata)与"绝对权能"(potentia absoluta)这对传统概念有那么强烈而复杂的反应。用康特奈的话说,中世纪神学中的全能观念蕴含上帝双重权能的辩证法。[1] 有序权能与绝对权能的区分可以追溯到达米安

① 这里关于绝对权能与有序权能的梳理,笔者主要参考 William J. Courtenay, "The Dialectia of Omnipotence in the High and Late Middle Ages," in *Divine Omniscience and Omnipotence in Medieval Philosophy: Islamic, Jewish and Christian Perspectives*, ed. T. Rudavsky, Dordrecht: D. Reidel Publishing Company, 1985, pp. 243 - 269。有兴趣的读者进一步参见 William J. Courtenay, *Capacity and Volition: A History of the Distinction of Absolute and Ordained Power*, Bergamo: Pierluigi Lubrina, 1990; Francis Oakley, *Omnipotence, Covenant & Order: An Excursion in the History of Ideas from Abelard to Leibniz*, Ithaca, London: Cornell University Press, 1984; "The Absolute and Ordained Power of God in Sixteenth and Seventeenth Century Theology," *Journal of the History of Ideas* 59 (1998), pp. 437 - 461; Heiko A. Oberman, *The Harvest of Medieval Theology*, pp. 30 - 56。

（Peter Damian）对全能的理解，他在与卡西诺山的修道院院长德西德里乌斯（Desiderius）讨论时认为，上帝的权能不仅不受意志规定（德西德里乌斯的观点），而且绝对大于意志。就是说，之所以说上帝是全能的，不是由于他有能力做自身意愿的事情，而是由于实际意愿的事情并未穷尽他的力量，他始终能够做他实际意愿之外的事情。那些事情之所以没有实现出来，不是因为上帝没有能力做，而是因为他并未意愿做。

到13世纪后半叶，达米安界定"全能"的进路最终催生出双重权能的经典表述，即"绝对权能"与"有序权能"。严格来说这并非上帝的两种权能，而是言说上帝权能的两种方式。绝对权能说的是不考虑实际意志和行为的逻辑可能性，即上帝在绝对或抽象意义上可能或有能力做什么；有序权能说的是上帝实际意愿或将会意愿做什么，即上帝在世界秩序中的启示。根据这种经典区分，上帝所有的行为都属于有序权能，因为绝对权能不是行为方式，而只是保障上帝自由与超越性的抽象预设。双重权能的辩证法在保障上帝自由的同时，也使世界成了虽偶然但可靠的秩序：偶然，是因为世界秩序是神圣意志自由选择的结果；可靠，是因为上帝出于"约"的自我限制自愿遵守他的承诺。

司各脱①的出现从根本上改变了双重权能的经典区分，使之成为理解神圣行为而不是神圣权能的两种方式，结果，绝对权能成了与当下秩序和法则相对的行为方式。有序权能对应上帝自愿选择并遵守的现实秩序，但司各脱认为，根据绝对权能上帝始终有可能突破常规的现实秩序，以超常的方式（extraordinaria）意愿和行为。绝对权能不再是抽象的可能性，而是成了摆脱常规秩序的、超常的现实性。经过唯名论的转化

---

① 关于司各脱，参见雷思温：《粉平与破裂：邓·司各脱论形而上学与上帝超越性》。

和推进,司各脱的观点对中世纪晚期乃至加尔文的世界图景产生了深远的影响。①

从文本上来看,加尔文曾经多次反对用中世纪哲学中的"绝对权能"解释上帝的全能和神意。他写道,既然上帝有权(即我们无法认识的权力)统治世界,我们就应该服从他的最高权威,"让他的意志对我们成为义的唯一准则和万事最正义的原因"。但这不是哲学家区分"义"与"权能"时所说的"绝对意志"(absoluta voluntas),"而是上帝那控制万事的神意,来自神意的一切都是公正的,尽管其根据对我们是隐藏的"(1.17.2)。加尔文这里说的"绝对意志"是"绝对权能"的另一种表达。在《要义》第三卷讨论预定论时,他改用"绝对权能"再次重申了这里的观点,并强调指出:作为至高原因和准则的神圣意志必然是义的(3.23.2)。②

根据双重权能的经典区分,与神意对应的是有序权能,绝对权能意义上的全能仅仅是未实现的逻辑可能性,因而不属于神意。加尔文之所以拒绝双重权能的区分,并担心自己说的神意有可能被误解为绝对权能,不仅是由于他将绝对权能理解(或者说误解)成了无序的和不义的,更是由于他认为"全能"本身就是神意,即上帝以特殊的方式对天地万物的治理与控制(回顾1.16.3)。加尔文将全能理解为现实力量和行为的做法,显然受到了司各脱的影响,③正是后者将绝对

①　关于加尔文与双重权能问题,可参见 David C. Steinmetz, "Calvin and the Absolute Power of God," in *Calvin in Context*, New York: Oxford University Press, 2010, pp. 40 – 52; Paul Helm, *John Calvin's Ideas*, pp. 312 – 346。

②　进一步参见斯泰因梅茨列举的更多文本,参见 David C. Steinmetz, "Calvin and the Absolute Power of God"。

③　司各脱对加尔文上帝观的影响已是学界的基本共识,可参见 Heiko A. Oberman, "*Initia Calvini*: The Matrix of Calvin's Reformation"。

权能从抽象的可能性决定性地转变为超常的行为方式。相比司各脱，加尔文又往前推进一步，他不但将全能理解为行为方式，而且在拒绝绝对权能概念的基础上果断抛弃了有序与绝对的辩证法，由此也抹杀了司各脱那里常规行为与超常行为的区分，正如他抹杀一般神意与特殊神意的区分一样。结果，加尔文不但没有将上帝行为纳入可以理解的常规秩序，反而将其都推进不可知的深渊，而在不可知意义上，我们认为上帝的行为在加尔文这里出现一个超常化的趋势。也正因此，加尔文才会着重强调，作为上帝意志的神意本身是隐秘的、无法理解的，而不只是说与有序权能相对的超常权能是无法理解的。

至此可见，在抽空上帝与世界之间的内在性、斩断造物主与受造物之间的类比相似性基础上，加尔文悬置作为依托的神圣本质，将上帝还原成显现在世界中的现实力量；悬置万物趋向目的的秩序之理据，将神意还原成掌控万事的意志；悬置作为自然秩序的一般神意，将全能还原成针对个体事物的特殊神意。结果，上帝和世界之间的关系就只剩下力量的直接运作和意志的外在控制，神意已然完全丧失存在的内在性和自然的必然性。问题是，在这种情况下，上帝力量和意志的运作在什么意义上还能被理解为一种秩序呢？加尔文并非没有意识到这一点，否则他不会一再强调全能或神意不因其无法理解而是无序的。不过我们注意到，加尔文对此已经无法给出实质性论证，而只是说一切源于上帝的都不可能不正义，不可能是任意和混乱的。正义不再是理解与善的秩序，而是上帝意志的秩序；上帝至高的意志不可能不义，因此上帝命令的一切——即便它们本身看起来是不义的——不可能不义，意志化的神意不可能是无序的。在内在性被彻底抽空的基础上，如果说神意仍然像加尔文强调的那样是有序的，那也只能是一种无法被理解、不受善的目的论规定的有序性,如果说全能的实现仍然是正义的,那也只能是尚未显现的隐秘正义。① 这种没有实质规定的有序性正是加尔文世界秩序的真正根基——无根的根基。

综上,在神意思想的发展谱系中,加尔文有意承继并改造了奥古斯丁的意志传统,以对抗斯多亚和阿奎那的理性传统。对他来说,神意是一种"意志化的秩序",它从根本上奠基于上帝对世界与自然的自由决定,由此决定性地突破了以理性为基础的目的论等级和存在巨链。换言之,加尔文所理解的神意已经不再是理性的根据或筹划,既不是斯多亚那里具有自然必然性的逻各斯,也不是阿奎那笔下的目的论理据。神意就是"神的意志",且是针对每个造物及其运动施加的特殊意志。认识上帝在世界中的显现,感受神圣力量的运作,在此被归结为理解世界中无处不在的意志化神意。

不仅如此,这种意志化的秩序同时还是一种"行动化的秩序",因为正如前文所揭示的,加尔文明确将上帝理解为世界中的"行动者",而非不关心世界的"观看者"(伊壁鸠鲁)。因此,无论神意还是全能,在概念上均可以被还原为"行动"。换句话说,上帝与世界的关系主要不是赋予存在(阿奎那),而是施加行动,不是以内在的方式临在于受造物,而是以外在的方式控制受造物,使它们成为神圣荣耀的工具。"神意不再存在于律法或预知中:'神意存在于行动中'。"② 这样,加尔文也就完全消解掉了阿奎那关于"神意"与"治理"所做的区分。对阿奎那来说,神意是预先存在于上帝心智中的"万物归向目的的秩序之理据",治理是这一目的论秩序在时间中的具体实现。而加尔文则直接将神意本身

---

① 参见施莱纳围绕加尔文的《约伯记》布道辞所做的研究,Susan E. Schreiner, "Exegesis and Double Justice in Calvin's Sermons on *Job*"。

② 沃尔泽:《清教徒的革命:关于激进政治起源的一项研究》,第 39 页,译文有改动。

理解为上帝管理世界的持续行动(1. 16. 4),神意的意志化导致这一行动的目的论理据(ratio)彻底被悬置。

　　神意的意志化和行动化,不可避免地导致加尔文的世界秩序陷入偶然与必然的巨大张力之中。世界是偶然的秩序,因为无论自然还是历史都取决于上帝意志的自由决定,而非其内在的必然性;世界是必然的秩序,因为这种意志化的神意不再允许事物以偶然的方式发生,或者说,不再允许真正意义上的偶然。悖谬的是,在讨论神意过程中,加尔文又同时极力批判对世界秩序的偶然化理解和必然化理解,亦即批判关于命运的两种古典观念:fortuna 与 fatum。那么,在命运的偶然与必然之间,在上帝的决定和人的自由之间,我们到底该如何界定意志化神意的性质和位置呢?

第八章　机运、命运与神意

第一节　机运与命运:加尔文对古典秩序的批判

众所周知,西方古典文化中有两种主要的命运观念,一是希腊式的fatum(宿命),我们可以将其称为必然的命运观,一是罗马式的fortuna(机运),我们可以将其称为偶然的命运观。基督教产生后,万事万物的决定权被认为取决于上帝及其神意,结果无论偶然的机运还是必然的宿命都受到很多批判。关于基督教的神意观念,奥古斯丁在《论秩序》和《上帝之城》,波爱修在《哲学的慰藉》,阿奎那在《神学大全》中先后以各自的方式发展出十分重要的理论,他们虽然在具体观点上有很大差异,却都倾向于用神意统摄甚至取代命运,由此重塑对世界秩序、神人关系和伦理生活的理解。重视神意问题的加尔文,极大地推进了基督教对古典命运观的批判,在他看来,神意既非不可预测、无法把握的偶然机运,亦非斯多亚哲人所理解的那种因果必然性(这是斯多亚对宿命论的哲学解释)。从这个角度来看,加尔文坚持用神意重构上帝与受造物的关系,就是为了消解偶然性和因果性在世界秩序中的意义。

在古典文化中,fortuna 代表机运或时运,它具有变化无常的偶然性,因而是盲目、无序与不确定的。根据这种偶然的命运观,在事情的发生背后并没有明确的因果秩序,运气好坏或处境顺逆都与个体的德性无关,而是完全取决于流变不居的机运,取决于"机运女神"(Fortuna)的随意摆布。机运女神翻手云覆手雨,她吞噬一切的力量既给人带来权力、荣誉、财富、健康,又可能在转瞬之间将其剥夺,悲惨、不幸、苦难、死亡才是人生的常态。在机运女神统治之下,置身偶然世界中的人始终是有限、渺小而脆弱的。

生活在 16 世纪的加尔文深刻体会到时代的动荡和混乱,不过,作为"改教家"的他无意于像同时代的马基雅维里那样,诉诸机运的统治和德性(virtù/virtue)对机运的驯服,[1]而是试图从永不停息的机运之轮转向神意对世界的治理,从对德性力量的崇尚转向对上帝意志的服从。加尔文如此重视神意观念,一定程度上正是为了打破偶然命运观的世界图景,进而通过上帝意志在受造物中无孔不入的积极运作重建失序时代的新秩序。可是,作为"人文主义者"的加尔文,果真能够全然摆脱文艺复兴时期的命运观对人世处境和世界秩序的理解吗?

加尔文写道,"我们应该知道,正如《圣经》所教导的,神意与机运和偶然之事(fortumae et casibus fortuitis)正相反";各个时代的人们无不认为"万事都是偶然发生的"(fortuito contingere omnia),这种观点不仅遮蔽,而且几乎埋葬了对神意的信仰(1.16.2)。用机运解释世界,意味着事情的发生没有可理解的因果,因而只能用偶然的机缘来解释,比如说,同样是深陷危险之中,有人丧生,有人却奇迹般地获救。换言之,根据这种机运式命运观,无序才是最大的秩序,偶然才是最大的确定,因

---

① 关于文艺复兴时期的命运、神意与德性问题,参见波考克:《马基雅维里时刻:佛罗伦萨政治思想和大西洋共和主义传统》,冯克利、傅乾译,南京:译林出版社,2013 年,尤其第一部分("特殊性与时间:概念背景")的讨论,第 1—86 页。

为主宰世界和人事的,被认为是一种摆脱了所有必然性——无论是自然必然性,还是上帝的意志必然性——的变化无常的力量。所以,加尔文认为,如果相信神意,就必须在人们归于机运的事情背后"进一步寻找原因",从而看到"每个事件都受上帝隐秘计划的治理"(1.16.2)。在他看来,无论是落叶砸死人的小概率事件,还是通常认为全凭运气的抽签,抑或富贵与贫贱的人生处境,都不应该用"盲目的机运"来解释,而应该被理解为上帝意志的决定。

总之,加尔文这里批判机运的用意很明确,那就是用特殊神意来对抗偶然性的宰制,使上帝治理之下的世界彻底变成不再能容纳偶然性的必然秩序,不是因自然而必然的秩序,而是因上帝意志而必然的秩序。也正因此,加尔文才会引用大巴西尔(Basil thc Great)和奥古斯丁的话,将罗马人的这种命运观作为异教概念予以抛弃。"因为,既然所有成功都是上帝的祝福,所有灾难与厄运都是上帝的诅咒,那么,在人事中就没有给机运或偶然留下任何位置……如果有什么事被交给机运,世界就是在盲目运转。"(1.16.8)另外需要指出的是,加尔文对机运的拒斥与对个体意志的拒斥是一致的,神意秩序不仅消除了机运的偶然,(正如他在批判一般神意时所揭示的)也消除了个体意志在命运展开中的自由空间,以至于对人来说,任何行为都不可能真正取决于意志自由的选择。所以,他在引用奥古斯丁对机运的批判时说,若非上帝安排(ordinante Deo),什么事都不会发生(否则就将是盲目发生的),奥古斯丁出于这一理由"排除了依赖于人之抉择的偶然性"。

这种没有给机运留下任何位置的神意论,导致加尔文难免有宿命主义者嫌疑,即批判机运的他似乎在主张宿命,改革宗神学也因此备受后世诟病。加尔文告诉我们,由于对偶然性的消除使神意成为一种绝对必然的秩序,他和奥古斯丁一样被认为是"斯多亚命运教条"(dogma

Stoicorum de fato)的坚持者。为了回应这种指控,他才在《要义》中专门澄清自己与斯多亚的区别。正如不喜欢"机运"一样,加尔文同样不喜欢"宿命"这个异教概念。他和斯多亚主义者的关键分歧在于,后者认为"自然中包含必然性",即由"不间断的因果关联和某种密切相关的序列"构成的必然性,而加尔文认为"上帝是万物的决定者与治理者,他根据自身的智慧从遥远的永恒预定他将要做什么,现在又根据自身的权能实施自己的命令。所以我们认为,不仅天、地以及没有灵魂的受造物,就连人的计划和意志也都由他的神意治理,以便被神意直接带向决定好的目的"(1.16.8)。

前面指出,在斯多亚哲学中"神意"就是"命运",不是作为机运的命运,而是作为宿命的命运;这是一种具有自然必然性的秩序,其必然性不是来自某个人格神的意志,而是来自因果序列的规定。斯多亚命运观的实质是环环相扣的因果链条(即加尔文说的因果关联和序列),其中发生的每件事都具有因果的必然性,都出自某种在先的原因,并作为原因导致其他事情的发生。换言之,命运并非某种外在的必然性,而是万物内在的存在方式。正如斯多亚学派那句格言所讲的,"愿意的人命运领着走,不愿意的人命运牵着走",①不管是否认识和接受命运,人都生活在必然的因果秩序当中,区别在于是否能够基于对命运的认识,带着无情或不动心(apatheia)的态度过符合自然的生活。

按照加尔文的观点,神意不同于命运之处,首先在于其必然性并非因果链条的必然性,而是上帝意志本身的必然性,在这个意义上,有意志的人和天地中的其他造物一样受神意操纵。这意味着,加尔文在一

---

① 关于这句话,参见 Sun Shuai, "Fate and Will: Augustine's Revaluation of Stoic Fate in the *De Civitate Dei* V, 8–11"。

定程度上消解了奥古斯丁在《论自由意志》中对"自然"与"自由"所做的著名区分:没有意志和理性的造物受自然必然性支配,它们的运动是必然而非自由的;有意志的人的运动则是自由的,他们不受任何必然性强迫,即便是自然力量的必然性。[①] 加尔文认为,不管是受自然推动的非理性造物,还是受自由意志推动的人,在根本上都受制于上帝意志的决定和操纵,因为"上帝的意志是万物至高的首要原因"(1.16.8)。他不再像奥古斯丁那样努力平衡上帝的意志与人的意志,而是试图把前者绝对化,以突出上帝对于人的主权。

一旦抽空神人之间的内在关联,作为首要原因的上帝意志,最终便被构造为对万物及其运动的掌控:"总之,由于上帝的意志被说成万物的原因,神意便被立为人类所有计划与行为的控制者(moderatricem),它不仅在选民中实施(exserat)自身的力量,而且强迫(cogat)被弃绝者服从。"(1.18.2)作为治理者的上帝对万物施加控制,而"控制"(moderatio)正是加尔文这里的秩序之基础。[②] 在预定论问题上,加尔文对上帝主权意志的强调更加明显。在他看来,谁被拣选、谁被弃绝,唯独由上帝的意志决定,跟人自身的意志、德性和功德毫无关系。"上帝谴责他略过的人,这样做只是因为他愿意(vult)把他们排除在那预定给子女的遗产之外。"(3.22.8,进一步参见本书第十七章)如此一来,斯多亚那里内在于万物的因果秩序彻底消失不见了,凸显出来的是绝对超越而又直接临在于造物的、不受任何约束的神圣意志。[③]

加尔文清楚地意识到,尽管这种绝对意志论的上帝很像一位"僭

---

　　① 　奥古斯丁:《论自由意志:奥古斯丁对话录二篇》,3.1—2,第 139—141 页。

　　② 　参见 William J. Bouwsma, *John Calvin*, p. 86。

　　③ 　正如里尔登所指出的,对神圣意志之绝对性的强调是加尔文思想的独特性之一,参见 Bernard M. G. Reardon, *Religious Thought in the Reformation*, 2nd edition, London and New York: Longman, 1995, p. 173。

主",虔敬的人仍然应该坚信之,

　　因为,神圣意志是,且应该是所有存在物的原因。如若神圣意志有任何原因的话,就得有某种东西先于它,它受制于那个东西——但万万不该这样想。因为上帝的意志是正义的最高准则,他所意愿的任何东西,都会由于他意愿而被视为是正义的。因此,当有人问上帝为什么这么做,我们必须回答:因为他意愿。但要是进一步问上帝为什么这样意愿,你就是在寻找比上帝的意志更大更高的东西,而这样的东西不可能被找到。人要限制自己的鲁莽,不要寻找不存在的,以免发现不了存在的。(3.23.2,进一步参见3.23.5、3.23.10、3.24.13。)

　　在加尔文这里,由环环相扣的因果链条构成的命运被上帝的意志这独一的至高原因所取代,而上帝的意志却没有任何在先的原因,它就是自身的原因。一些人注定得救,一些人注定受罚,人类的命运之所以如此安排,仅仅是因为上帝的意志意愿如此,除此之外没有任何更高的原因。这进一步说明,如果说斯多亚哲学家所讲的因果链条背后是理性的"存在秩序"的话,加尔文的神意背后则是意志的"治理秩序"。在抽空内在性与自然性的加尔文世界图景中,所谓秩序不再是每个事物对自身目的的趋向以及由它们共同构成的存在等级,而主要是作为最高原因的上帝意志在每个事物之中的特殊运作,结果,世界与上帝之间以及不同的事物之间不再有任何根基性的内在关联。上帝绝对意志笼罩下的世界,仅仅相当于彰显全能的"荣耀剧场",世界整体以及其中每个事物的自然目的完全处在加尔文神学的基本关切之外。世界的内在根基一旦瓦解,经院哲学在创造与治理、一般与特殊、理性与意志、自然与自由、必然与偶然之间建立的有机平衡，便被加尔文彻底打破了。对比阿奎那，可以更清楚地揭示加尔文神意学说对中世纪世界图景的破坏。

第二节　神意目的论的瓦解：阿奎那与加尔文

为了说明加尔文神意学说对传统世界图景的颠覆，我们可以从以下三个方面简单对勘阿奎那的观点。

首先，根据阿奎那，神意诚然与上帝的意志有关（上帝"意愿"将善赋予受造物，使之趋向自身的目的），但却不能简单归结为唯意志的决定论。因为，作为对事物趋向目的之秩序的安排，神意首先被阿奎那理解为"明智的首要部分"（principalis pars prudentiae），而明智这种理智德性的另外两个部分，即对过去事物的回忆和对当下事物的理解，均导向对将来事物的安排（futuris providendis）。① 所以，"神意存在于理智中"（providentia est in intellectu），只不过与此同时，神意也预设了"关于目的的意志"（voluntatem finis），因为一个人除非意愿目的，否则就不会下令为了那个目的而行事。② 问题在于，阿奎那将神意与意志联系起来，并非出于和加尔文一样的目的，即在抽空内在性的前提下加强上帝对世界的外在控制，反而是为了保障造物内在的目的论秩序；也就是说，神意秩序确实源于上帝的意志，但意志的作用不是消解或取代受造本性的目的论倾向，而是使每个受造本性都按照神意的安排拥有并欲求

---

① 参见阿奎那：《神学大全》，Ia，q22，a1，co.，第一册，第342页。
② 参见阿奎那：《神学大全》，Ia，q22，a1，ad3，第一册，第343页。

各自善的目的。对阿奎那来说,神意秩序主要是围绕善、目的和理性展开的存在秩序;对加尔文来说,神意则主要是围绕意志、力量及其运作展开的治理秩序。在加尔文这里,神意不再是阿奎那所说的目的论秩序之"理据",而基本被等同于神意本身的执行,即"治理";换言之,对一种去目的论的意志化秩序来说,神意就是神意的实施,正如"全能"就是权能的实施。

其次,兼容理性和意志的阿奎那神意观在承认神意之必然性(即神意安排的一切必然发生)的同时,很好地容纳了偶然性。偶然性的出现非但不是对必然性的破坏,反而是必然性的构成和成全方式之一。阿奎那之所以不像加尔文那样排除偶然性,是因为在他的目的论秩序中,事物中"首要的善"(principale bonum)即"宇宙的完满性",以事物的"存在等级"(gradus essendi)为前提,也就是说,宇宙整体的完满是由不同等级的完满性构成的。而"必然"和"偶然"则是存在等级的两种构成方式:上帝"为某些事物准备了必然的原因,使它们必然地发生;而为另一些事物准备了偶然的原因,使它们依照近因之条件而偶然地发生"。① 进言之,偶然是首要/普遍原因(上帝)借以发挥效力的中间/特殊原因施加作用的结果。比如,分别受主人差遣去往同一目的地的两个仆人在中途偶遇,这对他们是偶然的,对差遣他们的主人却是必然的。如果通过一个特殊原因的干预或阻碍,某物可能逃出另一个特殊

---

① 阿奎那:《神学大全》,Ia, q22, a4, co.,第一册,第 351 页。又比如:"由于上帝的意志是最有效力的,所以,不仅他所意愿的事物一定会发生,而且也一定会按照他所意愿的方式发生。而为了使万物中有构成宇宙完整的秩序,上帝意愿一部分事物必然地发生,意愿另一部分事物偶然地发生。因此他为某些结果指定了不会出差错的必然原因,使结果必然地从它们产生;而为另一些结果他却指定了可能出差错的偶然原因,使结果从它们偶然地产生。因此,上帝所意愿的结果之所以偶然地产生,不是因为它们的近因是偶然的,而是因为上帝意愿它们偶然地产生,并因此为它们准备了偶然的原因。"(Ia, q19, a8, co.,第一册,第 311 页;进一步参见 Ia, q23, a6, co.,第一册,第 366 页)

原因的秩序,它对后者来说就是偶然的,但没有任何事物或结果能够逃出普遍原因的秩序,因为上帝这一首要活动者或主动者涵摄所有的因果关系。[1] 在阿奎那的神意图景中,必然包含偶然,首要/普遍原因的必然包含中间/特殊原因的偶然。加尔文对存在等级和目的论的颠覆,致使神意的必然不再能有机地容纳中间原因的偶然,这种丧失目的论理据的决定论,只能靠特殊神意本身的运作和干预来构建内在性被抽空后的世界秩序。

最后,阿奎那认为,神意与人的自由意志之间并非决定与被决定的关系,而是普遍原因和特殊原因的关系。自由意志的活动诚然可以一直追溯到作为普遍原因的上帝,但有意志的理性造物却是以"某种特殊方式"(speciali quodam modo)受制于神意的,即"有的行事算为他的功或过,并回报以赏或罚"。[2] 这种特殊的方式意味着,上帝恰恰通过人的自由意志使之趋向自身的目的论秩序,正如他在讨论作为神意构成部分的预定时所说,"预定的秩序也是确定的,不过这并未取消意志之自由,预定之结果就是由这意志之自由而偶然产生的"。[3] 如此也就不难理解,阿奎那的预定论为什么会承认善功对于人类得救的意义,因为通过意志所行的善功(比如祈祷或代祷)本身就属于那些使预定的结果得到具体落实的中间原因。

阿奎那将预定区分为两个方面:一是"上帝的预先安排",一是这一安排将会产生的"结果"。他认为"预先安排"不可能得到圣徒的祈祷和其他善功的帮助,"结果"却可能。"结果"之所以可能,是由于预定的展开需要为中间的次因"预备结果,以便也把次因的秩序放进神意",

---

[1]　参见阿奎那:《神学大全》,Ia, q22, a2, ad1,第一册,第 346 页。
[2]　阿奎那:《神学大全》,Ia, q22, a2, ad4—5.,第一册,第 347—348 页。
[3]　阿奎那:《神学大全》,Ia, q23, a8, co.,第一册,第 372 页。

而一切善功都属于这种次因。正如上帝预备自然结果,以使自然原因导向自然结果,对于一个预定得救的人而言,凡是有助于他得救之结果的善功,都以次因的方式属于"预定的秩序",没有这些作为次因的善功,这个人就不会得救。所以,预定得救的人应该努力做善功和祈祷,"因为预定的结果通过这种方式才能得到最确定的成全"。[①] 这样我们也就能够理解,为什么阿奎那会接受波爱修从"可变物的内在倾向"出发对"命运"所做的界定,并进而将其解释为中间原因对结果的安排:就其存在于上帝之中而言,这种安排是神意,就其存在于受造的中间原因之中而言,则是命运。[②] 所以,命运不但与神意不矛盾,反而是神意的目的论秩序展开的基本方式。简言之,神意的必然性源于上帝在永恒中的决定和安排,其偶然性则源于中间的受造因对结果的安排,亦即命运。不同于加尔文神意论的绝对必然性,这是一种有条件的必然性,[③]不仅没有排除人的意志及其偶然性,反而需要通过偶然的自由选择才能真正实现出来。

一旦抽空内在于世界和个体的次因及其偶然性,完全消解善功在拯救中的原因性地位,神意秩序就有可能成为抽象的极端决定论,而这正是加尔文所面临的困境。[④] 这一困境导致必然与偶然、神意与命运、预定与善功之间的张力变得越来越大,从而丧失掉它们在阿奎那笔下的辩证关联。结果,加尔文在用神意决定论重构世界秩序的同时,也将世界彻底制造成充满偶然性的危险之地。

---

① 阿奎那:《神学大全》,Ia,q23,a6,co.,第一册,第366页。关于神意与次因的关系,进一步参见 Aquinas, *Summa contra Gentiles*, III, q77。

② 参见阿奎那:《神学大全》,Ia,q116,第三册,第486—493页。

③ 参见阿奎那:《神学大全》,Ia,q23,a3,ad3,第一册,第359页。

④ 关于加尔文的"极端决定论"(radical determinism),参见 C. J. Kinlaw, "Determinism and the Hiddenness of God in Calvin's Theology"。

第九章　神意的隐秘性与世界的偶然化

第一节　神意的必然与世界的偶然

上文最后的分析表明，阿奎那将中间原因纳入目的论秩序，既保障了神意的确定性和上帝的超越性，同时也在神意的执行即治理中赋予受造物——尤其是人的自由意志——以实质的原因性地位。神意是一种万物趋向完满的目的论秩序，这种内在于世界的秩序既是必然的也是偶然的，既非抽象、外在的必然，亦非盲目、虚无的偶然。与阿奎那不同，加尔文试图通过将神意还原为唯意志论的控制来瓦解自然秩序的目的论根基，并对抗机运和偶然性对世界的宰制。不过悖谬的是，相比阿奎那，加尔文极端决定论的世界秩序，反而呈现出更大、更难以化解的偶然性。

在《要义》第一卷第十六章的一个段落中，加尔文这样写道，

由于我们迟钝的心灵远远低于上帝的神意高度，我们就必须用一个区分来提升它。所以我这样说：不管上帝的计划如何根据确定的分配安排万物，对我们而言万物都是偶然的。这并不是说，

我们认为机运主导着世界和人,任意无常地折腾万物(基督徒心中不该有这种愚蠢的看法)。相反,由于所发生之事的秩序、理据、目的与必然性大多隐藏在上帝的计划之中,无法被人的意见把握,所以,这些确定出自上帝意志的事情就好像是偶然的。因为,不管从其自然来考虑,还是根据我们的知识与判断来衡量,它们在我们面前都不会按照别的样子发生。(1.16.9)

这段至关重要的文本清楚地向我们揭示出加尔文世界秩序内在的困境,即必然与偶然之间难以化解的张力。此前的讨论表明,一方面,认识造物主的关键在于认识上帝的力量及其在世界中的显现,而非认识上帝的本质,因为本质是人无法理解的;另一方面,上帝的力量首先且主要体现为神意对世界的治理,所以认识造物主最终落实为认识神意的治理秩序。也正因此,加尔文才竭力用"神意"取代"机运"的盲目统治,主张由受造物构成的世界整体是有序而非无序的。然而,加尔文现在却告诉我们,不仅上帝的本质无法理解,上帝对世界的治理即"神意"本身同样无法理解。作为上帝意志的决定和运作,神意当然绝对确定,但这种确定性背后的"秩序、理据、目的与必然性"却是迟钝的人类心灵根本无法把握的。由于"神意的高度"不可企及,上帝治理下的万事万物在人面前、对人而言仍然是偶然的,无论根据事物的"自然"还是根据人的"知识与判断",我们都无法在眼前这个偶然的世界中看到秩序的理据、必然性与目的性。加尔文用神意(而且是特殊神意)将绝对意志的必然性加到每个受造物之上,这种外在的必然性严重瓦解了自然秩序的根基及其目的论理据,结果留给人的只是一个丧失了内在秩序及其可理解性的世界。加尔文举例说,假设一位商人与朋友结伴走进森林,中途和同伴走散,最后落入强盗手中并被杀死。他的死亡不仅被上帝预知，而且是上帝决定的，"但就我们的心灵的理解力而言，所有这些事看起来都是偶然的"（1.16.9）。

至此，加尔文神意论的内在逻辑变得更加清晰了。首先，为了重建世界秩序，他用必然的神意取代偶然的机运，同时认为神意并非由事物内在倾向构成的自然秩序，亦非斯多亚那里作为因果秩序的命运。其次，由于其必然性与目的性无法理解，加尔文构造的神意非但没有改变世界的偶然处境，而且还用绝对意志的决定论抽空了自然秩序的目的论根据，使世界对人呈现出更加彻底的偶然性和无序性。神意是一种必然的秩序，其必然性不仅不同于受造物本身的自然必然性，反而以消解自然必然性为前提。如此，神意的必然性便不再是人的心灵可以理解的必然性：从上帝的角度来看，神意治下的世界是有计划、有目的、有秩序的，然而所有这一切都是人无法理解的，人面前的世界看起来盲目、偶然而无序。与阿奎那不同，在加尔文的神意秩序中，必然性和偶然性之间是一种机械（而非有机）的并存关系。

更重要的是，加尔文认为，只有"区分"世界对我们呈现出的偶然性与神意本身的必然性，人类迟钝的心灵才能得到"提升"。这表明，世界对人而言的偶然性不但不应该作为混乱加以消除，反而应该保持，只是我们又不能将其归为盲目的机运，而必须相信看似无序的事件背后，始终有一双无形的神意之手在掌控着这一切。只有让世界在我们面前保持为偶然，才能使上帝的意志之必然不至于成为内在于世界的自然之必然，才能保持神人之间的距离，使人不会逾越界限，妄自揣测至高的神意计划。所以，针对那位商人的死亡，真正的基督徒应该认为，

　　　　不管在这种死亡下发生什么，他都会视之为在自然上是偶然的，但他不会怀疑上帝的神意统治着机运，并引导它趋向目的。同

样的考虑也适用于将来之事的偶然性。将来所有的事情对我们都
是不确定的，我们保持它们的悬而未决，就好像可能这样发生也可
能那样发生。不过我们心中依然确定，除非上帝已经预备（provi-
derit），否则什么都不会发生。（1.16.9）

对人而言，上帝始终以特殊神意有计划地统治着世界，将所有造物都引
向预定的目的，但由于这是一种抽空内在性的意志化秩序，由于神意本
身是不可理解的，上帝的治理便不可能显现为可以确定把握的秩序。
所以，加尔文才会说，无论是商人那样的不幸遭遇，还是将来所有的事
情，我们都应该"视之为在自然上是偶然的"，都应该保持它们悬而未决
的"不确定性"，因为只有这样，才能将一切都留给神意去"预备"。

　　加尔文在讨论祷告问题的著名章节中反复强调，向上帝祷告不是
要求他在特定的情境、时间、地点或方式做什么事情，不应给他设定什
么规则或条件，"而应让他用意志决定做什么，根据他喜欢的方式、时间
和地点行事。因此，在为自己祷告之前，我们要先求他的意志成全。我
们说这些是要使自己的意志服从上帝的意志，如同被缰绳约束，不至于
妄图控制上帝，而是使其成为我们一切请求的决定者和控制者"
（3.20.50，参见3.20.3、3.20.38—44）。在这个意义上，祷告与其说是
让上帝成全我们的意志，不如说是让他成全自身的意志，即祈求上帝根
据他的神意自由地决定如何对待我们。祷告不仅不意味着上帝有求必
应，或必然根据所求进行回应（否则就是控制上帝），反而意味着最大限
度地保持神意的自由空间，让上帝自行预备。只有这样，在上帝没有回
应，或没有按照所求的方式、地点和时间回应的情况下，个体才不会失
去耐心或绝望，而是能在祷告中坚忍到底。"如果我们让心灵接受这种
服从，允许我们被神意之法统治，我们就能在祷告中学会坚忍，悬置自

己的欲求,耐心地等待主。"(3.20.51)换句话说,加尔文对祷告的重视恰恰是为了保障神意的自由预备及其对人呈现出来的偶然性。妄图从自然性和内在性出发理解秩序,就会弱化神意的超越性和世界的偶然性,并侵蚀神意运作的自由空间。可见,内在性被抽空之后,世界的偶然性不仅是人无法把握神意的结果,而且是神意本身的要求;换言之,神意的意志化与特殊化,必然意味着世界的偶然化。这样,我们也就能够理解加尔文为何如此强调"神意的隐秘性"。[①]

　　加尔文指出,人类之所以倾向于认为"人事受机运盲目驱使",或认为上帝在捉弄人,就是因为"事情的原因是隐藏的(occultas)",但如果我们虚心学习,最后的结果将会证明上帝的计划总有"最好的理由"(1.17.1)。因此,

　　　　不管原因如何对我们隐秘,如何逃避我们的把握(lateant ac fugiant),我们都必须认为原因确定地隐藏在他那里……我们必须保持节制,不可试图让上帝交代原因,而应该敬畏他隐秘的判决,将他的意志视为万事最正义的原因……当世上的纷扰导致我们无法判断时,上帝仍然通过他正义与智慧的纯净之光,根据最好的安排控制和引导所有这些动乱,使之达到正确的目的。(1.17.1)

---

　　① 关于加尔文思想中的上帝隐藏问题,参见 Brian A. Gerrish, "'To the Unknown God': Luther and Calvin on the Hiddenness of God"。值得一提的是,加尔文的《诗篇注解》中有许多关于上帝隐藏的讨论,参见 Herman J. Selderhuis, *Calvin's Theology of the Psalms*, Grand Rapids: Baker Academic, 2007, pp.165-168。不过在笔者看来,加尔文并未像该书作者所认为的那样发展出系统的"十字架神学"。不是说加尔文思想中没有十字架神学的因素,而是说在他这里,上帝或神意的隐藏被明确放到上帝的显现问题中加以处理,只有从显现出发才能理解隐藏。路德那里的情况则正好相反,上帝的显现附属于上帝的隐藏,只有从隐藏出发才能理解显现。

从上帝的视角来看，神意始终根据"最好的理由"或"最好的安排"将人带向预定的"目的"，或是为了教导人要有耐心，或是为了节制人的欲望，或是为了使人自我否定，或是为了激励人勤勉，或是为了使人谦卑，或是为了揭穿不虔敬者的阴谋诡计，或是为了利用那些生来残疾的无辜者彰显自己的荣耀。然而即便如此，神意秩序也不再是一种严格的目的论秩序，而是一种原因隐秘的、意志化的自由秩序。上帝的意志是万事万物的原因，但这一"确定地隐藏在上帝那里"的原因对人始终是不确定的，我们也不应该妄图理解，而只应敬畏上帝"隐秘的判决"。一句话，让神意对我们保持为隐秘的，让世界对我们保持为偶然的。而如何在偶然的不确定性中承认上帝时刻在统治世界，并敬畏隐秘不可知的神意，便是一个基督徒所面临的基本考验。

加尔文也正是从隐秘性出发将"律法"与"神意"区别开来，虽然二者都是上帝意志的体现。[①]"因为我们说世界还被上帝隐秘的计划统治着，而不满足于包含上帝意志的律法之诫命。"（1.17.2）加尔文认为，许多经文都可以证明律法与神意的区分，以及后者的隐秘性。比如，《诗篇》36:6 直接告诉我们"上帝的判断如同深渊"。又比如，当摩西在《申命记》30:11—14 中说不应从天上或深渊寻求上帝的意志，因为上帝的意志清楚地刻在律法中，就表明上帝在律法之外"另有一种隐秘的意志好比深渊"，而且保罗《罗马书》11:33—34 对《申命记》的评注牢固地确证了神意的不可理解性。不是说律法或福音中没有难解的奥秘，而是说，由于"分辨之灵"的光照，这些奥秘如今已经被虔敬的人理解，已经不再如同深渊。与律法不同，"上帝治理世界的奇妙方式理应被称为深

---

① 在笔者看来，加尔文隐秘神意学说的思想渊源至少可以追溯到奥古斯丁。关于奥古斯丁的相关思想，参见吴明嘉：《奥古斯丁〈上帝之城〉中的社会生活神学》，张晓梅译，北京：中国社会科学出版社，2008 年，第 206—214 页。

渊,因为,它虽然向我们隐藏,却仍然应该被我们虔诚地敬拜"
(1.17.2)。换句话说,律法是已经被理解的上帝意志,神意是未被理解
且不可能被理解的上帝意志,它始终如同深渊,始终需要被敬畏。如果
说律法主要是成文而确定的道德律或礼仪律的话,深渊般的神意则主
要是上帝对具体事物和事件的干预,它总是以特殊的方式施展在每个
事物的运动或活动中。作为神圣意志的不同体现,律法和神意分别代
表上帝的两张面孔,即可理解的与不可理解的面孔;而且,就加尔文世
界秩序的构建来说,后者具有更大的基础意义。神意的隐秘性,同时意
味着被抽空内在性的世界秩序本身是不可理解的。

第二节　神意秩序的"迷宫"与"深渊"

行文至此,有必要专门回应一下鲍斯玛(William J. Bouwsma)关于
加尔文"焦虑"问题的研究。这位美国学者经过考察发现,加尔文终生
备受难以化解的"焦虑"(anxiety)困扰,《要义》中反复呈现的两个可怕
的意象,"深渊"(abyssus)与"迷宫"(labyrinthum),就是对其焦虑气质最
形象、最准确的刻画。据学者统计,在 1559 年版《要义》中,abyssus 一共
出现 26 次,labyrinthum 一共出现 12 次。[①] 在鲍思玛看来,一方面,作为
脱胎于西方古典文学和《圣经》传统的重要主题,"深渊象征加尔文对无
限制的恐惧。它代表界限的缺失和事物的不可理解性,虚空,虚无以及
自我的分裂"。另一方面,与"深渊"不同,"迷宫"则好比是一个找不到

---

① 　Francis Higman, "Linearity in Calvin's Thought," *Calvin Theological Journal* 26
(1991), p. 109.

出口,而只会越来越深地陷入其中的"黑暗监狱",它"揭示出人类无力克服以自我为中心对上帝的疏离的焦虑"。[1] 如果说深渊象征对"无"的焦虑,对虚空与不受限制的焦虑,迷宫则象征对"有"的焦虑,对压抑与限制的焦虑。相应地,前者促使加尔文力图在虚空之上创造现代世界的新秩序,后者则促使他摧毁传统天主教的旧秩序。因此,从鲍思玛的分析来看,加尔文这位"焦虑型"思想家推进的宗教改革,可谓是一场发生在早期现代的"秩序改革"。

晚近以穆勒为代表的西方学者,对鲍斯玛的观点进行了一些不无道理的矫正。穆勒批评他夸大了焦虑问题的重要性,没有充分重视与此相对的秩序构建问题,而且忽视了"深渊"和"迷宫"意象在加尔文神学中的积极意义。[2] 不过在笔者看来,鲍思玛的不足之处毋宁说在于,对加尔文之焦虑的分析有余,对其克服焦虑之努力的讨论不足。事实上,鲍思玛及其批评者都没有真正告诉我们:加尔文试图用什么样的新秩序来化解对深渊与迷宫的焦虑? 加尔文重构的世界秩序又是否可能

---

① William J. Bouwsma, *John Calvin: A Sixteenth Century Portrait*, pp. 46 – 47. 关于焦虑与秩序,沃尔泽早在鲍斯玛之前就已经得出类似结论,参见沃尔泽:《清教徒的革命》,第 25—52 页。有学者指出,"深渊与迷宫"意象在加尔文著作中的出现与其解经密不可分,参见 Heiko A. Oberman, "*Initia Calvini*: The Matrix of Calvin's Reformation"。关于深渊与迷宫的一般研究,可参见 Penelope Reed Doob, *The Idea of the Labyrinth from Classical Antiquity Through the Middle Ages*, Ithaca: Cornell University Press, 1990; Henry Kahane and Renée Kahane, "Christian and Un-Christian Etymologies," *Harvard Theological Review* 57 (1964), pp. 23 – 38。

② Richard A. Muller, "Beyond the Abyss and the Labyrinth," pp. 79 – 98. 笔者认为,穆勒对鲍思玛不无道理的批评明显有些矫枉过正了,因为他在强调秩序重要性的同时,几乎完全解构了"焦虑""深渊""迷宫"在加尔文著作中的思想意义,更没有注意到,加尔文所要塑造的秩序不仅无法摆脱焦虑,而且在一定程度上与焦虑如影随形。对比另一位加尔文学者对鲍思玛的批评:T. H. L. Parker, *Calvin: An Introduction to His Thought*, Louisville: Westminster/John Knox Press, 1995, p. 11。另可参见一部相关的博士论文 Daniel Garstka, "A Politics of Piety: The Latent Modernity of Calvin's Christian Philosophy," doctoral dissertation, University of Toronto, 2002。

造成新的深渊与迷宫？无论如何,焦虑都与秩序问题紧密相连,加尔文正是出于对无序的焦虑才迫切想要重建秩序,同时,也只有澄清在《要义》中出现多达180次的 ordo 概念,我们才能真正理解加尔文"焦虑"的根源与性质。

我们的研究表明,加尔文力图通过意志化和特殊化的神意来克服深渊与迷宫的秩序困境。问题是,这种抽空内在性的治理秩序,不仅为空无的个体制造出一幅偶然化的世界图景,而且使上帝治理万物的意志和目的变得完全无法理解。结果,本来用以克服虚无深渊的神意秩序,反而因其无法把握的隐秘性而成了更深的深渊,由此给个体造成更大的焦虑。在阿奎那笔下,作为事物趋向目的的秩序之理据,神意可谓是目的论世界的神圣保障;而到加尔文这里,神意不仅出现极端的意志化和特殊化倾向,不仅不再是严格的目的论秩序,而且作为不可理解的旨意变得隐秘莫测。为了对抗秩序不在场所产生的深渊,加尔文用上帝的意志制造出一个只能敬畏而不可探测的秩序深渊。换言之,这位带着焦虑面孔的改革家在无序之渊上面构建的新秩序,并未使世界本身变得更容易理解和把握;相反,神秘的神意使世界最终陷入了难以克服的偶然化困境。

按照我们的分析,内在性的抽空表明上帝与受造物之间的类比关系已经瓦解,世界不再能容纳严格的目的论秩序或自然秩序,在这种情况下,上帝与"荣耀剧场"之间的关系必然是双重的:他既向后者显现,又向后者隐藏。而且只有承认上帝的隐藏,才能正确感受到上帝的显现,正如只有保持世界的偶然性,才能将一切都留给上帝去预备。在加尔文用上帝主权重构的治理秩序中,世界的偶然性和神意的深渊性都不再是人应该尽力摆脱的对象,因为真正的基督徒本就应该带着对神意深渊的信仰,行走在被抽空内在性的世界深渊之中。在这个意义上,一方面,世界深渊是神意深渊造成的,世界的偶然性源于意志化神意之原因的隐秘性与不可理解性;另一方面,唯有保持对隐秘神意的敬畏,让神意深渊始终成为深渊,才能正确面对世界深渊,才不会将偶然世界的无序性归结为机运。神意的提出本是为了克服偶然的机运,为现代世界奠定新的神圣基础,但加尔文新世界的根基本身却是一个更大的深渊。

因此,加尔文笔下个体陷入焦虑的原因,与其说是秩序不在场导致的深渊,不如说是神意秩序本身的深渊。神意最让人焦虑之处莫过于关于个体得救与否的“双重预定”,即一些人被拣选得永生,一些人被弃绝遭永罚。神意是隐秘的,作为神意构成部分的预定自然也是隐秘的,对人来说同样如同深渊,正如加尔文在《要义》第三卷论及该问题时所说:“如果我们妄图透达上帝永恒的安排,其幽深的深渊就会将我们吞没。”(3.24.3)①面对预定论之下的终极命运,焦虑个体不可避免会想要获得拣选的确定性,然而确定性不可能也不应该从对隐秘神意本身的认识中获得。加尔文说,对预定的研究如同一片危险的大海,妄图在圣言之外获得拣选之确定性的人必将坠入“致死的深渊”(exitialem abys-sum, 3.24.4)。进言之,如果“竭力闯入神圣智慧的隐秘处,进入至高的永恒,以便了解上帝的法庭上关于自己的判决是怎样的”,就会“掉进幽深无底的漩涡,陷入无数难以自拔的陷阱,葬身黑暗无光的深渊”(3.24.4)。预定之为深渊在于它本身无法把握,只有从圣言出发,坚定不移地敬畏、相信而非理解上帝的拣选,预定对人来说才是生命的奥秘而非致死的深渊。

问题在于,一方面,在神意隐秘的治理计划中,个体不可能完全搞

---

① 又比如,“仁慈的深渊”(3.4.18)、“十字架的深渊”(3.2.35)。

清楚自己是被拣选还是被弃绝;另一方面,预定论深渊造成的焦虑和不安,又必然推动个体寻求自己一定会得救的确定性(只有信仰软弱的人才会怀疑)。不管一个人在多大程度上通过内在的呼召获得拣选的确定性,他都始终无法完全消除面对神意或预定论深渊时的怀疑、不安、畏惧和焦虑。这既是人性的软弱和缺陷,也是加尔文神意与预定论学说必然造成的伦理困境。

正如推动加尔文重构秩序的焦虑不仅来自"深渊",而且来自"迷宫",作为治理秩序的神意本身也不仅像一个"深渊",而且像一个"迷宫",置身偶然世界的个体根本无法把握其中的奥秘和条理。隐秘神意的迷宫与深渊虽是两个不同的意象,却具有类似的伦理困境,即必然给上帝主权之下的新教徒制造深深的焦虑。比如,加尔文说,对上帝的认识需要在《圣经》和圣言的指引下进行,不能诉诸人自己的标准,否则对人而言,上帝面容的光辉势必成为一个"无法解释的迷宫"(inexplicabilis labyrinthi,1.6.3)。与本书主题更直接相关的一个"迷宫"意象,出现在《要义》关于预定论的第三卷第二十一章。在那里,加尔文郑重地告诉读者,人不应该出于好奇鲁莽地追问预定论的神意计划,以免使其变得模糊而危险:

> 首先,让他们记住,当他们探究预定论的时候,就是闯入神圣智慧的至圣所。如果有人带着无忧无虑的信心闯进去,他将无法满足自己的好奇心,反而会进入一个找不到出口的迷宫。因为,人不应该毫无节制地探寻上帝想要隐藏在自己之中的事,不应该从永恒中揭露至高的智慧,上帝要我们敬畏而非理解这智慧,以便借此使我们充满惊奇。(3.21.1)①

---

① 加尔文也不认为应该对预定论完全保持沉默,参见3.21.3。

由此可见,加尔文将预定比喻成迷宫的逻辑与比喻成深渊的逻辑基本相同,二者都意在说明人不能专注于对隐秘神意的认识。预定出自没有更高原因的绝对意志,它是一个拒绝被探究的奥秘,只能且只应该被人敬畏。就其作为无法理解的隐秘之事来说,拣选与弃绝好比是找不到出口的迷宫,人不可出于好奇擅自闯入其中,而应主动限制探究预定论知识的"愚蠢又危险"的欲望(3.21.2)。

只不过,预定论这一让人敬畏的治理计划又必然会不断刺激人的好奇心,因为它毕竟关涉个体得救与否的终极命运。① 考虑到这一点,加尔文认为我们同样不能走向另一个极端,为了避免好奇之恶而对预定只字不提,在他看来,这种节制虽值得赞美,却也存在很大的问题,即由于过于谨慎而很少能影响不会轻易被限制的人类心灵。而为了掌握正确的限度,我们必须回到《圣经》发现"确定的理解准则",因为在《圣经》这所"圣灵的学校"中,有必要知道且有益的事情都不会被忽略,预定论便是其中之一。尽管妄自探究预定论会陷入走不出去的迷宫,接受《圣经》上关于预定的启示却仍然是必要的:"'隐秘的事是属于耶和华我们神的;唯有显明的事是永远属于我们和我们子孙的。'(《申命记》29:29)我们看到摩西如何劝百姓根据天上的旨意学习律法的教导,因为律法是上帝喜悦颁布的;我们看到摩西如何约束这些百姓,而其理由仅仅是因为,有朽者不许探究上帝的隐秘之事。"(3.21.3)人既不应该探究上帝隐藏起来的事(quae in occulto recondita Dominus reliquit),也不应该忽略上帝启示出来的事,这样才能"既免于极度好奇,又免于极度忘恩负义"(3.21.4)。律法对预定论的启示不包括拣选与弃绝的具体内容、计划和目的,而仅仅在于让人知道个体的结局完全依赖上帝的

---

① 我们将在第三部分最后再次回到这个问题。

意志,因而不至于剥夺上帝的荣耀,将救赎归于自身的功德,或是认为上帝根本不关心教会和信徒。

联系加尔文对律法和神意所做的区分可知,[①]律法属于清楚启示出来的东西,预定属于隐秘不可知的神意。隐秘之事属于上帝,显明之事属于我们,但这并不意味着隐秘之事与我们无关,而只意味着那是我们无法理解也不应该擅自闯入的。隐秘之事,虽然直接关系到上帝对人的预定,关系到世界和历史秩序的根基与展开,但却又像深渊和迷宫一样完全无法把握。这样就产生一个非常悖谬的结果,即通过神意向世界和人显现出来的,恰恰是一个不可理解的隐匿者。因此,拣选与弃绝的预定更清楚地揭示出加尔文神意论内在的困境:上帝对个体命运的决定和掌控并没有改变命运对自我而言的偶然性,上帝向人做出的启示并未使上帝本身成为可以理解的存在;相反,上帝及其神意从根本上讲是隐秘的,这本身就是启示的一部分。

鲍思玛的研究深刻地呈现了加尔文及其同时代宗教改革家的焦虑面孔,用另一位宗教改革学者的话说:"加尔文比 16 世纪的任何改教家都更敏锐地意识到人类生活具有不确定和完全偶然的特点。若说路德是为罪而焦虑,茨温利因为与死神擦肩而过才对福音有深入的理解,那么加尔文则徘徊在存在的混乱与无意义中。"[②]上面的讨论表明,加尔文的焦虑不单来自秩序的不在场(深渊)与压抑(迷宫),更来自神意秩序本身的深渊与迷宫。后一种意义上的深渊和迷宫恰恰是加尔文为化解焦虑而重建秩序的努力导致的。加尔文治理秩序的构建既始于深渊与迷宫,又终于深渊与迷宫,既在一定程度上化解了焦虑,又进而导致了

---

① 加尔文在 1.17.2 在区分律法与神意时就已经引过《申命记》29:29。

② 乔治:《改教家的神学思想》,王丽译,北京:中国社会科学出版社,2009 年,第 185 页。

更深的焦虑。对宗教改革以降的现代世界而言,治理秩序所蕴含的深渊与迷宫或许才是最难以克服的,因为它们从根本上变成了秩序机制本身的一部分,(正如韦伯所指出的)最终在理性化和世俗化过程中塑造了现代焦虑个体的生活伦理。① 在神意秩序的"深渊"与"迷宫"中,面向偶然世界的每个人都需要成为积极谨慎的"预备者"。

---

① 参见韦伯:《新教伦理与资本主义精神》。正如沃尔泽所看到的,加尔文所谓的"焦虑"在某种意义上成了秩序得以重构的心理前提:"指明加尔文力图保持一种根本性的焦虑,是完全公平的……在他的神学理论中,他把使虔诚的人们痛苦的那些不确定和疑虑视为有助于强化他们信仰的锻炼。"(沃尔泽:《清教徒的革命》,第51页)

第十章 "预备者":面向偶然世界的筹划

第一节 加尔文决定论的虚无主义困境

在推进到下面的问题之前,让我们简单总结一下前文的考察。我们清楚地看到,一旦瓦解自然目的论,抽空上帝与受造物之间的内在关联,神意秩序便会面临一个根本困境:从上帝角度来看的必然与从人类角度来看的偶然之间呈现出巨大的张力,而不再是容纳与被容纳的有机关系(比如我们在阿奎那笔下所看到的)。在丧失目的论根基的偶然世界中,隐秘神意不再可能构造出一种可以理解的自然秩序,因此才不仅无法真正克服对深渊与迷宫的焦虑,反而制造出更为恐怖的深渊与迷宫。与阿奎那不同的是,加尔文神意世界中的偶然不再被视为目的论秩序的构成部分,因为偶然之为偶然与其说源于上帝对目的实现方式的安排,不如说源于神意本身的隐秘性。恰是"看起来最偶然的事情",最能揭示上帝"隐秘计划的控制"。[①] 在加尔文为空无个体重构的现代秩序中,世界的偶然性与神意的隐秘性之间是一体两面的关系。由于神意的原因无法把握,上帝治理世界和人世的目的无法理解,世界

---

① 参见 Calvin, *Comm. Psalm* 135:6, *CO* 32, p. 359。

才会对人呈现出一幅偶然的秩序图景。神意的隐秘性无法克服,世界的偶然性也无法化解。

不难看到,加尔文虽然不像马基雅维里那样直接从机运出发为现代秩序奠基,而是用神意的决定论取而代之,但神意之下的世界却向人呈现出类似机运的偶然性和不确定性。一方面,加尔文用上帝将马基雅维里的"机运女神"从世界中驱逐出去,让神意占据机运的位置;但另一方面,目的论秩序的抽空与神意本身的隐秘性,最终导致人眼中的世界出现更为极端的偶然性困境。

在《要义》第一卷第十七章的一个段落中,加尔文用一系列排比向我们描绘了人世的无常与不幸,比如,身体中潜藏的千万种疾病随时可能摧毁我们,甚至每一次着凉和流汗都面临生命危险。如果外出,无论走到哪里,我们周围的东西都靠不住,都可能威胁我们的生命,无论乘船、骑马还是上街都时刻可能丧命:要是你或朋友手中有器械,凶杀随时可能临到头上,路上遇到的猛兽也可能将你撕碎;如果闭门不出,则可能被花园里的毒蛇咬伤,可能因房屋失火而变得一贫如洗,或被倒塌的房屋压死,还可能因自然灾害而饿死。至于食物中毒,被人偷袭、抢劫、暴打等,更是随时随地可能发生。简言之,在加尔文看来,"既然半死不活的人不过是苟延残喘,如同总是有刀架在脖子上,那么置身这么多患难中的人难道还不是最悲惨的吗?"(1.17.10)

无常的患难与悲惨是人世的基本处境,不过加尔文认为这并非是世界的全部真相,因为我们必须用神意消解机运的虚无,用上帝的照看给偶然的世界赋予秩序和意义。"如果我们说上帝将人——最高贵的造物——暴露给盲目任意的机运,任其打击,我们就是在渎神。但我这里要说的是如果被交给机运摆布,人就会感受到的那种悲惨。"(1.17.10)用神意取代机运,虽然不能改变世界在我们眼中的偶然性，却可能使我们获得在世界中存在的秩序感与意义感。进言之，人生在世无论怎样都会面临难以计数的恶与死亡，关键是要相信世界的背后有一双无形的手时刻在操控着，因为这将改变我们面对世界的态度和我们的生活形式。加尔文认为，对神意的相信会给虔敬的心灵带来无限的幸福：

> 然而，每当那神意的光照亮虔敬之人的时候，他便能得到慰藉，不仅摆脱此前重压着他的极度焦虑与畏惧，而且摆脱一切顾虑。正由于惧怕机运，他才敢放心地将自己交给上帝。他的慰藉在于，他知道他天上的父用权能维持万物，用命令和意志统治万物，用智慧控制万物，因此除非出自他的预定，否则什么都不会发生。此外，他确信上帝会保护他，并吩咐天使照看他，以至于除非作为控制者的上帝愿意给予机会，否则无论水、火还是刀剑，都无法伤害他。（1.17.11）

简单地说，神意的慰藉在于用神圣意志的决定论克服机运或无常的重负，以便使个体得以积极无畏地投入世界的浪潮之中。这一点之所以可能，不是因为偶然性被取消了，而是因为加尔文用一种更强大的神意之力来对抗偶然之力，让深陷危险与困苦之中的个体不再被动地遭受不堪承受的偶然性重负，不再深陷焦虑、畏惧与顾虑不能自拔，而是带着足够的活力坦然从容地应对生活中可能发生的一切。换句话说，正如韦伯关于新教与资本主义的著名研究所揭示的，加尔文用神意批判机运，最终是要在内在性被抽空的前提下为一种新的生活伦理赋形。

问题是，一种丧失自然目的和内在性的外在生活是如何可能的？在神意论和预定论笼罩下，这种外在生活——一种对抗机运，没有自然规定的生活——的伦理形式又是怎样的? 进一步说,在隐秘神意的治理中,置身偶然世界的个体到底该成为怎样的人,该带着怎样的态度筹划自己的生活? 只有澄清这些问题,我们才能真正揭示,在一种去自然的神意秩序中人与上帝之间的关系是怎样的。

加尔文看到,神意的决定论很容易导致"放纵派"(les Libertins)那样的虚无主义态度。[①] 放纵派旨在用神意解构行为的意义:既然一切都是上帝意志决定的,那么,人无论做什么、怎么做,对结果都没有什么影响,试图预防不好的事情发生也是徒劳的。每个人都想获得他们想要的目的,譬如有人为了安全而不走危险的道路,有人为了健康而求医问药,有人为了养生而不吃粗糙的食物,还有人为了生命而不住危房,但所有这些"企图修改上帝意志"的手段要么是虚妄的,要么根本就没有什么确定的旨意决定生与死、健康与疾病、和平与战争等人们想要追求或避免的东西。从这种解构行为之意义的虚无主义出发,放纵派试图"取消所有与将来相关的计划,认为计划与上帝的神意相冲突,因为神意在没有咨询他们的情况下就已经预定了将要发生的事情"(1.17.3)。这种虚无主义不仅意味着行为上的消极与懈怠,更意味着道德责任的丧失,即一切罪和恶都被追溯到上帝,无论杀人、抢劫还是奸淫都被认为是在执行上帝的意志。"他们所有这些罪恶都被称为德性,因为它们都受制于上帝的预旨。"(1.17.3)因为没有自由,所以没有责任。

总之,放纵派将上帝的意志与人的行为和计划对立起来,以虚无主义之名拒绝对生活进行筹划,并否定个体有任何道德责任。这种受神意重压的生活,虽然摆脱了机运的无常统治,却同样是一种丧失秩序感和意义感的生活,一种没有形式和伦理的生活。与自由放纵派的虚无

---

① 关于加尔文对放纵派的反驳,进一步参见 Calvin, *Contre les Libertins*, *CO* 7。

主义相反,加尔文旨在用神意重新给生活赋形,使生活的筹划在上帝的治理秩序中重获意义。

第二节　偶然世界中的"预备者"

为了对抗放纵派的虚无主义,加尔文试图证明神意本身就给出了生活筹划的意义与可能性;因为,在制造偶然世界的同时,神意也将新教个体制造成为世界中的积极筹划者:

> 关于将来的事,所罗门很容易就将人的筹算(humanas delibera-
> tiones)与上帝的神意协调在一起。因为,正如他嘲笑那些在主的
> 意志之外大胆行事之人的愚钝,好像主的手不控制他们似的,他也
> 在别处说,"人心筹算自己的道路,唯耶和华指引他的脚步"(《箴
> 言》16:9)。意思是说,上帝的永恒旨意并不妨碍我们在他的意志
> 之下为自己筹划,安排我们所有的事情。原因很清楚。因为,为我
> 们的生命设限的那位,同时也将生命交给我们照看,为我们预备保
> 存生命的方式,并使我们能够预见危险;他给我们提供预防和补救
> 措施,以免危险在我们没有意识到的时候将我们击倒。因此,我们
> 的责任就一清二楚:如果主将生命交给我们保护,我们就要保护
> 它;如果他提供帮助,我们就要利用它们;如果他警告我们有危险,
> 我们就不可鲁莽;如果他提供补救,我们就不应忽视。(1.17.4)

根据这段话,放纵派的消极虚无主义之所以不是面对神意的正确态度,是因为他们将上帝的意志与人的筹划或筹算对立起来,但在加尔

文看来,二者不仅不矛盾,而且是一致的。上帝永恒意志的预定,不仅不限制人在做事时进行相关的筹算、计划、准备和安排,而且恰恰要求人这样做。因为,上帝对人的治理需要人自身的参与,只有通过人的行动和筹划,神意才能成为有内容、有意义的秩序。进言之,上帝在永恒中已经安排好我们的生命,这种安排本身就包含人的筹划,即积极利用上帝提供的帮助、预防和补救措施,小心谨慎地预见和克服危险,尽最大努力在险恶的环境中保全自己的生命。不管《圣经》还是自然都清楚地表明,世界与生活本身包含来自上帝的各种赐福,"因为他赐给我们生命,允许我们使用它,并提供保存生命所必需的措施"(3.9.3)。这意味着,只有积极谨慎地筹划自己的生活,才是对神圣意志的最大服从;神意不但不应该成为自由放纵的理由,反而为克服这种消极的虚无主义提供了可能性。

放纵派认为,我们面临的危险如果不是致命的,即便不预防也不会伤害我们;而如果是致命的,就无论如何也躲不过去,因此同样不需要预防。在加尔文看来,这种消极虚无主义的逻辑有一个巨大的问题:"要是危险之所以不是致命的,是因为主为你配置了对付和克服危险的方法,又会怎样呢?"上帝吩咐人小心谨慎地行事和预备,因为他不希望危险对人成为致命的,但这并不是说,即便消极无为或自由放纵,也不会受到伤害。因为,神意的预定要求人通过积极主动的筹划进行回应,或者说,人的筹划本身就是构建神意秩序的"工具":

> 这些愚昧之人不考虑眼前的事,即人被主赐予了筹划与警惕(consultandi cavendique)的技艺,以便在保存自身生命的时候用来顺服神意。正如与此相反的是,他们由于疏忽与懈怠而招致上帝加给他们的灾难。在自我照看时,所有预备之人(vir providus)也能

　　脱离险恶，愚昧之人则死于大意与鲁莽，之所以如此，难道不是因为，在这两种情况下愚妄与明智都是神意分配的工具吗？正因此，上帝高兴向我们隐藏将来所有的事情，目的就是为了让我们将它们作为可疑的来对抗，不停地采取准备好的预防措施对付（opponere）它们，直到它们被胜过，或它们胜过我们所有的照看。所以，正如前面提到的，上帝的神意并不总是赤裸地出现；相反，上帝以某种方式使神意披戴上他所利用的中介（mediis）。（1.17.4）

笔者认为，加尔文这段话中使用的"vir providus"是一个意味深长的表述：作为上帝对世界和人类的照看与预备，"神意"同时要求每个个体都成为自我照看与有所预备的人。在不确定的偶然世界中，一个身为预备者的人应该努力筹划生活、警惕危险，充分利用上帝赐予的"筹划和警惕的技艺"保存自己的生命，只有这样才能成为积极服从上帝意志的工具。无论筹划与警惕的预备者，还是大意与鲁莽的愚昧者，严格来说都是上帝治理世界的工具，但在神意的运作之下，是积极预备还是消极懈怠，依然有十分重要的差别。上帝是整个世界的预备者，人则是自身生命的预备者：上帝对世界的筹划，要求人在自身有限的生活空间中执行、回应并参与构成神意对受造物整体的照看。前面的分析告诉我们，加尔文笔下的上帝是一个通过现实且有实效的全能在世界中永不停息地运作的行动者，而分析至此不难看到，这样的上帝要求人也成为筹划生活的行动者。

　　只有时刻警惕着的筹划者才是真正有实践智慧即明智（prudentia）的个体，只不过加尔文这里的"明智"已经不能再从亚里士多德伦理学出发来理解，即不能将其理解为，着眼于生活整体的目的做对自己好和有益的事情（参见《尼各马可伦理学》1140a25—1140b30，中文全集第八卷第 124—126 页）。加尔文的遣词造句表明他故意与古典目的论划清界限：生活在世界中的个体不是为人之为人的至善或目的而筹划，而是为一个最低但却神圣的目标，即为在险象丛生的世界中保全生命而筹划。加尔文说得很清楚，上帝将生命交给我们照看，给我们预备各种预防和补救措施，我们有责任利用上帝提供的帮助努力保存生命，通过谨慎的筹划预见并克服危害生命安全的各种事情。一个人越能利用上帝提供的手段积极有效地进行自我保存，就越能显示自己对上帝的服从和神意在自己身上的运作。对于抽空内在性的自我来说，人性除了自我保存并无更高的自然目的，也正是对自我保存的筹划，能够将置身偶然世界的人与全能的上帝连接在一起。简言之，真正有"明智"德性的人，是能够充分"预见"危险并自我保存的人，亦即服从神意要求时刻警惕筹划着的预备者。至此可见，加尔文通过神意讲出的人性论，与马基雅维里、斯宾诺莎以及近代自然法学派从自我保存出发对人性的理解，可谓大同小异。加尔文笔下服从神意的预备者，就是想方设法为自我保存而筹划的现代人。

　　上一章的考察表明，在意志化的隐秘神意之下，世界和将来所有的事情都对人呈现为偶然和不确定的。神意越隐秘，世界就越显得偶然。加尔文在这里进一步指出，世界的偶然性，在一定意义上恰恰是上帝向我们隐藏将来之事的结果（"上帝高兴向我们隐藏将来所有的事情"），而神意之所以向我们隐藏将来的事情，目的就在于给作为预备者的人留下筹划的空间。隐秘的神意一方面将世界制造成可疑而险恶的生活空间，另一方面将人制造成在不确定的世界中小心谨慎地应对危险、追求自我保存的预备者和筹划者。神意是连接人与世界的纽带，这种连接在人与世界之间造成了持续的张力：对于在其中生活的人而言，世界始终可疑而危险，人始终需要利用各种办法应对生活的不确定性。由此看来,人和世界之间无疑是一种"敌对关系":充满危险和不确定性的世界,对人来说是一个需要警惕、克服和战胜的对象。世界是上帝的"荣耀剧场",但对这个剧场里的观众来说,世界同时还是作为神意工具的他们与各种危险较量的"战场"。只有在危险的世界战场中为自我保存而筹划,人才不仅是上帝荣耀的观看者,而且还参与到神圣荣耀的构成中去,成为上帝彰显自身力量的工具。从神意秩序来看,人在世界中每一次筹划的结果都已经被预定,但这不仅没有消解个体行动的责任和意义,反而激发个体克服危险的信念和力量,使警惕谨慎的他们可以毫无挂虑地投入变化无常的尘世浪潮之中。正如约押虽然知道战斗的结果取决于上帝的意志和力量,却没有因此涣散,而是不懈地行使自己的职分(《撒母耳记下》10:9—14),"同样的认识也应该推动我们抛掉鲁莽与过度的自信,并迫使我们不停地向上帝呼告。这样,上帝将用好的盼望支撑我们的心灵,以便我们能够带着信心和勇气,面对我们周围的那些危险坦然无惧"(1.17.9)。

　　综上,作为加尔文用神意对抗消极虚无主义的结果,生活本身最终成了在偶然、可疑与危险的世界中的积极筹划,而这一点得以可能的基础在于从上帝对人的照看推进到人的自我照看。无论是神意的自我隐藏,还是将来之事的隐藏,目的都是要将人制造成投身于行动的筹划者,并为他们在动荡不安的生活世界中进行自我保存开辟自由行动的空间。神意一方面在个体身上激发出积极投身于世的激情;另一方面也让个体在顺境中将一切归给上帝,同时以最大限度的忍耐面对可能出现的逆境甚至绝境。"对神意的认识,必然会让心灵在顺境中感恩,在逆境中忍耐,而且丝毫不为将来担心。因此,在顺境中发生、满足心灵所求的所有事,他都愿意将其全部归给上帝,不管是通过人的事工感受到了上帝的恩惠,还是得到了无生命的受造物的帮助。因为,他会在心里这样想:确实是主让他们

的心倾向于我,他为了我约束他们,使之变成对我施恩的工具。"(1.17.7)
又比如,"我想问的是,当世界看起来飘摇不定之时,要不是因为他们知道
主的运作无处不在,并相信主的工作将给他们带来益处,他们这种从不动
摇的安全感又来自哪里呢?"(1.17.11)①

加尔文力图用神意在身为新教徒的现代筹划者身上铸造一系列行
动品格,诸如热情、机警、谨慎、乐观、坚忍、从容、平静等。在中世纪等
级秩序瓦解之后,唯有具备这些行动品格的人才能够成为新世界的奠
基者。他们面对危险且不确定的未来积极筹划,带着持久的激情和耐
心投身于对抗和改造世界的行动中,从而能够在保持偶然性的前提下
克服消极无为或自由放纵的虚无主义。事实证明,这种带着激情和耐
心投入实践生活,以"预备者"或"筹划者"形象出现的人,便是加尔文
给现代世界塑造的新型个体,一种作为神意之工具的人。

第三节　次因与工具

生活之所以能够变成面对危险的积极筹划,与神意的一个重要特
点密切相关,即上帝对世界的治理并不总是以"赤裸"(nudam)的方式
直接展开,而是时常需要借助"中介"来实施。加尔文说,"神意是万物
的控制者,它的运作有时通过中介,有时不通过中介,有时反所有中介"

---

① 又如:"如果没有更有效的方法克服愤怒与急躁,那些学习默想神意的人,也一定
受益匪浅,他可以在心里始终这样想:这是主(的意志)所意愿的,所以必须忍耐,不仅因
为不可抵抗,而且因为主所意愿的都会是正义和有益的。总之,当我们被人不义地伤害
时,就让我们无视他们的恶(否则只会加剧我们的痛苦,刺激我们的报复心),并仰望上
帝,努力确信我们的仇敌无论多么邪恶地冒犯我们,都是上帝正义的分配所允许和差遣
的。"(1.17.8,进一步参见 1.17.6—11 中的相关论述)

(1.17.1)。中介不是神意运作的唯一方式,却显然是主要方式,因为上帝并非总是不借助中介直接治理受造物,而是常常通过受造的中介来展开神意的秩序。所谓"中介",就是与第一因或首要原因相对的"中间原因",亦即"次因":"因此,由于完全确信万事的发生都依赖上帝的分配,没有什么事是偶然发生的,基督徒的心灵会永远将上帝视为事物的首要原因,但也会适当留意次因。"(1.17.6)换言之,"虔敬的人也不会忽略次因"(1.17.9)。作为对万物的管理,神意当然以上帝意志为第一因,但整个治理秩序的构建也离不开次因的作用,正因此,服从神意之第一因的人同样应该重视受造物所发挥的次因作用。当加尔文说要用积极谨慎的筹划,而非疏忽懈怠的不作为或放纵来回应神意的时候,他的意思就是说,我们应该重视作为次因的受造物在神意展开过程中的工具性功能。

在前文的分析中,我们看到阿奎那明确将次因理解为神意的展开方式:上帝对目的论秩序的预先安排,需要通过次因的作用才能将相应的结果成全出来;第一因将原因的力量赋予次因,并使次因导向或自然或偶然的结果,由此以内在的方式将次因秩序纳入神意。次因是对第一因的内在分有,正如一切具有存在本性的东西都是对上帝无限完满之存在的分有。就此来说,上帝在世界中的运作具体表现为,借助次因推动受造物趋向自身的目的和作为目的的上帝本身。

强调上帝主权的加尔文,并未否定次因在神意展开过程中的作用,但他对次因及其与第一因之间关系的理解,却在根本上摆脱了阿奎那的内在进路。对加尔文来说,受造物在神意秩序中的次因地位首先且主要在于它们的工具性,这种工具性尤其体现在人身上:"基督徒的心灵知道,就人而言,不管是好人还是坏人,他们的计划、意志、努力与能力都在上帝手中,上帝可以根据自己的意志随意扭转他们,随意限制他们。"(1.17.6)当加尔文从绝对意志出发理解上帝与世界的关系时,作为次因的受造物逐渐沦为一种没有内在目的的纯工具(或手段)。在阿奎那笔下,创造万物的上帝把万物作为工具(instrumentum)来利用或使用(uti),但正如创造是为了使受造物趋向它们的目的,我们也只有从这一目的论秩序出发才能真正理解上帝对受造物的利用:"因此,上帝通过将万物导向目的来利用它们,而这就是治理。所以,上帝通过他的神意而是万物的治理者。"①简单地说,神意的实施就是治理,治理就是利用万物,利用万物就是引导它们实现自身的目的。加尔文对次因之工具性的理解完全脱离了这种经院目的论语境:在他这里,从上帝的角度来说,次因的工具性主要表现为利用受造物彰显自己的力量和荣耀,而从人的角度来说,次因的工具性则主要表现为利用能够利用的一切追求生命的保全,以此顺服神意。在神意的治理秩序中,作为受造物或存在者整体的世界既是上帝的工具,也是自我的工具。在双重工具化的世界中,只要有助于生命的自我保全,我可以而且应该利用神意预备给我的一切来筹划不确定的生活。

> 他(虔敬者)尤其会在将来的事情上考虑这种次因。因为,如果他不缺乏可以用来保障自身安全的人的帮助,他会将其视为主的赐福。所以,他既不会停止筹划,也不会懒于求助那些看上去能够帮助他的人。相反,考虑到凡是能为他提供点什么的造物,都是主放到他手里的,他就会将它们当作合法的神意工具来使用。由于不确定正在做的事情结果如何(除了知道主在万事上都会给他预备好处),他会热情地追求他认为对自己有益的东西,只要是理

---

① Aquinas, *Summa contra Gentiles*, III, q64, n3.

智和心灵能够获得的。不过在筹划时,他不会固执己见,而会信靠
和顺服上帝的智慧,在上帝引领下被带向正确的目标。此外,他也
不会过于相信外在的帮助,以至于如果有帮助就稳固地安于它们,
如果没有就战栗不安,好像一无所有似的。因为他始终让心灵只
专注于上帝的神意,不允许自己因筹算尘世事物而背离对神意稳
固的默想。(1.17.9)

　　真正虔信的人,应该将所有受造的次因都看成神意的工具,将上帝
利用的工具变成自己可以合法利用的工具,在自己被工具化的同时也
将其他人和事物理解为工具性的存在,只要有助于保全自己的生命或
对自己有益。由于神意的隐秘性与世界的偶然性,尽管所有事情的结
果对我来说都是不确定的,但有一点始终是确定的:不管在什么情况
下,我都应该将一切对我有所助益的东西理解为上帝预备的工具性次
因,应该利用它们筹划自己的生活,从而尽最大努力在危险的偶然世界
中保全生命、增加利益。只有在受造物整体被工具化的基础上,加尔文
才能将内在性被抽空的个体从目的论秩序中连根拔起,激励他们投入
到工具化的外在世界之中,让他们在神意的引领下为自我保存而积极
筹划。于是,随着目的论秩序的瓦解,世俗生活本身获得了前所未有的
神圣性,因为利用受造物保障自己的生命与安全本身就是神意对人性
的普遍要求,而与此同时,人似乎再也没有过任何沉思或理论生活的可
能性。

　　由此可见,加尔文重构神意秩序的目的是要在工具化的世界中给
空无自我创造某种外在生活的可能性,这种面向危险不断筹划的尘世
活动,既缺乏内在的自然根基,也缺乏更高的超越性目的。加尔文笔下
的个体既不需要从外在世界转向内在自我,也不可能从内在自我通达

更内在的上帝(正如奥古斯丁的内在进路所指示的那样),因为上帝不在自我与世界之外,而是时刻通过现实有效的力量运作在每个造物之中,自我应该做的只是在世界中感受他的力量,并通过他赐予的力量坚持不懈地向着不确定的将来筹划。工具化的外在世界就是基督徒生活的神圣空间,只有面向世界持续不断地筹划未来,从机运重负中解放出来的个体才能在神意视角的观照下找到生活的秩序感与意义感,只不过这种秩序感与意义感并非更高的目的带来的——相反作为筹划的生活从一开始就奠基于目的论秩序的瓦解。或者我们也可以说,筹划本身成了生活的目的。

因此,加尔文在重构世界秩序的同时也为现代个体提出了全新的生活伦理:生活在神意治理下的个体,不像希腊的悲剧英雄那样在对抗命运的过程中彰显自身的德性,不像"不动心"的斯多亚哲人那样通过认识自然而被命运领着走,不像信奉偶然性的机运主义者那样任由"机运之轮"无常地碾压,也不像放纵派那样以消极无为或胡作非为的虚无主义应对上帝的意志和预定;相反,他们知道应该始终坚信有一双隐秘而确定的神意之手时刻操控着一切,人与神意之间不是悲剧的对抗,而是主动的服从,以便个体能够积极地让自己扮演神意运作的工具,在偶然而危险的世界中像上帝一样成为行动者、预备者和筹划者。从"本质"到"力量"的神学转向,不仅让上帝从就其自身的存在,转变成对人和世界而言的存在,转变成运作于世的权能和意志,同时也彻底改变了对人性及其目的的理解,使人的生活主要不再是静观,而是实践,主要不再是沉思上帝,而是在外在世界的行动中荣耀和感受神意的运作。

由此,我们也就能理解加尔文为什么会认为亚里士多德关于沉思理智与实践理智的区分属于毫无意义的细枝末节。加尔文将灵魂机能简化为理智与意志,将感觉纳入理智,将欲望纳入意志,而且主张人类堕落前的意志始终听从理智(即灵魂的领导者)的命令,始终根据自身的欲求等待理智的判断(1.15.7)。这意味着,根本就不存在亚里士多德意义上不动的沉思理智;相反,理智本身必然是实践性的,而且不存在高于感觉快乐的理智之善,因为感觉与理智在对象上并无本质区别。[①] 从感觉与理智的合一来看,我们就能更深地理解,加尔文何以会将对上帝的认识还原为对神圣力量的感受,而不再像传统哲学家那样引导灵魂从可感世界上升到可知世界。加尔文世界里的人不是仰望天空的沉思者,而是脚踏实地的筹划者。

　　加尔文之所以说上帝的本质不可理解,并反复告诫读者神意是隐秘的,其目的就在于使人从好奇的沉思转向实践生活的筹划,在自我与世界的外在关系中克服试图以内在方式构建神人关系的冲动。只有在险恶的现实世界中持续筹划外在生活,才能彻底抽空人性的内在内容及其与上帝之间的内在关联,也只有在此基础上,自我才能以最纯粹的方式成为服从上帝的工具,让神意的预备通过作为预备者的自我编织在荣耀上帝的世界剧场中。在加尔文的拯救论中,这种内在性的抽空之路得到了更深刻、更系统的贯彻。

---

① 　参见汉考克:《加尔文与现代政治的基础》,第189—195页。

第三部分

称义与成圣：现代生活秩序的构造

第十一章　自我的确定性：
焦虑个体的信与疑

第一节　空无的信心

　　无论是第一部分关于上帝、自我与世界的考察，还是第二部分关于神意的考察，都没有实质性地触及加尔文的拯救论。在最后这部分内容中，我们将围绕称义与成圣，同时结合"自我否定"、呼召、预定论等相关主题，来探讨加尔文如何从抽空之路出发构造新教的拯救论。

　　众所周知，加尔文称义学说的许多观念都源于路德，比如唯独信心、外在之义、归算之义、法庭称义等，但这并不能掩盖他们在称义问题上的显著分歧。"称义"对路德而言是一个具有统摄性的中心学说，在他那里，可以说没有因信称义就没有神学和基督教。[1] 用德国学者阿尔托依兹（Paul Althaus）的话说："称义的教义并非只是所有教义之一，而正如路德所声称的，是主要的基本的信条，它关系到教会的成败，是其

---

[1]　关于称义教义在路德神学和宗教改革中的"中心地位"，参见晚近芬兰和德国学者的反思：Tuomo Mannermaa, *Christ Present in Faith: Luther's View of Justification*；Volker Leppin, *Die fremde Reformation: Luthers mystische Wurzeln*。

全部教义的基石。"①与路德不同,加尔文从来没有将"称义"放在整个
新教神学的中心位置。从《要义》的文本结构和思想内容来看,无论是
关于上帝与自我的"双重认识",还是"神意"与"上帝的荣耀"问题,都
远比"称义"更基础更具构建意义。在1559年版《要义》中,称义问题直
到第三卷中间才出现(3.11—18),而且加尔文似乎故意拖延对称义的
讨论,他不仅将其与"信心"和"基督徒生活"(悔改、自我否定、重生、
成圣等)分开处理,而且在此之后才正式将称义问题引入进来。结
果,从第三卷文本来看,"称义"仿佛被淹没在了"信心""悔改""基督
徒生活""自我否定""基督徒自由""祈祷""预定论"等一系列重要的
论题当中。这与"称义"在路德著作中的弥漫式在场形成了异常鲜明
的对比。

与此相关的另一个事实对我们来说也许更加重要:在弱化称义问
题的同时,加尔文却极力强调成圣或圣洁生活问题的重要性,②并将称
义与成圣视为上帝通过基督赐予的"双重恩典"(duplex gratia)。与没
有明确或系统提出成圣问题的路德不同,加尔文不仅使成圣从称义的
笼罩下"独立"出来(当然"独立"不等于"分离"),打掉称义对成圣的绝
对优先性,而且在新教神学的框架下赋予成圣以全新的意义。根据学
界的通常看法,加尔文对成圣问题的重视和阐发是其思想原创性的重
要体现。后文将会看到,加尔文既不同意天主教对称义的成圣化理解,
也不同意将称义与成圣完全分离开来。相反,他认为二者虽然不是一
回事,却总是同时产生和存在,没有无成圣的称义,也没有无称义的成
圣。大体上,如果说路德的称义观标志着天主教世界的瓦解和新教世

---

① 阿尔托依兹:《马丁·路德的神学》,段琦、孙善玲译,南京:译林出版社,1998年,
第228页。

② 《要义》第三卷至少一半篇幅都在讨论成圣问题。

界无中生有般的创造,加尔文的成圣观则标志着新教世界秩序及其生活伦理的重新赋形。在笔者看来,若要真正理解加尔文成圣学说对现代生活的构造,至少需要澄清四个方面的基本问题:一、加尔文对信心与称义的界定;二、称义与成圣的关系;三、圣洁生活的基本逻辑与构成;四、加尔文对拯救所做的预定论还原。这便是本书第三部分的基本任务。

在正式开始下面的讨论之前,首先需要指出的是,加尔文对成圣的重视与他对上帝作为治理者的理解密不可分。《要义》第一卷用神意重构世界秩序的努力,最终落实为第三卷对新教生活形式的构造,换言之,加尔文将新教生活重构为持续的成圣,无疑是他"拯救世界"方案(世界作为上帝的显现场所)的最终落脚点。路德"唯独信心"学说在消解行为与事功之拯救意义的同时,也极大地消解了生活秩序本身的实在意义。正是为了克服路德神学造成的这一后果,加尔文才试图通过弱化称义、突出成圣的方式,将生活秩序重新构造出来。为圣洁生活重新赋形,将其变成神圣的呼召并纳入个体的拯救,并非从路德回到天主教或古典伦理,而是要在没有内在目的的现代世界中,为作为神意工具的空无自我,创造一种呼召性的生活秩序。为了建立这一秩序,加尔文首先需要将路德为新教贡献的"信"或"信心"学说①接过来。

相比传统基督教,新教最重要的突破之一在于将"信、望、爱"中的"信"提升为宗教生活和神人关系的首要原则,这也是加尔文与路德的基本共识之一,虽然二人对"信"的具体理解不尽相同。② 在《要义》第

---

①　为了表达 fides 一词的丰富含义,笔者倾向于将其译成"信",但出于中文表述需要,下文有时也将依循汉语学界的惯例将其译成"信心",并作为"信"的同义词使用。

②　关于新教对信、望、爱之间关系的重构,参见汉姆:《信心为何成为路德的基督徒生活的中心?》,载《早期路德:信心的突破》,第249—276页。

三卷,加尔文对"信"下过一个十分著名的定义:①

> 信是关于上帝对我们施慈爱的坚固而确定的知识,这种知识
> 以基督中白白赐予的真实应许为根基,并通过圣灵启示给我们的
> 心灵(mentibus),印在我们内心(cordibus)之中。(3.2.7)

不难看到,加尔文的定义包含三个要点,分别对应上帝的三个位格。第一,信是一种知识,这种知识不仅在于知道上帝存在,更在于知道上帝对人的意志即"慈爱",知道上帝如何对待人(3.2.6)。第二,信的知识建立在上帝通过基督白白赐予的真实应许之上,因为福音的应许是上帝慈爱的最大体现,舍此便不可能有信。② 第三,若要牢固地确立信的知识,还需要圣灵将应许光照在人的"心灵"和"内心"之中,换言之,信属于圣灵对人的心灵和内心给出的启示。虽然我们这里无意全面分析加尔文的信心定义,不过下文的讨论却都建立在这三个要点之上。

对照传统天主教对信的理解,我们才能真正把握加尔文这一定义

---

① 关于加尔文的信心学说,可参见 Walter E. Stuermann, *A Critical Study of Calvin's Concept of Faith*, Ann Arbor: Edwards Brothers, 1952; Edward A. Dowey, *The Knowledge of God in Calvin's Theology*, pp. 148 –220; Victor A. Shepherd, *The Nature and Function of Faith in the Theology of John Calvin*, Macon: Mercer University Press, 1983; Barbara Pitkin, *What Pure Eyes Could See: Calvin's Doctrine of Faith in Its Exegetical Context*, New York, Oxford: Oxford University Press, 1999; James M. Bulman, "The Place of Knowledge in Calvin's View of Faith," *Review and Expositor* 50 (1953), pp. 323 – 329; David Foxgrover, "'Temporary Faith' and the Certainty of Salvation," *Calvin Theological Journal* 15 (1980), pp. 220 –232; Paul Sebestyen, "The Object of Faith in the Theology of Calvin," doctoral dissertation, University of Chicago, 1963。

② 严格来讲,信的对象并非整部《圣经》,而是在基督中被给予的"应许"。关于这一点,可参见 Edward A. Dowey, *The Knowledge of God in Calvin's Theology*, pp. 153 –164。

的独特性。加尔文将信界定为"坚固而确定的知识",意在解构"隐含的信"(fides implicita,或译为"默从的信")。在中世纪神学家笔下,"隐含的信"仅仅是指笼统地接受和服从教会所相信的(即通过教会相信),它本身并不包含任何确定的知识。① 按照阿奎那的理解,并非每个人都必须有"明确的信"(fides explicita),这是由于"信仰的展开"(explicatio credendorum)是按照从上而下的等级秩序,通过超自然理性的启示进行的。正如启示通过在上者传达给下者(比如通过天使传给人,通过高级天使传给低级天使),信仰的展开同样通过在上者传达给下者;只有那些在秩序中处在较高等级的人,需要拥有更完满的知识和更明确的信仰,那些较低等级的人则无须如此,他们只要接受和服从在上者的教导即可。②

　　加尔文对天主教"隐含的信"的拒斥,意味着对奠基于人性秩序的教会等级制的拒斥。严格来说,他并非认为完全不存在隐含的信,而是不同意天主教对隐含之信的理解。在他看来,许多事情对我们都是隐含或隐藏的,正如《圣经》所表明的,不少信徒都曾经历从隐含之信向明确之信的转变,不是说他们到那时才开始相信,而是说那埋在心里的"隐含之信的种子",到那时才带着新的活力长出来。这表明,一方面,不能说隐含的信不是真的信;另一方面,"所有的信也总是掺杂着不信"(3.2.4)。天主教认为,隐含的信隐含在对教会权威的服从之中;加尔文则认为,隐含的信隐含在个体的内心之中。由于信仰之事的隐藏,隐含的信甚至不同程度地存在于每一个信徒心中,

---

　　① "因为,他们不问信心是否被重重的无知包裹(implicita),将那些在无知中变得麻木,甚至以无知自夸的人视为真信徒,只要他们在自己不知道的事情上同意教会的权威与判断。"(3.2.3)
　　② 阿奎那:《神学大全》,IIa, IIae, q2, a6, co.,第七册,第62页。

但信从隐含到明确的展开，并不取决于从在上者向在下者、从教会向个体传达的启示，而取决于上帝或圣灵对每个人的启示。这样，加尔文就将启示借以展开的人性等级还原成了个体自身的内心秩序。通过对信的重构，他试图将个体从天主教"用隐含之信建构的巨大迷宫"（3.2.3）中解放出来，使他们不再可能通过接受教会颁布的教义，或通过把寻求与认识的任务交给教会而得救（3.2.2）。于是，"明确的信"便不再在人性和教会秩序中从上而下渐次展开，而是成了圣灵对每个个体的直接光照。这表明，以拒斥天主教"隐含的信"为前提的信仰之明确化，同时意味着信仰的个体化和自我化。

其次，更重要的是，加尔文像路德一样拒斥中世纪神学家在"未成形的信"（fides informis）与"成形的信"（fides formata）之间所做的区分。以阿奎那的观点为例，未成形的信和成形的信并非两种不同的习惯，而是同一种习惯，二者的区别源于意志和爱：

> 　　原因在于，习惯是由那直接（per se）属于习惯的东西来区分的。既然信是理智的完善，直接属于理智的东西就直接属于信。而属于意志的东西不直接属于信，因此不能借此区分信仰的习惯。不过，成形的信区别于未成形的信所根据的是属于意志的东西即爱，而不是属于理智的东西。所以，成形的信与未成形的信并非不同的习惯。[1]

阿奎那认为，信是灵魂在意志命令下赞同真理的理智行为，如果信的理智行为在意志和爱的推动下将真理作为最终的善来追求，就是成

---

[1]　阿奎那：《神学大全》，IIa, IIae, q4, a4, co., 笔者自己的翻译。

形的信,否则就是未成形的信。换言之,信是否成形的关键不在于是否有理智(因为不管是否成形,信都包含理智对真理的赞同),而在于是否有意志或爱:只有从意志方面来看,信才能被爱赋形和完善,而非仅保持为理智的赞同(未成形的信),从而才能在人和上帝之间建立正确的目的论秩序。由于信属于意志命令之下的理智行为,信的完善必然同时要求满足两个条件:一是"理智必须确实无误地指向它的善,亦即指向真的东西";二是"意志必须确实无误地趋向最终的目的,为了这目的,意志才赞同"。换句话说,三德中的信先于爱,但只有爱才能给信赋形,因为意志无误地趋向作为最终目的的善,恰恰是爱的效果。[1]

加尔文不同意将信区分为成形的与不成形的,并非因为他认为只存在被爱赋形的信,而是因为他认为信的完善根本就不需要"爱"的赋形,信不是也不会在爱的赋形下成为个体内在的德性与习性。在阿奎那看来,信作为指向真理的德性,和其他德性一样需要爱的赋形,而加尔文则从根本上抛弃了从德性和爱的角度界定信的经院思路,不再将信理解为个体内在的习性或习惯。就信来说,根本不存在从未成形到成形的深化。"因为,信的开端本身就已经包含使人通达上帝的和解。"(3.2.8)换句话说,"只要最初有一点信注入我们的心灵,我们就开始看见上帝的面对我们是宁静、平和与仁慈的"(3.2.19)。对阿奎那所代表的经院神学家而言,爱是一种比信更大的力量,称义本质上是因爱称义,而非因信称义(3.18.8)。加尔文认为,爱的称义实质上就是因行为或功德称义,而因信称义的核心则在于抽空行为的功德:"信所拥有的称义力量,不在于行为的价值(dignitate)。我们的称义唯独在于上帝的

---

[1]　阿奎那:《神学大全》,IIa, IIae, q4, a5, co.,第七册,第89页。

怜悯和基督的功德,而当信把握(apprehendit)称义的时候,就说信使人称义。"(3.18.8)不同于因爱称义的逻辑,因信称义的意思不是说因信的行为和功德称义,而只是说信把握住了由上帝的怜悯和基督的功德产生的义。信只是称义得以发生的工具:"我们说信使人称义,不是因为它的价值使我们配得称义,而是因为它是工具,我们借此获得基督白白的义。"(3.18.8)信对爱的解构,意味着对自我内在之义的解构:真正被称义之人,不是一个通过爱的赋形变成义人的人,而只是一个通过信的工具领受基督外在之义的人。对称义来说,信不同于爱的关键之处在于,它并不能给自我带来义的形式,自我也不能为义的生成提供任何配得的内在根据。

所以,加尔文沿袭路德的新教路径,从爱的称义转向信的称义,非但没有为空无的自我赋予内在形式,反而要彻底拔除赋形的人性根基。也正因此,加尔文才不只是简单地将信说成称义①的"工具"或拯救的工具因(3.14.17),而是进一步将其明确理解为"空无的容器":

> 我们把信比作某种容器(vasi),②因为除非我们来的时候倒空(exinaniti)自己,张开灵魂之口寻求基督的恩典,否则就不能领受基督。由此可知,当我们教导在基督的义被领受之前,要先领受基督,我们并未夺去基督(使人)称义的力量……因此我说,信只是领受义的工具,将信与基督混在一起是愚蠢的。基督是称义的质料因,且同时是此巨大福分的源头和使者(autor simul et minister,

---

① 关于称义,详见随后两章的讨论。
② 信作为领受基督之义的"容器"或"工具",是加尔文的一贯表述。

3.11.7,参见 3.14.17、3.18.8)

加尔文在此将信比喻成空无的容器,旨在反对路德宗神学家奥西安德尔的"本质之义"学说。[①]　在后者看来,称义在于人与基督合一,这种合一指的是:上帝将其本质注入个体,从而使人以实体的方式在上帝之中成为义人;因此,称义必须被理解为人以本质的方式分有基督的义。加尔文认为,奥西安德尔对称义的本质性理解无异于将信与基督混在了一起,从而错误地将称义与成圣/重生等同起来。在他看来,称义不是在"本质"意义上成为与基督合一的义人,而只是在"归算"(imputatio)意义上被上帝视为义人(加尔文在这一点上延续了路德的表述);义的归算以信对基督的领受为前提,但作为"容器"的信与基督并未因此在本质上混合在一起,二者的结合必须以保持信的空无性为前提。"通过信,空无的我们来到他面前,以便为他的恩典腾出空间,唯独让他充满我们。"(3.11.10)只有自我倒空的信才能领受基督并使人称义,但对基督的领受并未给空无的自我注入任何本

---

① 关于加尔文与奥西安德尔,参见 Julie Canlis, "Calvin, Osiander and Participation in God," *International Journal of Systematic Theology* 6 (2004), pp. 169 – 184; Mark A. Garcia, "Imputation and the Christology of Union with Christ: Calvin, Osiander, and the Contemporary Quest for a Reformed Model," *Westminster Theological Journal* 68 (2006), pp. 219 – 251; Mark A. Garcia, *Life in Christ: Union with Christ and Twofold Grace in Calvin's Theology*, Eugene: Wipf and Stock, 2008, pp. 197 – 254; J. Todd Billings, *Calvin, Participation, and the Gift: The Activity of Believers in Union with Christ*, pp. 53 – 61; "United to God through Christ," pp. 325 – 328; Wilhelm Niesel, *The Theology of Calvin*, pp. 133 – 136; Timothy J. Wengert, "Philip Melanchthon and John Calvin against Andreas Osiander: Coming to Terms with Forensic Justification," in *Calvin and Luther: The Continuing Relationship*, ed. R. Ward Holder, Göttingen: Vandenhoeck & Ruprecht, 2013, pp. 63 – 87。

质和内容,①因为对于空无的自我而言,称义仅仅指"在上帝面前"(coram Deo)因信称义,即被视为或归算为义人,而不是在本质意义上成为内在的义人。人宣称自己有任何义都是对上帝的亵渎,因为那样一来"神圣的义便被摘走和剥夺了应得的荣耀"(3.13.2)。也正因此,加尔文反复强调,称义主要是指通过中保基督发生的神人和解,即赦罪。与此相反,奥西安德尔则认为"信就是基督"(fidem esse Christum),即本身没有价值的信由于与基督合一而获得了本质之义,在加尔文眼里这就好比是将盛金子的瓦器错误地当成了财宝。那些嫁接到基督身体中的基督徒,仅仅是"被白白地归算为义。因为,就称义来说,信纯粹是被动的东西(res est mere passiva fides),它不能为我们获得上帝和解的恩典提供任何东西,而只是从基督那里领受我们所缺乏的"(3.13.5)。也就是说,"信本身对拯救毫无价值,毫无意义。它只不过是一个空的容器。只有在与内容即耶稣基督的关系中,信才获得拯救意义"。②

---

　　①　汉考克认为,加尔文这里的信心就是对于虚无的纯粹感知,即使信心的容器被充满,我们也不能忘记信心的虚无性,否则就会自以为已经拥有义的本质。在汉考克看来,在信心的空无性问题上,加尔文与路德之间存在着微妙而重要的差异:对加尔文来说,信心的空无是一种纯粹的虚无,它不断将我们的注意力驱向基督的义;而对路德来说,信心的容器在接受基督之后,它作为填充活动的非自然器官,也能把握某种超经验的快乐经验。正是对信与基督之间关系的不同理解,使加尔文不像路德那样关注自我的内在经验。参见汉考克:《加尔文与现代政治的基础》,第168—178页。另外,韦伯认为路德宗将人理解为"神力的容器",而加尔文宗则将人理解为"神力的工具",二者的宗教生活分别倾向于感情的陶冶和禁欲的行为。参见韦伯:《新教伦理与资本主义精神》,第93—94页。韦伯与汉考克都比较准确地把握住了加尔文信心学说区别于路德的关键所在。
　　②　Wilhelm Niesel, *The Theology of Calvin*, p. 124.

第二节　信与疑

不过,虽然通过"信"并未生成内在之义,我们却也不能忽视"信"在加尔文这里呈现出的、某种强烈的内在色彩,信的情感性就是这种内在色彩最集中的体现。[①] 加尔文不同意区分成形与未成形的信的原因之一在于,他认为单纯的理智赞同根本不是信,也就是说,信本质上不是理智行为。在他看来,所谓"信的知识"其实更多是情感性的信靠,而非理性的认识,就连中世纪神学家用来界定"信"的"同意"(assensum)也被他认为主要是情感性的:"同意本身……更多属于内心而非大脑,属于情感而非理解。"(2.3.8)所以加尔文才会说,圣灵不仅将信印在理性或理智性的"心灵"之中,且进一步印在情感性的"心"或"内心"之中,而凡不扎根于内心的信都不是真正的信。正是对内心情感的强调,使加尔文经常延续路德与梅兰希顿以来的讲法,从 fiducia(信心、信靠)出发理解 fides(比如3.2.15),这也是汉语学界将新教这里的 fides 译成"信心"的根源所在:

> 心灵吸收的东西,接着还要浇灌到内心里去。因为,上帝的言若只浮在脑海,就还未被信领受,而只有扎根在内心深处,上帝的言才能成为抵御和对抗所有试炼之诡计的坚固堡垒。如果心灵真正的理解是上帝之灵的光照,那么在内心的坚定中,上帝的力量就

---

① 关于加尔文定义中的情感与理性,参见穆勒的文章及其对相关研究史的综述:Richard A. Muller, "*Fides* and *Cognitio* in Relation to the Problem of Intellect and Will in the Theology of John Calvin," in *The Unaccommdated Calvin*, pp. 159 – 173。

能得到更大的显现,因为内心的不信比心灵的盲目更严重,教心有保障(securitate)比赋予心灵以认识更加困难。所以,圣灵如同封印,将应许印在我们的内心,这些应许的确定性此前已被圣灵印在心灵之中。(3.2.36)

作为对应许之言的领受,信真正得以生成的场所是情感性的"心",而不是理智性的"心灵".① 信或信心之所以高于人的理解,根本原因在于加尔文主张"心"高于"心灵",认为圣灵光照心灵只是信的初级阶段,更重要的是内心得到圣灵权能的坚固和支撑(3.2.33—35)。在从心灵向内心转向的背后,是信之对象的变化。阿奎那将信的对象理解为理智性真理,加尔文则将其表述为上帝的意志或慈爱(即善好的意志)。这意味着,信不仅不再是被爱赋形的内在品质,也不再是理智对真理的赞同和意志对至善之目的的追求,而主要是内心对上帝意志的情感性信靠,这种信靠既非取决于理智,亦非取决于意志,而主要取决于圣灵的权能或力量在人身上的运作.②

　　加尔文信心学说面临的一个核心麻烦在于如何解释信与疑之间的情感性张力。根据上面的讨论,信是一种"坚固而确定的知识",其确定性主要来自内心的确信而非心灵的理解,这表明,只要是真正的信,就

---

　　① 信的对象严格来讲是心灵所无法把握的。加尔文指出,当我们将信称为知识时,并不是将其视为对可感事物的理解,因为信远远高于可感事物,心灵必须超越自身才能获得它,而且即使心灵已经获得信,它也理解不了。对于信的对象,重要的不是去理解,而是去确信,或者也可以说,是通过内心的确定性去理解。"我们的心灵通过信仰拥抱的东西在各方面都是无限的,这种知识远远超越所有的理解……由此可知,信仰的知识更多在于确定性(certitude),而不在于理解(apprehensione)。"(3.2.14)

　　② 尼泽尔正确地指出,信将个体与基督结合在一起,但信是"以精神性的方式"(spiritually),即通过圣灵的力量产生这一结果的,就是说,是圣灵激发了信的态度。参见 Wilhelm Niesel, *The Theology of Calvin*, p.123。

一定是坚固而确定的。① 问题是,由于人心的软弱,现实中的信并非如此纯粹,而往往掺杂着怀疑。掺杂怀疑的信是否不是真正的信呢?

　　为了澄清何谓信的确定性,②加尔文发现自己首先必须将被拣选者的信和被弃绝者的信区别开来。他不仅认为被弃绝者可能有某种信,而且认为他们的信与被拣选者的信有时甚至难以区分真假。"因为,虽然只有那些被拣选得救的人,才在信仰中被光照,才真正感受到福音的效能,但经验表明,被弃绝者有时也像被拣选者那样被相似的感受所触动,以至连他们都判断自己与被拣选者没有差别。"(3.2.11)问题在于,在被弃绝者身上,信心的感觉及其确定性仅仅是短暂的,上帝之所以让他们通过信感受到神圣的善,让圣灵在他们身上有较低的运作(3.2.11),只是为了使他们被定罪且无可推诿。加尔文写道,

　　　　此外,被弃绝者只会领受模糊的恩典感受,所以他们所抓住的是信心的影子而非坚固的实体。因为,严格说来,圣灵只将赦罪印在选民身上,以便他们通过特殊的信心确认自己被赦罪。不过,说被弃绝者相信上帝怜悯他们也是对的,因为他们领受和好的赏赐,虽然是以模糊且不够清晰的方式领受的。不是说他们与上帝的儿

---

　　① 信的确定性不是抽象或演绎的确定性,而是个体的、生存性的确信(personal, existential assurance)。参见 Edward A. Dowey, *The Knowledge of God in Calvin's Theology*, p. 181。

　　② 关于信的确定性,参见 David Foxgrover, "Temporary Faith and the Certainty of Salvation," *Calvin Theological Journal* 15 (1980), pp. 220-232; Randall C. Zachman, *The Assurance of Faith: Conscience in the Theology of Martin Luther and John Calvin*, Louisville: Westminster John Knox Press, 2005; Joel R. Beeke, "Does Assurance Belong to the Essence of Faith? Calvin and the Calvinists," *Master's Seminary Journal* 5 (1994), pp. 43-71; *The Quest for Full Assurance: The Legacy of Calvin and His Successors*, Carlisle: The Banner of Truth Trust, 1999。

女分有同样的信心或重生,而是说伪饰之下的他们看上去与后者有共同的信仰开端。我不否认上帝对他们心灵的光照,足以使他们认出他的恩典,但他将那种感受(sensum)与他给选民的特殊见证区别开来,使他们无法获得全部的果效。他对他们的怜悯,没有达到将他们救出死亡并收养的程度,而只是暂时向他们彰显自己的怜悯。他认为只有他的选民配领受信心活生生的根源,以便能坚忍到底。这样就可以反驳那种异议,即认为如果上帝真正彰显他的恩典,这恩典便永远确立,因为没有什么能阻止上帝光照一些人,让他们对恩典有那种随后会消失的暂时感受。(3.2.11)

简单地说,被弃绝者仅仅拥有"暂时的信"(temporalis fides)或"一般的信"(communis fides),被拣选者则拥有"持久的信"(perpetua fides),二者的区别不在于,被弃绝者没有领受上帝的光照、恩典或怜悯。相反,之所以说被弃绝者也有某种信心,就是因为他们与选民有相似的"恩典感受",这种感受带来的触动强烈到足以让他们自认为是上帝的选民。换句话说,缺乏真信的他们并非假装有信心,而是说,"他们被突然到来的热切冲动所驱使,由于错误的意见而自我欺骗"(3.2.12)。恰恰由于信的感受过于真切和强烈,他们才会误以为自己是上帝的被拣选者,才会因认识到恩典而被触动,甚至在心中激起彼此相爱的欲求。因此,在信心问题上,被拣选者与被弃绝者之间的区别,不在于是否感受到上帝的恩典或慈爱的意志,也不在于内心的感受是否真实和强烈,而毋宁说在于对恩典的感受是否持久和坚忍。上帝确实向被弃绝者彰显自己的恩典,他们的恩典感受不可谓不强烈,但却很快就会消失,他们无法因这种感受而成为重生之人。所以,被弃绝者最根本的问题在于,由于对恩典的感受是转瞬即逝的,他们不可能真正把握上帝的隐秘启示和不变的意志。

与此不同,由于圣灵是被拣选者"得儿子的名分"的确定保障,不管他们的信多么贫乏或软弱,圣灵在他们心中刻下的印记都不会消失。被拣选与否的标志不是有无信心,而是能否坚忍到底。而坚忍,正如上文(第二章第二节)所言,完全取决于实效恩典的特殊运作,与个体意志的努力没有任何关系。被弃绝者可能像被拣选者那样拥有相似的信仰开端,却不可能像后者那样拥有持久坚忍的信心,因为上帝只将坚忍的恩典白白赐给在永恒预定中得永生的人。正因此,加尔文告诉我们,尽管上帝会以奇妙的方式向被拣选者发怒,使他感受到他的愤怒(irae suae sensu)而战栗,但他们不会因感受到上帝的愤怒就放弃恩典感受带来的信心。(3.2.12)

加尔文认为信是关于上帝意志(慈爱)的"坚固而确定的知识",根据上面的讨论可知,这种知识又被理解或还原为个体的"恩典感受"。不过对真正的信徒来说,信的确定性并不能保证信从始至终都纯粹而强烈,因为,持久性而非纯粹性才是真正的信区别于暂时之信的首要标志。[1] 在现实中,正如被弃绝者可能拥有强烈的信心,被拣选者则可能(甚至总是)在信的同时伴随不信和怀疑,但加尔文并不认为信的不完善性与持久性之间是冲突的。

加尔文注意到,他从"确定性"入手界定信心的思路,可能会被认为不符合基督徒的经验。在他笔下,那些有恩典感受的选民同时可能在不安地接受试炼,并被巨大的恐惧所动摇。在这种情况下,我们怎么能说处于试炼和恐惧中的他们拥有确定的信心呢?加尔文不否认信与疑

---

[1]　或许正因此,加尔文才会用"坚固而确定",而不只是用"确定"来形容信的知识。

的经验性并存会给基督徒造成巨大的内心张力:①

> 我们诚然教导信应该确定而稳固,然而我们想象不出任何不
> 被怀疑攻击的确定性,或任何不被焦虑攻击的稳固性。相反,我们
> 说,信徒始终与他们的不信争战。我们并非将他们的良知放进安
> 宁平静之中,丝毫不受风暴侵扰。不过,不管他们遭受什么,我们
> 都不认为他们会跌倒,抛弃从上帝的怜悯中领受的那种确定
> 性……另一方面,那被试炼的重量压弯且几乎垮掉的信徒却总会
> 站起来,虽然不无艰难困苦。因为知道自己内心的软弱,他们与先
> 知一起祈祷"求你叫真理的话总不离开我口"(《诗篇》19:43)。这
> 句话教导我们,信徒有时哑口无言,仿佛失去了信心,但他们不会
> 垮掉或背离上帝,而是会在争战中坚忍到底。他们通过祷告刺激
> 自己的懒惰,以免因放纵而变得迟钝懈怠。(3.2.17)

加尔文用来重构人神关系的信及其确定性向我们揭示的,绝非宁静愉
悦的神秘主义体验,而毋宁说是惶恐不安甚至濒临崩溃的内心张力。
所有确定的信都混杂相应的怀疑、不信和焦虑,因为在面临试炼的考验
时,人很难在自己身上看到上帝的应许与怜悯,很难感受到上帝护佑自
己的意志与慈爱。处在试炼中的人心可谓是信与不信相互对抗的战
场。对于这样的焦虑之心而言,没有任何信不伴随不信,没有任何确定

---

① 关于加尔文信心学说中的经验,尤其"消极经验"问题,参见 William A. Wright,
"Negative Experience in Calvin's Institutes and Its Systematic Consequences," *The Journal of
Religion* 93 (2013), pp. 41 – 59; Charles Partee, "Calvin and Experience," *Scottish Journal of
Theology* 26 (1973), pp. 169 – 181; Willem Balke, "The Word of God and *Experientia* accord-
ing to Calvin," in *Calvinus Ecclesiae Doctor*, ed. Wilhelm H. Neuser, Kampen: Kok, 1980,
pp. 19 – 31。

不伴随怀疑。"我们内心的不信如此根深蒂固,我们如此倾向于不信",以至于没有谁能不经过艰苦的争战而确信上帝是信实的(fidelem,3.2.15,参见3.2.20)。加尔文用《诗篇》中的描述提醒我们,就连一生堪称基督徒榜样的大卫,在信仰方面也总是深陷种种试炼造成的不安、搅扰、沮丧、怀疑与焦虑,甚至有时感到自己已经被上帝抛弃和摧毁。正因为经历了惊涛骇浪的颠簸,大卫的灵魂才试图寻求安顿(3.2.17)。

延续并推进保罗人性论的加尔文,将内心的挣扎归结为人性中的"灵肉之争":"虔敬的心在自身中感受到一种分裂,一方面因认识到神圣的善而深感愉悦,另一方面却因感受到自身的灾难而痛苦悲伤;一方面依靠福音的应许,另一方面却因自身罪恶的证据而战栗;一方面因生命的盼望而欢喜,另一方面却因死亡而颤抖。"(3.2.18)灵肉之争不能简单地归结为(古典的)欲望对理性的对抗,或(如奥古斯丁所言)意志自身的分裂,而必须被理解为信与不信(diffidentia)的分裂,即在相信上帝的同时又不信上帝,既不完全信,也不完全不信。这种分裂表明在世之人的信始终是不完善的,而只要尚未完善,信的确定性就始终掺杂怀疑,信在其中降临的人心就始终是一颗充满恐惧的焦虑之心,即便是圣洁如大卫那样的人,也不例外。

问题的关键在于,焦虑之心的分裂并不妨碍信的确定性,因为加尔文所说的确定性并不是不掺杂任何怀疑的确定性,而是怀疑终将被战胜的确定性,是信对抗不信并坚忍到底的确定性,是虽屡遭试炼却仍不会被击垮的确定性。换言之,信的确定性不是静态的绝对确定性,而是动态或结果的确定性。在加尔文眼中,信仰好比惨烈但必胜的战争,信是抵御不信的盾牌,它可能动摇或受伤,但绝不会被击倒。人生在世的生活就是为信而战,就是反复不断地投入战斗,虽然不会被打败,但末日前也没有一劳永逸的胜利。

争战中的人心始终无法摆脱焦虑和恐惧带来的怀疑,不过对于真正的信徒而言,不信不但不可能完全消除信,反而总是预设了信的先行存在。疑以信为前提。因为怀疑不是完全不信,而是对确定性的攻击;没有信的确定,也就无所谓不信的怀疑。悖谬地说,怀疑既是对确定性的削弱,同时也是对确定性的加强,因为信终将战胜不信。正是在对抗不信之试炼的过程中,信的力量才能不断被激发,信的确定性才得以在种种试炼的打击中不断彰显和更新,上帝对我的意志和慈爱才能不断被我感受到。

正因此,加尔文坚决不同意经院神学关于"混杂不信的信心"(fiduciam incredulitate mixtam)的观点。这种观点将信与不信的关系理解为简单的此消彼长:若仰望基督,拯救的盼望就有充分的根据,但由于人总是配不上上帝通过基督向我们提供的福分,当意识到自己的不配时我们就会摇摆和怀疑。"他们将良知置于盼望与恐惧之间,以至于良知在二者之间轮流摇摆。"(3.2.24)根据这种观点,信与不信的"混杂"意味着二者之间是非此即彼的对立,仰望基督是信,因自己的不配而恐惧就是不信,恐惧是对信的毁灭而非激发。

然而在加尔文看来,对上帝的恐惧"非但不会减少信的确据,反而使之更加坚固"(3.2.22),正如保罗所言,"恐惧战栗,作成我们得救的工夫"(《腓立比书》2:12)。"我们要习惯荣耀主的力量,同时降卑自我。因为,没有什么比不信靠自我,比因意识到自己的毁灭而产生的焦虑,更能推动我们将心灵的确信和确定性安顿在主那里。"(3.2.23)就此而言,信不但不要求排除恐惧,反而恰恰以恐惧为前提,即只有在试炼的考验中充分认识到自我的不配与虚无,才能真正建立起对上帝的信。如果说人需要为信提供某种人性根据的话,那也绝不是任何配得意义上的内在性,而只能是内在性的彻底抽空,是自我的降卑与毁灭,因为唯有那些将自我掏空的人,才可能将追求确定的焦虑之心牢固地安顿在上帝那里。进言之,越是体认到自我的空无所带来的恐惧,就越能对拯救有确定的信心,越是濒临不信,也就越能坚信。"因为,不但虔敬产生对上帝的敬畏,而且甜蜜的恩典也充满那些同时带着畏惧和惊奇自我抛弃的人(hominem in se ipso deiectum),使他们依靠上帝,谦卑地臣服于上帝的权能。"(3.2.23)不信的试炼莫过于看到自己不配,而只有看到自己不配才能以最彻底的方式自我抛弃和毁灭,这种自我的虚无化便是加尔文信心学说得以确立的人性前提。①

因此,从拯救的整体秩序来看,试炼的结果非但不是对信的消解,反而是对信的加强。加尔文写道,

> 当任何试炼攻击我们的时候(暗示上帝是敌人,因为他是危险的),信就会回答,上帝折磨我们的时候也是仁慈的,因为惩罚源于爱而非愤怒……这样,不管以多么奇怪的方式被折磨和搅扰,虔敬的心灵最终都会战胜一切困难,绝不允许自己对上帝仁慈的信心被剥夺。相反,一切试炼和折磨它的争战,都会加强那信的确定性。(3.2.21)

信与不信、确定与怀疑同时存在于焦虑个体的内心深处。一方面,不经过怀疑之考验的信很难说是真正确定的信;另一方面,真正确定的信绝

---

① 在信与虚无人性问题上,加尔文和路德一样深受伯纳尔德影响。《要义》长篇引用伯纳尔德的第五篇布道辞,以证明上帝的呼召以人性的虚无为前提:"'万民在你面前好像虚无,被你看为不及虚无,乃为虚无。'在你面前确实如此,在你之中却非如此;在你真理的判断中如此,在你虔敬的情感中却非如此。因此,你呼召那些不存在的东西,仿佛它们存在。它们不存在,因为你呼召不存在的;它们存在,因为你呼召它们。它们虽然就自身而言不存在,但和你在一起却存在。"(3.2.25)

不会丧失在不信的风暴中。被拣选者必将得救,但预定的得救并非廉价的恩典,必将得救的他们将在信与不信的争战中度过惊心动荡的一生。信是关于上帝意志的确定性知识,这里的确定性首先且主要是指上帝应许并预备对人的拯救,问题在于,对上帝拯救意志的确信与试炼对人的击打甚至毁灭之间存在巨大的张力,因为严格来说,所有试炼最终都可以而且应该追溯到上帝的主权意志那里。这意味着,拯救和试炼被拣选者,赐给他们信心和让他们陷入怀疑的,是同一位上帝;无论是对拯救的恩典感受,还是对试炼的毁灭感受,都可以还原为对上帝意志和力量的感受。焦虑个体面临的最大考验在于,他们必须认为"上帝折磨我们的时候也是仁慈",必须在惩罚中看到爱,以便最终在怀疑的试炼中坚忍下来,以便信的确定性在不信的风浪中永远屹立不倒。

　　人心是信与不信相争的战场,但信是否确定的真正基础,不可能是空无的自我,而只可能是上帝在人心的有效运作——正如我们已经指出的,皈依与坚韧都是上帝的有效恩典——这种运作被加尔文具体表述为圣灵的作用。[①]《要义》第三卷的标题为"领受基督之恩典(Christi gratiae)的方式",这一卷旨在考察基督的恩典能给我们带来什么"益处"和"结果"。在加尔文这里,基督为人类拯救所做的一切,若要变得对人有益,自我就必须与基督结合在一起;加尔文与路德一样认为,这种结合只有通过"信"(而非"爱")才能发生,而信正是圣灵运作的结果。换句话说,自我与基督的结合及其带来的益处完全取决于"圣灵隐秘的效力",并不要求个体本身的能动性:"圣灵是基督与我们有效地结合在一起的纽带。"(3.1.1)在这个意义上,加尔文关于信的所有讨论都奠基于对圣灵的理解,因为"信是圣灵的首要工作",关于"圣灵的力量

　　[①]　关于信与圣灵,参见 Wilhelm Niesel, *The Theology of Calvin*, pp. 120–126。

和运作"的描述多数都可以用到信上面。信远非人的自然能力所能把握,它不能被归结为理性对真理的同意或意志对至善的追求,相反,不信的人之所以能够通过信领受基督,完全是由于圣灵的"超自然赐予"(3.1.4)。从圣灵的运作角度来看,不信与信、怀疑与确定之间的张力,最终可以还原为自我的虚无与圣灵的力量之间的关系:如果说信是圣灵的大能在空无人性中运作的结果,那么,信对不信、确定对怀疑的战胜,就是圣灵对自我之虚无性的揭露和克服。被拣选者的信必然确定且坚忍到底,不是因为他们有任何能够坚忍的自然能力,也不是因为爱为信赋予了内在的形式,而只是因为圣灵的力量必将击穿人类肉身存在的虚无。信的确定性是圣灵的确定性,而不是人性本身的确定性。对人性来说,信非但没有为自我确立任何内在的力量,反而是对自我之内在性的彻底抽空。

至此很容易发现,加尔文的信心学说明显依托于"从本质到力量"的神学转向及其相应的神意理论。除了关于圣灵权能的讨论,《要义》第三卷的某些段落表明,信心与力量化的上帝及其神意治理之间还存在更为基础的关联。比如,加尔文指出,真正的信诚然离不开应许之言,但同样也离不开"上帝的力量",因为"信只有用上帝的力量支撑自己",才能将上帝的荣耀归给他。从这个角度来看,焦虑之心的怀疑就是对神圣力量的怀疑:"人只要想想自己心里潜入多少对上帝力量的怀疑,就足以认识到那些根据上帝力量之应得而称赞它的人,在信心方面的进步有多大。"(3.2.31)加尔文认为,即便是最轻微的考验击打我们,使我们有所畏惧和惶恐,也都表明我们开始怀疑上帝的力量,宁愿相信魔鬼的恐吓也不愿相信上帝的力量。以上帝意志和应许为对象的信,在根本上关联着对神圣力量和权能的相信。可见,加尔文的信心学说在很大程度上奠基于去目的化的神意秩序,信所建立的神人关系不是理智世界的真理秩序,也不是意志世界的善好秩序,而主要是神圣意志与空无自我之间的力量秩序。

这样我们也就能理解,加尔文为什么会特别以《以赛亚书》为例说明信与神意之间的关联。[①] 他发现,以赛亚在说到"拯救的确定性"或"赦罪与和解的盼望"时,常常会转而讨论"上帝无限的力量",讨论上帝"如何奇妙地治理天地机器(coeli et terrae machinam)与整个自然秩序"。加尔文认为,以赛亚这种看似跑题的长篇大论实则意味深长,因为除非我们的眼睛看到"上帝那能够做万事的力量",否则我们的耳朵就鲜能领受上帝的言,或者就会轻视之(3.2.31)。作为神意对信徒展开的治理,[②]信心秩序的确定性不是理性认识或爱的确定性,而是自我在圣灵运作下对神圣力量的感受之确定性。离开神意的权能就没有确定的信心秩序:"这里说到上帝有效的权能,是由于虔敬总是根据效用和需要适应上帝的实效权能(effectualis potentia),尤其会注意那些见证他是父的作为。"(3.2.31)

前文的分析表明,加尔文构想的现代世界对人呈现出极大的偶然性,这种偶然性推动个体积极持续地筹划丧失自然目的的生活,将上帝视角中确定的神意秩序展现为自我在不确定世界中的筹划。将神意与信心问题结合起来看,"信"可以说是神意对基督徒最重要的治理方式,神圣拣选的必然性在此表现为信必将坚忍的确定性,这种确定性始终伴随无法根除的偶然性,即作为试炼的怀疑、恐惧、焦虑、绝望等,正如神意控制下的现象世界在人眼里始终无法摆脱受机运宰制的嫌疑一样。生活秩序的筹划既是对偶然性的对抗,又以偶然性为前提;同样,

---

① 皮特金甚至着眼于神意提出"providential faith"概念,参见 Barbara Pitkin, *What Pure Eyes Could See: Calvin's Doctrine of Faith in Its Exegetical Context*, pp. 98 - 130。

② 回顾前文关于神意的讨论。

信的确定性既是对试炼之不确定性的对抗,同时又以试炼的不确定性为前提。唯有在信与不信、确定与怀疑的对抗中,空无自我的信心方能生成。不管遭受何种考验与试炼,神意应许在其中显现的信心都不会死灭,正如不管遇到什么危险,上帝总会有所预备一样:"信心之根绝不会从虔敬者的胸中拔除,反而会扎到最深处,所以,不管信看上去如何摇摆不定,它的光焰都绝不会完全熄灭,不会连一点火星都没有藏在灰烬中。圣徒绝望的最大原因莫过于,从当前的事情来判断,他们感觉上帝要毁灭他们。但约伯宣称他将始终盼望,即便上帝要杀他,他也不会因此停止盼望上帝。由此可见,不信不能在虔敬者心中做王,而只能从外面进攻。"(3.2.21)

综上,加尔文笔下的"信"可以说是一种追求确定性的生活方式,正是这种对抗怀疑、充满焦虑的追求本身,将生活的整个过程制造成感受上帝意志和力量的积极筹划。对信心生活的筹划而言,消极懈怠无疑是最需要克服的问题,所以正如前面的引文所言,"他们通过祷告刺激自己的懒惰,以免因放纵而变得迟钝懈怠"。信与不信的争战将会不断唤醒空无个体的信仰激情,使他们不至于陷入"不信的深渊":

> 如果说信徒心灵中的确定性混杂怀疑,我们是否总被带回到这一结论,即信不是关于上帝对待我们的意志之确定清楚的知识,而是模糊混乱的知识?当然不是。因为,即使被各种思想牵制,我们也不会因此完全脱离信。即使被不信的搅扰围困,我们也不会因此陷入不信的深渊。即便遭受打击,我们也不会因此被打倒。因为这种争战的结果,总是信最终战胜那些围攻它、看上去危及它的困难。(3.2.18)

第三节　试炼之神:路德与加尔文

行文至此,我们很难不联想到路德的信心神学,这不仅是因为加尔文在这方面深受路德影响,更是因为在路德那里"信"与"试炼"同样密不可分。在路德的十字架神学中,上帝是一位隐藏在自身对立面的"虚无之神",他以"陌生的工"实现"本性的工"。路德将人对上帝之隐藏和陌生的经验表述为"试炼"。"试炼"既是虚无之神的隐藏,同时也是自我的毁灭,(更重要的是)既置信仰于绝望之地,同时也为信仰开辟空间,正如本书第 97 页引文所言,"为了有信仰的空间,被信的一切都应该是隐藏的。然而最深的隐藏莫过于隐藏到相反的对象、认识和经验之下"(WA 18,633)。在这个意义上,所谓信就是对陌生的虚无之神,对不可理解和不可信者的信;换言之,信的最高境界是对自身经验到的试炼之神的信,是将毁灭者看成拯救者的信。在《论善功》(1520)中,路德试图区分信的三重境界。第一重境界是行为中的信心,或者说,因行为称义者的信心,他们试图通过做出足够多的善行来影响上帝。路德认为这种处在"劳苦愁烦"(aven amal,《诗篇》90:10)中的人没有真正坚固的信心,他们不可避免地会怀疑自己的行为能否满足上帝的要求。第二重境界是患难中的信心,这样的人即便遭受身体、财产、荣誉、朋友等方面的损失,也依然坚信自己讨上帝喜悦,并认为自己遭受的患难是出于上帝的怜悯。患难高于行为,患难中的信心高于行为中的信心。患难中的信心是对隐藏之神的相信,这种不以行为为前提对上帝的信靠才是真正的信心,路德说:

上帝在此隐藏起来，正如《雅歌》2∶9 中的新妇说"他站在我们墙壁后，从窗户往里看"；就是说，他在我们的苦难中站着，隐而不见，这苦难像石墙一样要把我们与他隔绝，但他看顾我，不离开我，因为他站着预备好了要恩助我，并且叫我借着微弱信心的窗户可以看见他。①

对那些通过行为建立信心的人而言，上帝在患难中的隐藏意味着对人的冒犯，不过真正的基督徒会将上帝的隐藏视为对信心的考验，会用信心在患难的石墙中凿一个窗户，从中看到那个站在我们的患难中沉默不语的上帝。因此，从根本上讲，路德笔下真正的信心是对隐藏之神（而非显现之神）的信靠，是在上帝让自己陷入患难时仍然相信他的那种信靠。但这仍然不是信心的最高境界，因为普通患难对人性的试炼远不是最深的。路德认为，信心的第三重境界发生在这样的时刻，"就是上帝不仅用今生的苦难，而且用死亡、地狱和罪恶来惩罚良心，拒绝施恩，好像他定意判罪，永远发怒一般"。② 我们可以将这种信心称为地狱中的信心，就是说，即便上帝弃绝我，我也心甘情愿接受他对我的弃绝。正是在这个意义上，路德认为被拣选者的最高境界不是愿意被拣选、不愿意被弃绝，也不是（万一被弃绝的话）勉强接受被弃绝的命运，而是能真正使自己到地狱里去，如果上帝愿意的话。对那些处在信心最高境界的人来说，如果上帝愿意弃绝他们，他们依然能相信上帝并乐于接受上帝对自己的毁灭。"爱如死之坚强"（《雅歌》8∶6），他们可以像爱令人快乐的东西那样爱死亡与受难，因为患难、死亡与毁灭等是隐

---

① 路德：《论善功》，载《路德选集》，第 17—18 页，译文有改动。
② 路德：《论善功》，载《路德选集》，第 18 页。

藏之神锻炼他们的奇怪或奇妙方式(miris modis)。①

在这个问题上，恰如汉姆所看到的，路德在深受德意志神秘主义影响的同时，比施陶比茨与陶勒等人又往前推进一步：在他这里，试炼的核心不只在于上帝的隐藏及基督徒自身被弃绝的黑暗，更在于恩典的治愈性临近与神怒的压制性临近完全对立。路德借着"唯独信心"将基督教从爱的宗教转变成信的宗教，同时也将爱的神秘主义转变成信的神秘主义，而他在这样做的同时，也将信仰的对象从爱的上帝转变成了陌生的试炼者。②

无论在信心还是试炼问题上，我们都能在加尔文这里看到路德思想的印记，不过二者的区别也是非常明显的。首先，正如上文所揭示的，加尔文神学进路的关键词是"显现"而非"隐藏"。虽然神圣本质和神意计划远远超出了人的理解能力，他这里的上帝却并非一位隐藏在自身对立面的"虚无之神"，而首先是一位通过神意显现在世界和历史中的"荣耀之神"。

其次，为了惩罚或考验被拣选者，加尔文笔下的"荣耀之神"当然也会试炼和折磨他们，但这并未被加尔文理解为上帝工作的基本或主要模式。在加尔文这里，严格来说我们不能用路德那里的陌生之工来界定上帝的试炼，因为作为对本性之工的悖论式实现，陌生的工不仅意味着上帝隐藏到了自身的对立面，而且意味着人性被完全虚无化。对路德来说，上帝的工就是陌生的工。如果说加尔文的上帝也对人运作陌生的工，那只能是上帝运作的方式之一，既非主要方式，更非实现本性之工的方式。与路德那里作为"毁灭者"的上帝不同，加尔文常常将作

---

① 路德：《罗马书讲义》，第338—339页。
② 参见汉姆：《路德的信心有多少神秘主义的成分？》，第395—464页。

为"预备者"的上帝比喻成父亲。在加尔文这里,上帝的"毁灭者"形象主要是对被弃绝者来说的(回顾"刚硬"问题),因为对被拣选者来说,上帝更多是保守和照看之神,他"更新他不愿毁灭的人,以此显示他父亲般的爱(paterni favoris),用他平静可亲的面容的光辉吸引他们朝向他"(3.3.21)。①

最后,虽然置身信与不信之间的被拣选者不可能没有焦虑,但加尔文并未像路德那样将他们抛入毁减的深渊,让他们在绝望与致死的极限感受中被动地领受恩典的降临。为了克服个体对拯救的焦虑,路德试图借助上帝陌生的工使之陷入致死的虚无,以便在试炼的毁减中以"悖论神学"的方式迎来拯救的再造。与路德不同,加尔文则试图将信还原为圣灵运作的空无容器和工具,来化解现代个体的焦虑,从而使被拣选者不可能也不必担心丧失信的确定性,他们可能怀疑,但绝不会绝望,且所有的怀疑最终都会成为对信的加强。建立信的确定性不是用我们有限的理解力妄图把握"上帝那无法把握的计划",因为信的确定性源于圣灵的赐予,是对圣灵住在我们之中的感受(3.2.39)。在路德那里,真正被称义的基督徒需要持续地生活在没有安全感的恐惧之中:"我们由此承认自己是罪人,并用哭泣、悔改、痛苦与眼泪表现自己是罪人。一旦那种畏惧与焦虑停止,安全感立刻就会抓住我,而一旦安全感占上风,上帝对罪的归算立刻就会回来,因为上帝已经决定他不愿意将罪归算给带着悲痛与畏惧持续祈求他怜悯的任何人。"(WA 56,281)而在加尔文这里,信徒则需要持续生活在信心永不会被击垮的确定性之中。信是圣灵的光照,确定自己拥有恩典并能坚忍到底并非肉身的骄

---

① 关于上帝作为"父",可参见 Karin Spiecker Stetina, *The Fatherhood of God in John Calvin's Thought*, Bletchley: Paternoster, 2016。

傲,反而是对上帝的荣耀。既然信是对永生的仰望,我们便不能"将信的确定性局限于某个时刻"(3.2.40)。

加尔文无意于(如汉考克所言)像路德那样专注于信心的内在经验,更没有(如汉姆所言)围绕信与试炼概念发展出"与神合一"的新教神秘主义,而主要通过对上帝力量及其运作的感受构建神人关系,[①]并果断将被抽空内在性的个体抛入现代生活的浪潮之中。只有在此基础上,我们才能把握加尔文的称义学说。

---

① 韦伯对改革宗的这一特质有非常深刻的洞察:"改革派……自始即拒斥路德派这种完全内向的情感性虔敬。由于神相对于一切被造物的绝对超越性,所以神性之实在进入人的灵魂里是不可能的,亦即'有限无法包容无限'。神与得其救赎者的交通,唯有靠神在他们身上作用(operator)并且他们也意识到此作用,才能发生并且为他们所知觉。换言之,他们的行为源自神的恩宠作用下的信仰,而这信仰又因该行为的性质而证实是受神作用的。"韦伯:《新教伦理与资本主义精神》,第93页。

第十二章　外在之义与行为内在价值的抽空

第一节　信心之义:义的外在性与非生成性

让我们回到《要义》文本。第三卷第二章考察过"信的定义与特点"之后,加尔文从第三章开始具体讨论"信"的功效,即信让"我们感受到的结果"。他引用《圣经》的说法将信的结果概括为"悔改与赦罪"(《路加福音》24:47),认为悔改与赦罪分别对应"更新(novitatem)与白白的和解",二者都是上帝通过基督赐给人的,且都是信产生的结果(3.1.1)。用另一对更基础的加尔文概念来说,赦罪属于"称义"(justificatio),悔改属于"成圣"(sanctificatio)。[①] 正如学界普遍注意到的,[②]在加尔文的用法中,"成圣""悔改""重生"是一组可以互换的同义词,与

---

①　"当人通过福音的教导听到他们的思想,他们的情感,他们的追求都是败坏邪恶的,这就是在传讲悔改。因此,如果他们想要进入天国,就必须重生。当人被教导,说基督成了他们的救赎、义、拯救与生命,通过基督的名他们在上帝面前被白白地算作义的和无罪的,这就是在传讲赦罪。这两种恩典(utraque gratia)都是通过信心领受的,正如我在别处所证明的。"(3.3.19)

②　比如 Mark A. Garcia, *Life in Christ: Union with Christ and Twofold Grace in Calvin's Theology*, p.4, n.7。

之相对的另一组同义词则是"称义""赦罪""义的归算"。所以,整个第三卷的讨论由"信"开始,主体部分的展开依次落实为"成圣"(3.3—10)与"称义"(3.11—18)。为了更好地理解加尔文的学说,下面我们将首先梳理一下加尔文对"称义"的理解(虽然前文已经从侧面触及称义问题),然后着重考察称义与成圣之间的关系,最后再来分析圣洁生活的构成及其伦理形式。

在第三卷第十一章中,加尔文从正面将"称义"界定为"信心之义"(iustitia fidei),同时重点批评了天主教的"行为之义"(operum iustitia)与奥西安德尔的"本质之义"。根据加尔文的分析,"称义"包含两个方面:"在上帝面前称义"和"因信称义"。

"在上帝面前(coram Deo)称义",是指人在上帝的审判中被判成或被看成义的,并因此被上帝接受。这便是通常所谓的"法庭称义",只不过"不是人世法庭的义,而是天上法庭的义"(3.12.1)。与政治社会的世俗审判不同,"在上帝面前称义"纯粹是与行为无关的信心之义,因为上帝并非根据人的行为进行判决,而是根据人的信心将其宣布为义人。若要在上帝面前获得信心之义,必须摆脱对行为之义的依赖,转而寻求基督之义:

> 他们排除行为之义,通过信把握基督的义,披戴着它出现在上帝面前,不是作为罪人,而仿佛作为义人(tanquam iustus)出现。因此,我们将称义简单解释为,上帝将我们作为义人接纳进他的恩典。我们认为称义在于赦罪和基督之义的归算。(3.11.2)

加尔文这里对信心之义的理解基本延续了路德的思路(尤其是梅兰希顿版本的路德学说):称义根本上是一场发生在上帝面前的法庭式和

解,和解的关键是赦罪,赦罪的关键是基督之义的"归算"。加尔文认
为,罪意味着人对上帝的背离,只有不再是罪人的人才能与上帝和解并
被称义,但从罪人到义人的转变必须借助中保基督,即必须与基督合
一。与基督合一的意思不是指以本质或内在的方式分有基督的义(回
顾加尔文对奥西安德尔的批评),而是指通过信领受基督之义的外在归
算,只有被归算为义才能真正被赦罪。赦罪不是没有罪,而是有罪而不
归算罪,不归算罪同时就意味着归算义。正是在这个意义上,加尔文认
为信心之义主要在于赦罪与基督之义的归算。这是一种与内在之义相
对的外在之义:

> 由此可见,我们唯独靠基督之义的代求在上帝面前称义。这
> 等于是说,人本身不是义的(hominem non in se ipso iustum esse),但
> 基督的义通过归算传递给了他。这一点值得特别注意。如此,那
> 种轻浮的看法便会消失,即认为人之所以因信称义,是由于他分有
> 上帝的灵,是上帝的灵使他成为义的……无疑,被教导在自身之外
> 寻求义的人缺乏自身的义(inops propriae iustitiae)。(3.11.23)

通过将称义界定为外在之义的归算,加尔文从根本上解构了内在之义
的可能性,从而也就排除了行为在信心之义中的作用。行为之义与信
心之义的区别被加尔文理解为内在之义与外在之义(人的义与上帝的
义)的区别。外在之义不只意味着义来自自我之外,更意味着称义仅仅
是上帝的法庭式归算与赦罪,也正因此,加尔文认为义的归算不同于义
的注入("分有上帝的灵")。如果说义的注入是指自我因分有圣灵而
生成为内在的义人,义的归算则是指本身尚是罪人的自我在上帝面前
被视为义人。只有将称义等同于归算,才能将内在之义的生成排除出

"称义"概念。于是,称义便不是指罪人在内在意义上转变成义人,而只是指罪人在上帝面前被外在地看成义人,从而"仿佛"(tanquam)是义人。[1] 称义不是义的内在生成,而是义的外在宣告。

从神学上讲出一种非生成性的外在之义,或者说一种非成义性的成义,[2]是新教称义学说最重要的创造,当然也是其最根本的困境所在,这一点在加尔文与加尔文主义这里表现得尤为突出。加尔文将称义等同于外在归算的做法表明,我们不再可能从结构上将称义理解为从罪到义的生成性运动,在这一点上,加尔文对经院亚里士多德主义的拒斥比路德还要彻底,因为在后者那里对称义的运动式分析仍然是可能的。[3] 正是这种没有内在生成的外在归算,使加尔文得以与阿奎那的内在道路彻底划清界限。为了更好地揭示加尔文信心之义学说的革命性,我们需要简单考察一下阿奎那的称义理论。

在晚期著作《神学大全》中,阿奎那认为称义就是赦罪,但赦罪不是法庭式宣判,而是"趋向义的运动"。根据阿奎那的分析,"义"本身包含"某种正当秩序",而作为"趋向义的运动",称义本质上是义之正当

---

① "我们将称义定义为:罪人被接纳与基督相交(communionem),通过上帝的恩典与他和解,同时因被基督的血洁净而得罪的赦免,而且披戴基督的义,仿佛是自己的一样,因此可以无惧地站在天上的审判台前。"(3.17.8)

② 关于阿奎那的称义学说,基本文献可参见 Joseph Wawrykow, *God's Grace and Human Action: "Merit" in the Theology of Thomas Aquinas*, Notre Dame: University of Notre Dame Press, 1995; Brian Davies, *The Thought of Thomas Aquinas*, Oxford: Clarendon Press, 1992, pp. 335 – 339; Michael Horton, *Justification*, vol. 1, Grand Rapids: Zondervan, 2018, pp. 114 – 141. 关于加尔文与阿奎那的对比,参见 Charles Raith II, *Aquinas and Calvin on Romans: God's Justification and Our Participation*, Oxford: Oxford University Press, 2014; "Calvin's Critique of Merit, and Why Aquinas (Mostly) Agrees," *Pro Ecclesia* 20 (2011), pp. 135 – 166; "Calvin and Aquinas on Merit, Part II: Condignity and Participation," *Pro Ecclesia* 21 (2012), pp. 195 – 210; Arvin Vos, *Aquinas, Calvin and Contemporary Protestant Thought*, Washington, D. C.: Christian University Press, 1985。

③ 参见本书附录一。

秩序的生成。这里的"正当秩序"是指"人之内在配备(interiori dispositi-one)的某种正当秩序,亦即人里面最高的东西服从上帝,而灵魂的低级能力服从高级能力,即理性"。① 人性内在配备的正当秩序有两种产生方式,一种方式是"从无到有"直接产生,比如初人通过受造被上帝赋予原初的义;另一种方式是从对立的一方到另一方,②即从不义的状态(即罪)转变为义的状态,这便是所谓的罪人称义。所以,当阿奎那说称义就是赦罪时,他实际上将称义理解成了内在之义的生成运动,亦即人性内在配备的正当秩序的恢复。称义作为赦罪不只是罪责的赦免,更是罪的逐渐消失和义的逐渐生成。

着眼于人性正当秩序的生成运动,阿奎那从逻辑和结构上把称义归纳为四个必要的环节,根据自然秩序依次为:一、恩典的注入;二、自由意志对上帝的运动,即转向上帝/善;三、自由意志对罪的运动,即痛恨罪;四、罪过的赦免。阿奎那依据亚里士多德的运动学说,认为第一个环节是推动者上帝的运动,第二、三个环节是被推动者即人的运动,第四个环节是运动的目的和终点。③ 首先需要注意的是,阿奎那将赦罪界定为称义运动的目的,意思不是说义的生成仅仅在于罪责的赦免,而是说"称义是在这点完成"的;④换言之,只有义的正当秩序在人性中建立起来,罪人变成义人,赦罪才真正发生。赦罪不是义的外在归算,而是始终伴随内在之义的生成。

赦罪与称义的统一有两个前提:恩典的注入与自由意志的行为。

---

① 阿奎那:《神学大全》,Ia, IIae, q113, a1, co.,第六册,第 333 页。阿奎那这里关于人性秩序的表述直接来自奥古斯丁,同时融合了亚里士多德的自然人性论。
② 这是亚里士多德对生成和运动的基本界定之一。关于亚里士多德运动学说对中世纪和路德称义观的影响,参见本书附录一。
③ 阿奎那:《神学大全》,Ia, IIae, q113, a8, co.,第六册,第 347 页。
④ 阿奎那:《神学大全》,Ia, IIae, q113, a6, co.,第六册,第 342 页。

根据阿奎那的拯救学说,内在之义的生成是由推动者和被推动者共同完成的,前者的运动表现为恩典的注入,后者的运动表现为意志对上帝的转向和对罪的痛恨。不同于加尔文的归算性恩典,阿奎那笔下的称义恩典本质上是注入性的,或者说是一种使人被悦纳的恩典(gratia gratum faciens,在英语中常译为"sanctifing grace"[成圣的恩典])。这里的关键在于,使人被悦纳的恩典是以形式因而非动力因的方式运作的:"恩典作为品质,不是以动力因方式对灵魂起作用,而是以形式因方式,就如白色使东西白、正义使人正义。"①只有这样人才能真正成为被上帝悦纳的义人,"因为人借此恩典而称义,因而堪称上帝所喜爱的"。② 从形式因出发,阿奎那认为称义的恩典将在灵魂中产生一种"品质"(qualitas),就是说,称义意味着上帝将"超自然的品质"注入人的灵魂:

> 人受上帝之施恩意志帮助的另一种方式,是由上帝给灵魂注入一种习惯性赐予(habituale donum)。这是因为上帝赋予他所爱而使享有超自然之善者,不应少于他所爱而使享有自然之善者……上帝既推动人获取超自然与永恒之善,更应该注入某些超自然的形式或品质,为能从容顺利地在他的推动下,获致永恒的善。所以,恩典是一种品质。③

只有以形式因方式注入的"习惯性恩典"(habitual grace),而非作为帮助的"现实性恩典"(actual grace),能够使被称义者通过对上帝之善的分有而获得超自然的品质(义的形式),从而真正从罪人转变成内

---

① 阿奎那:《神学大全》,Ia, IIae, q110, a2, ad1,第六册,第304页。
② 阿奎那:《神学大全》,Ia, IIae, q111, a1, ad1,第六册,第311页。
③ 阿奎那:《神学大全》,Ia, IIae, q110, a2, co.,第六册,第303—304页。

在的义人,而不只像加尔文所认为的那样被归算为外在的义人。总之,从推动者的运动来看,称义必须有习惯性恩典的注入,以便使灵魂获得"义"这种超自然的品质和形式,使罪人成为内在配备的正当秩序得到恢复之人。

作为灵魂从罪到义的转变,称义不可能只是推动者的单向运动,同时还需要被推动者的运动:"在注入称义恩典的时候,灵魂有一种变化,故此需要有人之灵魂专有的运动,使灵魂以其专有之方式被推动。"①意志的自由运动就是灵魂专有的运动方式。因此,当上帝推动人从罪趋向义的时候,恰恰要求而非抽空自由意志的行为或运动:

> 因此,上帝推动人趋向义也是按照人性的条件。人按本性是自由的。故那些使用自由意志的人,若没有自由意志之运动,便不会被上帝推向义;对能有此种运动的人,上帝在注入称义恩典之恩惠的同时,也推动自由意志接受恩宠之恩惠。②

正由于上帝根据人性的条件即自由意志的运动,推动人趋向义,所以在恩典注入之后,意志会产生双重的运动或行为——对上帝之善的转向和对罪的痛恨。只有基于自由意志趋向义的运动,恩典才能将义的超自然品质注入灵魂,使罪人真正转变成远离罪的义人。而且,称义的习惯性恩典同时对灵魂有运作性效果(operans)和合作性效果(cooperans):前者表现为恩典对灵魂的治愈或称义,亦即使灵魂被上帝悦纳;

---

① 阿奎那:《神学大全》,Ia, IIae, q113, a3, ad3,第六册,第338页。
② 阿奎那:《神学大全》,Ia, IIae, q113, a3, co.,第六册,第338页。又比如:"上帝使我们称义不能不用我们,因为在我们称义时,我们是用自由意志的行为同意上帝的义。"Ia, IIae, q111, a2, ad2,第六册,第314页。

后者表现为恩典对自由意志之善功的本原(principium)地位,那些善功同时受意志和上帝推动,而非仅受上帝推动(运作性恩典)。①

总而言之,根据阿奎那晚期学说,作为内在之义的生成运动,称义一方面要求恩典以形式因的方式将超自然的品质注入灵魂,另一方面要求人以自由意志的专有方式接受恩典的赐予,通过转向上帝和痛恨罪去趋向于义。正如阿奎那那句名言所说的,上帝在不用人的情况下创造了人,却不会在不用人的情况下使人称义。

对比阿奎那可知,加尔文将称义界定为外在的信心之义,其根本目的就在于从称义中抽掉内在之义的生成性意涵,只有这样才有可能一劳永逸地解构自由意志与行为之于拯救的意义。正因称义不再是义的内在生成,而只是义的外在归算,行为之义和信心之义才会在加尔文笔下呈现如此大的张力。这种张力同时是福音与律法的张力,上帝之义与自我之义的张力。加尔文针对《加拉太书》3:11—12写道,应该将行为与信"完全分离开","因为行为是律法之义的要求。这样就可以推出,行为和律法不是信心之义的要求。由此显然可知,因信称义的人是没有行为的功德而称义,更准确地说,是在行为的功德之外称义。因为,信仰领受福音赐予的义。福音与律法的区别在于,福音不将称义与行为联系起来,而使其唯独依赖上帝的怜悯"(3.11.18)。加尔文又说,"信心之义与行为之义的区别如此之大,一个被建立,另一个就必然被摧毁⋯⋯如果说我们建立自身的义就是毁灭上帝的义,那么为了获得后者,我们就必须完全弃绝前者"(3.11.13)。

---

① 阿奎那:《神学大全》,Ia, IIae, q111, a2, co.,第六册,第314页。"上帝以运作性恩典使人愿意向善。既有了目的,恩典随后也就与我们合作。" Ia, IIae, q111, a2, ad3,第314页。关于阿奎那笔下的运作性恩典,参见 Bernard Lonergan, *Grace and Freedom: Operative Grace in the Thought of St Thomas Aquinas*, Toronto: University of Toronto Press, 2000。

加尔文这样做就是要斩断天主教在信心与行为之间所做的调和。天主教并未简单否定信心之义,而是将行为纳入称义的整体结构,认为义是由信心和行为共同构成的,用加尔文的话说:"没有信,我们确实不能称义,但我们也不是唯独因信称义,而是行为成全我们的义。"(3.17.8)加尔文则将所有行为都从称义中排除出去(不管是出于本性的行为,还是出于恩典的行为),①无异于将称义与成圣分离开来。在他看来,天主教的错误与其说在于坚持行为之义,不如说在于将行为混入信心,从而把称义的恩典等同于成圣而非赦罪的恩典,换言之,"不是将上帝的恩典解释为义的白白归算,而是解释为圣灵对圣洁追求的帮助"(3.11.15)。② 作为路德唯独信心概念的接受者,加尔文的目标十分明确,那就是从根本上抽空天主教称义观赋予行为的所有内在价值。

第二节 行为价值的抽空

由以上分析可知,加尔文笔下的信心之义可以说是推翻所有行为前提的绝对之义,或者说,是排除人类意志与行为功德的恩典之义。本性的全然败坏与上帝的绝对主权决定了加尔文不可能也无意于像中世纪经院神学家那样,在拯救中调和自我与上帝、行为/意志与恩典;相

---

① 加尔文认为,不光完全出于本性的行为,就连出于恩典的属灵行为,即"基督的赐予和重生的果实",在称义中也都没有任何意义(3.11.14)。

② 经院神学家"认为'称义'一词包含'更新',借着更新我们被上帝的灵赋形,以便能遵守律法。事实上,他们这样描述被更新的人,认为他们一旦通过基督的信与上帝和好,就能通过善工在上帝面前被视为义的,并通过善工的功德而被接受"(3.14.11)。在天主教看来,与上帝和好仅仅是称义的开端而非全部,称义的实质在于通过善工及其功德实现人性的更新。

反,在称义层面,拯救必须以自我对拯救没有任何贡献为前提,必须被理解为主权性恩典在空无个体之中的实效性运作。这样,加尔文便将功德从拯救中排除出去,而不再像阿奎那那样用上帝的"安排"为功德奠基。

按照阿奎那的观点,永生的拯救超出了人性本身所能承受的范围,无论是堕落前拥有正直本性的人,还是堕落后的有罪之人,都不可能在恩典之外做出可以为自己挣得永生的功德性行为。[①] 他认为,人的功德取决于"神圣的安排"(divina ordinatio),不是说行为在人的拯救中没有任何功德,而是说要从上帝对万物的安排来理解行为与功德在拯救中的意义。由于上帝无限超越于人,人一切的善都来自上帝,二者之间不可能有平等者之间才有的那种绝对正义和功德,而只在一定意义上有相对的,或比例性的正义和功德。关于这一点,阿奎那解释道:

> 人之德性的标准或方式是由上帝来的;故此,人在上帝面前的功德要先假定有"神圣安排"。即人以行动达到上帝所以给他行动能力之目的(ad quod),便算是从上帝得的报酬;就如自然界的东西,也是各以其专有之行动达到上帝所指定的目的——不过方式不同。因为理性的受造物是以自由意志推动自己从事活动,因而他的行动有功德的意义,其他受造物则不然。[②]

所谓"神圣安排",是指上帝赋予每种受造物以相应的行为和活动能力,使之通过对这一能力的运用达到上帝安排的目的。在根据自身

---

① 阿奎那:《神学大全》,Ia, IIae, q114, a2,第六册,第 355—357 页。
② 阿奎那:《神学大全》,Ia, IIae, q114, a1, co.,第六册,第 355 页。译文有改动。

活动趋向自身目的的所有事物中,只有对有自由意志的理性造物来说,目的的实现才能被理解为"奖赏",因为只有受意志推动的自由行为才有"功德"可言。不难看到,"神圣安排"不过是"神意"的另一种表述,亦即受造物实现自然本性或超自然本性的目的论秩序。有功德的行为就是通过自由意志充分实现人之目的的行为。另外,由于行为的功德取决于上帝的目的论安排,对行为的奖赏就不是上帝欠人的债,而毋宁说是上帝欠他自己的债,因为上帝"应该"成全他的安排,[1]即上帝不会不使他安排的目的通过人的行为实现出来。在这个意义上,称义乃人之目的的实现,它既是恩典作用的结果,也是人通过行为的功德挣得的结果。

加尔文将称义变成唯独信心的外在之义,最重要的一个意图就是解构阿奎那称义观背后的目的论秩序。所以他才会认为称义的恩典非但不会在个体的拯救中为行为开辟能动空间,反而要抽空行为在拯救中的所有意义,以便为上帝的自由运作创造空间。只有这样,称义才可能成为抽空所有行为,唯独通过信心发生的"白白的归算"。这意味着将自我还原为虚无:"除了保持完全的贫乏与空无(toti inopes ac vacui)、投靠上帝的怜悯,我们还能如何谦卑呢?因为,如果我们认为自己还有些什么,我就不称其为谦卑……谦卑是心灵无伪的顺服,这心灵因强烈感受到自身的悲惨与缺乏而被击倒。"(3.12.6)与中世纪称义哲学不同的是,[2]在加尔文这里,称义对人性的要求是人必须从根本上放弃自我要求,因为只有彻底抽空自己,认识到行为对称义毫无价值的人才能真正投靠上帝。"若不完全抛弃(prorsus vacuum)关于自身尊严的看法,内

① 阿奎那:《神学大全》,Ia, IIae, q114, a1, ad3,第六册,第355页。
② 关于中世纪称义思想的基本主张,可参见张仕颖:《马丁·路德称义哲学思想》,第1—38页。

心就不可能敞开领受上帝的怜悯。"(3.12.7)总之,信心之义意味着消解所有行为——无论是恩典之外还是恩典之下的行为——之于称义的意义,正如加尔文在解释"神的义在律法以外已经显明出来"(《罗马书》3:21)时所指出的:

> 但上下文表明,使徒将所有行为都包括在内,无一例外,即便是主在子民身上产生的那些行为。因为,在上帝否认亚伯拉罕是因行为称义的时候,亚伯拉罕确实已经重生,已受上帝的灵引导。因此,使徒不仅从人的义中排除人们通常所谓的道德善行,即那些出自自然本能(nature instinctu)的行为,而且排除信徒所能行的一切。①

加尔文的意思不是说完全不存在行为之义,而是说人类完全不可能实现行为之义,而行为之义之所以不可能,根本上是由于上帝的义"不能被人的任何行为满足"(3.12.2)。上帝的无法满足性,首先意味着律法的无法满足性。在加尔文笔下,律法仿佛成了对有限人性来说的无限要求,正是律法的"无限性"决定了行为之义在现实中的不可能性。加尔文反复强调,行为之义要求人完全遵守律法,要求所有行为都不能被罪玷污,但永远没有任何人能够真正做到这一点。"行为之义唯独在于完善且绝对地遵守律法。由此可知,无人能因行为称义,除非他已经被提升至最高的完善,不可能被指控哪怕一点罪。"(3.15.1)一旦将行为之义的要求提高到绝对完善的程度,行为之义对于不完善的人性来说就是不可能的。行为之义是对人性的极限要求:"无论普罗大众

---

① Calvin, *Comm. Romans*, 3:21, *CO* 49, p.58.

还是最完善的人,没一个能成全律法的。爱的确是律法的总纲。当上帝的灵按照爱塑造我们的时候,对我们来说爱之所以不是义的原因,难道不是因为就连在圣徒那里爱都是不完善的,因此它本身不值得任何奖赏吗?"(3.11.17,参见3.15.3)一方面,人不可能遵守律法的所有诫命、达到律法的所有要求;另一方面,那些看似符合和遵守律法的行为无不被罪玷污,因而也并非纯洁和纯粹的,加尔文甚至由此认为,根据行为本身的价值来看,人的所有行为都不过是罪恶和污秽。他写道:"没有任何善行不被伴随的过犯和自身的败坏所玷污,因而不配拥有义的荣耀。"(3.17.9)不是说只有称义和重生前的行为是不完善的,而是说即便是那些成圣的圣徒,也没有任何行为不被罪玷污:"人所能做出的最好的行为,也总是被肉身的某种不洁所玷污和败坏,好比渣滓掺杂其中。让上帝圣洁的仆人从一生中挑选他认为自己做出的最高贵的行为,让他好好审视这行为的每个部分,他无疑将会发现它带有肉身的腐烂,因为我们对善行的渴望始终达不到应有的程度,严重的软弱阻挡了我们的前进。"(3.14.9)所以,在上帝面前,通常被认为是义的不过是罪恶,被视为正直的不过是败坏,被说成荣耀的不过是羞耻(3.12.4)。

即便有人可能做出"某些完全纯洁和绝对的行为,一个罪就足以摧毁和抵消对先前那个义的所有记忆",因此极限式的行为之义要求的不是不完善的行为,也不是某些完善的行为,而是所有行为的完善,即"对律法的持续遵守"(3.14.10)。可是,人无完人,孰能无过?简言之,首先,如果根据上帝的审判来考察,虔敬之人永远不会有任何行为不该定罪;其次,"即便发现某个这样的行为(这对人来说是不可能的),它也会由于被那人确定担负的罪玷污和败坏而失去恩典"(3.11.11)。再者,即便有人能在自己的一生中完全遵守律法,他也没有权利因此向上帝要求奖赏,因为他的所有行为都是律法要求的服侍,都是人对上帝应该进行的服侍,行为本身没有任何值得奖赏的功德。正是在这个意义上,加尔文不认为人有可能做出任何"本分外的行为"(supererogationis opera),因为严格来说所有行为都不可能超出律法诫命的范围,无论多么努力的人都永远无法尽到律法规定的本分。既然如此,又哪有什么"本分外的行为"呢?"如果这是律法的一部分,那么在我们受必然性约束之处,就不要夸耀意志的自由(voluntariam liberalitatem)。"(3.14.14)①换言之,对于服侍和荣耀上帝来说,不管人做出多少善行都是应该的,且是远远不够的。用加尔文引自克里索斯托(Chrysostom)的一句话说:"我们的一切与奴隶的财产在地位上是一样的,按照法律都属于主。"(3.14.15)

进一步阅读不难发现,行为之所以永远无法满足上帝的要求,不仅是由于没有任何人能完全满足律法的要求,没有任何行为是纯粹的或本身就值得奖赏的,更是由于除了律法规定的义,还有一种高于律法的义,这种不可理解的义使上帝成了无法用行为取悦的超越之神。总之,自我的罪性与上帝的超越性使行为与律法在人的称义中不再可能有任何拯救意义:

> 我承认,《约伯记》中提到有一种义高于对律法的遵守,这个区分值得我们注意。因为即便有人满足了律法,在那超越所有理解的义面前,他也不可能立得住。正因此,虽然约伯的良知无亏,他仍然惊讶得说不出话,因为他看到,如果上帝按照天上的标准衡量天使的行为,就连他们的圣洁都不能取悦上帝。所以,我现在就略

---

① "本分外的行为"是天主教"功德宝库"观念的神学基础,进一步参见 3.14.12—15。

过我曾经提到的那种义，因为它是不可理解的。我只需要说，如果根据成文律法的标准考察我们的生活，面对上帝为洁净我们发出的那些诅咒，不感到恐惧战栗就是迟钝至极了……总之，除非每个人都在天上的法官前承认自己的罪，关心自己的赦罪，自愿扑倒在地，并承认自己的虚无，否则我们讨论的这一切就都是乏味徒劳的。(3.12.1)①

第三节　双重称义与接受的恩典

在批判行为之义的基础上，加尔文进而提出"双重称义"(duplex iustificatio)学说，在"人的称义"之外引入"行为的称义"，但这并不是在信心之义之外引入行为之义。② 加尔文的意思是说，"行为"和作为行为主体的"人"(person)一样需要通过信心被称义，在这个意义上，"行为的称义"不是对行为之义的证成，而毋宁说与信心之义一样都是对行为价值的抽空。下面我们来具体分析一下。

加尔文提出"双重称义"的初衷是为了回应天主教对信心之义的批评。在后者看来，将行为排除出称义的新教做法与《圣经》中的"律法性应许"(legales promissiones)相矛盾，比如《申命记》7∶12—13 中所说：
"你们果然听从这些典章，谨守遵行，耶和华你神就必照他向你列祖所起的誓，守约施慈爱。他必爱你，赐福与你，使你人数增多。"天主教认为，诸如此类的律法性应许是有效的，不可能取消或落空，既然如此，我

---

① 律法之义与不可理解之义的区别，大体对应律法中的神意与隐秘神意的区别。
② 为了区别于严格意义上的"行为之义"，我们将"双重称义"中的行为部分称为"行为的称义"。

们就不能仅从唯独信心角度理解称义,而必须将遵守律法的行为考虑在内。加尔文承认律法的应许确实会落实,但绝不是通过律法的方式落实的(行为之义),因为没有任何人能够完全遵守律法,而只可能是通过福音的方式落实的(信心之义):"当那宣告白白赦罪的福音性应许(promissiones evangelicae)取代律法性应许时,它们不但使我们被上帝接受,也使我们的行为令他高兴。"(3.17.3)只有被福音性应许取代,律法性应许才有可能实现,这种通过福音实现律法性应许的方式与天主教模式的根本区别在于:后者认为,上帝出于怜悯帮助罪人,以便他们可以通过行为趋向上帝的怜悯;加尔文则认为,上帝对行为的接受完全出于恩典,因为行为本身没有任何值得接受的功德(哪怕是不完善不充分的功德),正如对人的接受完全出于恩典一样。就其本身而言,无论人还是行为都是没有任何内在价值和尊严的空无性存在,都不值得上帝给予拯救的奖赏。因此,在加尔文看来,人和行为的双重称义应该被理解为"人在上帝面前被双重接受"(3.17.4):对人的接受意味着白白地赦免罪人,对行为的接受意味着白白地赦免罪行。

不可否认,行为的称义与成圣之间有十分重要的关系。因为,使人称义并重生为新人的上帝"不可能不爱和接纳,他通过圣灵在信徒之中运作的善行"。鉴于行为的称义与成圣的关联,有学者认为我们可以从人与行为的双重称义出发理解称义与成圣的双重恩典。① 不过笔者认为,加尔文讨论行为的称义时真正关心的并不是成圣,而是唯独恩典的赦罪,所以他接着写道:上帝接受行为,"仅仅是因为他是行为的原因,而且,为了进一步显示他的慷慨(liberalitatem),上帝愿意接受他赐予的

---

① Cornelis Paul Venema, *Accepted and Renewed in Christ: The "Twofold Grace of God" and the Interpretation of Calvin's Theology*, Göttingen: Vandenhoeck & Ruprecht, 2007, pp. 163 - 170.

所有善行"。那些善行之为善行,只是因为上帝"赦免了行为所沾染的污秽与瑕疵"(3.17.5)。所以,从唯独恩典的赦罪来看,加尔文将上帝对行为的接受纳入称义,意在用信心之义抽空行为的内在价值,而非将严格的行为之义变成称义的内在构成部分。上帝对行为的接受同样是一种信心之义,即不考虑行为本身的赦罪和归算。只有抽空行为之义,行为才能"在上帝面前"被认为拥有完全的义:

> 在这个意义上我们承认,行为中不只有部分的义(正如我们的论敌所认为的那样);相反,行为被上帝接受,仿佛是完善和完全的……只有被赦免,行为才开始变得可接受。如果不是上帝在基督中看待我们和我们的一切,赦免还能从哪里产生呢?因此,正如当我们嫁接到基督之中,我们在上帝面前就是义的,因为我们的罪被基督的正直遮盖;同样,我们的行为也是且被看成义的,因为行为中所有的罪都因被基督的纯洁掩埋而不再被归算。这样我们就有理由说,不仅我们自己,就连我们的行为也都唯独因信称义。如果这种不管是什么的行为之义(ista qualiscunque operum iustitia)依赖信心与白白的称义,且是信产生的(efficitur),那么就应该将其包含在信下面,好比结果属于原因一样,绝不应该被高举以至于破坏或取代信心之义。(3.17.10)

在这段话的最后,加尔文甚至直接将双重称义中的行为部分称为"行为之义",但从文中所用拉丁文表述可知,这显然是一种不严格的讲法。因为,根据上述引文对双重称义的界定,无论人的称义还是行为的称义,本质上都是"唯独因信称义"的信心之义;也就是说,人和行为都是因赦罪和基督之义的归算才被上帝接受,才在上帝面前被视为或判为义的(法庭称义)。双重称义并没有将行为之义实质性地引入称义,而仅仅是将信心之义进一步划分为人被接受和行为被接受两部分。也正因此,上面这段话才说"行为的称义"或行为之义"依赖信心与白白的称义"。只有在信心之义建立后,行为才能通过"赦罪"和中保基督获得不同于自身内在价值和功德的外在之义,"信徒所做的善行才被判为义",或者说,"才被归算为义"(3.17.8)。为了解释行为何以被接受,加尔文向我们列举三个原因:第一,上帝不再追究该受谴责的行为,而是在"唯独信心介入、无须行为帮助"的情况下,通过基督使人与他和解;第二,出于慷慨和仁慈,上帝不再考虑行为本身的价值,而是赋予它们某种价值(alicuius pretii habeat);第三,上帝不再将败坏行为的不完善性归算给它们(non imputata imperfectione),而是通过赦罪接受它们。(3.17.3)这三个原因的侧重点各不相同,但有一点是共同的,那就是:行为之所以被接纳,与行为本身的价值没有任何直接关系,因为上帝是通过否定而非肯定行为本身的方式接纳行为的。所谓"否定"不是指谴责和贬低行为,而是指完全不论或悬置行为,即不追究行为,不考虑行为本身的价值,不将败坏或不完善性归算给行为。这样看来,上帝对行为的接纳反而更暴露了行为本身的空无性——空无到只有被悬置,才能被接受。只有信与信心之义能够让空无的行为在自身之外找到被接受和被称义的根据:"除非始终牢固地保持信心之义,否则行为的不洁就会暴露。而且这样说也并不荒谬,即人如此因信称义,以至于不仅他自己是义的,他的行为也在自身的价值之上(supra dignitatem)被判为义的。"(3.17.9)

对于丧失内在价值的空无之人及其行为来说,真正的义不可能是内在的,而只可能是外在降临的恩典。正是在这个意义上,加尔文认为应该取消"功德"(meritum)这个概念,因为"行为中所有值得称赞的东

西，无疑都是上帝的恩典，我们无权将其中任何一点归给自己"，而应该
"将赞美全部、完整且毫无损减地留给上帝"（3.15.3）。正如一位学者
所看到的，加尔文在称义问题上严格坚持"外在论"（extrinsicism）立场：
"加尔文没有将称义理解为对义的主观拥有，而是理解为义的外在地位
（extrinsic standing of righteousness），这种地位产生于上帝赦罪的外在之
言"。也正因此，称义绝不会因人的行为或增或减。①

　　如此，我们便不难理解加尔文何以会拒斥中世纪神学中的"接受的
恩典"（gratia acceptans）概念。加尔文看到，司各脱与奥康等人试图用
"接受的恩典"建立行为与拯救之间的关联，他们认为，根据律法之约
（legis pacto），仅凭行为本身的内在价值不足以获得拯救，但行为却可以
通过上帝的接受而拥有足够的价值。就此而言，接受的恩典不仅不是
对行为的消解，而且为行为的功德创造了新的可能性。比如，根据司各
脱，虽然行为本身不足以获得永生的奖赏，但根据上帝自愿跟人立的约
（pactum），只要人尽力而为，上帝就不会不赐予恩典。人是否得救，行
为是否具有功德、是否被接受，均取决于上帝的意志与决定，不过与此
同时，也正由于上帝与人的自由约定（"有序权能"），人的意志才真正
有"尽力而为的自主空间"。② 但在加尔文看来，针对那些被纳入"恩典
之约"（foedus gratiae）的人，上帝并非用恩典接受行为拥有的部分功德，
或者说，并非将那些尽力而为的善行接受为功德行为，因为，无论在恩
典前还是在恩典下，被罪玷污的行为本身均无任何价值和功德，因此只
能通过义的白白归算被赦免。拯救确实有赖于上帝的接受，只不过，上

---

　　① 参见 Charles Raith II, *After Merit*, pp. 106 - 107。
　　② 参见 Charles Raith II, *After Merit*, pp. 48 - 55；张仕颖：《马丁·路德称义哲学思
想》，第29—38页。这一点在比尔（Gabriel Biel）那里表现得更为明确和直接，而他的唯名
论称义观恰是路德与加尔文的直接批判对象之一。

帝不是出于恩典直接接受并奖赏不完善的行为,而是借助基督之义的外在归算接受没有任何内在价值的行为。

出于对行为内在价值的抽空,加尔文甚至将所谓"接受的恩典"不恰当地解释为上帝在基督中接受人(3.14.12),这样一来,接受的恩典便被还原成了赦罪与归算的恩典。"接受的恩典"概念的提出,本是为了从有序权能出发,用上帝与人之间的约重构行为的相对价值;加尔文现在却利用它来彻底解构行为本身的价值,因为人根本不可能满足上帝跟人立的律法之约,上帝对人的拯救也不是出于对约的信守和兑现。① 在加尔文的思想世界中,原罪下的空无之人没有任何向善的自然能力,没有意志的自由与自主,人的称义唯独取决于恩典的运作。恩典的首要意义既不是治愈和提升人的本性(阿奎那),也不是根据上帝和人之间的约接受人的功德行为(司各脱与奥康),② 反而是彻底抽空行为的内在价值和功德,然后在此基础上通过外在的赦罪构建人和行为的双重称义。司各脱与唯名论的意志论在拉大神人距离的同时,也给人的意志留下一定范围的自由空间,加尔文在进一步拉大神人距离的同时,却彻底消弭了自然能力与自由意志的可能性。人既不能根据自然能力"以相宜的方式"(de congruo)做出任何有功德的行为,以便为初始恩典的注入做准备,也不可能在恩典的帮助下"以相当的方式"(de condigno)做出任何有功德的行为,以便最终赢得永生的奖赏。对于没有自然能力和自由意志的虚无人性来说,行为的称义与人的称义一样都只是抽空内在之义的外在之义。行为内在价值

---

① 查尔斯·赖特看到,根据"接受的恩典",人可以满足上帝契约中有条件的正义标准,虽然不能满足神圣正义本身的绝对标准。而加尔文则认为,无论是绝对的标准还是有条件的标准,人都无法满足。Charles Raith II, *After Merit*, p.138。在加尔文这里,上帝要求的不是尽力而为,而是完全遵守律法。

② Charles Raith II, *After Merit*, pp.40–61.

的消解,导致永生的拯救不再可能被理解为对行为功德的奖赏,因为,上帝对善行的奖赏完全出自他的慷慨,正如他赐给人正直行为的能力一样(3.16.2)。

为了说明行为不是拯救的原因、拯救不是对行为的奖赏,加尔文试图借用亚里士多德的原因学说将拯救的"四因"都归给上帝:拯救的动力因是圣父对人的爱和怜悯;质料因是基督的服从,因为基督通过服从获得能够归算给人的义;形式因/工具因是圣灵的光照,即信,因为只有通过圣灵在人身上产生的信,人才能领受外在之义的归算;目的因是对神圣正义的证明、对上帝之善的赞美,或对上帝之慷慨的荣耀。(3.14.17、3.14.21)也就是说,拯救的目的其实不在于成全人的超自然本性,而仅仅在于荣耀上帝。[①] 因此,从四因的结构来看,"我们的拯救每一部分都在我们之外"(3.14.17):拯救是对我们的拯救,但我们的拯救却在我们之外,这个悖论的出现归根结底是因为拯救的所有原因都外在于人。

可是,既然人的行为完全被排除在上帝独占的四因之外,《圣经》为什么又教导说善行是上帝赐福信徒的原因呢?加尔文认为这是因为,拯救的四因并不妨碍上帝"将行为当成次因"。但次因不也是原因吗?如果次因是原因,又怎么能说拯救与行为的功德无关呢?为了解释行为在何种意义上是拯救的次因,加尔文写道,

> 上帝出于怜悯预定一些人承继永生的产业,他根据自己的秩序化分配引导他们通过善行获得永生。在上帝的分配秩序中(in

---

① 又比如,加尔文在解释《以弗所书》第一章时写道,"上帝旨意的喜悦"是动力因,"耶稣基督"是质料因,"上帝荣耀的恩典得着称赞"是目的因,"福音的传讲"(即保罗说的"智慧聪明")是形式因。参见 Calvin, *Comm. Ephesians*, 1:5–8, *CO* 51, pp.148–150。

ordine dispensationis)，他将前面发生的事称为后面发生的事的原因。正因此，他有时从行为中推出永生，不是说将对永生的领受归因于行为，而是说：因为上帝称义他所拣选的人，以便最终使他们得荣耀，所以他在某种意义上将前面的恩典称为原因，它是后续恩典降临前的环节。每当涉及真正的原因时，他并不命令我们依靠行为，而使我们唯独思考他的怜悯……总之，这些话指的是次序（series），而不是原因：因为，上帝恩上加恩（gratias gratiis cumulando），他把前一个恩典当作增加后一个恩典的原因，以便为了丰富仆人什么都不忽略。(3.14.21)

首先，加尔文将行为称为拯救的次因主要是为了强调二者在上帝经世秩序中的先后关系，而非功德与奖赏之间的因果关系。行为在先，永生在后，二者之间所谓的"因果关系"实则仅仅是次序上的"先后关系"。也就是说，将行为称为拯救的原因是一种不严格的说法，因为行为对获得永生而言没有任何功德。

其次，我们看到，加尔文将行为与永生的关系转变成了两个恩典之间的关系，这表明行为完全是恩典的结果，正如永生是恩典的结果一样。"恩上加恩"的意思不是说，鉴于人对前一个恩典的善用，上帝奖励他另一个恩典。加尔文这里说的恩典是排除神人合作的唯独恩典，不是协作而是运作的恩典。换言之，行为中的恩典始终仅仅源于上帝的慷慨，因而始终是白白赐予的运作性和实效性恩典。

最后，无论是行为的恩典还是永生的恩典，最终都源于上帝出于怜悯拣选圣徒的恩典，在恩典序列中只有后者才是人应该仰望的对象。所以，加尔文接着写道："他如此显示他的慷慨，是为了使我们总是仰望他白白的拣选，而拣选是源头与开端。虽然他喜爱他每天对我们的赐予,但鉴于这些赐予出自那一源头,我们仍然应该持守那白白的接受(这是唯一能支撑我们灵魂的东西),并将他随后给我们的圣灵的赐予附属于(subnectere)首要原因,免得它们对之有任何减损。"(3. 14. 21)只有将行为完全排除出称义,加尔文才能讲出成圣的道理及其与称义的关系。

第十三章　称义与成圣：没有内在关联的双重恩典

第一节　外在于称义的成圣

澄清称义问题之后，我们现在来考察称义与成圣的关系。显而易见的是，加尔文的"双重称义"（人与行为）与"双重恩典"（称义与成圣）具有相似的结构：正如上帝在使人称义的同时也使行为称义，他在使人称义的同时也使之成圣，而且无论双重称义还是双重恩典都是上帝通过基督赐给信徒的福分，与人或行为本身的价值并无内在关联。另外，正如双重称义中被接受的行为并不构成行为之义，双重恩典中的成圣也并不构成行为之义，而只是与称义相伴的重生或圣洁生活。问题在于，既然称义是行为之外的信心之义，是基督之义的外在归算，是在上帝这个他者面前被宣告为义，那么事功与成圣之于拯救的意义又何在呢？抽空行为内在价值的加尔文，又为何如此强调行为在圣洁生活中的重要性，并围绕成圣概念构造新教的伦理秩序呢？或者，回到一个最基础的问题：称义与成圣之间是什么关系？

讨论称义与成圣，首先不得不提加尔文用来表述二者关系的一个形式性概念,即"双重恩典"。① 他在《要义》中多次强调,作为信心的结果,称义与成圣是上帝通过基督赐给人的"双重恩典",虽然这一说法本身不是对称义与成圣之间关系的实质性界定:

> 上帝慷慨地将基督赐给我们,让我们通过信把握和拥有基督。通过分有基督,我们主要领受双重恩典:首先,通过基督的正直与上帝和好,我们在天上所有的就不是法官,而是仁慈的父;其次,通过基督的灵被圣化,我们就可以培育正直纯洁的生命。(3.11.1)

每当提到双重恩典时,加尔文几乎总是先说称义、后说成圣,似乎称义至少在逻辑上先于成圣。可令人感到奇怪的是,这并不是《要义》第三卷处理二者时所遵循的次序。我们发现,加尔文在考察过"信心"(3.2)之后没有直接讨论"称义",而是将其拖延到第三卷中间(3.11—18)才正式予以处理,之前八章内容都在讨论"成圣"(3.3—10),而且成圣所占篇幅比称义还要多一些。② 按照路德称义神学的基本精神,要么将信

---

① "双重恩典"是晚近加尔文学界关注的焦点之一,相关文献可参见 Cornelis Paul Venema, *Accepted and Renewed in Christ: The "Twofold Grace of God" and the Interpretation of Calvin's Theology*; Mark A. Garcia, *Life in Christ: Union with Christ and Twofold Grace in Calvin's Theology*; William A. Wright, *Calvin's Salvation in Writing: A Confessional Academic Theology*, Leiden: Brill, 2015; Paul Helm, *Calvin at the Centre*, pp. 196 – 226; Jonathan Rainbow, "Double Grace: John Calvin's View of the Relationship of Justification and Sanctification," *Ex Auditu: An International Journal of Theological Interpretation of Scripture* 5 (1989), pp. 99 – 105; Pierre Marcel, "The Relation Between Justification and Sanctification in Calvin's Thought," *Evangelical Quarterly* 27 (1955), pp. 132 –145。关于改革宗神学家对"称义与成圣"问题的推进,参见 Jae-Eun Park, *Driven by God: Active Justification and Definitive Sanctification in the Soteriology of Bavinck, Comrie, Witsius, and Kuyper*, Göttingen: Vandenhoeck & Ruprecht, 2018。

② 除此之外,第三卷涉及的教义要点还包括:与称义和成圣密切相关的"基督徒自由"(3.19),作为信心操练的"祷告"(3.20),以及"双重预定"(3.21—24)和"复活"(3.25)。

与称义放在一起讨论，要么如果先讨论信的话，也应该紧接着讨论称义，毕竟这是信最直接的结果，只有在称义前提下才有可能谈论基督徒的成圣。所以，加尔文在信之后先讨论成圣再讨论称义的做法，等于颠倒了称义与成圣在新教神学著作中的一般次序。于是我们不禁要问，在《要义》文本的展开中，称义为什么被加尔文放在成圣之前处理？其救赎学说的中心到底是称义还是成圣？

首先应该注意的是，《要义》从"信"到"成圣"再到"称义"的文本运动，与加尔文对"悔改"的重新界定密不可分。他将悔改理解为"信的结果"的做法，从根本上扭转了将悔改视为信仰与称义之前提的主流观点（3.3.2），从而得以将其纳入圣洁生活的基本构成当中。加尔文提到，有人认为悔改由两部分构成，即"死与生"（mortificatione et vivificatione，或译为"治死与新生"），前者指充满忧伤与畏惧的死之痛悔，后者指摆脱痛悔之重负的生之慰藉。在他看来，这样界定"生"是很成问题的，因为我们不能将生理解为"心灵在搅扰与畏惧平息后获得的快乐"，而应该将其理解为"从新生中产生的、对圣洁与虔敬生活的追求"（3.3.3）。加尔文在后文进一步指出，悔改的果实不仅包括对上帝的虔敬和对他者的爱，更有"贯穿一生的圣洁与纯洁"（3.3.16）。可见，"悔改"绝非局限于信仰的准备或基督徒生活的某些时刻，更不只是天主教那里的特定仪式，而是贯穿基督徒生活始终的日常行为（参见3.3.9）。悔改本身就是圣洁生活的基本形式，悔改的过程就是基督徒从旧人重生为新人的成圣过程。只有在重新理解悔改，将其等同于成圣的基础上，加尔文才能严格遵循"从信到成圣再到称义"的顺序依次呈现第三卷的内容。不过至少从形式上看，这样的安排似乎严重违背了宗教改革神学的内在逻辑。

在新教阵营看来，《要义》的章节安排导致加尔文难免有"回到天主教"的嫌疑,因为在后者那里,拯救大体就是按照信、成圣与称义的基本秩序展开的。不过,加尔文将称义放在成圣之后处理,与其说是要回到天主教,不如说是要回应天主教可能对自己提出的批评,即认为唯独信心的称义学说否定善行的意义,使拯救变得过于容易,而且会诱惑人犯更多的罪。①

为了同时避免来自新教和天主教的误解,加尔文在《要义》中多次说明自己为什么选择把成圣放在称义之前考察。比如,在正式讨论成圣问题之前,加尔文告诉我们,他之所以"从信直接过渡到悔改",是因为在悔改得到正确理解之后,可以"更好地揭示人如何唯独因信,且仅仅因赦免而被称义,与此同时,所谓现实的圣洁生活与义的白白归算却又不可分离……无疑,没有人拥抱福音的恩典而不同时从从前生活的歧途转向正确的道路,竭力追求悔改的操练"(3.3.1)。等到第十一章开始讨论称义时,加尔文再次指出,他之所以没有在前面详细考察称义,是因为首先应该明白"信并不缺乏善行",以及"圣徒善行的性质是怎样的,而当前的问题也与这一点部分相关"(3.11.1)。

简单地说,加尔文在称义之前考察成圣,并不是想证明成圣先于称义,而只是为了强调称义不可能没有成圣(回应天主教),但又不同于且不依赖成圣(呼应路德)。一方面,称义与成圣始终"不可分离",真正因赦罪和义的归算被称义者,必然同时在现实中拥有圣洁生活,终生追求"悔改的操练"。但另一方面,称义与成圣的不可分离性又必须以二者的区分为前提,因为信心之义是在成圣之外获得的。换言之,赦罪与归算作为白白的恩典,是不以善行和圣洁生活为条件的。法庭称义本

---

① 参见 Wilhelm Niesel, *The Theology of Calvin*, p. 130。关于天主教对因信称义的批评与加尔文的回应,尤其参见《要义》3.16。

身不包含本性的内在转变,且唯有如此,才是真正唯独恩典、唯独信心的外在之义。称义的外在化既意味着行为和成圣被排除在信心之义之外,更意味着本性的转变(transformation)被排除在称义之外,因为称义本身不要求也不产生本性的完善;反过来说,上帝的义对自我而言不再是内在的,而是外在的,因为称义不是自我对上帝的内在分有,而是上帝对自我进行赦罪的外在宣判。只有依靠外在的赦罪与归算性恩典,而非内在的分有与注入性恩典,自我才能获得信的确定性。不过,加尔文抽空称义中的行为因素,不是完全抛弃成圣,而是要将成圣牢牢地建立在称义之外,使称义与成圣成为基督徒生活中虽不可分却始终相互并列的两个原则。

可见,《要义》将成圣放在称义之前考察,不完全是出于教义争论的现实需要(回应天主教的批评),同时更是出于对称义与成圣及其关系的独特理解。加尔文以最彻底的方式将成圣排除在称义之外,恰是为了在称义之外重构成圣之于基督徒生活的意义。对他来说,生活就是成圣,不是路德所说的称义,也不是天主教所说的称义加成圣。加尔文在天主教与路德之间所做的"折中",实际上并未使他的思想变得更加温和,反而推动他走上一条更为激进的神学道路。

在以称义为中心学说的路德那里,始终没能成为其新教神学的基础性问题。不是说路德完全没有成圣学说,而是说成圣在其神学系统中是一个比较边缘的问题。[1] 之所以会这样,至少有两方面的原因。首先,正如前文所论,路德的上帝是一位隐藏在自身对立面的"否定之

---

[1]　关于路德的"成圣"学说,可参见 A. C. George, "Martin Luther's Doctrine of Sanctification with Special Reference to the Formula 'simul iustus et peccator': A Study in Luther's Lectures on Romans and Galatians," doctoral dissertation, Westminster Theological Seminary, 1982。

神",或者说是一位隐藏在"存在"对立面的"虚无之神",他通过"陌生的工"实现"本性的工",以"毁灭"(destruo)而非直接圣化的方式使信徒称义。在路德笔下,信徒最基本的宗教经验不是生命在一天天更新与圣化,而是他们总是不停地陷入被上帝击打与摧毁的"试炼"之中。试炼必然是对信心的考验,真正的信徒就算面临死亡与毁减也仍然坚信上帝,就算上帝让自己下地狱也仍然心甘情愿。在这个意义上,与其说生活是永远的圣化,不如说是永远的试炼。

其次,为了从根本上解构行为之义与内在之义的生成,路德将称义理解为"同时在起点与终点"(罪作为起点,义作为终点),且"总是回到起点"(即总是回到罪)的永恒运动,在这一运动中,称义被理解为义与罪相互消灭的无限循环。路德将一次性的完全之义内化到人的一生当中,而非静态地将称义理解为恩典的一次性给予;相反,义始终在生成,却从未真正实现,因为在"总是回到起点"的称义运动中,义的所有生成都同时意味着义的毁灭。只有已经生成的义再次被视为罪,称义才能获得永远向着下一刻运动的动力。称义就是永远在称义,永远以无中生有的方式反复从罪走向义。也正因此,路德才会认为,圣徒同时是完全的义人与罪人。对路德来说,生活首先是称义而非成圣,生活作为称义不是灵魂的单纯完善或上升过程,而毋宁说是朝向义却总是回到罪的过程,是走向重生却不断被上帝毁减的过程。在即实现即毁灭的永恒运动中,已经被称义的"义人仍旧被称义"(《启示录》22:11),他们需要着眼于下一刻的义而将这一刻的义视为罪,由此将生活构建为消灭罪与实现义的"永恒轮回"。① 在"毁灭者"上帝面前,在不断回到罪之起

---

① 这里对路德上帝观与称义观的简单概括,出自笔者在别处的专门讨论,参见本书附录一。

点的称义运动中,作为成圣的圣洁生活问题即便没有消失,也被极大地弱化甚至解构了。与此不同,作为路德后学的加尔文则走上一条截然不同的道路:如果说路德将生活的本质理解为持续不断的称义(在试炼中称义),加尔文则将其理解为持续不断的成圣。

整体上看,加尔文的道路介于天主教与路德之间。第一,加尔文与天主教一样认为称义不可能没有成圣,但他却不像天主教那样认为称义的本质在于成圣。天主教将行为纳入称义,对他们来说,称义不可能不同时就是成圣,因此根本不存在抽空行为的信心之义,也不存在非成圣性的称义:"他们认为下面这两件事完全一致(optime convenire),即人通过基督的恩典因信称义,也因那出自灵性重生的行为称义;因为,上帝白白更新我们,我们也通过信心领受他的赐予。"①与天主教的做法不同,加尔文试图将善行与成圣从称义的构造中排除出去:"因为我们既不幻想全无善行的信,也不幻想没有善行的称义。区别仅仅在于,在承认信与善行必然彼此关联的同时,我们仍然认为称义在于信,而非行为。"(3.16.1)

第二,加尔文与路德一样认为称义是陌生之义或外在之义的归算,但他却不像路德那样将称义理解为善行的原因。根据亚里士多德伦理学,道德德性的培养取决于行为与习惯,是义行造就义的品质;路德反其道而行之,认为不是义行造就义,而是义造就义行,正如人先有视力然后才能观看(自然德性)。因此,只有已经因信称义者的行为才是义的和善的,正如先有好树才能结出好果子,善行就好比义人的果实。路德在《基督徒的自由》中这样写道:"'不是善行成就善人,而是善人成就善行;不是恶行成就恶人,而是恶人成就恶行',因此,在所有善行之

---

① Calvin, *Comm. Romans*, 3:21, *CO* 49, p.58.

前总要先有善的实体或人(substantiam seu personam),善行后于且来自善人。"(*WA* 7,61)能否做出善行取决于能否成为善人,而能否成为善人则取决于能否在行为之外因信称义。在一篇著名的布道辞中,路德试图通过对两种义的区分来界定称义与行为的关系,其中第一种相当于加尔文所说的信心之义:"第一种义是陌生的,且是从外面注入的。"(*WA* 2,145)在路德看来,这种陌生之义对应人类的原罪:正如通过出生产生的原罪是外来的陌生之罪,与人的行为没有任何关系,同样,通过恩典产生的陌生之义也与人的行为没有任何关系。在《加拉太书讲义》(1535)中,路德将这种陌生之义称为上帝通过基督归算给人的被动之义:与所有的行为之义不同,"那种至高的义,即信心之义,是上帝通过基督在行为之外归算给我们的……这纯粹是被动的义"(*WA* 40 I,40)。① 与第一种义,即陌生之义或被动的归算之义不同,第二种义被路德称为"我们自身的义,不过不是我们独自做出的义,而是我们与第一种陌生之义合作做出的义。这就是那种在善行中的、善的生活方式……这种义是第一种义的工,是后者产生的果实与结果(fructus atque sequela)"(*WA* 2,146—147)。所谓"我们自身的义"相当于《基督徒的自由》中善人成就的善行,路德将这种自身意义上的内在之义明确表述为外在之义的结果,正如善行是罪人变成善人(即称义)的结果。陌生之义是被动的信心之义,我们自身的义则是(与恩典合作产生的)主动的行为之义。如果说陌生之义针对的是与行为无关的陌生之(原)罪,那么,我们自身的义针对的则是我们自身行为造成的本罪(peccatum proprium)。我们自身的义是陌生之义的结果,正如本罪是原罪的

---

① 路德认为,与被动的信心之义不同,别的义都可归结为主动的行为之义,无论是政治之义、礼仪之义还是律法之义。进一步参见 *WA* 40 I,40—52。

结果。不难看到，放到加尔文的概念系统中，路德笔下的两种义分别对应称义与成圣，只不过加尔文拒绝像路德那样从因果关系出发，将后者理解为前者的结果。

在加尔文的神学中，成圣既不是称义的一部分，也不是称义的结果；既不是对称义的构成，也不是称义构成的。称义是完全的，是一次性的赦罪与归算，成圣则是不完全的和渐进的，且伴随被称义者漫长的一生。就信心之义的构成而言，加尔文对成圣之拯救意义的解构比路德还要彻底，彻底到称义与成圣之间不再有任何构成性或因果性关联，但也正因此，他可以不像路德那样使成圣沦为称义的"副产品"，而是将其变成对基督徒生活的整体理解。结果我们看到，加尔文将成圣设置为外在于称义的生活本身，同时将称义放在具体生活之外。道德生活仅仅具有成圣意义，而不具有称义意义。

如果是这样的话，我们又该如何界定成圣与称义之间的关系呢？二者在差异之外是否还存在某种统一性？如果存在，那是怎样的统一性？如果不存在，又怎么能说它们是不可分离的呢？有趣的是，我们发现加尔文似乎有意保持称义与成圣之间关系的"模糊性"。那么，这到底意味着什么？

第二节　双重恩典：区别而不分离

为了解决双重恩典的关系问题，学界目前的主导思路是着眼于"与基督合一"（union with Christ）来论证称义与成圣的统一性，并由此说明加尔文救赎论区别于路德的关键就在于，他用"与基督合一"取代了称义在后者那里的中心地位。根据这一思路，作为双重恩典的源头，"与基督合一"不仅能消解称义这一新教教义的中心性,而且能消解称义对于成圣的优先性。① 必须承认,将加尔文神学诠释为"合一神学",而非路德那样的"称义神学",在文本上可以找到不少证据,问题的关键是如何理解这些文本及其对于加尔文整个神学的意义。从《要义》来看,加尔文确实经常从基督入手来界定"双重恩典",比如下面这个代表性段落:

> 除非同时把握成圣,否则我们就不能把握称义。因为,"神又使他(即基督)成为我们的智慧、公义、圣洁、救赎"(《哥林多前书》1:30)。所以,凡基督使之称义的人,他都同时使之成圣。这两个福分被永恒而不可解除的纽带连结在一起,基督用智慧光照谁,就拯救谁;拯救谁,就使谁称义;使谁称义,就使谁成圣……虽然我们区分称义与成圣,但基督自身却以密不可分的方式同时包含二者。你要在基督中获得义吗? 那就必须先拥有基督。但你不可能拥有他而不分有他的成圣,因为他是不可分开的。所以,既然主将这些福分与自身一起赐给我们享受,他必然同时赐予二者,不可能赐一

---

① 特别参见 Richard B. Gaffin, "Justification and Union with Christ," in *A Theological Guide to Calvin's Institutes: Essays and Analysis*, eds. David W. Hall, Peter A. Lillback, Phillipsburg: P & R, 2008, pp. 248 – 269; "A Response to John Fesko's Review," *Ordained Servant* 18 (2009), pp. 104 – 113。另可参见 Cornelis Paul Venema, *Accepted and Renewed in Christ: The "Twofold Grace of God" and the Interpretation of Calvin's Theology*; Mark A. Garcia, *Life in Christ: Union with Christ and Twofold Grace in Calvin's Theology*; Craig B. Carpenter, "A Question of Union with Christ? Calvin and Trent on Justification," *Westminster Theological Journal* 64 (2002), pp. 363 – 386; Richard A. Muller, *Calvin and the Reformed Tradition: On the Work of Christ and the Order of Salvation*, pp. 172 – 206; J. V. Fesko, *Beyond Calvin: Union with Christ and Justification in Early Modern Reformed Theology (1517 – 1700)*, Göttingen: Vandenhoeck & Ruprecht, 2012; Sun Kwon Kim, "L'union avec Christ chez Calvin: être sauvé et vivre en Christ," doctoral dissertation, Université de Strasbourg, 2013。所有这些研究都离不开巴特与尼泽尔的影响,参见 Karl Barth, *The Theology of John Calvin*; Wilhelm Niesel, *The Theology of Calvin*。

个而不赐另一个。可见,我们不可能称义而无行为(但又并非因行为称义),因为,在分有那使我们称义的基督时,成圣与义都包含在内了。(3.16.1)

又比如,在批判奥西安德尔"本质之义"学说时(回顾本书第十一章第一节),加尔文同样从基督出发阐述称义与成圣之间的关系:

> 正如基督不可能分裂为不同的部分,同样,我们在基督之中同时(simul)且以结合(coniunctim)在一起的方式领受的两个东西也是不可分的,即义与成圣。因此,无论上帝将谁接纳进恩典,他都同时赐给他收养之灵(spiritu adoptionis),通过圣灵的力量照着他的形象重塑他们。可是,如果太阳的光不能与热分离,难道我们因此会说大地是光温暖的,是热照亮的吗?对现在的问题来说,还有比这更合适的比喻吗?太阳用热滋养大地,用光照亮大地。这是彼此密不可分的结合(hic mutua est ac individua connexio),但理性禁止我们把其中一个的特性归给另一个。奥西安德尔将双重恩典的混合强加给我们,在这种混合中存在类似的荒谬。由于上帝为了保存义而更新他白白算为义的人,奥西安德尔便将重生的赐予与白白的接受混在一起,争辩说他们是同一件事。可是,《圣经》虽然将二者结合在一起,却仍然将它们区别开来,这样上帝的多重恩典就能更好地向我们显现。(3.11.6)

以上两段话足以代表加尔文在称义与成圣的关系问题上的主要观点。这两段话都立足于称义与成圣在基督中的共同来源,所要表达的意思各有侧重:第一段强调称义与成圣的统一性,以回应天主教对信心之义的批判;第二段强调称义与成圣的区分,以批判奥西安德尔的本质之义。

正如从基督论解释加尔文神学的学者们所看到的,称义与成圣在基督中的结合,为二者的统一提供了来源上的保障:因为基督"以密不可分的方式同时包含二者",通过基督被归算为义的人也必然同时被赐予成圣的恩典。对与基督合一的信徒而言,称义与成圣不仅是同时赐予的,而且是以结合在一起的方式赐予的。通过"与基督合一"来论证称义与成圣的同时性,加尔文一方面表明成圣并不是由称义决定的,另一方面表明称义与成圣的拯救次序(ordo salutis)在神学上是不重要的,真正重要的是先于二者的"与基督合一"。①

问题的要害在于,正如加尔文在批评奥西安德尔时所主张的,"与基督合一"并不是对基督的本质性分有,即以实体的方式存在于基督之中,而只是空无的信心对基督的领受,这种领受要求保持空无自我与神圣本质之间的绝对差异。自我与基督之间没有发生任何本质性的、内在的"混合"。这也是为什么加尔文会坚持主张,自我通过信心领受基督的义,首先且主要意味着以外在的方式被归算为义,由此在上帝面前被赦罪,被宣布为义人。仔细阅读《要义》文本不难发现,"与基督合一"是一个含义相当模糊的概念,加尔文在使用这一传统概念表述称义与成圣时,不仅有意避免从存在论上将其理解为人对上帝的分有,而且有意避免像路德那样从神秘主义出发将其理解为人与基督、人性与神

---

① 参见 Richard B. Gaffin, " Biblical Theology and the Westminster Standards ," *Westminster Theological Journal* 65 (2003) , pp. 176 – 177。

性、罪与义的内在交融。① 自我与上帝之间的差异性在很大程度上奠基于基督神人二性之间的差异性:被归算给人的基督之义,是基督的人性之义而非神性之义,是基督通过人性服从律法获得的,而非来自永恒不变的神性本质。虽然基督二性密不可分,但基督的人性之义仍然不能简单划归到神性当中。正如基督自身始终保持神人二性的本质差异,那些分有基督的信徒,并未真的与之发生本质性结合。与基督二性、自我与上帝的差异类似,称义与成圣的不可分离性并不意味着我们可以不加区分地把它们混合在一起,正如太阳不可分离的光与热不可混同一样。因此,加尔文认为,当奥西安德尔从本质之义的注入界定称义时,他不仅错误地在上帝与自我之间重构加尔文力图抽空的神人同一性,而且错误地消解了称义与成圣之间的本质区别。

简言之,当加尔文通过"与基督合一"来界定称义与成圣的关系时,他的目的主要不在于突出"与基督合一"本身的实在性,而毋宁说在于借此证明,称义与成圣在拯救次序中并无绝对的先后关系,二者不仅是同时赐予的,而且始终密不可分。不过,这种密不可分的同时性又必须以称义与成圣的区别为前提,我们不能将二者的结合等同于混合,正如不能将它们的区别等同于分离。在这个意义上,称义与成圣可谓完美

---

① 比如在《基督徒的自由》中,为了说明信心的第三种力量,路德用新娘与新郎结合的意象来讲信心与基督的合一:"基督与灵魂成为一体(una caro)。如果他们成为一体,他们之间就有真正的婚姻……那么,他们的一切就都是公有的,无论善还是恶,这样一来,信徒的灵魂就能用基督拥有的一切来夸口,并以之为荣耀,仿佛那是它自己的,基督也将把灵魂拥有的一切视为自己的……基督充满恩典、生命与拯救,灵魂充满罪、死亡与诅咒。现在,就让信心来到二者之间,以便罪、死亡与诅咒成为基督的,恩典、生命与拯救成为灵魂的。"(WA 7,54—55)

地诠释了那个源于《卡尔西顿信经》①的加尔文公式,即"区别而不分离"
(distinctio sed non separatio):"称义的恩典与重生不可分离,虽然它们是彼此
有别的两件事。"(3.11.11)②"区别而不分离"可谓加尔文对双重恩典的基
本界定,我们应该做的是考察这一界定到底意味着什么。为什么称义
与成圣的关系在加尔文这里变得如此尴尬——既不相互构成,也无因
果先后? 在笔者看来,只有从内在性的抽空出发,我们才能真正明白加
尔文将这个著名的公式套在"双重恩典"上面的真正意图。

我们看到,首先,加尔文用路德奠定的"唯独信心"原则来论证称义
与成圣的区别:称义之所以不同于成圣,是因为人唯独因信被上帝赦罪

---

① 根据《卡尔西顿信经》,基督的神人二性区别而不分离,联合而不混合:主耶稣基
督"是同一基督,是子,是主,是独生的,具有二性,不相混乱,不相交换,不能分开,不能离
散;二性的区别不因联合而消失;各性的特点反得以保存,会合于一个位格,一个实质之
内,而非分离成为两个位格,却是同一位子,独生的,道上帝,主耶稣基督"。

② 自鲍克(Hermann Bauke)的开创性研究以来,在何谓加尔文的"中心学说"争论中,
越来越多的学者开始意识到"区别而不分离"公式对于理解加尔文神学的重要性,这一公式
虽不是任何实质性的中心学说,但却在加尔文神学的大厦中发挥着无处不在的构建作用。
除了称义与成圣,加尔文还将"区别而不分离"公式用在其他一系列问题上,诸如基督的神
人二性、对上帝与自我的双重认识、对造物主与救主的双重认识、精神与世俗的双重政府、新
旧两约、律法与福音、可见与不可见的双重教会、三一上帝的位格与本质、信与悔改、圣灵与
圣言、圣事符号与实在等。参见 Hermann Bauke, *Die Probleme der Theologie Calvins*, Leipzig:
J. C. Hinrichs'schen Buchhandlung, 1922。晚近学界试图通过寻找"区别而不分离"公式最核
心的应用,来确立加尔文神学的中心学说和统一性原则,相关讨论可参见 Edward A. Dowey,
The Knowledge of God in Calvin's Theology; Wilhelm Niesel, *The Theology of Calvin*, pp. 247 –
250; Benjamin C. Milner, *Calvin's Doctrine of the Church*; Kilian McDonnell, *John Calvin, the
Church, and the Eucharist*, Princeton: Princeton University Press, 1967; Philip Walker Butin,
*Revelation, Redemption, and Response: Calvin's Trinitarian Understanding of the Divine-Human
Relationship*, Oxford: Oxford University Press, 1995. William A. Wright, *Calvin's Salvation in
Writing*; 汉考克:《加尔文与现代政治的基础》。关于什么是"区别而不分离"公式最重要
的运用,几位学者的看法各不相同:杜威认为是对造物主与救主的双重认识,尼泽尔认为
是基督的神人二性,米尔纳和麦克唐纳认为是圣灵与圣言,布廷认为是位格与本质,威
廉·赖特认为是称义与成圣,汉考克认为是对自我与上帝的双重认识。特别参见布廷在
著作中基于上帝三个位格的"互渗互寓"(perichoresis)对基督论进路与二元辩证进路的
矫正。

并归算为义人;称义本身与行为没有任何内在关联,它既非成圣的原因,亦非成圣的结果。称义与成圣都是个体与基督合一的结果,都是上帝通过圣灵借着基督赐予人的。其次,双重恩典的区别之所以没有造成二者的分离,主要是因为在自身中包含二者的基督总是将它们以密不可分的方式同时赐给信徒,而不是因为它们之间有任何本质性的融合。称义总是发生在那些过着圣洁生活的成圣者身上,正如成圣者必定是在上帝面前被视为义人的人,但称义既不是成圣的内在前提,也不是由成圣构成的。因此,在双重恩典的关系问题上,"与基督合一"的意义主要在于提供来源上的形式(而非实质)统一性,这种统一性不能掩盖另一个事实,即称义与成圣始终保持各自的属性而不相交通,正如基督的神性与人性并未发生"属性相通"(communicatio idiomatum),与基督合一的信徒并未被注入神圣本质一样。如此,加尔文在用"与基督合一"证成双重恩典之形式统一性的同时,也从根本上解构了称义与成圣在"救恩次序"中的实质关联,使之成为没有内在统一性的两个东西。

综上,与天主教和路德都不同,加尔文将称义与成圣视为互不构成的双重恩典,将它们之间的关系理解为没有内在关联的"机械的联合",或者说,没有内在同一性的统一性。在这个意义上,加诺奇将称义与成圣之间的关系不无道理地描述为充满辩证张力的"并置"(juxtaposition),这种并置清楚地表明,加尔文无法"为上帝和人的互动与结合提供存在论上的中介(ontological mediation)"。① 在称义与成圣的统一性

---

① Alexandre Ganoczy, *Calvin, Théologien de l'eglise et du ministère*, Paris: Cerf, 1964, p. 59,转引自 Mark A. Garcia, *Life in Christ: Union with Christ and Twofold Grace in Calvin's Theology*, p. 22。关于称义与成圣之间的"辩证张力"(dialectical tension),进一步参见加尔西亚对相关研究的梳理,pp. 21 - 24。另外,威廉·赖特利用黑格尔与德里达的概念,从形式上将加尔文的救赎论表述为"辩证-差异结构"(dialectical-differential structure)。参见 William A. Wright, *Calvin's Salvation in Writing*。

背后是缺乏存在论根基的"差异性"(difference),①正如在"认识上帝"与"认识自我"的统一性背后是神人之间没有类比关联的差异性,在神意与人类意志的统一性背后是恩典与自由的差异性。用汉考克的话说,加尔文如此彻底地区分称义与成圣(上帝与自我,精神政府与世俗政府,等等),正是为了将它们更彻底地结合在一起,②但这并不意味着称义与成圣之间像某些学者所认为的那样存在黑格尔意义上的辩证法运动。

第三节　生活作为成圣

　　进一步分析可知,"双重恩典"学说在重构称义与成圣关系的同时,也从根本上改变了对尘世生活的理解。而重构圣洁生活的伦理秩序恰是加尔文救赎学说最核心的关切。上文提到,加尔文与路德都主张拯救唯独取决于义的归算,二者的分歧在于,路德认为称义以原因的方式先于善行,加尔文认为称义对成圣并不具有原因或逻辑上的优先性,二者始终相互伴随却又互不构成。这样一来,加尔文就既打掉了称义对成圣的支配地位,又完全消解了成圣与拯救本身(作为称义)的内在关联。而与拯救本身无关的成圣,便是加尔文重构基督徒生活图景的基

---

　　① "差异性"一词引自威廉·赖特,他认为加尔文神学的一个重大贡献在于,对拯救的理解必须要特别考虑称义与成圣在拯救中的"差异性"(saving difference)。他将称义与成圣理解为加尔文救赎论中两个有区别且不可相互还原的要素,而拯救就是称义与成圣的辩证运动,其中的三个环节分别为:拯救唯独在于因信称义;从称义到成圣的转变及其差异;称义与成圣在拯救实践中的融合。这三个环节也是威廉·赖特著作的核心章节(第四至六章),参见 William A. Wright, *Calvin's Salvation in Writing*, pp. 143 – 308。
　　② 参见汉考克:《加尔文与现代政治的基础》,第 159、178、211 等页。

本落脚点。①

　　在解构行为的拯救意义问题上，加尔文完全站在路德一边对抗天主教，坚持主张称义本身无关成圣，因为称义是借着信心发生的外在归算和上帝的法庭式赦罪。只不过，在路德那里，赦罪的称义被理解为"永久的延续"（perpetuo durantis）：作为日常罪人的我们（quotidie sumus peccatores），"持续生活在赦罪之下，基督时时刻刻真实地将我们从罪中解放出来……总是持续拯救我们"（*WA* 39 I, 94—95）。"总是回到起点"的称义不是渐进的，却是持续的，每个时刻的称义都拥有相同的结构和意义。与这种永恒轮回式的理解不同，加尔文认为赦罪的称义是一次性的，且是完全的。在生活中永久延续的不是赦罪的称义，而是不断圣洁化的成圣。通过由称义到成圣的重心转移，加尔文试图将生活从罪与义的相互毁灭中拯救出来，并用成圣重构生活，而不是像路德那样用称义解构生活。也正因此，加尔文先是重申称义与成圣"区别而不分离"，然后随即便写道：

　　　　不过，因为由经验可知罪始终残留在义人之中，被称义与在新生中被赋形之间必然存在极大的差别。上帝在他的选民身上开启第二个方面，在他们的整个生活中渐渐地，有时缓慢地推进之，以至于他们在他的审判台前总是有可能被判死罪。但上帝不是部分地，而是白白地称他们为义，这样他们就能仿佛披戴着基督的纯洁出现在天上。没有任何部分的义能让良知平静，直到我们确定自己令上帝喜悦，因为在上帝面前我们完全是义的。（3.11.11）

---

　　① 关于加尔文笔下的"生活图景"，参见 Jesse Couenhoven, "Grace as Pardon and Power: Pictures of the Christian Life in Luther, Calvin, and Barth," *The Journal of Religious Ethics* 28（2000）, pp. 63 – 88。

从逻辑上来看,"白白的称义"发生在所有行为和圣洁生活之外:在不考虑任何功德,不考虑个体内在之义的情况下,上帝出于怜悯无条件地、"自由地"(libere)赦免人的罪,将基督的外在之义归算给人。称义不是没有成圣,而是不需要成圣。换言之,赦罪的称义是自由而完全的,虽然被称义者仍在不同程度上留在罪中(毕竟赦罪是罪责而非罪本身的消除)。加尔文的用词表明,被称义者并非真的成了义人,而仅仅"仿佛"是义人。义不是人的内在存在,而只是人在上帝面前的关系性存在,是上帝不再追究和归算人的内在存在(罪)的结果。加尔文对称义的基本理解源于路德,二者最根本的差别在于:路德将"白白的称义"内化到基督徒的整个生活之中,从而通过"总是回到起点"的运动机制将其构造为朝着义不断进展的动态过程;加尔文则将"白白的称义"牢牢地固定在基督徒生活的开端处,使生活由称义开始,却不再被理解为逐渐称义的过程。在加尔文这里,生活始于称义,终于成圣;就是说,基督徒新生活的赋形取决于成圣而非称义,即取决于一个渐进而缓慢的圣洁化过程。正是在这个意义上,特洛尔奇看到,加尔文没有像路德那样将称义理解为与上帝合一的幸福状态,而是理解为某种行动方法和对行为的激励,理解为意志化的能动上帝在信徒中的行动:"称义的证据不是感觉的内在性与深度,而是活力与行为的逻辑结果"[1]。

　　成圣的过程就是作为重生的终生悔改,其目的在于恢复被原罪败坏的上帝形象:"这种恢复不是一刻一天或一年能完成的;相反,通过持续甚至有时缓慢的进展,上帝从他的选民中除去肉身的败坏,净化他们的罪,将他们分别为圣,使他们成为他的殿,根据真正的纯洁更新他们的理解,以便他们终生操练悔改,让他们知道这种争战至死方休。"

---

[1]　Ernst Troeltsch, *The Social Teaching of the Christian Churches*, vol. 2, p. 584.

(3.3.9)按照前面的分析,信是一种追求确定性的生活方式,不是一时一刻的短暂确定性,而是将会坚忍到底的确定性。具体到悔改(信的结果),信的确定性与持久性表现为对重生与成圣的生活筹划;信是对上帝意志与力量的感受,这种感受不能只是内心的情感或触动,而必须落实为一种具体有形且可以操练的生活方式。只有在延续一生的圣洁生活中,才能确定而持久地感受神圣意志在自我这里的行动性在场。

　　成圣意味着一生持续不断地在悔改中重生,如果没有这种操练,所谓称义最多只是给生活和生命提供一个抽象的起点。加尔文在解释《以西结书》18:17 时指出,我们可以在两种不同的意义上理解"没有行为的信心使人称义"(fides sine operibus iustificare)这个命题:如果认为使人称义的信心不伴随任何行为,这个命题就是错的,"因为不伴随行为的信心是空的",甚至是僵死或纯属虚构的;而如果认为信心无须行为就能使人称义,这个命题就是正确的,因为我们唯独靠信心与上帝和解,是信心使上帝在基督之中而非在我们自身之中爱我们。① 无论什么时候都不可能存在不伴随任何行为的赤裸的信心,都不可能存在不伴随成圣的称义。诚然,使人称义和得救的是信心而非行为,但拯救却不能仅仅还原为空洞的称义,因为没有成圣也不可能有称义和拯救。只有借助与称义恩典密不可分的成圣恩典,基督徒才能在尘世的时间里给生活赋予具体的形式和内容。称义是新教个体的存在起点,却远不是全部;能带来拯救的是称义,能为被称义者的生活赋形的是成圣。成圣本身虽不能给人带来拯救,却始终伴随被拣选者的称义,没有人能在不成圣的情况下被称义。

　　在路德那里,拥有义的人就已经拥有了一切,信(义)的丰富性使整

---

① 参见 Calvin, *Praelectiones in Ezechielis*, 18:17, *CO* 40, p. 439。

个生活和人生都成了"盈余"（superfluant），正如基督的一生是一种"盈余"一样。善功完全与内在人无关：从内在人来看，基督徒是全然自由的众人之主，不受任何人管辖，自然也不受善功约束。善功的必要性源于外在人（身体），因为，基督徒需要在充满无尽烦恼的尘世管束自己的身体及其欲望，并通过无条件的爱服侍他人（参见 WA 7.59 以下）。在加尔文的生活图景中，成圣绝不像路德所说的那样是人生的"盈余"，因为称义本身远远没有为基督徒提供一切，没有成圣的称义（其实不可能出现这种情况）仅仅相当于抽象空洞的拯救。没有成圣的生活是没有意义的，甚至不能称之为生活。

鉴于此，加尔文甚至认为，成圣虽然不是称义的一部分，但却在某种意义上构成了称义的目的："如果说福音的总纲显而易见包含两部分，即悔改与赦罪，难道我们还不明白，主白白地称他的选民为义，是为了同时通过圣灵的成圣使他们恢复真正的义吗？"（3.3.19）"信徒不可能未获重生的赐予就与上帝和解，因为我们就是为此目的被称义的，即以便我们随后可以在圣洁生活中服侍上帝。"[①]在天主教那里，成圣是为了称义，或者说是对称义的构成，而在加尔文这里，称义是为了成圣。圣洁生活对天主教来说是称义的生成机制和实质内容，对加尔文来说则似乎成了与称义不可分，却又外在于称义的东西，悖谬的是，这种外在于称义的生活反而被理解成了称义的目的。

---

① Calvin, *Comm. Romans*, 9:11, *CO* 49, p.104. 进一步参见："我们承认，上帝借基督之义的代求与我们和解，通过赐予白白的赦罪而视我们为义，而与此同时，他的慈爱与这种怜悯结合在一起，以便他通过他的灵住在我们之中，我们肉身的贪欲因他的力量而一天比一天更被'治死'，如此我们便被圣化，就是说，在真正纯洁的生活中被献给主，内心被塑造得服从律法。因此，服从上帝的意志，在所有事情上只为增加他的荣耀，便是我们主要的意志（praecipua nostra voluntas）。"（3.14.9）关于成圣作为目的，参见 Charles Raith II, *After Merit*, pp.109–110。

　　接下来,我们需要进一步回答的问题是:加尔文在因信称义前提下为空无自我设想的圣洁生活又是如何构成的呢? 如果说所谓成圣就是不断除去自身的罪,使自身变得越来越完善和圣洁,那么这与古典哲学家笔下的德性生活又有什么实质区别呢? 上帝关照被他拣选的人,赐给他们坚忍的信心与圣洁的生活,但这是否意味着,加尔文只是为古典德性生活加上基督教救赎论的外在框架呢?

第十四章　生活构造与德性秩序

利用"成圣"概念重构生活秩序的加尔文,清楚地意识到自己为此需要界定基督徒生活的形式与伦理。[1] 加尔文认为关于成圣即生命更新的教导已经包含在律法之中,但对圣洁生活的追求而言律法显然是不够的。所以,为了刺激迟钝和懈怠的基督徒,有必要从众多经文中提炼一套"塑造生活的原则"(rationem vitae formandae, 3.6.1),以免那些真心悔改的人在追求成圣时误入歧途。换句话说,"虽然主的律法为构造生活(constituendae vitae)提供了最好最适宜的方法,天上的教师却仍然喜悦用更精确的原则(ratione)塑造人,使之符合律法中规定的准则"(3.7.1)。加尔文这里使用的 ratio 一词含义十分丰富,诸如理性、理据、根据、原则、比例、方法、准则等。他用这个概念是想要在律法的规定(尤其道德法部分)之外,重构基督徒生活的一般原则或伦理,正是这种所谓"更精确的原则"能够使人符合律法的规定。

众所周知,加尔文比路德更强调律法的积极意义及它与福音之间

---

① 关于加尔文思想中的"基督徒生活"问题,参见 John H. Leith, *John Calvin's Doctrine of the Christian Life*, Louisville: Westminster/John Knox Press, 1989; Ronald S. Wallace, *Calvin's Doctrine of the Christian Life*, Edinburgh: Oliver & Boyd, 1959; Michael Horton, *Calvin on the Christian Life: Glorifying and Enjoying God Forever*, Wheaton, IL: Crossway, 2014; Peter Leithart, "Stoic Elements in Calvin's Doctrine of the Christian Life," *Westminster Theological Journal* 55 (1993), pp. 31 – 54, 191 – 208。

的一致性,这尤其体现在他关于律法(即道德律)第三种功用的界定上面。如果说律法的前两种功用——对不义的揭露和约束——在路德思想中都能找到,那么第三种功用则是加尔文思想的一大特色。加尔文认为,第三种功用实际上是律法的"主要功用"(praecipuus),与"律法的目的本身"的关联更加密切,而且不同于普遍适用的前两种功用,第三种功用只对领受圣灵的信徒才有意义。第三种功用具体包含两个方面,一是"教导"(doctrina),二是"劝勉"(exhortatio)。首先,作为"最好的工具",律法让信徒"更正确更确定地学习他们所仰望的上帝意志是怎样的,并让他们确认对它的理解"。正如仆人需要了解主人的喜好一样,这对信徒来说是一种必然性,因为"在关于神圣意志的纯正认识上,没有人已经智慧到不能再通过律法的日常教导取得进步"。其次,"由于我们不仅需要教导,而且需要劝勉,上帝的仆人还会从律法中获得这样的益处,即通过经常默想律法来激励自己服从,从中得到坚固,并从悖逆的滑路上被拉回来"(2.7.12)。加尔文认为,律法的劝勉之于信徒好比鞭子之于懒惰顽固的驴,他们时刻需要律法的鞭策,以免他们在肉身的重压之下停滞不前。简言之,如果说律法的前两种功用是消极的,第三种即主要功用则是积极的,其意义在于教导并激励信徒服从上帝的意志。

　　这里之所以提到第三种功用,是因为这种主要功用与"律法的目的本身"的关联更加密切,而律法的目的恰是成圣或圣洁生活:"不难理解整个律法的目的在于成全义,以便按照神圣纯洁的榜样塑造人的生活。因为,上帝在律法中如此清楚地描述自己的属性,以至凡行出律法规定之事的人,都在生活中以某种方式表达上帝的形象……因此,这就是律法的教导所考虑的,即使人通过圣洁生活与上帝结合在一起,使人专靠上帝(正如摩西在别处说的)。"(2.8.51,参见2.8.6)律法提供了圣洁生活的样式和准则,只要完全遵守律法就能成全义。问题在于,如果没有福音和基督,人就不可能真正遵守律法,律法也不可能发挥出第三种功用。这不是说,福音或基督的到来废除了律法之于信徒的成圣功用,而是说,只有基督到来律法才拥有发挥成圣功用的可能性。所谓律法即道德律的废除"不是指律例,而只是指约束良知的力量"(2.7.15)。

> 由此可见,律法有劝勉信徒的力量,不是诅咒他们良知的力量,而是通过反复激励促使他们察觉污秽、消除惰性的力量。因此,许多想要表示自己摆脱了律法之诅咒的人说,对信徒而言律法(我是指道德律)已经被废除了。不是说律法不再命令人做正确的事,而是说律法对他们而言不同于以前了,即不再通过恐吓与搅扰谴责并毁减他们的良知。(2.7.14)

福音对律法的废除,不是律法及其目的的废除,而只是律法发挥功用的方式变化,以便使人不再因畏惧被迫遵守律法,而是能够在律法的教导和劝勉下,通过圣洁生活与上帝结合在一起。福音为律法开启了发挥成圣功用的空间,让律法的目的能够以自由的方式真正得到实现。问题是,在《要义》第二卷关于救主基督的讨论中,基督徒生活构造的基本原则并未真正得到澄清,因此加尔文才在第三卷更深入处理该问题。

《要义》第三卷关于圣洁生活的考察,很容易让读者误以为作者是要构建一套系统的基督教伦理学。也许是意识到了这一点,加尔文一上来就声明自己拒绝这样做。他告诉我们,由于生性喜欢简洁,他不打算像教父那样将关于生活的教导发展成对"每一种德性"的讨论和劝勉(虽然那样可能更受欢迎),而只是想提供一个尽可能简短的教导:"将虔敬的人引导到正确的生活构造范围内,并简单设立某种普遍的准则,据之恰当地规定他们的职分,对我来说这就足够了。"(3.6.1)加尔文无意于从德性出发构建基督教的道德哲学,他所谓的"生活教导"(vitae institutionem),仅仅在于确立生活构造的正确范围,设立能够规定信徒职分的普遍准则。他之所以没有兴趣把这种成圣的教导拓展成考察每一种德性的道德哲学,其实不只是因为他生性喜欢简洁,更是因为他所说的生活教导本质上不同于哲学家那里的道德哲学。也正因此,他才会选择在与哲学家的对勘中呈现基督徒生活的构造原则。

关于哲学与《圣经》在生活构造问题上的区别,加尔文首先这样写道:

> 正如哲学家知道正直与高贵之事的确定界限,并由此推出每一种责任和整个德性系统,在这方面《圣经》并非没有自身的秩序,相反,《圣经》拥有最美的安排(oeconomiam),比所有的哲学安排都更加确定。区别仅仅在于,哲学家是有野心的人,他们竭力追求精致的体系,只是为了显示自己的聪明才智;上帝的灵教导时则毫不虚伪,因此不会严格持守某种方法(methodicam rationem),但当他在某些地方立下一种方法时,就充分暗示不容我们忽视。(3.6.1)

这段话试图向我们揭示《圣经》与哲学的方法论区别,即《圣经》不像哲学那样严格遵循某种方法论,以便从正直与高贵之事的界限推导关于责任与德性的伦理体系,但这并不意味着《圣经》的生活教导没有确定的"秩序"或"安排"。"请那些认为只有在哲学家那里道德哲学(philosophiam moralem)才能得到正确有序的建立的人,在哲学中为我找到(比《圣经》教导)更卓越的安排。"(3.6.3)只不过,《圣经》生活教导的方法论并非系统性的,而仅仅是在某些地方立下不容我们忽视的方法。《圣经》和哲学的区别与加尔文和教父的区别具有很大的一致性，这种一致性主要表现在加尔文坚持将关于生活构造的教导还原为极简"原则"或"方法"，拒绝将其演绎成系统的道德哲学。这意味着，加尔文所说的"生活构造"不能再被理解为哲学家笔下的德性秩序，关于生活的教导不再是从"正直与高贵之事的确定界限"出发"推出每一种责任和整个德性系统"。正因圣洁生活的秩序不是德性或有德之事的秩序，加尔文才会认为自己无须像古代教父那样详细讨论诸种德性，更别说系统地构建一套道德哲学。

可是，如果不能从德性出发构造生活的话，《圣经》教导我们遵循的那个"秩序"又是什么呢？换句话说，《圣经》在进行生活构造的还原时，加尔文所谓"最美""最确定""最卓越"的"安排"，或《圣经》偶尔立下的"方法"到底是什么？在《圣经》的教导中，圣洁生活的构造到底被还原成了什么？

我们先来看加尔文在这个问题上的具体论述。关于生活构造的还原，加尔文首先明确指出，"《圣经》教导"实际上由两部分构成，即对义的追求与其规范："一、对义的爱（iustitiae amor）应该浇灌并建立在我们心中，否则我们不会在自然上就倾向于这种爱；二、应该为我们制定一个规范（norma），使我们在追求义的过程中不会迷失。"关于人为什么要行义，加尔文着重强调一个看上去有点"简单粗暴"的理由："我们必须变得圣洁，因为上帝是圣洁的。"他用一个比喻说我们就像那些脱离羊群的羊一样散失在"世界迷宫"（per mundi labyrinthum dissipati）之中，是上帝将我们聚集起来并使我们与他结合在一起，而这种结合的纽带便是"圣洁"（sanctitas），虽然并非我们自己的圣洁："我们要记住圣洁应该成为结合的纽带，不是说我们靠圣洁的功德配与上帝共融（因为我们要首先依靠他，以便在被他的圣洁浇灌之后，我们可以追随他的呼召），而是说他的荣耀不会与罪恶和污秽结合。所以,《圣经》教导说这就是我们受呼召的目的(hunc vocationis nostrae finem esse),如果我们愿意回应上帝的呼召,就要始终仰望这个目的。"(3.6.2)

　　加尔文的意思归纳起来很简单:《圣经》教导人热爱义,因为只有过追求义的圣洁生活,散失在"世界迷宫"中的基督徒才能被"圣洁"的纽带标志出来,并借此与上帝结合在一起。圣洁或成圣不仅是走出"世界迷宫",与上帝合一的需要,同时也是"呼召"的需要,因为呼召的目的就是圣洁。① 不过,真正的问题仍然没有得到澄清:如果说生活可以还原为成圣,即对义或圣洁的爱,而圣洁生活的秩序又并非哲学家所说的德性秩序,那么这种生活的圣洁性又体现在哪里呢? 为了指导散失在"世界迷宫"中的基督徒追求圣洁生活,《圣经》到底要教导一种什么样的极简准则或原则?

　　在《要义》第三卷第六章中,加尔文将圣洁生活的极简准则初步表述为基督教的一个基本观念:"模仿基督"(imitation of Christ)。他说,上帝既已借基督与我们和解,便在基督中为我们印上他的形象,于是在圣洁生活中与上帝的结合便落实为对基督的模仿。在加尔文看来,正是将生活奠基于基督的做法,使《圣经》教导在根本上区别于将生活奠基于"本性"或"自然"的哲学教导:

　　　　他们特别想要勉励我们追求德性,却只是宣称我们应该根据本性生活。《圣经》则从真实的源泉出发进行劝勉,不仅使我们的生活指向上帝,即生活应该顺服的造物主,而且,在关于我们已经从创造的真实开端和状态堕落的教导之后,又进一步指出,基督

────────────

① 成圣与呼召的关系问题将放在本书第十七章展开。

（我们通过他重新回到上帝的恩典）已经作为榜样被放到我们面前，以便我们在我们的生活中效仿他的样式。还有什么比这一教导更有效呢……我认为，对于良好地构造生活来说，这是最有利的根基。想在哲学家那里寻找类似的东西是徒劳的，他们在德性劝勉中从来没有上升到人的自然尊严之上。（3.6.3）

根据哲学家的教导，生活秩序可以还原为德性秩序，德性秩序又可以还原为人类本性的自然秩序。这不仅意味着德性生活取决于人性的自然力量，而且意味着，德性生活的秩序以灵魂的内在秩序——比如柏拉图那里"理性、意气与欲望"之间的秩序——为基础，不管是将德性理解为知识或理性对欲望的控制（柏拉图），还是理解为灵魂合乎逻各斯的实现活动（亚里士多德）。哲学家笔下的德性生活就是根据本性构造的生活，因而是对"人的自然尊严"（naturalem dignitatem）的彰显。加尔文认为，从本性出发构造德性生活，实则错失了劝勉的"真实源泉"（vero fonte），因为圣洁生活的根基不是本性，而是上帝，尤其是作为救主的基督。生活应该被构造为对基督的模仿，而不是本性的实现：被收养为上帝之子的条件只有一个，那就是"我们的生活要效仿基督"（3.6.3）。圣洁生活必须建立在上帝/基督这个"最有利的根基"之上，必须超越人的"自然尊严"，而不能从人的自然本性出发将生活构造为德性秩序。圣洁生活不可能是符合人之本性的德性生活，因为对于全然败坏的人性而言，仅仅"根据本性生活"的人不可能是追求义的成圣之人。"上升到人的自然尊严之上"，不是在自然本性基础上构造超自然的生活，而是在抽空自然本性的基础上构造一种没有自然根基的圣洁生活。

与那些口头上的基督徒和哲学家不同，加尔文认为《圣经》教导重在"生活"而非"理解"："这不是语言的教导，而是生活的教导；这种教导不像其他学科那样仅仅被理智与记忆把握,而是只有当它占有整个灵魂,在内心最深的情感中找到处所住下的时候,它才能被领受。"哲学家那里的德性生活以知识为前提,(更具体地说)以理性对存在与善的理解为前提,在这个意义上,生活构造的背后是理性或知识秩序。加尔文现在则认为,关于生活构造的《圣经》教导不在于或主要不在于理解,而在于内心的情感;就"触动内心最深的情感,住在灵魂里,并影响整个人"而言,这种教导比"哲学家冷漠的劝勉强一百倍"(3.6.4)。加尔文试图构造的圣洁生活,不是以理性或理解活动为基础的哲学生活,而是以内心情感为基础,带有强烈生存论色彩的宗教生活。

加尔文一方面不同于哲学家,因为他并不认为圣洁生活应该落实为德性和理性活动的完善;另一方面又不同于当时的极端改革者,因为他并不要求每个人的生活方式(mores)必须绝对符合福音(虽然这是应该追求的目标,3.6.5)。与此同时,加尔文却将人的所有活动无一例外都纳入圣洁的考量之中,将人生理解为向圣洁筹划的不懈努力,结果作为伦理目标的圣洁不仅不再发端于人的自然本性,反而奠基于人的"自我否定"之上。就其对空无自我的否定而言,加尔文试图从《圣经》中提炼的"生活构造原则"实则是一种"死"的原则,这种原则最终被他表述为"自我否定"。

第十五章 "自我否定"的生活伦理

第一节 "自我否定"的自我

在上一章的讨论中,我们看到加尔文初步将"《圣经》教导"归结为对义或圣洁生活的追求,并试图将圣洁生活的规范表述为对基督的模仿,以区别于从自然本性出发构造德性生活的哲学家。不过到目前为止,加尔文仍然未能真正回答,这种"上升到人的自然尊严之上"的生活伦理具体是如何构成的? 圣洁生活到底要被赋予怎样的形式?

根据加尔文的界定,悔改由两部分构成,即"肉身之死与灵性之生"(3.3.8,参见3.3.5),我们可以将其分别称为"死的原则"和"生的原则"。我们在讨论重生、成圣或圣洁时,主要是侧重"生的原则"来讲的,但加尔文在《要义》中的考察表明(3.7—10),"死的原则"恰恰构成了"生的原则"得以可能的前提。如果说"生"是圣灵为自我赐予的新生,即上帝形象的恢复,作为灵性新生之前提的"死"则是自我之死。

当先知召唤人远离恶的时候,他们是要那充满罪恶的整个肉身毁灭。脱掉自我、离弃我们天生的本性(nativo ingenio),是一件异常艰难的事情。除非清空我们自身拥有的东西,否则我们就无法想象肉身已经被彻底毁灭。既然肉身的性情敌视上帝,服从上帝律法的第一步便是否定我们的本性……由于我们在自然上就背离上帝,除非先否定自我(abnegatio nostri),否则就绝不会接近正确的事情……"治死"这个词提醒我们,忘记先前的本性有多难:因为由该词可以推出,除非我们被圣灵之剑猛烈地杀死,并还原为虚无(in nihilum redigimur),否则我们就不会根据对上帝的畏惧被赋形,就一点都学不到虔敬。这就好比上帝宣告说,为了被称为他的子民,共同本性(communis naturae)就必须死。(3.3.8)

肉身之死不只是"治死"身体及其败坏的欲望,而是"治死"作为"肉身"的整个人性和自我,是对人性和自我的抽空、毁灭与否定。正如灵性之生不是灵魂之生,而是圣灵在自我这里的生,肉身之死也并非只是身体之死,而是由身体和灵魂构成的整个人的死,[①]即自我或自然本性的彻底抽空。只有将自我还原为虚无,变成本性被解构的否定性自我,一种圣洁的生活才有可能被构造出来。这同时表明,成圣非但不是本性的充实与成全,反而要建立在本性被否定的基础之上,因而是空无自我的成圣,是生命之灵(圣灵)在自我这块死亡废墟之上的运行。在这个意义上,成圣的生活首先是一场死亡操练,不是灵魂离开身体的哲学操练,而是"治死"本性之人的灵性操练:

---

① 关于加尔文人性论中的身体与灵魂,参见 Margaret R. Miles, "Theology, Anthropology, and the Human Body in Calvin's 'Institutes of the Christian Religion'," *The Harvard Theological Review* 74 (1981), pp. 303 – 323; Charles Partee, *Calvin and Classical Philosophy*, pp. 51 – 65; Paul Helm, *John Calvin's Ideas*, pp. 129 – 156。

因此,只要还住在身体的监牢里,我们就必须与败坏本性的欠缺,与我们的自然灵魂持续交战。柏拉图有时说哲学家的生活是默想死亡(meditationem… mortis)。我们可以更正确地说,基督徒的生活是对肉身之死的永恒追求和操练,直到它被彻底杀死,让上帝的灵在我们之中统治。(3.3.20)

如果说"操练死亡"的哲学生活意味着灵魂离开身体、回到真实的存在领域(理念世界),那么,在否定阶梯性的存在秩序,以及上帝与自我的存在类比之后,"操练死亡"的基督徒生活又是如何可能的呢? 如果说加尔文所谓的"肉身之死"是包括身体和灵魂在内的本性之死,那么,这种没有本性的空无之人如何可能构造出圣洁生活,又如何可能成为成圣之人呢? 为了澄清这里的张力,我们需要详细考察加尔文关于"自我否定"的思想。

在《要义》第三卷第七、八两章中,加尔文将"肉身之死"或基督徒生活中"死的原则",进一步拓展和深化为"自我否定"。这两章的标题分别为:"基督徒生活的总纲:论自我否定"与"背负十字架:自我否定的一部分"。[①] 前者从自我否定出发呈现加尔文对圣洁生活的整体理解,后者专门考察自我否定中的患难和试炼问题。第三卷第七章的讨论表明,只有从"自我否定"及其背后的神人关系出发,我们才能真正回答加尔文这里的"基督徒生活"是如何构造出来的。

正如前文提到的,上帝在律法之外还用"更精确的原则塑造人"(3.7.1),加尔文引用《罗马书》12:1—2,认为这种"原则的开端"(rationis principium)就是保罗说的第一句话,"将身体献上,当作活祭,是圣洁

---

① 关于自我否定与背负十字架的《圣经》背景,参见《马太福音》16:24。

的,是神所喜悦的"。第二句话则是与此相关的劝勉:"不要效法这个世界,只要心意更新而变化,叫你们查验何为神的善良、纯全、可喜悦的旨意。"这里涉及的"大事"(hoc magnum est)是,作为献给上帝的成圣者,"我们所思、所说、所默想、所行的一切,都应该只是为了上帝的荣耀"(in eius gloriam, 3.7.1)。加尔文认为,以自我否定为前提荣耀上帝的成圣者,必须被制造成为没有自我的自我,即不属于自己、只属于上帝的空无个体:

> 如果我们不属于自己(《哥林多前书》6:19)而属于主,那么该避免什么错误,该将我们生活中的所有行为导向哪里,就是显而易见的了。我们不属于自己(nostri non sumus),所以别让我们的理性和意志决定我们的计划和行为。我们不属于自己,所以别将我们的目标设定为,根据肉身追求对我们有利的东西。我们不属于自己,所以要尽可能忘记我们自己和我们所有的一切。相反,我们属于上帝(Dei sumus),所以让我们为他生,为他死。我们属于上帝,所以让他的智慧和意志主宰我们所有的行为。我们属于上帝,所以让我们生活的所有部分都趋向他,将他作为唯一合法的目的。在被教导不属于自己之后,那废除自身理性的主导与统治,将其交给上帝的人,该会获得多大的益处啊!因为,既然最有效的毁灭人的灾难是人的自我服从,那么,唯一的拯救避难所便是不通过自我知道和意愿什么东西,而仅仅追随上帝的引领。(3.7.1)

与西方哲学和神学的主导传统不同,加尔文在此试图将生活的构造建立在完全的自我否定之上,将成圣的圣徒制造成为不属于自己的人。根据上面的引文,这些不属于自己的自我否定者,不仅丧失了理性与意志对行为的自决能力,不能根据肉身追求对自身有利的东西,而且要成为完全忘记自我的人。作为自我否定者的他们,应该任由上帝的智慧和意志主宰,即"让自身的一切都取决于上帝的意志和判断,并将心灵的所有意向(intentionem)虔敬地交给上帝"(3.7.2)。无论在奥古斯丁还是在阿奎那笔下,个体对上帝的转向和服从都需要通过自身的意志或理性进行(虽然需要恩典的帮助),而在加尔文看来,神人关系的构建非但不需要在意志与恩典、自我与上帝之间进行调和,反而应该使双方彻底对立起来,以否定自我的方式肯定上帝,以消解意志的方式抬高恩典。对于自我否定者而言,生活中的所有行为和部分都无关人性的实现,其目的仅仅是为了荣耀上帝。"我们不追求我们自己的东西,而只追求源于上帝意志的东西,只想要增加他的荣耀。"只有追求上帝意志要求的事情,"且仅仅由于上帝喜悦而追求它们"(3.7.2),人才能真正否定自我。也就是说,服从上帝的意志是自我否定的基本方式。

至此,我们可以更清楚地看到加尔文与奥古斯丁之间的差别:奥古斯丁认为人应该意愿上帝的意志,因为上帝是我真正的自我;加尔文则认为人应该追随上帝的意志,但不是因为上帝是真正的自我,而是因为没有自我的我属于上帝。追随上帝的意志,让上帝的意志统治自己,不是为了让上帝的意志成为我的意志,或让我的意志自由地意愿上帝的意志,而只是因为那是上帝的意志,只是为了以此荣耀上帝。在自我与上帝之间,在我的意志与上帝的意志之间,应该斩断所有内在的统一性,只有这样才能最彻底地否定自我,也才能最纯粹地荣耀上帝。如果说奥古斯丁笔下的个体是没有自然本性的自我,加尔文笔下的个体则是既没有自然本性,也没有超自然本性的自我——一种甚至都不能称为自我的空无自我。如果说奥古斯丁的自我是没有自然本性的自由个体,加尔文的自我则是没有自由的自由个体。因为我和我的一切都被否定、遗忘和抽空了,所以我可以自由而毫无保留地将自己交给上帝随意扭转;这同时意味着,我可以使自己通过上帝的意志,而不是通过自己的意志自由地意愿。

在奥古斯丁那里,"回到自我"是个体转向上帝的关键环节,加尔文则毫不含糊地用"离弃自我"(a se ipso discedere)取代"回到自我",使之成为自我否定的第一步。在他看来,唯有真正离弃自我的人才能全力服侍上帝,换言之,唯有"肉身感受被抽空(proprio carnis sensu vacua)的人类心灵"才能转而完全服从上帝之灵的命令(3.7.1)。正是这种离弃自我的空无之人的出现,使"基督教哲学"(christiana philosophia)在根本上不同于古代哲学。

在古代哲学那里,理性是人性和生活的统治原则。一个人生活得怎么样取决于理性统治得怎么样,而在基督教哲学这里,理性必须被离弃,以便让圣灵统治空无的自我。而且在加尔文看来,只有彻底否定自我,才能克服古典德性生活的困局:哲学家不仅教导理性自我统治,而且教导为德性而德性。他认为(正像奥古斯丁所说的那样),那些号称追求德性本身的人无不是为了别人的称赞,无不受骄傲驱使,无不是在自我肯定。从灵魂的角度来看,哲学家的德性生活依托于正确的人性自然秩序,但加尔文认为,从人性的自然秩序出发根本不可能构造基督徒的圣洁生活;相反,只有被抽空"肉身感受"——亦即"自然感受"(naturali sensu, 3.7.4)——的人性才能为圣灵开辟空无的运作空间。可见,成圣是自然人性的彻底抽空,而非充分成全。

以上分析表明,从人的角度来看,加尔文所要构造的生活可谓就是空无个体的自我否定。只有自我否定者的生活才可能成为圣洁生活,才可能是对上帝的荣耀,才可能是真正帮助他者的爱的生活。加尔文力图是在自我否定的基础上重构自我与他者、自我与上帝之间的关系,这反过来意味着,无论自我与他者的关系,还是自我与上帝的关系,无不可以还原为自我对自我的否定,无不是自我否定的展开形式:"自我否定部分与人相关,部分(主要)与上帝相关。"(3.7.4)从自我的否定而非成全出发重构自我与他者、自我与上帝之间的关系,必将导致对传统伦理秩序的深刻颠覆。

第二节　爱作为自我否定

在基督教伦理的大传统中,构建"自我、上帝与他者"之间关系的核心进路是"爱",这一点集中体现为《圣经》中的两个诫命:"爱上帝"与"爱人如己"。奥古斯丁为爱的诫命提供了最为经典的理论表述,他的思想可以简单概括为:一、没有人不爱自己,但并不是每个人都能正确地爱自己;二、上帝是真正能够给人带来幸福的至善,是唯一应该被"安享"的目的,所以正确或真正的自爱应该通过爱上帝来爱自己,通过爱将自己导向作为超自然目的的上帝;三、爱人如己,就是像爱自己那样爱他者,帮助他者像自己一样爱上帝。这样,从上帝到自我再到他者,可以被理解为"爱的秩序","爱上帝"是这一秩序成立与否的大前提,因为对自我与他者的爱都应该指向对上帝的爱和安享。因此不是不能自爱,而是要以正确的方式自爱(即通过爱上帝来爱自己),且只有正确地自爱的人才有可能正确地爱他者。上帝既为自爱提供了目的,又为自爱与爱他者的统一提供了基础,而这显然与奥古斯丁"内在自我"学说的基本观点——上帝是真正的自我——

密不可分。①

在奥古斯丁之后,阿奎那将亚里士多德哲学中的"友谊/友爱"
(amicitia)观念引入基督教伦理,不过整体上看,他不仅没有脱离奥古斯
丁的经典理论,而且在亚里士多德影响下更明确地构建爱的目的论秩
序。阿奎那在《神学大全》中将"爱的秩序"(ordo caritatis)专门作为一
个问题加以讨论。他认为,相比爱自己,我们应该更爱上帝,相比爱邻
人,我们应该更爱自己。爱根源于作为幸福之第一本原的上帝,自我和
他者都因趋向这一本原而成为爱的对象。"爱的友谊"(amicitia carita-
tis)奠基于以上帝为中心的"幸福共同体"(communicatione beatitudi-
nis),幸福之本质在于作为"第一本原"的上帝,然后从他那里扩及所有
能够获得幸福的存在者:"应该以爱去爱的,首先且主要是上帝,因为他
作为幸福的原因被爱,邻人则由于与我们共同分享由上帝来的幸福而
被爱。"②上帝不仅是爱的首要对象,而且是爱能够成立的本原性根据,
因为爱从根本上意味着对幸福之善的目的论趋向,包括自我和他者在
内的人之所以应该被爱,是由于他们都趋向这一目的,并在爱的友谊中
以上帝为本原共同构成一个"幸福共同体"。与"爱上帝"的优先性不
同,爱自我对爱邻人的优先性主要表现为:一个人爱自我,是因为他分
有上帝的善;爱邻人,则只是因为他与他们在对善的分有中结成了一个
"团契"(societas)。也就是说,自爱之所以先于邻人之爱,是由于善的
分有先于善的团契,而善的分有之所以先于善的团契,则是由于自爱中
蕴含的"一"(unitas)先于善的团契中蕴含的"合一"(unio)。③ 根据阿

---

① 关于奥古斯丁思想中的爱与自爱,参见 Oliver O'Donovan, *The Problem of Self-Love in St. Augustine*, New Haven and London: Yale University Press, 1980;孙帅:《自然与团契:奥古斯丁婚姻家庭学说研究》,第303—349页。

② 阿奎那:《神学大全》, IIa, IIae, q26, a2, co.,第八册,第75页,译文有改动。

③ 阿奎那:《神学大全》, IIa, IIae, q26, a4, co.,第八册,第78页,译文有改动。

奎那的分析,作为友谊的爱意味着爱者与被爱者结合成了某种"合一",而自我与自我之间的"一"不仅是自我与他者"合一"的本原,且胜于自我与任何人的合一。在这个意义上,阿奎那甚至说自爱是邻人之爱的根源:"正如一是合一的本原,一个人用来爱自己的爱,是友谊的形式与根源(forma et radix amicitiae);我们对他人有友谊,是因为我们对待他们一如我们对待自己。因此《尼各马可伦理学》第九卷说,与他者之间的友谊关系(amicabilia)源于我们与自己之间的关系。"①换句话说,自爱是邻人之爱的范型(exemplar dilectionis),对自己的爱胜于对邻人的爱,相当于范型胜于模仿者。②

　加尔文首先果断地拒绝了奥古斯丁与阿奎那在神人之间构建的爱的伦理,将人和上帝的基本关系理解为信而非爱:人唯独因信(而非因爱)称义。不是说加尔文不认为人应该爱上帝(虽然类似的表述确实很少出现),而是说在他这里,不仅爱的地位被信所取代,且人对上帝及其力量的敬畏也远远盖过了人对上帝的爱。一旦人的内在性被抽空,自我和上帝之间的内在关联被斩断,便不再可能通过爱将上帝理解为人的目的,也不再可能像神秘主义者那样通过爱建立神人之间的合一。③不过,虽然加尔文主要通过"信"来重构自我和上帝的关系,他却并未因此认为自我与他者之间的纽带不再是爱。无论对于加尔文还是路德,爱都主要指向他者,而不是上帝,更不是自我。也就是说,奥古斯丁与阿奎那笔下同时囊括上帝、自我与他者的"爱的秩序"彻底消失了:上帝主要成了信和敬畏的对象,自我也不再是爱的对象;结果,传统神学中

---

① 阿奎那:《神学大全》,IIa, IIae, q25, a4, co.,笔者自己的翻译。
② 阿奎那:《神学大全》,IIa, IIae, q26, a4, s. c.,第八册,第78页。
③ 正如上文所言,虽然神秘主义是路德思想的重要构成部分,但也不是爱的神秘主义,而毋宁说是信的神秘主义。

为一切德性赋形的爱德,被无情地压缩为不能自爱的自我否定者对他者的爱。在"爱的秩序"消失背后是整个目的论世界的崩溃,这意味着加尔文阻断了通过爱的目的论结构理解伦理世界的传统道路。只有看到这一点,我们才能真正理解加尔文为什么如此专注于"自我否定"问题。在阿奎那看来,爱自己之所以先于且重于爱他者,是因为作为本原的自我同一性先于且重于自我与他者的"合一"。只有在自爱的自我同一性基础上,我才能爱人如己,并与他人结成一个具有合一性的"善的团契"。加尔文的做法恰恰相反,他不仅消解了"爱上帝"的本原性,而且打掉了自我与自我的同一,转而从自我对自我的否定出发重构我与他人之间的伦理关系。①

加尔文没有解构自我对他者的爱,而是改变了邻人之爱(爱人如己)的伦理意义,使之成为"自我否定"而非"自我同一"的延伸,且以极端的方式进一步推进了基督教"陌生之爱"的逻辑。与奥古斯丁和阿奎那一样,加尔文认为自爱是人的本能倾向,没有人不在自然上倾向于爱自己,他们的分歧首先在于:奥古斯丁和阿奎那认为自爱本身没问题,关键是什么形式的自爱,以自己为目的的自爱还是以上帝为目的的自爱;但加尔文认为任何形式的自爱都是骄傲,都会阻碍对上帝的虔敬和对他者的责任。所以,正如服从和荣耀上帝就必须否定自我,若要真正爱他者也必须否定自我。

加尔文写道,当《圣经》命令我们要"看别人比自己强",要全心全意地"善待他们"时,心灵根本无法遵守这些诫命,"除非先抽空自然感受(nisi ante naturali sensu evacuatus)。因为,我们是如此盲目地投入自

---

① 在这个问题上,相比强调自我同一性的阿奎那,加尔文与奥古斯丁的思路反而比较接近,二者都比较重视自我的差异性。不过,自我的差异性在奥古斯丁那里主要指自我的无法把握性,在加尔文这里则主要指自我的否定性。

爱（amorem nostri）之中，每个人看起来都有正当理由为自己骄傲，并在自己面前轻视其他所有人"（3.7.4）。按照加尔文的理解，无论何种形式的自爱本质上都是骄傲，都是高看自己、轻视别人，因而必然会将上帝给自己的赐予归于自己并掩盖自己的罪恶，必然会蔑视别人得到的赐予并夸大他们的罪恶。如果没有自我否定，加尔文笔下的人与人之间将在某种意义上陷入（借用霍布斯的话说）"所有人对所有人的战争"，因为根据加尔文对人性的悲观看法，每个人都是自视甚高的野心家，都自负到"自命不凡"的程度，都希望高过别人，并傲慢残忍地虐待或低看别人。一句话，"没有人不在心里认为自己是最伟大的"，哪怕他在现实中只是社会地位最低的穷人、平民、奴隶或文盲。加尔文感叹说，"因此，自我奉承的每个人胸中都统治着一个王国"（3.7.4）。他认为这些骄傲的自爱者很难保持"适度的节制"，彼此之间一旦出现冒犯和冲突，他们心中的"毒液"必将喷发出来，毕竟"人的灵魂中隐藏着一个恶的世界"（3.7.2）。从根本上解决人性骄傲困境的办法，既不在于道德教化和政治制度（古典），也不在于恩典与善工的合作（传统基督教），而首先唯独在于对人性施实毫无保留的"自我否定"，"将争竞之爱与自爱（τῆς φιλονεικίας καί φιλαυτίας）这最致命的祸害，从内心深处根除掉"（3.7.4）。

由于骄傲的自爱同时意味着对别人的贬低和蔑视，自命不凡的每个人本质上都是有僭主人格的"胸中国王"，让这样的人爱他人只有一种可能，就是他们不再爱自己，以便对他者的爱或者说人对人的爱建立在对自爱的否定之上。"除非你放弃考虑自己，以某种方式离弃自己"，否则就不可能尽到帮助邻人的本分；"除非弃绝你自己，以便将你自己完全给他者"，否则就不可能对他者行出"爱的善工"。加尔文不是从人性的自然倾向出发理解邻人之爱，而是反其道而行之，以反人性的方式重构人对人的爱，在自我否定而非自我同一的基础上构建"爱的共同体"（一种没有自我同一性的共同体）。毕竟《圣经》要求人"不寻求属于自己的东西，这对本性来说是不小的暴力，因为本性使我们如此倾向于只爱我们自己，以至于不太容易让我们忽略自己和自己所有的东西，以照顾陌生人的利益，甚至自愿将我们自己的东西送给别人"(3.7.5)。如果说骄傲的本性总是倾向于自以为高于别人，那么对本性的"暴力"则要求在他者面前自我降卑，不以自己身上的恩赐为傲却尊荣别人身上的恩赐，不断反省自己的恶却不计别人的恶(3.7.4)。

　　在加尔文这里，一种爱的社会伦理得以可能的前提是每个人都不能爱自己，都必须通过不爱自己来否定自己，而不是像阿奎那所说的那样，通过自爱使自己与自己成为"一"。悖谬的是，不应该爱自己，恰恰是因为人在本性上不可能不倾向于爱自己。在这个意义上，不爱自己，就是对抗通过爱追求自我同一的本性倾向，从而使我不再是我，使我没有自我，使我成为我的否定。自我同一性的丧失，同时导致自我与他者、对自我的爱与对他者的爱之间不再有内在的统一性，而是成为非此即彼的对立关系。结果，对他者的爱便不再可能以自爱为基础，更不可能从自爱外推出来。只有在否定意义上，我们才能说对他者的爱发端于自爱，即发端于自爱的否定。也就是说，只有在否定自爱和自我的基础上，才可能真正将自我与他者的关系构造为爱的关系，才能通过爱将他者纳入自我的生活世界，或者更准确地说，纳入"没有自我的自我"的生活世界。在圣洁的生活世界中，每一个成圣者都是没有自我的空无个体，都是指向他者的自我否定者。在这一指向他者的圣洁空间中，只有自我否定者才可能真正将他者视为爱的对象，而与此同时作为被爱者的他者反过来成了对自我的否定，对他者的爱反过来成了对自爱的否定。每一个骄傲的自爱者都倾向于否定他者，若要扭转这一倾向，就必须通过对人性的"暴力",在爱的伦理中主动用他者来否定自我,将自我对他者的否定转变成他者对自我的否定。只有通过爱无条件肯定他者,才能真正否定自我,而被肯定的每一个他者,也都应该成为一个自我否定者。

无论根据古典哲学传统,还是根据奥古斯丁与阿奎那的基督教传统,爱的伦理都离不开自爱,都不可能完全建立在对人性的暴力之上。加尔文通过抽空自我、否定自爱,通过将爱主要理解为对他者的爱,从根本上颠覆了西方伦理的这一大传统。这样一来,"爱人如己"说的就不是像爱自我那样爱他者,不是把自爱当成邻人之爱的范型,而是通过否定性的抽空将自己制造成没有自我的人,从而把别人当成自己来爱。这样理解的"爱人如己"不是自我同一的延伸,而是自我否定的基本形式。"因此,如果我们成全爱的职分,肉身之死就会在我们身上发生。"(3.7.7)

由此可见,加尔文以最彻底的方式推进了基督教无差别的博爱理念,根据这种理念,应该用同样的爱爱你的朋友与仇敌、邻人与陌生人。问题是,就全然败坏的人性而言,哪有什么人真正配得他人的爱呢?为了解决这个问题,加尔文将自我对他者的爱进一步还原为对上帝形象的爱:"我们不应该考虑人本身配得什么,而应该考虑在所有人中的上帝形象,我们欠那形象所有的尊荣与爱。"(3.7.6)从上帝的形象角度考虑,没有关系的陌生人、不值得爱的卑微之人,以及伤害与诅咒你的仇人,无一例外都应该被爱,因为他们身上都带有上帝的形象,而这意味着,爱的真正对象其实不是他们每一个人本身,而是抽象的上帝形象。虽然人本身不值得爱,但我可以以爱上帝形象的名义爱他,因为上帝"将他放在上帝自己的位置上",以便我能在他身上偿还欠上帝的债(3.7.6)。

通过人身上的上帝形象来论证对他者的爱不是加尔文的独创，而是基督教思想家的惯用思路之一，这一点在奥古斯丁那里表现得尤其明显。[①] 不过奥古斯丁认为，之所以说携带上帝形象的所有人都应该被爱，是因为他们中的每一个都可能是真正的基督徒，或都可能在将来皈依上帝，只不过在现实中我们不知道谁是真正的基督，也不知道谁将来会或不会皈依上帝，因此只能将所有人当作基督徒或当作可能的基督徒来爱。对奥古斯丁来说，这种陌生之爱最终仍然要归结为个体对上帝的转向，爱的必要性不仅来自人性中的上帝形象，更来自形象化个体转向上帝的可能性。而到加尔文这里，个体身上的上帝形象之所以应该被爱，不是因为个体有可能是或有可能成为真正的基督徒，而只是因为他们身上携带着抽象的上帝形象。换言之，爱主要不再意味着爱者与被爱者之间有可能成为信仰上的同伴，（用阿奎那的话说）不再意味着他们基于对善或幸福的分有结成了合一的团契，而仅仅意味着将上帝形象从本性败坏的个体身上剥离出来。

加尔文对何谓上帝形象的界定可以帮助我们更好地理解爱的自我否定性。与奥古斯丁将灵魂中的理智视为上帝形象的传统做法不同，加尔文认为受造灵魂及其所有机能都是上帝的形象，诸如理解力、情感、感觉，只要它们在正直的人性秩序中各安其位（参见 1.15.4）。更重要的是，形象之为形象，主要不是由于灵魂是受造物中与上帝最相似的东西，人可以通过灵魂转向并分有上帝，而是由于灵魂高于身体和其他受造物，因此可以在最大程度上荣耀上帝（1.15.3）。而既然"上帝的荣

[①] 关于加尔文思想中的上帝形象问题，参见 Jason Van Vliet, *Children of God: The Imago Dei in John Calvin and His Context*, Göttingen: Vandenhoeck & Ruprecht, 2009; T. F. Torrance, *Calvin's Doctrine of Man*, London: Lutterworth, 1948; Mary Potter Engel, *John Calvin's Perspectival Anthropology*, Atlanta: Scholars Press, 1988。

耀"是加尔文界定上帝形象的落脚点,那么,当我爱他人身上的上帝形象时,这种爱就应该首先被理解为对上帝的荣耀。只有在以荣耀上帝(而非人)为目的的爱中,我对他者的爱才有可能成为对自身的否定。

总之,当空无个体用上帝形象为爱寻找神圣的理由时,他真正关心的既不是被爱的那个陌生人或仇人本身,也不是他是基督徒或可能成为基督徒,更不是彼此在分有上帝之善的团契中结成"幸福共同体",而主要是用这一神圣的理由来完成对自我的人性暴力,正如加尔文所言,"只有一种办法能够实现那不仅困难而且完全违背人性的事,即爱恨我们的人,以德报怨,以祝福回报辱骂,这种办法就是,记得不要考虑人的恶,而要仰望他们之中的上帝形象"。(3.7.7)

第三节 患难作为自我否定

我们在前面指出,加尔文所谓的自我否定部分与人相关,部分与上帝相关,本章第二节主要分析了第一部分,接下来我们来看第二部分。加尔文在《要义》第三卷第七、八两章中讨论与上帝相关的自我否定时关心的主要问题是,如何使我们在生活中做到"平静与忍耐"(aequanimitatem tolerantiamque,3.7.8)。① 在这个问题上,我们可以更清楚地看到神意与基督徒生活之间的关联。加尔文相信,若要在生活中保持"平静与忍耐",人就需要在与上帝的关系中进行自我否定,即让上帝的意志而不是我们自己的意志决定我们的生活和行为:"在追求尘世生活的顺利或平静时,《圣经》号召我们放弃自己和自己所有的一切,将其交

---

① 加尔文对这个问题的兴趣显然受到斯多亚主义的影响。

给主的意志,并将我们内心的情感交给他去驯服和抑制。"(3.7.8)根据本书第二部分考察的神意论,整个世界秩序都奠基于神圣意志对万事万物的特殊运作,在这种意志化与权能化的秩序中,加尔文相信个体不可能通过自己的努力达到内心的"平静与忍耐",因为人既不可能靠自身的力量把握自己的命运,也不可能真正理解去目的论的隐秘神意。

在加尔文笔下,每个骄傲自爱的"胸中国王"都同时是疯狂的欲望生产者,他们一方面贪婪地追求财富、荣誉、权力与奢华,另一方面又异常畏惧和厌恶贫穷、卑微的身世与处境。对野心的追求与对穷困的畏惧,使每个人的内心都陷入惶恐不安之中,使他们无法忍耐事与愿违的失败与逆境。在这种情况下,若要实现内心的平静与忍耐,加尔文认为最重要的是将人生道路上的"兴旺"完全寄托于上帝的"赐福"(bene-dictio),而不是试图依靠自己的努力或别人的帮助。不是说不可以追求财富、荣誉或权力,而是说这些取决于上帝意志的赐予而非自己的才智、勤奋、他人的帮助或机运,因此我们"应该始终仰望主,以便在他的引导下被带向他预备的任何命运"(3.7.9)。自我否定不是对尘世生活本身的弃绝,而是对自我意志的弃绝,这种否定和弃绝是加尔文神意论的必然要求。在无法把握的偶然世界中,在必然而隐秘的神意之下,唯有自我否定方能在人生的遭遇中保持"平静与忍耐"。加尔文写道:

> 虔敬的心灵不应只在某些方面保持平静与忍耐,而是必须延伸到此生可能发生的所有遭遇(omnes etiam casus)。因此,除了完全将自己交给(resignavit)主,允许生活的所有部分都由他的意志来治理的人,没有人能恰当地自我否定。不管发生什么,有这种心态的人都不会认为自己悲惨,都不会带着对上帝的恨抱怨自己的命运。如果你考虑我们可能遭遇多少不幸,就会明白这种情感是

多么必要。(3.7.10)

特殊化的神意秩序要求圣徒通过自我否定将自己和自己的所有生活交给上帝意志掌控,这样做之所以能够带来慰藉,使他们面对偶然世界的遭遇仍能保持平静与忍耐,是因为他们相信,无论富有还是贫穷、尊贵还是卑贱,都来自神圣意志自由、隐秘而正义的分配。正如我们已经指出的,加尔文的世界既因上帝意志的预定而是一个必然的世界,又因目的论的瓦解和神意的隐秘而是一个偶然的世界。对人来说,神意论下的必然世界不是一个趋向于善的自然世界,而是一个充满种种不测遭遇的偶然世界。正因此,加尔文才在讨论自我否定问题的第三卷第七章明确再现第一卷中的"神意与机运"主题,并再次向读者描绘人生在世的悲惨图景。① 加尔文试图表明,通过神意重构偶然世界的秩序,不仅能够帮助信徒克服无为或放纵的虚无主义,从而积极谨慎地筹划自己的生活,而且能够使他们在遭遇逆境或身陷绝境时,仍然能够通过相信上帝的预备而保持内心的平静和忍耐。"总之,因为知道不管发生什么都是主亲手预定的,所以他会带着平静和感恩的心接受,而不会悖逆地对抗主的命令,他已经将他自己和自己所有的一切交到他的权下。"(3.7.10)

由此可知,加尔文用神意与机运的对比结束《要义》第三卷第七章绝非是随意的。他想要证明,生活在神意秩序下的基督徒能够从上帝那里获得某种不同于异教的、更有力量的"慰藉"。异教徒将生活的遭遇归因于无缘无故的"机运",他们之所以认为灵魂应该对机运保持平

---

① "种种疾苦不停地困扰着我们:有时瘟疫肆虐;有时我们深受战争之苦;有时冰雹毁坏一年的收成,让我们陷入饥荒,变得一贫如洗;死亡夺去我们的妻子、孩子和邻居;我们的房屋遭遇火灾",云云。(3.7.10,对比 1.17.10)

静,是因为愤怒在无常而盲目的机运面前是毫无意义的。神意与机运一样同时带给我们好运和坏运,它却并不因此是盲目的。加尔文在机运的世界图景之上加上神意这个更大的框架,虽然并未改变世界现象的偶然性,但却改变了基督徒对待生活和人生的态度。"虔敬的准则是:唯独上帝的手是好运与坏运的决定者和控制者,且它并非带着不加考虑的冲动进行毁灭,而是根据最有序的正义(ordinatissima iustitia)同时向我们分配善和恶。"(3.7.10)

　　加尔文不认为人能够把握神意的正义秩序,但这并不意味着我们完全不能用神意解释生活中的遭遇。问题是,在上帝向我们分配"恶"的时候,我们该如何理解所谓"最有序的正义"呢? 更重要的是,圣徒在生活中不仅面临如何在厄运面前保持平静和耐心的问题,而且面临如何将看起来偶然的人生遭遇解释成上帝的考验问题。如果说生活本身是被称义者的成圣过程,那么上帝为什么还要让被拣选的圣徒遭遇恶、苦难与不幸呢? 若要澄清这一点,我们就需要讨论自我否定中的"十字架"问题。

　　《要义》第三卷第七章基本已经澄清自我否定的两个方面,不过加尔文似乎并不满足于此,于是才接着在第八章将"背负十字架"(crucis tolerantia)作为"与上帝相关的自我否定"的一部分专门加以讨论。相比上文所说的一般性"平静与忍耐","背负十字架",亦即"忍耐十字架",被认为是对虔敬心灵的更高要求。加尔文这样写道:

　　　　不过,虔敬的心灵应该上升得更高,升到基督呼召使徒的高度,即每个人都要背负自己的十字架(《马太福音》16:24)。① 因为,凡主收养并视为配与他结合的人,都应该准备接受艰难、困苦、

————————

① "于是耶稣对门徒说,若有人要跟从我,就当舍己,背起他的十字架,来跟从我。"

不安且充满种种恶的生活。此乃天上的父的意志,即以这种方式操练自己的儿女,使他们遭受确定的历练。从独生子基督开始,他就用这种安排(ordinem)对待他所有的儿女。虽然上帝爱基督超过其他所有人,且他是父所喜悦的,但我们看到,基督并未得到温柔宽仁的对待。相反,事实上,他在世时不仅永远在遭受十字架的操练,而且他的整个生活就是永远的十字架。(3.8.1)

加尔文虽然没有像路德那样发展出对抗"荣耀神学"的"十字架神学",却同样十分重视"十字架"问题在基督徒生活中的伦理意义。路德将十字架视为上帝在自身对立面的隐藏,加尔文则将其视为基督徒自我否定的操练;换言之,路德认为十字架首先意味着上帝的自我否定和荣耀的自我遮蔽,加尔文则认为十字架首先意味着基督为人做出的自我否定的榜样。对加尔文来说,基督和人对十字架的背负都是对上帝的荣耀(子对父的荣耀)。

加尔文在前面指出圣洁生活的准则可以简单表述为"模仿基督"(3.6.3),这里进一步告诉我们"模仿基督"的实质内涵:像基督一样背负和忍受自己的十字架,将自己的整个生活变成"永远的十字架",因为凡上帝的被拣选者,都需要在生活中经受患难的考验和操练。[1] 圣洁生活不是一帆风顺、事事如意的生活,而是"艰难、困苦、不安且充满种种恶的生活",所以,成圣的基督徒需要在患难中经受上帝的考验。"在被视为逆境与恶的艰难困苦之事中,我们可以因与基督的受难交通而获得极大的慰藉。这样,正如他经过诸恶的迷宫进入天国的荣耀,我们也

---

[1] 加尔文在别处指出:"基督规定了模仿他的简单准则,以便我们知道我们主要在哪方面与他相似:这由'自我否定'和'自愿背负十字架'两方面构成。"(Calvin, *Harmonia evangelica*, *CO* 45, p.481)

可以通过各种患难(tribulationes)被带入同样的荣耀。就像保罗在别处所说,当我们知道与基督一起受苦时,同时也就理解了复活的力量。"(3.8.1)基督的受难给基督徒提供了生活的基本样式和慰藉。加尔文曾说被拣选者需要从"世界迷宫"中被上帝聚集在一起(3.6.2),现在我们看到"世界迷宫"同时是一个"恶的迷宫",在这个迷宫中经受的患难本身就是圣洁生活的一部分,因为患难是通向荣耀与复活的道路。

在十字架与患难问题上,加尔文显然受到了中世纪晚期虔敬运动和神秘主义的影响,不过这里的关键在于,他在重新解释为什么需要忍受患难时,却从根本上走出了传统神秘主义的范式,即不再将自我否定理解为"通向最高存在的道路"。[①] 关于为什么自我否定的被拣选者会遭受十字架的患难和试炼,加尔文在《要义》中给出许多原因,比如抑制骄傲、彰显耐心的赐予、惩罚人的罪、为义受难等,前两点对我们来说尤为重要。

首先,只有十字架的试炼能够充分暴露人性的软弱,从而抑制自我的骄傲倾向。加尔文认为人在本性上倾向于将一切都归给自己,过于相信和依赖自己的力量,而最能抑制这种骄傲本性的方式,莫过于通过"经历"(experimento)来揭示人的无力与脆弱。"因此,上帝通过羞辱、贫穷、丧亲、疾病或其他灾难折磨我们。由于完全无法承受,这些灾难一临到我们,我们立刻就会屈服。如此被降卑的我们,会学着呼召上帝的力量,只有他的力量能够使我们在患难的重压下屹立不倒。即便最

---

① Wilhelm Niesel, *The Theology of Calvin*, p. 144. 关于加尔文与神秘主义,进一步参见 Lucien Richard, *The Spirituality of John Calvin*, Atlanta: John Knox Press, 1984; Clive S. Chin, "*Unio mystica* and *imitatio Christi*: The Two Dimensional Nature of John Calvin's Spirituality," doctoral dissertation, Dallas Theological Seminary, 2002; D. E. Tamburello, *Union With Christ: John Calvin and the Mysticism of St. Bernard*, Louisville: Westminster/John Knox, 1994。

圣洁的人,不管他们如何认识到自己是通过上帝的恩典而非自己的力量才站稳的,若不通过十字架的考验使他们更深地认识自我,他们就还是会过于确信自己的勇气与毅力。"(3.8.2)"更深地认识自己"——即认识到自己根本无力支撑自己——之所以只有在十字架患难的考验中才能实现,不仅是由于人完全缺乏力量,更是由于人在本性上倾向于依靠自己的力量。尤其在身处顺境之时,哪怕像大卫那样的人,也会不可避免地认为自身拥有本性之为本性的力量。作为"自我否定"的一部分,十字架的考验正是为了否定人的本性,不仅要暴露本性无力的空无真相,更要降卑本性的骄傲倾向(亦即前述"自爱"倾向)。真正依靠恩典的人,必须打破基于本性力量的所有感受、确信和自爱,必须被自身的空洞无力感所触动(3.8.3),进而在所有事情中体会"神圣力量的在场"(divinae virtutis praesentiam... experiuntur, 3.8.2)。①

其次,"背负十字架"还有一个非常重要的原因,那就是通过患难揭示上帝赐予的耐心,正如通过献子来揭示亚伯拉罕的虔敬一样:

> 主折磨他的子民还有一个目的:锻炼他们的耐心,教导他们服从。不是说除了他赐给他们的,他们还能向他显示别的服从。而是说,神喜悦以清楚的证据证实和揭示他赐给圣徒的恩典,免得这些恩典隐藏在他们心里,而当他揭示他赏赐给仆人的忍耐与坚定之力量时,就被说成是在考验他们的耐心(eorum patientiam explorare)……信徒从上帝那里领受的耐心之赐予被使用,以便成

---

① 关于"背负十字架"的第一个原因,加尔文在《要义》(3.8.3)中说得更为详细:除去盲目的"自爱",才能感受到自己的"无力";感受到自己的无力,才会不再"依靠自己";不依靠自己,才会"依靠上帝";依靠上帝,才会"坚忍到底";坚忍到底,才会相信"应许"的真实性;相信应许,才会坚固自己的"盼望"。

为确定和显现的,谁会说这样不好呢? 否则就没有人能认识到它
应有的价值。(3.8.4)

在自我否定问题上,患难对本性无力的揭示和对上帝恩典的揭示
是一体两面的关系:上帝的折磨让圣徒感受到自身本性的空洞无力,而
他们之所以能够在十字架的考验中坚持到底,完全是因为上帝的恩典
(回顾前文:坚忍是实效性恩典运作的结果)。"上帝提供机会激发他赐
给信徒的那些德性,以免它们隐藏起来,即变得无用并消失,如果上帝
这样做是正确的,那么圣徒的患难就有最好的理由(没有患难就没有他
们的忍耐)。我是说,十字架也教导他们服从,因为这样他们就被教导
不要根据自己的意志活,而要根据上帝的意志活。"(3.8.4)德性是恩典
的赐予,但不再是恩典的习性或习惯。没有机会彰显出来的德性是没
有意义的,在这个意义上,上帝让人陷入十字架的患难,是为了让他赐
予的恩典能够在人的痛苦与坚忍中体现出来。换言之,经受自我否定
的考验,与其说是为了培养和铸造德性,不如说是为了让隐藏的德性显
现出来,为了彰显上帝而非人的力量。

加尔文在用十字架的患难否定人性之时,也极大地提升了"忍耐"
这种德性的积极意义。以上分析表明,"背负十字架的主要原因在于思
考上帝的意志":一切患难都出自上帝不可抗拒的意志,因此必须耐心
地服从上帝。加尔文看到,哲学家甚至也从上帝意志的不可抗拒性出
发论证对患难的忍耐,即因为患难是"必然的",所以不得不忍耐。不同
于这种基于"必然性"理解患难和忍耐的做法,当加尔文强调患难源于
上帝意志的时候,他实际上想要通过"试炼"概念赋予"患难"以更为积
极的意义。这是他和哲学家的关键差别:很少有哲学家能够认识到,
"我们在患难中被上帝的手试炼(exerceri),且在这方面必须服从上帝"

(3.8.11)。患难的意义源于试炼：患难不只是不得不服从的苦难，不只是消极的生活必然性，相反，真正的基督徒必须从积极意义上将自身无法避免和抗拒的患难，理解为上帝对自己的试炼和考验，由此主动而非被动地服从上帝。

相比哲学，"《圣经》命令我们在上帝的意志中思考某种截然不同的东西：首先是义与公正，其次关乎我们的拯救"（3.8.11）。"义与公正"是说，我们要相信我们遭受的一切折磨都出自"上帝的意志和神意"，且相信上帝做的一切都符合"最正义的秩序"。"拯救"是说，我们要将一切患难都与自己的拯救关联在一起，虽然拯救本身并不取决于对患难的忍耐："上帝宣称，他通过十字架折磨我们，这一行为本身就是在预备我们的拯救。"（3.8.11）所以加尔文指出，耐心地承受患难，并不是消极地屈服于"必然性"，而是积极地"接受我们的善"。

澄清哲学家与加尔文关于忍耐的不同看法之后，我们也就能理解加尔文何以会强烈反对斯多亚的"无情"（apatheia）理论。[①] 作为一位熟读斯多亚著作的人文主义者，加尔文对"无情"理论并不陌生，在他看来，斯多亚作家描述的"拥有伟大灵魂的人"（magnanimum hominem）等于被剥夺了"人性"（humanitate），因为无论身处逆境还是顺境，无论悲伤还是快乐，他们都"像石头一样丝毫不受任何事情触动"（3.8.9）。我们知道，斯多亚所说的"无情"本质上是一种哲学境界，指的是灵魂不受"激情"（pathos）搅扰的不动心状态，而激情的消除则有赖于理性或真正的知识。[②] 根据斯多亚主义的划分，与忍耐对应的

---

① 参见 Kyle D. Fedler, "Calvin's Burning Heart"; Peter Leithart, "Stoic Elements in Calvin's Doctrine of the Christian Life"; Elizabeth Agnew Cochran, *Protestant Virtue and Stoic Ethics*, pp. 173 – 194。

② 关于斯多亚的 *apatheia* 理论，参见石敏敏、章雪富：《斯多亚主义》(II)，北京：中国社会科学出版社，2009 年，第 167—188 页。

激情是"悲伤或痛苦"(grief)。在面对不得不忍耐的事情时,哲学家不会将其当作无法逃避的坏事而感到痛苦,即灵魂不同意外在事物的触动并产生激情。这样其实也就不存在严格意义上的"忍耐"了。加尔文认为,基督徒背负十字架的态度与这种"铁石心肠的哲学"(3.8.9)完全不同,因为快乐地忍耐的他们,根本不需要剥夺患难本身造成的"痛苦":

> 上帝要求我们快乐(hilaritas),并不是要除去所有苦与痛的感觉(acerbitatis dolorisque sensum)。除非被痛苦折磨、被困难搅扰,否则十字架上也就没有圣徒的耐心了。如果贫困没有艰辛,生病没有折磨,受辱没有恼怒,临死没有畏惧,如果无动于衷地经历这些事,又何来勇敢与节制呢? 正因这些事中的每一件都包含内在的痛苦,都在自然上刺痛我们的灵魂,信徒的勇敢才能展现出来,如果他们在被痛苦的感觉考验时,不管多么悲痛地遭受这些事,也都能对抗并战胜它们的话。(3.8.8)

加尔文看到,痛苦是人遭受患难时的自然感觉,没有痛苦就无所谓忍耐,不过,忍耐之为忍耐不只在于感受痛苦的触动,更在于对抗痛苦时所产生的内心张力。只有"对抗并战胜"患难及其产生的痛苦,才有所谓的"节制",但节制的意义不在于消除痛苦,而在于能够在痛苦中保持坚忍,不做不虔敬的事,或者说,能够始终心甘情愿地顺服上帝的意志。在西方哲学的大传统中,痛苦通常被认为是一种不好的情感,一个真正有理性和德性的人应该节制甚至消除灵魂的痛苦。以奥古斯丁为代表的神学家倾向于将痛苦看成人性的软弱,没有痛苦的人性只存在于堕落前,堕落后的人无论如何也无法根除痛苦的情感。到加尔文这里,痛苦主要不再被视为人性的软弱,而更多被视为本性被否定的自然感觉:背负十字架之所以是对自我否定的更高要求,在一定程度上就是因为患难中的人必然会感受到巨大的痛苦。在忍耐痛苦的时候,一个真正的基督徒不仅要体会到自我的软弱(痛苦的不可避免性),更要体会到自我的否定,并因此将患难视为神圣意志的试炼而欣然接受。"但结论始终是:主愿意(voluit)这样,所以就让我们追随他的意志。"(3.8.10)①

简单总结一下。以上分析表明,加尔文所谓的"生活构造"首先建立在"自我否定"的原则之上,这一原则意味着他笔下的成圣者是一个个不属于自己、没有自我的空无个体。上帝对圣洁生活的呼召,并非要求他们从外在世界回到内在自我,进而回到更内在的上帝(奥古斯丁),而是要求他们彻底离弃和抽空自我,完全服从上帝的意志,让上帝而非自己的理性和意志来主宰自己的所有行为。圣洁生活不是对人性的充分实现,而是基于对本性的否定荣耀上帝。在这一大前提下,加尔文着重讨论了与人相关的自我否定,和与上帝相关的自我否定。首先,与人相关的自我否定,要求个体实施对本性的"暴力",即以否定自爱的方式爱邻人。对邻人的爱,奠基于自我的差异性(否定),而不是自我的同一性。否定自爱同时意味着瓦解爱的目的论,解构"爱的秩序"和"爱的共同体",摧毁奥古斯丁与阿奎那在"爱上帝、爱自我、爱他者"之间建立的有机关联。其次,与上帝相关的自我否定,要求个体面对偶然世界中的遭遇保持内心的"平静与忍耐",将自己经历的一切患难都理解为上帝

---

① 费德勒关于加尔文与斯多亚的对比研究表明,在加尔文这里真正重要的是情感的净化和圣化,而非消除。加尔文与斯多亚都认为情感与信念和价值密切相关,而不是纯粹非理性的冲动,但他们对待情感的态度却截然不同。参见 Kyle D. Fedler, "Calvin's Burning Heart"。进一步参见 Kyle D. Fedler, "Living Sacrifice: Emotions and Responsibility in Calvin's Doctrine of the Christian Life," doctoral dissertation, University of Virginia, 1999。

的意志或神意的安排。忍耐,不是消极地承受不得不承受的恶与悲惨,而是将患难理解为上帝对人的试炼,将生活理解为"永远的十字架"。从"自我否定"角度来看,加尔文试图构造的可谓是一种否定性的虚无生活。

第十六章　虚无生活与神圣呼召

第一节　虚无生活及其"使用价值"

加尔文将"自我否定"视为生活构造的基本原则,不仅要否定自我/本性在生活构造中的意义,而且要否定尘世生活本身的价值,由此瓦解自我及其生活世界的自然和根基。加尔文笔下的自我首先是否定性的,生活同样如此。自爱既意味着对自身本性的爱,也意味着以自我为中心对整个世界的爱;与此相应,否定自我既要暴露人性的空洞与无力,也要暴露尘世世界的虚无与悲惨。问题是:一种否定性的虚无生活何以同时是圣洁的生活,何以同时被理解为神圣的呼召?尘世生活的呼召(此生)与人的终极命运(永生)之间又是什么关系?这便是本章所要澄清的问题。

下面这段话颇能代表加尔文对生活虚无性的描述:

不管遭受何种患难,我们始终要仰望这样一个目的:常常轻视此生,由此激励自己默想来生。由于最清楚我们在本性上多么倾向于贪爱这个世界,上帝就用最合适的方式阻挡我们,除去我们的惰性,以免我们顽固地执着于对世界的爱……只有在下面这种情况下,我们才能从十字架的锻炼中有所获益,即当我们认识到:就其本身来看,此生动荡不安,充满无数的悲惨,从任何方面来看都难说是幸福的;所有被认为是善的东西,都是不确定、转瞬即逝和虚妄的,且因混杂众多恶而被玷污。由此可知,我们在此寻找或盼望的只能是争战;当我们想到我们的冠冕,就应该抬眼仰望天国。因为,我们必须相信,除非先开始轻视此生,否则心灵就不会真正渴望并默想来生。(3.9.1)

加尔文在这里从对自我的否定推进到对尘世生活的否定,这其实是同一个问题的两个层面:前者揭示了自我与上帝之间的张力,后者则揭示了此生与来生之间的张力。按照加尔文对人性的理解,本性骄傲的自爱者必然同时轻视上帝、邻人与来生。因此,自我否定者就不仅要在离弃自我的前提下服从上帝,在放弃自爱的前提下爱他者,而且要在轻视此生的前提下仰望来生。"在评价必朽的生活时,信徒的目标应该是:将此生本身理解为悲惨,以便带着更大的热情毫无牵绊地全心致力于默想将来的永生。"(3.9.4)看待此生的正确方式是将此生"本身"视为"悲惨",这是加尔文所谓"默想来生"的前提,以至于他认为来生与此生的关系好比家园与流放地、永生与死亡、自由与监狱、快乐与忧伤的关系。所以不难理解,上帝使人遭遇的患难具有双重否定意义:一是对自我的否定,即揭示本性的空洞无力,抑制人的骄傲;二是对此生的否定,即揭示尘世生活的悲惨与虚无。[①] 加尔文说,为了对抗灵魂"在世上寻找自身的幸福"这种恶,上帝"通过持续的悲惨证据,向他

----

　① 　比如,在《要义》第三卷第八、九章中加尔文都列举了许多灾难,前者侧重强调对本性的否定,后者侧重强调对尘世生活的否定。

的追随者教导此生的虚妄"(3.9.1,参见3.9.2)。

　　如此,自我和自我所在的世界都被制造成了虚无性的存在:正如人不再被理解为具有自然目的的本性,尘世生活也不再被理解为目的论秩序的展开;正如上帝同时是对自我的超越与否定,来生也同时是对此生的超越与否定。来生对此生的超越,不以任何内在性和连续性为基础,在这个意义上,如果说上帝是对自我的抽空,来生就是对此生的抽空。来生与此生之间非此即彼的紧张关系,要求基督徒必须以非此即彼的态度面对世界。加尔文认为,在以下两种可能性之间根本没有"中道":尘世,要么变得对我们"毫无价值"(vilescat),要么就会因我们过度爱它而将我们束缚起来。所以,只要关心来生的永恒,就必须竭力击碎"这些恶的锁链"(malis istis compedibus,3.9.1)。

　　可是,如果说信徒应该轻视此生,将其作为毫无价值、虚妄和悲惨的东西加以否定,这不就与加尔文将世界看成上帝显现场所的观点矛盾了吗?加尔文并非没有意识到这里的张力,所以他才强调指出,对此生的"轻视"不等于"恨",不等于对上帝忘恩负义。因此,在将此生界定为"悲惨"的同时,加尔文并未完全否定世界包含的各种"赐福":"尽管充满无限的悲惨,此生仍然值得被算作不应摒弃的上帝的赐福。"(3.9.3)这些赐福既是上帝之善的体现,也应该用来服务于人的拯救;基督徒不应该忽略或放弃这些有限的赐福,而应该通过对它们的使用来盼望和寻求来生更大更完善的赐福。

　　问题的关键是,基督徒在什么限度内使用此生的赐福,才不违背"否定性生活"的原则?在这个问题上,加尔文表现出特别人性化的一面:

　　　　根据这些基本原则,《圣经》也恰当地教导我们正确使用尘世的善

(bonorum terrestrium),这对构造生活的原则来说是不容忽视的。因为,如果要生活,就要使用有助于生活的必需品(necessariis)。我们也不能避免使用那些似乎服务于快乐(oblectationi)而不是必然性的东西。因此我们应该有一个尺度,以便能够带着无亏的良知使用尘世的善,不管出于必需还是出于快乐。当主说,此生对他的百姓而言是通往天国的某种羁旅(peregrinationem),他就用自己的话立了一个尺度。(3.10.1)

一方面,基督徒不应该因贪爱而在此生安顿下来,因为此生不是目的地,而只是通往天国的羁旅;但另一方面,为了到达目的地必须耐心地度过此生这段旅程,并好好使用尘世中的事物帮助我们向永生前进。与奥古斯丁不同,加尔文认为基督徒可以使用的事物,不仅包括基本的必需品,而且包括能够给人带来快乐的东西;或者说,不仅可以利用事物对我们的实际帮助,而且可以享受它们带给人的快乐。奥古斯丁认为,我们对尘世事物的使用应该完全出于不得不用的必然性,而不能享受它们带来的快乐,因为"快乐"是尘世事物对人的最大诱惑之一,快乐的感受表明人是带着"肉身的欲望"(concupiscentia carnis,与五官相关)在"使用"——更准确地说,"享受"——尘世的善。对外物的使用应该是中性的,比如饮食应该是为了健康,而绝不能是为了享受美味,即不能有味觉的快乐。[1] 在加尔文看来,这种仅仅允许使用必需品的"不人道的哲学"(inhumana illa philosophia),不仅剥夺了上帝赐给我们合法享用的"果实"(fructu),而且剥夺了人所有的"感觉"(sensibus),使人沦为一块木头(3.10.3)。加尔文清楚地知道,当他将令人快乐的事物纳入可用之列的时候,很容易导致不节制的贪欲——而这正是他在揭示生活之虚无性时所重点批判的。那么,

---

[1] 参见 Augustine, *Confessiones*, 10.30.41 – 34.53。

加尔文到底是根据什么主张快乐应该被纳入对尘世事物的使用呢？

加尔文给出的主要根据在于，上帝创造万物完全是为了人的益处，这里的益处同时包括必需品和快乐。他写道："让这一点成为我们的原则：如果我们根据造物主为我们创造和预定的目的使用上帝的赐予，就不会出错(aberrare)，因为他创造它们是为了对我们有益，而不是为了毁灭我们……如果我们考虑上帝为了什么目的创造食物，就会发现他不只是预备必需品，而且预备快乐和愉悦。"(3.10.2)让人快乐是上帝创造万物的目的之一，正如他使可以充饥的食物同时成为美味，他也使拥有实际用处的花草树木同时拥有美丽的外表与芳香。上帝之所以创造美食、鲜花、芳草，正是为了让人的感官享受它们。

我们认为，当加尔文从上帝造物的目的为"快乐"寻找根据时，他实际上想要表达的意思是：这种快乐的产生首先源于事物本身的性质，而不是人的贪欲；换言之，是事物本身让我们快乐，而不是我们的贪欲让我们快乐。这是加尔文不同于奥古斯丁的要害所在：奥古斯丁认为人在外物中感受到的快乐源于贪欲，加尔文认为存在某种与贪欲无关的快乐，某种由事物本身规定的快乐，"事物本身的自然性质(ipsae naturales rerum dotes)，足以表明它们可以为了什么目的，在什么程度上被享受"(3.10.2)。①

可见，在"自我否定"与"轻视此生、默想来生"的大原则下，加尔文对待尘世世界的态度实际上是比较复杂的。他一方面对尘世生活进行虚无主义还原，认为生活中处处弥漫着虚妄与悲惨；另一方面又坚持认为世界充满上帝对人的赐福，人可以而且应该好好使用甚至享受它们。换言之，

---

① 联系讨论基督徒的"自由"问题的《要义》第三卷第十九章很容易发现，加尔文关于可以着眼于"快乐"使用尘世事物的观点，实际上意味着人有使用"无关紧要之事"(adiaphora)的自由，人的良知在这方面不受任何限制。加尔文写道："总之，我们看到这种自由的目的是：我们应该带着无亏的良知，心灵毫无困扰地根据上帝赐予的目的使用他的赐予。有了这一信心，我们的灵魂就会与他和睦，就会认识到他对我们多么慷慨。"(3.19.8)

他一方面将此生比喻成应该尽快摆脱的"流放地""死亡""监狱"等;另一面又认为人不应该恨恶、更不应该随意结束此生。为了默想来生,加尔文不惜用悲惨来否定此生,不过此生最大的困境还不在于尘世本身"毫无价值",而在于人们不能直接抛弃"毫无价值"的尘世。轻视却不能离开此生,就像保罗所言,"用世物"却"要像不用世物"。加尔文刻画的自我否定者似乎注定对此生感到深深的"厌倦"并渴望它的终结,但这种厌倦却不应变成"抱怨和不耐烦",相反,他们应该像上帝在世界中安排的"哨兵"一样,随时准备"按照上帝的意志继续停留在这里"(3.9.4)。正是为了将自我否定者安顿在他们"轻视"的此生之中,加尔文才提出著名的"呼召"学说,结果使自我与世界之间的关系变得更加复杂。

第二节　无目的的目的性:"呼召"作为生活方式

受韦伯的著名研究影响,"呼召"(vocatio)被认为是加尔文最重要的神学创见之一,[①]不过从《要义》文本来看,加尔文其实并未对"呼召"

---

①　除了韦伯的著作,另可参见 A. Biéler, *Calvin's Economic and Social Thought*, trans. James Greig, Geneva: WCC Publications, 2005; Georgia Harkness, *John Calvin: Man and His Ethics*, New York: Henry Holt, 1931, pp. 178－220; Robert C. Trawick, "Ordering the Earthly Kingdom: Vocation, Providence and Social Ethics," doctoral dissertation, Emory University, 1997, esp. pp. 66－104; Henri Hauser, "L'économie calvinienne,' Études sur Calvin 100 (1935), pp. 227－242; *Les débuts de capitalisme*, Paris: Alcan, 1927; *Les débuts de l'âge moderne*, Paris: Alcan, 1927; Ernst Troeltsch, *The Social Teaching of the Christian Churches*, vol. 2; 托尼:《宗教与资本主义的兴起》。对比路德的呼召学说:Gustaf Wingren, *Luther on Vocation*, trans. Carl C. Rasmussen, Eugene: Wipf & Stock, 2004; L. Hardy, *The Fabric of This World: Inquiries into Calling, Career Choice, and the Design of Human Work*, Grand Rapids: Eerdmans, 1990, pp. 44－76;林纯洁:《马丁·路德天职观研究》,北京:人民出版社,2013 年。关于 20 世纪以来西方神学对新教呼召与工作学说的批判性反思,尤其是从天主教视角切入的研究,可参见高喆:《辛劳与礼物:工作神学批判研究》,北京:人民出版社,2015 年。

予以系统阐释，为数不多的几处讨论还散见于不同的章节中。下面这段话是其中最重要的段落之一：

> 主命令我们每个人在生活的所有行为中都仰望自身的呼召。因为，他知道人的本性多么躁动不安、变化无常，知道人的野心多么渴望同时拥抱多个东西。因此，为了避免我们的愚蠢和鲁莽使一切陷入混乱，他为每个人的生活方式都安排了特定的职分。而且，为了不让人鲁莽地逾越自己的界限，他将这些不同的生活方式称为"呼召"。所以，每个人都有上帝分配给他的生活方式，好比是岗哨，以免他鲁莽而漫无目的地度过整个生活……在所有事情当中，主的呼召是善行的开端与根基，知道这一点就足够了。凡不服从呼召的人，都不会在职分上持守正确的道路。他也许有时能做出某件看起来值得称赞的事，但无论人如何看待，那件事都将在上帝的宝座前被拒绝。而且，他生活的所有部分都不存在和谐。如果你的生活导向这一目标，它就是构造得最有序的，毕竟没有人敢出于鲁莽的冲动超出自身呼召涵盖的范围，因为他知道越界是不合法的。（3.10.6）

加尔文在此提出"呼召"概念，是为了防止人在使用尘世事物时滥用自由（用上述引文的话说，约束躁动不安、变化无常、野心勃勃的本性），免得对受造物的合法使用变成贪欲的放纵。这不仅是加尔文写下上面这段话的初衷，而且是他在其他段落中讨论呼召的基本着眼点。如果单从"节制欲望"或"禁欲主义"这一伦理学主题来看，加尔文的思想本无特别之处，但当他从"呼召"出发界定自由与行为的限度时，却讲出了对"生活秩序"的全新理解。① 从呼召来看,所谓节制欲望,主要不在于建立理性统治灵魂的内在秩序,而在于建立生活及其职分的外在秩序。在加尔文关于生活构造的整体教导中,"呼召"诚然从属于"自我否定""轻视今生、仰望来生"等原则,但也在一定程度上溢出了传统基督教的禁欲或苦行伦理。如果说加尔文对自我的否定性构造,具有将人超拔出尘世生活的倾向,他关于呼召的教导则从根本上斩断了自我超越于尘世的可能性。如果说还有所谓超越,那也只能是在世超越(用韦伯的话说,入世苦行),即在世如同不在,用世物如同不用。

接下来,让我们具体分析一下上述引文传递的信息。② 根据加尔文的思路,尘世生活的秩序必须从根本上奠基于上帝对每个人的特殊"呼召"。本性的不安、多变与贪婪很容易导致生活陷入混乱,而为了给无序的生活赋形,上帝为每个人都分配了某种生活方式以及相应的职分;作为"呼召"的生活方式属于神意对个体的照看和安排,上帝借此将人安顿在世界中的各个"岗哨"上面,不允许他们轻易逾越自身生活的界限。

通过呼召重构尘世秩序,加尔文极大地改变了对行为与生活目的的传统理解。首先,判断行为的标准不再是理性和德性,而是上帝对每个人的呼召,因此加尔文会认为,根据"哲学理性"最高贵的行为莫过于使自己的国家摆脱僭政,但根据呼召,这样的个体行为则注定会被上帝

---

① 加尔文说,上帝滋养人是为了人的"生活"(vivant),而非别的什么(3.19.10)。

② 这里的分析主要参考了韦伯和特洛尔奇的经典研究,虽然他们的研究都是围绕后来的加尔文主义而非加尔文本人的思想展开的。关于呼召,另可参见 Karl Barth, *Church Dogmatics*, III/4, eds. G. W. Bromiley and T. F. Torrance, trans. T. H. L. Parker, et al. Edinburgh: T. & T. Clark, 1961, pp.595 – 646。

定罪。① 行为本身的德性、价值与目的变得不再重要,重要的是行为所属的生活整体。"呼召是善行的本原与根基",如果逾越了呼召限定的职分范围,任何"值得称赞的事"都将是无本无根的罪行。

其次,在内在性被抽空、自然目的论瓦解的现代世界中,加尔文试图通过呼召以外在方式重新赋予生活以目的和秩序,结果,生活不再指向某种有待成全的形式规定性,也不再奠基于传统形而上学和神学所依托的存在巨链,以至于丧失内在目的的生活本身成了目的。生活的事实性就是其目的性。这样的生活之所以被认为是有序的与和谐的,只是因为它严格地指向自身的呼召性,而非指向更高更真实的善。呼召取代善成为生活的根据。在加尔文的世界中,孤立的行为本身是没有目的论规定的,其意义必须放到作为呼召的生活整体中加以考量;悖谬的是,作为呼召的生活整体同样缺乏内在的目的论规定。生活整体的意义来自外在的呼召,来自神意的意志论赋予。在这一点上,加尔文和路德的呼召学说具有类似的倾向,那就是既剥夺尘世生活的自然目的性,又斩断此生与永生之间的目的论关联。也正因此,我们认为特洛尔奇对路德的评价同样适用于加尔文,因为世俗制度在他们二人这里都成了处境性的、空洞的"生活形式"(forms of life),关键在于这种生活形式不是自然的,甚至主要不是罪的消极产物,而是上帝积极设立和分配的结果。② 基督徒有义务接受本身没有实在价值的生活形式,这种接受既是对世界的贬低和忍耐,也对上帝的顺服与敬畏,同时更是一个人宗教虔敬的典型体现,因为,救赎恩典不仅给每个在世界中的人分配一

---

① 关于这个问题,进一步参见《要义》第四卷第二十章,以及 Quentin Skinner, *The Foundations of Modern Political Thought*, vol. 2, pp. 189 - 358。

② 参见 Ernst Troeltsch, *The Social Teaching of the Christian Churches*, vol. 2, pp. 508 - 511。

项世俗任务,而且使之成为对每个人来说必不可少的"精神操练"(exercise of the spirit)空间。[①] 相比来生,应该被轻视的此生虚无而悲惨,但由于上帝的呼召,这种被抽空内在性的生活反过来被赋予了某种目的性与神圣性——本身没有目的的目的性、不神圣的神圣性。

最后,随着自然目的论的丧失和生活本身作为目的的重构,加尔文用"呼召"概念将所有尘世职业都变成了均质化的生活方式,同时正如韦伯所说,也使整个生活发生了彻底的基督教化。[②] 目的论等级的瓦解导致不同生活方式之间不再有价值高低的差异,因为从呼召来看,哪怕通常被认为最低贱的职业都具有神圣性,哪怕通常被认为最高贵的职业也不具有更高的神圣性。换言之,呼召使所有职业都成为去目的论的均质化生活和同样神圣的生活——都源于上帝的意志化神意,都是对上帝的荣耀。正如韦伯和特洛尔奇的著名研究共同向我们揭示的,生活呼召的均质化与神圣性,最终使现代人成为受职分或职业规定的人,由此深刻地影响了现代经济社会及其伦理气质的形成。

加尔文无情地抽空了现代人与现代世界的自然根基,并将每个人都制造成为羁旅于世的陌生人,然而不管如何轻视此生、默想来生,这些空无的陌生人都不应该通过沉思逃离身体及其所在的"世界迷宫",而应该使自己的每个行为都变成呼召的一部分,将自己的整个生活与工作理解为神意分配的神圣使命,即"天职"。[③] 勤勉刻苦地投身于生活呼召才是最彻底的自我否定,这既意味着对自然本性的弃绝,对他者无条件的爱与奉献,也意味着对上帝的服从与荣耀。

---

① 参见 Ernst Troeltsch, *The Social Teaching of the Christian Churches*, vol. 2, p. 609。

② 参见韦伯:《新教伦理与资本主义精神》,第 109 页。

③ 尼泽尔看到,在"自我否定"的消极伦理背后蕴含着强大的"积极力量"(positive force)。笔者认为,只有结合"呼召"概念,我们才能真正理解这一点。参见 Wilhelm Niesel, *The Theology of Calvin*, p. 144。

这样,加尔文便将被抽空内在性的个体变成了一个个羁旅于世的"职业人"(韦伯语),让他们从尘世的外在工作中安顿内在空无的人性。在他看来,唯有作为呼召的生活方式本身,能让上帝的被拣选者持久忍耐,能为他们提供永远的慰藉,能使他们把自我否定变成蕴含持久动力的生活方式。加尔文这样写道:

> 地位低的人将会毫无怨言地过着个人的生活(privatam vitam),不至于抛弃上帝为他设置的地位。而且不管是谁,如果知道上帝在所有这些事上都是自己的向导,就能从操劳、艰辛、困苦以及其他负担中得到不小的慰藉。官长将会更愿意履行自己的职责;家父长将会忠于自己的职分;如果确信负担是上帝加给自己的,每个人都会承受和忍耐自身生活方式中的困难、烦扰、疲惫与焦虑。由此产生一种奇特的慰藉:只要服从你的呼召,没有什么低贱和卑微的工作不在上帝面前光芒四射并被视为最宝贵的。(3.10.6)

从"呼召"概念出发,我们可以再次回到行为与成圣之于拯救的意义问题。成圣是信心的结果,是通过基督赐予信徒的双重恩典之一,同时更是上帝呼召被拣选者的目的:"基督徒的整个生活都应当是虔敬的操练,因为我们被呼召成圣。"(3.19.2)成圣是上帝对信徒的呼召。坚持唯独信心之人之所以不会陷入"善行虚无主义"(行为无意义),就是因为,在行为被排除出拯救机制的同时,加尔文用呼召概念为基督教的道德生活提供了全新的动力。自我否定的成圣者应该带着最大的热情完善自己的行为、生活和品格,不是因为可以借此获得拯救的奖赏或者超自然的目的,而只是因为这是上帝意志对自己的神圣呼召。在加尔文看来,没有什么比"救赎与呼召的目的"更能激励人服侍上帝了,而成圣便是呼召的目的。他引用保罗的书信写道,"我们被呼召,不是为了沾染污秽,而是为了成圣(《帖撒罗尼迦前书》4:7),因为上帝的意志就是要我们成圣,远避淫欲(《帖撒罗尼迦前书》4:3)。上帝以圣召召我们(《提摩太后书》1:9),要求我们用圣洁的生活回应(responderi)"(3.16.2)。圣洁生活是对神圣呼召的回应,这种回应不能被理解为对拯救之应许的成全(3.17.6),因为只有呼召者是自身应许的成全者。换言之,成圣者应该追求圣洁生活,不是因为可以借此实现自己的拯救,甚至不是因为圣洁生活本身就值得追求,而只是因为这是上帝的意志,用保罗的话说,只是"因为上帝的意志就是要我们成圣"。成圣在于服从上帝的意志,让上帝的意志运作在自己身上,通过自己的行为实现出来:"服从上帝的意志,在所有事情上只为增加他的荣耀,便是我们的主要意志。"(3.14.9)这也是加尔文与路德在呼召问题上的微妙区别之所在:对路德来说,上帝安排的职分更多的是被动服从和接受的对象,而对加尔文来说,则更多的是追求圣洁生活并借此荣耀上帝的基本方式。①

同时,既然成圣是上帝对圣徒的呼召,被排除出信心之义的行为就可以用来坚固人的信心。根据前面的分析,真正的信心应该奠基于上

---

① 韦伯指出,后来的加尔文主义者甚至认为,为了荣耀上帝,一个人可以根据需要变换工作或身兼数职,"只要这并非轻率之举,而是在于选取一个更为神所喜的职业"。参见韦伯:《新教伦理与资本主义精神》,第154页。特洛尔奇从另一个角度提醒我们注意,加尔文主义信徒将所有的呼召都视为实现"圣洁共同体"(Holy Community)的方式,他们不是服从神意设定的静态呼召系统,而是自由地利用呼召性工作,参见 Ernst Troeltsch, *The Social Teaching of the Christian Churches*, vol. 2, pp. 610 – 611。何涛对加尔文政治思想的研究对此亦有揭示,参见何涛:《神学个人主义的此世化:加尔文政治思想研究》,博士论文,中国政法大学,2013 年;《加尔文:专注此世的神学政治》,《读书》,2017 年第 10 期,第 79—89 页。

帝的怜悯(赦罪与归算),绝不可依赖人的行为,否则信心就不可能是确定和牢固的(参见本书第十一、十二章)。不过加尔文认为,在正确建立信心的前提下,我们仍然可以对行为有某种信心,只不过不是相信行为之于拯救的功德,而是用行为坚固信心。被排除出信心之义的行为,何以能反过来坚固信心呢? 加尔文认为,这是因为行为是"上帝在我们之中居住和统治的见证",因此不能禁止基督徒"用上帝对他慈爱的符号(benevolentiae signis)加强和坚固这种信心"(3.14.18)。如果说"怜悯"侧重指上帝对罪人的赦免和义的白白归算,"慈爱"则侧重指行为与圣洁生活方面的恩典。信心只能奠基于上帝的怜悯,但这并不妨碍成圣者用善行的恩典加强自己的信心,因为善行作为上帝的见证和慈爱的符号,可以证明一个人是被呼召者。就此而言,相信行为,在根本上意味着相信圣洁生活是上帝对自我的呼召,是恩典在自我之中的显现与运作。

> 圣徒对行为的信心不是要将什么东西归给它们的功德,因为他们唯独将它们视为上帝的赐予,可以从中认出上帝的善,唯独将它们视为呼召的符号(vocationis signa),可以借此思考拣选……奥古斯丁让上帝留意他的善行,只是为了在善行中认出他的呼召之恩典,完成他已经开始的事情。(3.14.20)

作为没有功德的善功,行为既是上帝慷慨赐予的善,同时更意味着上帝对圣徒的呼召,或者说,上帝将行为之善赐给被拣选者,是为了呼召他们成圣。在行为的恩典背后是呼召的恩典,在呼召的恩典背后是拣选的恩典,正因此,成圣者可以通过善行——"呼召的符号"或"呼召的果实"(3.14.19)——推测自己是被拣选者。换言之,行为虽不能给人带来拯救,却能在一定程度上向人揭示拯救,因为善行的赐予说明人已经处在受召的恩典状态。行为的意义不在于用功德为人挣得拯救,由此确立对称义和拯救的信心,而在于作为"结果"(posteriori)证明一个人是受到呼召的成圣者:"既然重生的果实被视为圣灵居住的证据,他们由此可以被极大地坚固,以便在所有必要的时候等待上帝的帮助,因为他们在如此重要的事上经验到上帝是父。"(3.14.19)拯救的最终确定性既不是来自信心和行为,也不是来自呼召和成圣,而是来自一个更具根源性的神圣意志:预定。只有向作为绝对开端的预定还原,才能真正揭示拯救的原因、实现和意义。这便是本书最后一章所要澄清的问题。

第十七章　预定论还原

第一节　预定论还原与无差别的人性

　　虽然今天已经很少有人还像改革宗的经院主义那样,从预定论出发演绎加尔文和加尔文宗的整个神学体系,或像施韦泽(Alexander Schweizer)那样将预定论视为加尔文的"中心学说"(central dogma),[①]但这并不意味着我们就可以因此弱化,甚至无视预定论在加尔文思想中的重要地位(虽然确实是加尔文学界的现状)。[②]本书第二部分提到,加尔文在1539年版《要义》中延续传统思路将神意与预定论放在一起处理,最终又在1559年版中将二者分别置于第一卷和第三卷的最后。这一

---

　　① 参见 Alexander Schweizer, *Die protestantischen Centraldogmen in ihrer Entwicklung innerhalb der reformierten Kirche*, 2 vols., Zürich: Orell, Füssli und Comp., 1854 - 1856。
　　② 关于加尔文预定论的研究可谓汗牛充栋,有兴趣的读者可参见以下二手文献: Fred H. Klooster, *Calvin's Doctrine of Predestination*, Grand Rapids: Calvin Theological Seminary, 1961; Paul Jacobs, *Prädestination und Verantwortlichkeit bei Calvin*, Neukirchen: Erziehungsvereins, 1937; Joel R. Beeke, "Calvin on Similarities and Differences of Election and Reprobation," in *Theology Made Practical*, eds. Joel R. Beeke, David W. Hall, and Michael A. G. Haykin, Grand Rapids: Reformation Heritage, 2017, pp. 41 - 50; Forrest H. Buckner, *Uncovering Calvin's God: John Calvin on Predestination and the Love of God*, London: Fortress, 2020; *John Calvin's Ideas*, pp. 93 - 128; Charles Raith II, *After Merits*, pp. 100 - 104; Wilhelm Niesel, *The Theology of Calvin*, pp. 159 - 181; Paul Helm, *Clavin at the Centre*, pp. 132 - 162。　　(转下页)

将"神意"置于创造论与上帝论之下,将"预定"置于救赎论之下的做法,与阿奎那、茨温利、贝扎(Theodore Beza)等人形成了鲜明的对比。①第一卷关于造物主的讨论以神意作结(1.16—18),第三卷关于圣灵的讨论以预定作结(3.21—24),②二者最根本的关联在于,无论针对万物的神意还是针对人类的预定,根本上都完全取决于上帝的主权性意志。在这个意义上,第一卷的创造论与第三卷的救赎论可谓遥相呼应。用一位学者的话说,"护理(即神意)是创造者上帝的教义的完成,而预定论则是拯救者上帝的教义的拱石"。③

预定论在第三卷最后的出现,表明加尔文不满足于仅仅围绕信心、称义和成圣讨论拯救,而是要进一步把这些问题还原到一个根源性的上帝意志那里,即永恒预定的意志。我们将这一做法称为加尔文的"预定论还原",其中包含两层含义:一、加尔文既已在前面将拯救从行为还原为信心,现在则从信心进一步向预定还原,以表明拣选的恩典比信心的恩典更为根本,用他自己的话说,拣选乃"信心之母"(3.22.10);

（接上页）关于加尔文与预定论传统,尤其是改革宗对预定论的推进,参见 Loraine Boettner, *The Reformed Doctrine of Predestination*, Dallas: Gideon House, 2017; Karl Barth, *Church Dogmatics*, II/2, eds. G. W. Bromiley and T. F. Torrance, trans. T. H. L. Parker, et al., Edinburgh: T. & T. Clark, 1957, pp. 3 - 508; Richard A. Muller, "The Placement of Predestination in Reformed Theology: Issue or Non-issue," *Calvin Theological Journal* 40 (2005), pp.184 - 210; *Christ and the Decree: Christology and Predestination in Reformed Theology from Calvin to Perkins*, Grand Rapids: Baker Academic, 2008; Joel R. Beeke, *Debated Issues in Sovereign Predestination: Early Lutheran Predestination, Calvinian Reprobation, and Variations in Genevan Lapsarianism*, Gottingen: Vandenhoeck & Ruprecht, 2017; Jesse Couenhoven, *Predestination: A Guide for the Perplexed*, London: Bloomsbury, 2018。

①　加尔文将预定论放到第三卷最后,显然是为了用它来总结和收摄信心、称义、成圣与呼召等问题,以便凸显上帝的主权意志在拯救中的地位。这并不意味着预定不再是神意的一部分。

②　《要义》第三卷第二十五章是关于复活的简短讨论,主要涉及被拣选者与被弃绝者的结局问题。

③　乔治:《改教家的神学思想》,第209页。

二、加尔文认为预定本身必须还原为上帝的绝对意志，即完全不考虑人的本性、行为与功德的自由决定。只有将个体的拯救与毁灭还原为拣选与弃绝的预定，将预定还原为行为与功德之外的绝对意志，加尔文才能最终解释清楚信心、称义、成圣等一系列问题，并借此建立上帝对空无自我的绝对超越性。下面让我们具体考察一下加尔文的预定论思路。

　　加尔文提出预定论的初衷，是为了以最彻底的方式将个体命运的差异性追溯到上帝而不是人自己身上。正如我们在本书第二部分开头已经指出的，加尔文看到"生命之约"并未同等地在所有人中间传讲，那些听到生命之约的人也并未同等地接受，他认为只能用"上帝永恒拣选的决定"（aeternae Dei electionis arbitrio, 3.21.1）来解释个体与生命之约的不同关系。就是说，上帝的意志在创世前就已经决定拯救谁和弃绝谁，因此才会有人听到有人听不到生命之约，有人接受有人不接受。下文将会看到，加尔文的预定论学说不只是对拯救问题的回答，同时更是正确构建空无自我与上帝之间关系的基础，是成圣者筹划圣洁生活的最终根据。

　　《要义》用4章49节的篇幅对预定论进行了相当系统的考察，这在其他宗教改革家那里是十分罕见的，[①]由此足见预定论在加尔文神学中的地位。下面这个总结性段落向我们呈现了加尔文预定论学说的基本观点：

　　　　正如《圣经》所清楚显示的，我们说，根据他永恒不变的计划，

----

① 在这个问题上，加尔文宗与路德宗形成了鲜明的对比。路德关于预定论的讨论散见于不同的著作，梅兰希顿甚至避而不谈。参见 Joel R. Beeke, *Debated Issues in Sovereign Predestination*。

上帝早已一次性地(semel)决定愿意(vellet)一次性地把哪些人纳入拯救,又愿意诅咒哪些人毁灭。我们深信,对被拣选者而言,这一计划的基础是上帝白白的怜悯,与人的价值(dignitatis)没有任何关系;而根据他那公正、无可指责却也无法理解的审判,上帝向他判决灭亡的人关上了生命的大门。在上帝的选民那里,我们将呼召视为拣选的证据。然后我们认为称义是拣选显现的另一个标志,直到他们得荣耀,拣选才算成全。正如上帝通过呼召和称义印证他的选民,同样,上帝排除(excludendo)被弃绝者,使他们不能认识他的名,或不能通过他的灵成圣,以此显示等待他们的是怎样的审判。(3.21.7)

这段话包含许多层次,诸如预定的双重性与特殊性,预定与个体之间的关系,预定的根据与证据,等等。下面我们将结合前面所论主题逐层分析其中的要点,以揭示预定论还原在加尔文拯救学说中的地位和意义。

众所周知,不同于奥古斯丁以来的传统,加尔文这里的主张被后世称为"双重预定"(double predestination),[①]即上帝的意志不仅拣选一部分人,预定他们将得永生,而且弃绝一部分人,预定他们永远毁灭。"没有哪个愿意被看成虔敬者的人敢直接否定预定,即上帝给一些人生命的盼望,判其他人永死。"(3.21.5)加尔文认为,只有在与弃绝的对立中,拣选才能成立(3.23.1)。他这里的双重预定必然同时存在,没有拣选便没有弃绝,没有弃绝也没有拣选。此前的基督教神学通常认为只有拣选是预定,弃绝严格来说不属于预定。加尔文现在则强调,弃绝不

---

① 通常认为,戈特沙尔克(Gottschalk of Orbais)早在9世纪就已经提出双重预定论,参见爱留根纳对这位萨克森修士的反驳:John Scottus Eriugena, *Treatise on Divine Predestination*, trans. Mary Brennan, Notre Dame: University of Notre Dame Press, 1998。

只意味着不拣选,即由于不赐予恩典而消极地任由一部分罪人自行毁灭;相反,他坚持认为拣选与弃绝都是上帝意志直接预定的结果。因此,弃绝的意思不是"允许"那些"预备遭毁灭的器皿"毁灭,而是上帝用力量操控(3.23.1)他们毁灭。这一点清楚地体现在加尔文的预定论定义中:

> 我们将"预定"称为上帝永恒的预旨,他借此预旨自己决定每个人将会如何(quo apud se constitutum habuit, quid de unoquoque homine fieri vellet)。并非所有人都被造在同等的处境中(pari conditione)。相反,一些人被预定得永生,另一些人被预定遭永死。因此,既然每个人都为其中一个目的被造,所以我们说生命或死亡被预定。(3.21.5)

加尔文的用词意在强调,预定是上帝自己(apud se)对每一个个体(unoquoque homine)终极结局的永恒决定。不仅亚当之后的人,就连亚当的堕落都必须归结为上帝的预定:"他们说亚当有自由意志,可以创造自己的命运,因此上帝的预定仅仅在于根据亚当的功德对待他。如果接受这种冷漠的发明,上帝的全能该置于何处? 借此全能,上帝根据那仅仅依靠自身的隐秘计划控制万物。"(3.23.7)加尔文接着指出,众人因亚当一人的过犯而受制于永死,这件事不可能是以自然的方式(naturaliter)发生的,而只可能来自上帝奇妙的计划,只可能是因为上帝喜欢这样(nisi quia Deo ita visum est)。加尔文承认,这确实是"恐怖的预旨"(decretum quidem horribile, 3.23.7)。

预定论的决定又被理解为每个个体受造的"目的"。加尔文显然不是在严格的目的论范畴下使用"目的"一词的。奥古斯丁与阿奎那等传统神学家之所以仅仅把拣选理解为预定,其中最根本的一个原因在于:只有拣选是指向永生之目的的决定,只有被拣选者才能实现人之为人的最高目的;全善的上帝不可能通过弃绝的预定将人隔绝在永生之外,因为永生是对上帝本身的观看和安享,弃绝的预定意味着上帝自相矛盾地使人背离他自己(而这是不可能的)。这一点在阿奎那笔下体现得更为直接,在他看来,神意是万物趋向自身目的的理据,作为神意一部分的预定则是一种特殊目的的理据,即理性造物趋向超自然目的的理据:"因此,传送(transmissionis)理性受造物达到永生目的之理,即称为'预定'(praedestinatio)。因为指定就是送往。"①预定作为理据是理性受造物的目的论秩序在上帝心智中的先行存在。预定是作为至善与至高目的的上帝,对救赎目的的安排,而弃绝是对救赎目的的背离,因此不可能来自上帝,或者更准确地说,根本不存在作为弃绝的预定。

到加尔文这里,预定不再意味着上帝将受造物传送到超出他们自然能力的超自然目的那里。首先,被弃绝者将会遭受的永死,无论如何都不能在目的论意义上被理解为善的目的,因为永死是永远的恶,是对目的永远的背离。其次,当加尔文将永生和永死称为"目的"的时候,他想强调的是:永生与永死之为目的,仅仅是由于上帝意志的外在决定,而不是由于事物本身就具有这样的目的论倾向。换言之,预定论意义上的目的纯粹是上帝意志的外在赋予,而不是事物自身应该实现的超自然规定性。正由于将预定之目的还原为上帝意志的外在决定,加尔文才会认为弃绝也是一种预定,并认为被弃绝者是为永死的目的被造的,正如被拣选者是为永生的目的被造的。联系本书第二部分的讨论可知,在特殊化的神意和预定之下,整个世界的秩序和目的都从事物自

---

① 阿奎那:《神学大全》,Ia, q23, a1, co., 第一册,第 354 页。

身的自然或超自然规定,还原成了唯意志的外在赋予。这样的目的不再意味着事物的完善与实现,因而不再是严格意义上的目的。不能说一个目的论瓦解的世界完全没有目的,而是说,所有目的都成了缺乏内在必然性却又必然会实现的偶性(因为上帝的意志绝不会落空)。

　　对人来说,目的的偶然性集中体现为拣选与弃绝都无关个体本身及其行为。加尔文延续信心之义的逻辑,反复强调无论拣选还是弃绝,都属于不考虑行为功德的外在预定,跟人本身的价值没有任何关系。拣选的基础是"上帝白白的怜悯",弃绝的基础是上帝的正义,即"他那公正、无可指责却也无法理解的审判"(3.21.7)。在这个问题上,加尔文试图强调两点:第一,拣选的预定不是根据个体的善行和功德做出的,虽然被拣选的圣徒一定会成为圣洁之人;第二,与此相应,弃绝的预定也不是根据个体的恶行与罪做出的,虽然全然败坏的整个人类都该被弃绝。

　　为了论证预定对行为来说的绝对外在性,加尔文首先重点驳斥了那种认为预定奠基于预知的常见观点,而这也是后来反对改革宗正统的阿米尼乌斯主义(Arminianism)坚持的观点:

　　　　这些人通常认为,上帝根据对每个人将会有何种功德的预知(praevidet)而把人区别开来。因此,他拣选他预知不会不配得恩典的人作儿女,对于那些他预知将会倾向于恶和不敬的人,他则使他们遭受死的惩罚。如此,他们就用预知的帕子遮蔽了拣选,不仅使预定变得模糊不清,而且为之捏造了另一个起源。(3.22.1)

在加尔文看来,主张上帝根据预知进行预定,就是主张上帝根据对功德有无的预知或拣选或弃绝。比如,以双生子雅各与以扫为例,强调预知的人会认为,雅各的例子证明上帝拣选那些配得他恩典的人,以扫的例子则证明上帝弃绝那些他预见到不配得恩典的人(3.22.4)。安布罗斯、奥利金与哲罗姆都持类似观点。阿奎那对预知与预定的关系做了更加微妙的区分:从预定者的"行为"角度来看,对功德的预知不是预定的原因,而从被预定者的角度来看,却可以说上帝是根据功德进行预定的(3.22.9)。① 与此不同,加尔文试图从预定中清除预知因素,并在概念上消解预知之于拯救的意义,从而将预定彻底还原为上帝意志的决定。根据他的理解,预知仅仅意味着上帝始终将万物作为现在在场的东西予以观看,②预定则意味着上帝以绝对自由的方式决定个体或得救或毁灭。换言之,预知属于上帝的智慧,而预定(即"亲手统治和控制万物")属于上帝的权能。(3.23.7)不仅如此,加尔文甚至进一步认为,没有预定就没有预知,而非相反:因为上帝通过预定控制一切,所以他才预知一切。事物的必然性来自预定,而非预知:"不过,既然上帝预知将来的事件,仅仅是因为他决定(decrevit)它们这样发生,他们就预知进行争论便是徒劳的,因为万事的发生显然都出自上帝的安排与命令。"(3.23.6)③

　　预知概念在拯救中的消解,同时也是功德概念的消解。正如前面讨论信心之义时所指出的,人自身根本没有任何配得恩典的功德可言,

---

① 比如阿奎那:《神学大全》,Ia, q23, a5,第一册,第361—365页。

② 预定是上帝意志的拣选与弃绝,预知是上帝对万物的永恒认识。关于后者,加尔文写道,"当我们说到上帝的预知时,我们的意思是:万物在上帝眼前总是已经存在,且将会持续存在,因此对上帝的知识来说,没有什么将来或过去,相反,万物都在现在存在(omnia sint praesentia);万物如此在场(praesentia),以至于上帝不仅通过观念想象它们(就像我们通过思将心灵记忆的东西带到眼前一样),而且将它们作为眼前的事物真实地观看和认识"(3.21.5)。

③ 又比如:"没有人能否认,上帝造人前就预知人将来的结局,而他之所以能预知,是因为那是他按照自己的旨意预定的。"(3.23.7)

因此拣选只可能是在行为之外白白赐予的恩典。加尔文认为,耶稣基督就是"白白的拣选最清晰的一面镜子"(lucidissimum esse gratuitae electionis speculum),因为耶稣并非靠行为,而是靠拣选的恩典才得以成为天使元首、神的独生子、父的形象等。"他并非通过义行成为神子,而是被白白地给予这样的尊荣,以便随后与其他人分享自己的赐予。"(3.22.1)无罪的基督尚且如此,何况全然败坏的罪人呢?

加尔文引用保罗的话说,"神从创立世界以前,在基督里拣选了我们"(《以弗所书》1:4),他认为之所以在基督中进行拣选,就是因为上帝在人身上找不到任何值得拣选的东西(3.22.1),也就是说,保罗在此用"基督之名排除了一切功德,以及人自身拥有的任何东西"。[①] 因为拣选没有任何功德根据,保罗才会将"上帝意志的喜悦"与"人的功德"对举,将拣选完全还原为上帝的意志(3.22.1)。拣选完全是上帝出于自身意志做出的,他高兴或喜悦(beneplacitum)拣选谁就拣选谁,其原因完全在上帝自身之中,而没有任何出自人性的内在原因(in se ipsius,3.22.2)。加尔文在《以弗所书注释》中联系拯救的四因指出,我们必须将拯救的动力因理解为"上帝意志的喜悦",这是推动上帝预定我们的唯一原因(una illi causa)[②]。正因此,加尔文认为,若要正确坚持预定论,就要保持拣选的不可理解性,就要摧毁拣选的人性根基,将其还原为无法理解的"隐秘计划"(occulto consilio,3.21.7)。[③] 如果试图"寻找比上帝隐秘且不可理解的计划更深的原因",结果只会是徒劳地折磨自己。(3.24.12)

不同于此前神学家调和预定与功德的所有尝试,加尔文不仅放弃

---

① Calvin, *Comm. Ephesians*, 1:5, *CO* 51, p.147.

② Calvin, *Comm. Ephesians*, 1:5, *CO* 51, p.149.

③ 回顾本书第二部分第九章关于神意隐秘性的讨论。

调和路线,而且将上帝的意志推向极端,使其变成完全不考虑行为与功德的绝对意志。"我们被拣选的所有稳固性都唯独包含在上帝的意图中:功德在此一文不值,因为功德只可能导致死亡,也不考虑(人的)价值(dignitatem),因为没有任何价值;唯有上帝的仁慈在统治。因此,认为上帝根据对每个人是否配得其恩典的预见进行拣选和弃绝的教义是错误的,而且与上帝之言的教导相反。"①面对上帝与自我、预定与功德的张力,所有调和的努力都被加尔文视为对神圣荣耀的剥夺。因为,"上帝总是自由地将他的恩典赐予他愿意赐予的人",无论拣选谁,"原因都不在上帝之外"(3.22.1)。

　　正如拣选必须还原为不考虑个体行为的绝对意志,弃绝也同样如此,二者具有相同的逻辑和根据:

　　　　因此,如果除了因为那令上帝高兴(quoniam ita illi placet),我们找不到他为什么怜悯子民的理由,同样,除了上帝的意志,我们也找不到他拒绝其他人的理由。因为,当经上说上帝随意叫人刚硬或给予怜悯,就是在警告人们不要在他的意志之外寻找任何原因。(3.22.11)

加尔文这里推进了保罗《罗马书》第九章的预定论观念。根据保罗的讲法,雅各与以扫兄弟一个被拣选一个被弃绝的事实表明,行为并非上帝预定的根据,因为他们被预定的时候"善恶还没有做出来"(《罗马书》9:11)。雅各被恩待不是因为善行,以扫被恨恶也不是因为恶行,上帝之所以将他们区别对待完全是出于他那不可理解的隐秘意志,或者说,

---

① Calvin, *Comm. Romans*, 9:11, *CO* 49, pp. 178-179.

完全是因为上帝愿意通过这样的方式显现自身的荣耀,至于上帝为什么这样安排则属于完全不可知的奥秘。加尔文在论及关于亚当堕落的预定时指出,亚当之所以会堕落是因为上帝认为这样是合宜的(expedire);虽然我们不知道他为什么会这样认为,但确定无疑的是,上帝这样认为,"仅仅是因为他看到自己的名由此可以得到应有的荣耀"(3.23.8)。不仅亚当的堕落可以荣耀上帝,对其他人的弃绝同样可以:"既然万物都由上帝亲手处置,既然拯救与死亡的决定都在上帝权下,他便根据自己的计划与命令进行安排,使一些人从母腹中生下来就确定会献给死亡,他们通过自己的毁灭荣耀上帝的名。"(3.23.6)在这个意义上,上帝不向被弃绝的人提供圣灵有效的运作,恰恰是"为了彰显自己的荣耀"(illustrandae gloriae suae causa,3.24.2)。拣选与弃绝都应该还原成上帝认为"合宜"的意志性预定,在这一点上二者没有本质区别。与行为无关的弃绝无法理解(正如拣选无法理解一样),因为除了上帝的意志找不到任何别的根据,但也正因此可以成为对上帝的荣耀。上帝意志预定的一切都是对上帝的荣耀,而上帝的荣耀同时就是上帝的正义。"当你听到上帝的荣耀被提及时,就想想他的正义。因为值得称赞的一切都是正义的。"(3.23.8)

拣选与弃绝的差异不能在任何意义上还原为个体之间的差异,而必须毫无保留地还原为上帝意志对待不同个体的态度差异。就人性本身来说,作为罪人的所有人都不该被拣选,反而都该被弃绝,不过,被弃绝的那一部分人被弃绝却并不是因为他们罪该万死,而只是因为上帝愿意弃绝他们,正如上帝愿意拣选另一部分人一样。"上帝弃绝他略过的人,他这么做的原因仅仅是,他愿意将他们排除出他给儿女预定的基业。"(3.23.1)换句话说,被弃绝的人没有获得拣选的恩典,不是因为他们比获得恩典的人更坏;被拣选的人获得恩典,也不是因为他们比其他人更好，或不像其他人那么坏。[1]"主在白白的拣选中是自由的，不受对所有人同等地赐予同样恩典的必然性制约；相反，他愿意忽略谁就忽略谁，愿意选择谁就选择谁。"[2]总之，在加尔文看来，那些认为上帝根据行为功德进行拣选的人，根本上违背了基督徒都应该知道的一个"神学原则"（principio theologiae），这也是加尔文新教神学的基本原则，即"在人败坏的本性中（正如在以扫与雅各之中），上帝看不到可以推动他施加恩惠的任何东西"。[3]恩典之为自由的、白白的恩典（gratuita），集中体现为上帝将拣选的恩典施予被抽空内在价值的空无人性，却不将同样的恩典同等地施予所有人。

于是，伴随预定论还原，人性本身也被还原成了无差别的空洞性存在：一方面，从上帝的超越视角俯视众生，人和人其实没有什么任何实质的善恶好坏之别；另一方面，他们之间后来可能出现的所有差别都源于上帝最初的预定，都必须还原到上帝的预定意志那里。所以，在预定被还原为绝对意志的同时，人性被还原为了完全的空无。只有面对无差别的空无人性，才能最大限度地保障上帝的超越性及其绝对意志的拣选与弃绝。

保罗说："这样，我们可说什么呢？难道神有什么不公平吗？断乎没有！因他对摩西说'我要怜悯谁，就怜悯谁，要恩待谁，就恩待谁'。"（《罗马书》9：14—15）加尔文认为，保罗本可以说上帝是在报复以扫的恶（malitiam），以此为上帝的义做出最确定最清楚的辩护。退一步说，即便在以扫未行任何坏事之前，整个人类都沾染的败坏本身也足以解释为什么以扫，这位本性上的"愤怒之子"该被弃绝，为什么上帝弃绝他

---

① Charles Raith II, *After Merits*, p. 102. 查尔斯·赖特特别提醒我们注意，上帝弃绝恶人不是因为他们罪该被弃绝，进一步参见 pp. 100 - 104。

② Calvin, *Comm. Romans*, 9：11, *CO* 49, p. 177.

③ Calvin, *Comm. Romans*, 9：11, *CO* 49, p. 178.

是公平的。但保罗拒绝进行这种"廉价"的辩护,他没有从人性之恶出发解释弃绝的原因,而是直接诉诸摩西的权威,说怜悯和恩典完全出于上帝的意志。保罗没有选择从个体内在的善恶出发,而是用上帝本身的意志为上帝对雅各与以扫的预定辩护。"上帝兴起(excitenur)被弃绝者,目的在于通过他们彰显上帝的荣耀。最后他加上结论:'神要怜悯谁,就怜悯谁;要叫谁刚硬,就叫谁刚硬'。"(3.22.1)人性的败坏与罪恶确实能够在一定程度上解释为什么有些人会被弃绝,但加尔文认为这样解释是远远不够的,而必须进一步推到上帝的预定与荣耀:"他们深陷败坏,是因为被上帝正义而不可理解的审判所兴起,以便在他们的毁灭中荣耀上帝。"(3.24.14)换言之,必须在人性之外,为个体的在世处境及其得救或毁灭的终极命运,寻找一个不再能还原,也不再能理解的意志论根据,一个绝对偶然也绝对自由的根据。对人来说,拣选与弃绝是创世之前就已经被给予的终极结局。结果,加尔文笔下的空无个体,一生下来便被抛在深渊般的预定论处境中,他们不仅无法从本性和行为出发构造自身的拯救,甚至无法从败坏与罪恶出发理解自身的毁灭。

在加尔文看来,拣选与弃绝的主权意志无法通过别的东西进行辩护,既不能用人类行为的善恶为其辩护,也不能用上帝的善为其辩护,因为上帝的意志本身就是最高的根据,不管上帝如何对待人都不可能不正义。

诚然,弃绝的近因是我们众人从亚当那里继承的诅咒,但保罗没有采取此种观点,目的是要让我们安息在上帝那赤裸而直接的喜悦之中,直到建立这样的教导,即上帝在自身的意志中有足够正当的理由进行拣选与弃绝。①

———————

① Calvin, *Comm. Romans*, 9:11, *CO* 49, p.178.

根据善恶为预定论辩护,就会使善成为高于且约束上帝意志的概念。只有摆脱善恶观念,抽掉来自人性的任何内在根据,才能真正显示上帝"赤裸而直接"(nudo et simplici)的意志在预定论问题上的至高性,从而才真正是对上帝的荣耀。不管被拣选还是被弃绝,都唯独源于上帝的意志,因此也都是对上帝的荣耀。只有上帝的意志能够解释,在无差别的人类中间,为什么有人被拣选,有人被弃绝,为什么这个人被拣选,那个人被弃绝,但上帝的意志本身却无法解释。预定是上帝不可理解的无根意志在永恒中做出的原始决定。

> 最后我们必须始终回到神圣意志的单独决定,其原因隐藏在上帝自身之中。(3.23.4)

因此,无论是得救与毁灭的终极命运,还是整个世界的神意秩序,都奠基于绝对自由,也绝对偶然的神圣意志基础上。之所以说"绝对自由"和"绝对偶然",是因为拣选与弃绝的上帝意志,不受善、存在、理性、目的等任何形而上学根据规定和限制。由于上帝的意志变成了无根据的根据,预定的计划才被加尔文反复说成是隐秘的、无法理解的、深渊般的,甚至是恐怖的。

第二节　拣选的确定性与成圣的呼召

澄清"预定论还原"的含义之后,我们再来看预定与成圣、预定与呼召之间的关系,而为了理解这一点,首先不得不提加尔文的"双重拣选"思想。简单地说,第一重拣选是从万族当中拣选一个民族,即亚伯拉罕的后裔,同时弃绝其他民族;第二重拣选是从亚伯拉罕的后裔中拣选一小部分人,同时弃绝其他人,被拣选的那些人被保罗称为"剩下的余数"(reliquias)。根据预定论还原,上帝的双重拣选都是绝对自由的,都是白白的恩典,都完全取决于上帝"赤裸而直接"的意志。以色列被拣选不是因为比其他民族更好,"剩下的余数"被拣选也不是因为比亚伯拉罕的其他后裔更好。这一点无须再强调。本节关心的问题在于,上帝的双重拣选之间是什么关系? 二者又有什么实质差别?

需要指出的是,与其说"双重拣选"是两次完全不同的拣选,不如说是拣选的两个层面,一是民族层面的普遍拣选,一是个体层面的特殊拣选;前者不一定有效,后者则必然有效。事实证明,第一重拣选的对象大部分都没有坚持到底,最终成了被弃绝之人,那些坚持到底的便是第二重拣选的对象,加尔文认为他们才是真正的圣徒,亦即严格意义上的被拣选者。第一重拣选中"剩下的余数"之所以能够坚持下来,主要不是因为第一重拣选,而是因为第二重拣选,这是他们区别于那些最终被弃绝之人的关键。不同于对以色列民族的普遍拣选,第二重拣选是上帝对每个个体的特殊拣选,因而是严格的、完全的拣选。用加尔文自己的话说,第二重拣选是上帝对单个人的拣选(3.21.7),是更有限(restrictior),也更能显示上帝特殊恩典(Dei gratio magis specialis)的拣选(3.21.6)。只有对个体的特殊拣选才是真正有拯救效力的拣选。可是,既然都出自上帝的意志,都是上帝的恩典,为什么对整个民族的普遍拣选不像对单个个体的特殊拣选那样有效呢? 关于这个问题,加尔文的解释如下:

然而,由于亚伯拉罕的许多后裔如同腐烂的肢体那样被剪除,为了证明拣选是有效和持久的,我们就必须追溯到元首——天父将他的选民聚集在元首之中,使他们通过不可解除的纽带与自己结合在一起。因此,在拣选亚伯拉罕的后裔时,上帝拒绝给其他民族的慷慨恩待已经得到揭示,但在基督的肢体中显现出恩典更强的力量,因为嫁接到元首身上的他们永远不会丧失救恩……当上帝立永生之约,呼召以色列人转向他的时候,他将一种特殊方式的拣选(specialem electionis modum)用在一部分人身上,所以并不是带着毫无分别的恩典有效地拣选所有人……很容易解释为什么对民族的普遍拣选并不总是坚固有效的:对于上帝与之立约的人,他并未立刻给予重生之灵,以便通过那灵的力量使他们在盟约中坚忍到底。只有外在变化而无能保守他们的内在恩典之效力,是一种介乎弃绝人类与拣选少数人之间的状态。(3.21.7)

按照这段话的解释,之所以说唯有第二重拣选能带来永不丧失的救恩,是因为它具有普遍拣选所不具备的两个特点。首先,第二重拣选是发生在基督之中的个体性拣选,上帝通过基督将更强更有效的恩典赐予个体,使他们能够坚忍到底。其次,也正因此,第二重拣选不像第一重拣选那样仅仅带来与上帝立约的"外在变化"(externa mutatio),而是还予"重生之灵",即通过"保守他们的内在恩典之效力"产生重生的"内在变化"。也就是说,重生或成圣才是特殊拣选区别于普遍拣选的关键所在,因为真正的拣选必然伴随重生之灵与成圣的呼召;对个体而言,"内在呼召"(interior... vocatio)是无可置疑的救恩之凭据(3.24.2),缺乏内在呼召的拣选便是没有拯救效力的拣选。由此出发,我们才能理解加尔文为什么会在前述引文中,将成圣的呼召而非称义视为拣选的首要证据:"我们将呼召视为拣选的证据。然后我们认为称义是拣选显现的另一个标志。"与此相应,被弃绝者则"不能认识他的名,或通过他的灵成圣"(3.21.7)。可见,成圣不仅先于称义被考察,而且在预定论中获得了比称义更为重要的意义。

从预定论还原来看,只有被拣选才能获得"信心"(3.24.3),才能被"称义"(3.21.7),才能"成圣",三者均来自拣选并构成拣选的证据,不过在处理预定论的四章中,加尔文却很少谈论"信心"与"称义"问题,他真正关心的更多是拣选与成圣之间的关系。

预定论的提出进一步弱化了信心之义在加尔文救赎论中的地位,因为,既然是否有信心取决于是否被拣选,得救的终极根据便是拣选而非信心。"区别虔敬者与不虔敬者的是信心,即上帝的光照……光照本身却是由上帝永恒的拣选决定的。"(3.24.17)加尔文认为,信心只是隐秘的拣选计划得以彰显的印证或证据(velut sigillo consignari),而不能被理解为拣选得以生效的根据,因为拣选是否有效并不取决于信心对福音的领受。信心奠基于拣选,而非相反。不过,既然信心是对拣选的印证,信徒便可以将信心看成拣选的证据,并由此获得自身被拣选的确定性。

问题是,加尔文意识到,在通过信心的印证寻找拯救的确据时,人们很容易颠倒信心与拣选之间的因果关系,从而将拣选的客观确定性转变成信心的主观确定性。我们诚然应该从信心寻找拣选的确据,"因为如果我们试图透达上帝永恒的安排,那深渊就会将我们吞没";关键在于,当上帝向我们彰显他的拣选时,我们"必须上升得更高,以免结果盖过原因"(3.24.3)。换言之,信心在向个体彰显拣选的同时,也蕴含着遮蔽拣选的可能性。为了避免被预定论深渊吞没的危险,个体必须用信心冷静地约束妄图直接理解拣选的冲动,只是这样一来又可能造成另一种危险:作为领受恩典的"渠道"(canalis),信心有可能僭夺拣选的"源头"(scaturigo)所应得的荣耀(3.24.3),使拣选的效力依赖信心对福音或恩典的接受。正是这种危险使加尔文不敢过于强调信心在确证拣选中的功用。

与此相关的另一问题是基督与拣选的关系。[①] 我们在上文指出,真正有效的拣选是通过基督对个体进行的特殊拣选(第二重拣选),由此不难推出基督是个体获得拣选确定性的证据。首先,基督是拣选得以发生的场所:"如果我们是在基督中被拣选的,我们就不可能在自身之中找到拣选的确定性,甚至不可能在父神中找到,如果我们想象他与子完全分离(nudum)的话。因此,基督是一面镜子,我们应该在其中仰望我们的拣选,且应该毫不自欺地仰望。"(3.24.5)其次,基督被加尔文理解为对永恒拣选之意志的揭示,用他自己的话说,"基督向我们见证,圣父愿意将那些通过信心接受他的人视为儿女……他信实地向我们启示那从起初到永远的意志"(3.24.5)。可见,与信心在预定论中的地位不同,基督不是领受拣选恩典的"渠道",而是拣选得以发生的场所,是对上帝意志的揭示。这也是为什么预定论没有像神意问题那样被加尔文放在上帝论和创造论部分,而是作为对救赎论的总结被安排在《要义》第三卷("领受基督之恩典的方式")的最后。

从信心与基督出发建立拯救的确定性是路德新教精神在加尔文身上的延续,不过加尔文并未止步于此,而是在此基础上允许并引导个体寻找拣选的其他确据。正如穆勒所说,这些确据并非直接来自基督(当然亦非与基督无关),而是来自应用基督救赎之工的效果,或来自听道的效果。也就是说,在预定论问题上,加尔文其实并不禁止从经验出发

---

　　① 　关于拣选、信心与基督,参见 Richard A. Muller, *Christ and the Decree: Christology and Predestination in Reformed Theology from Calvin to Perkins*; David Gibson, *Reading the Decree: Exegesis, Election and Christology in Calvin and Barth*, London: Bloomsbury, 2012。

推测自己是否被拣选的实践三段论(practical syllogism)——这不同于后世加尔文主义者基于形式逻辑发展出的三段论。[1] 事实证明,正是这种经验性的实践三段论,从根本上塑造了加尔文式信徒面对预定论的生活态度。从理论上讲,信心与基督才是最重要的拣选确据,但这"并不妨碍信徒认为,他们每天从上帝手里领受的福分来自隐秘的收养,就如他们在《以赛亚书》25:1 中所说,'你以忠信诚实行过奇妙的事,成就你古时所定的',因为上帝愿意借此标志(tessera)让我们合法地知道他的计划"(3.24.4)。在预定论的实践三段论中,成圣的经验无疑是能够证明拣选的最重要的确据。

在看到通过信心确证拣选可能造成的危险之后,加尔文随即指出:

> 在寻找我们被拣选的确定性时,如果抓住能够确定证明拣选的后面那些证据(iis signis posterioribus),我们就是在坚持最好的秩序。(3.24.4)

这句话说明,通过信心(或基督)构建拣选的确定性,既不是唯一的方式,也不是最好的方式。最好的方式在于抓住加尔文说的"iis signis posterioribus"。[2] 从字面上看,这个表述说的是那些在信心之后的证据或标记,具体所指并不十分清楚,不过随后的行文表明,加尔文认为成圣才是"后面那些证据"中最重要的构成部分。不难发现,随着拯救问题从"信心之义"向"永恒预定"的还原,最终在《要义》第三卷第二十

---

① 参见 Richard A. Muller, *Christ and the Decree: Christology and Predestination in Reformed Theology from Calvin to Perkins*, pp.33 - 35。

② 关于这一短语,几个英译本的翻译如下:巴特尔斯译为 those latter signs,贝弗里奇(Henry Beveridge)译为 those posterior signs,艾伦(John Allen)译为 those subsequent signs。

三、二十四章中,"拣选"取代"信心","拣选与成圣"取代前文所论"称义与成圣"成为加尔文关注的核心问题。

加尔文认为,预定论之下的个体不应该过度专注于内在的主观信心来构建拯救的确定性,而应该在圣洁生活的客观经验中证明自己是上帝的拣选者。对于拣选之确定性的寻求来说,成圣是一个比信心更稳固、更客观,也更安全的证据。如此,加尔文先是通过外在的信心之义抽空行为的内在价值,然后又通过预定论的还原重构行为的价值,使其成为个体被拣选的客观确据。正因此,加尔文才会根据《以弗所书》1:4 将成圣理解为拣选的目的,以反驳天主教将成圣理解为拣选之原因的观点:

> 如果他拣选我们是为了我们能够成圣,他就不是因为预知我们将会这样而拣选。这二者是矛盾的:虔敬的人由拣选而成圣,与因行为而获拣选。(3.22.3)①

拣选是成圣的原因,成圣是拣选的目的。不是说只有实现成圣之目的,上帝的拣选才算完成,否则对成圣的预知就又成了拣选的原因;而是说拣选决定了虔敬之人必是成圣之人,虽然他的德性与圣洁对拯救没有构成作用,因为得救与否取决于拣选及另一个证据,即称义。既然拣选与弃绝的双重预定不再是一种目的论秩序,作为拣选之目的的成圣对人来说当然也不再是目的论意义上的实现;相反,正如上一章所揭示的,成圣毋宁说主要落实为对自然本性的否定和对上帝的荣耀。

---

① 进一步参见:"他们被拣选是为了成圣……保罗教导说,上帝所赐属灵生活的福分,都来自这样一个源头,即上帝拣选了他愿意拣选的人,并在他们出生前,将他愿意赐给他们的恩典单独预留出来。"(3.22.2)

加尔文的分析表明,成圣的呼召是一种非常特殊的呼召,我们不能将其完全等同于作为生活方式的呼召(参见上一章第二节),也不能将其与福音应许的一般呼召混为一谈。加尔文认为有两种与拯救相关的呼召,一种是"一般呼召"(universalis vocatio),一种是"特殊呼召"(specialis vocatio)。所谓"一般呼召",是指上帝通过"外在的传道",邀请包括被弃绝者在内的所有人归向他;所谓"特殊呼召",则是指通过"圣灵的内在光照"使被传讲的道住在信徒心里。(3.24.8)换言之,呼召有两种主要方式,一是传道,一是圣灵的光照。(3.24.2)加尔文认为,只有基于一般与特殊呼召的区分,才能比较好地化解某些经文带来的困难,比如,为什么说"被召的人多,选上的人少"(《马太福音》22:14),为什么"愿意所有人得救"(《提摩太前书》2:4)的上帝只拣选了少数人,等等。少数人被拣选不是或主要不是因为他们领受了向所有人发出的一般呼召,而是因为他们在人生某个时刻突然领受了那伴随重生之灵的特殊呼召(3.24.10)。根据神圣意志的预定,每个被拣选者都有自己被呼召的特殊时刻,正是这样的时刻将那些像所有人一样散失在尘世旷野或"世界迷宫"中的圣徒聚集成以基督为首的无形教会。[1] 只有在这个意义上,成圣的呼召才不仅是拣选的目的,而且是拣选最重要的证据。加尔文写道:

　　上帝通过呼召彰显那并非没有分别的拣选,否则那拣选就会隐藏在他自身之中,因此,将呼召称为拣选的证据是恰当的……虽然在拣选自己的选民时,主已经将他们收养为儿女,但是我们看到,除非被呼召,否则他们就不会拥有如此大的福分。一旦被呼

---

[1]　关于拣选与教会,可参见《要义》第四卷。

召,他们就立刻享受拣选的福分。(3.24.1)

加尔文看到,将拯救还原为预定,必会在信徒身上激发"寻找我们被拣选的确定性"的冲动:"很少有心灵不被这样的念头反复敲打——除了来自上帝的拣选,你的拯救还能如何产生呢? 既然如此,你有什么关于拣选的启示呢?"(3.24.4)正如韦伯在《新教伦理与资本主义精神》中所揭示的,这种寻找确定性的冲动在后来的清教徒那里被加强,最终催生出积极投身尘世工作的新教苦行伦理。加尔文很清楚,一方面,我们不能不讨论那决定每一个人拯救与否的预定论;另一方面,根据本书第九章的分析,我们又不能妄图揣测和把握那不可理解的预定计划。这两个方面的张力导致加尔文笔下的空无个体既不可能不关心自己的命运,又不可能透达上帝的预定本身,结果只能将目光从"恐怖的预旨"转向作为拣选证据的呼召。加尔文将对预定论的讨论比喻成每个圣徒都无法回避的"危险的大海"(periculosi maris),问题的关键是要保证在寻求拣选的确据时不碰触礁石(即妄图揣测预定),不陷入"治死的深渊",以便能安全平静地完成在这片大海中的航行。要做到这一点只有一种办法,那就是始终在上帝的言即《圣经》规定的界限内探讨上帝永恒的拣选计划,而《圣经》提供的寻求确据之路其实就是呼召之路:"因此,就让这成为我们的探究之路:始于上帝的呼召,终于上帝的呼召。"(3.24.4)。加尔文将成圣的呼召从路德因信称义的新教框架中独立出来,使之成为与称义并置的双重恩典之一,并最终成为寻求拣选确定性的主要证据。

正如神意并不必然导致放纵派那样的虚无主义,以成圣为目的与证据的拣选也并不必然像对手认为的那样是对行善热情的打击。在加尔文的对手看来,预定论将为个体打开放纵私欲的大门,因为不管如何行事都无法改变上帝永恒的意志对永生或永死的预定：如果被拣选，就算作恶也会得救；如果被弃绝，就算行善也会毁灭。单从行为内在价值的抽空来看，这种虚无主义似乎是预定论将会造成的必然后果，毕竟拣选和弃绝都与行为及其功德没有任何内在关联。但在加尔文看来，事实正好相反，对行为内在价值的抽空不仅不是对行为本身的全然否定，反而意味着对圣洁生活最大的激励：

> 如果拣选以生活的圣洁为目标(scopus)，它就应该激励和鞭策我们热切地仰望后者，而不应该成为懒惰的借口。因拣选足以带来拯救而停止行善，和将善行作为拣选的目的而竭力追求之，这二者之间的差别何其大啊。远离那些亵渎吧，它们邪恶地颠覆了整个拣选的秩序。(3.23.12)

在内在价值被抽空的同时，行为从预定论那里获得了作为"目的"和"证据"的外在价值；行为虽不能促进人的拯救，却可以作为结果和证据给人带来拯救的确定性。成圣不是为了拯救，而是为了证明和检验拯救。严格来讲，说被弃绝者无法通过追求正直生活改变命运是不准确的，因为对正直生活的追求本身就来自拣选，真正的被弃绝者根本就不可能有这样的追求。如果说对于被拣选者，上帝通过"呼召的有效运作"执行拯救他们的计划，那么对于被弃绝者，他则通过审判执行毁灭他们的计划。为了让他们走向被弃绝的结局，上帝有时剥夺他们听道的机会，有时通过传道弄瞎和刚硬他们，使他们在顽梗的对抗中变得更坏更邪恶：

> 向他们传道，是为了让他们变得更聋；光照他们，是为了让他

们变得更瞎;教导他们,是为了让他们变得更蠢;医治他们,是为了让他们不可救药。(3.24.13)

不过,与拣选者可以通过成圣推测自己被拣选不同,被弃绝者不可能通过自我探究认识到他们的毁灭源于上帝的弃绝,而只能认识到罪及其毁减的惩罚。[①]

加尔文的上帝尽管也会用患难考验被拣选者,使他们在自我否定中荣耀上帝,但这不同于对被弃绝者的毁减。因为,加尔文的上帝不是路德笔下的"陌生之神",不会像对待被弃绝者那样对待被拣选者,使信徒在被毁减的试炼中对上帝保持极限式的信心。上帝毁减被弃绝者,呼召被拣选者;让前者在邪恶的道路上变得越来越刚硬,让后者在成圣的道路上坚忍到底。这反过来说明,只要有正直生活的追求,只要领受成圣的呼召,就能在一定程度上证明自己属于被拣选者的行列。[②] 越是带着确证拣选的动机投入世界,越是感受到圣洁生活的呼召,就越能建立拣选的确定性,越能证明自己是上帝的选民,但也越能证明自己不属于这个世界。[③] 预定论之下的焦虑个体竭力确证的东西,已经与行为和生活本身没有任何内在关联。

_____

① 参见 Richard A. Muller, *Christ and the Decree: Christology and Predestination in Reformed Theology from Calvin to Perkins*, p. 41。关于拣选与弃绝的异同,进一步参见 Joel R. Beeke, "Calvin on Similarities and Differences of Election and Reprobation"。关于"弃绝"问题的神学观念史,参见 Peter Sammons, *Reprobation: from Augustine to the Synod of Dort: The Historical Development of the Reformed Doctrine of Reprobation*, Göttingen: Vandenhoeck & Ruprecht, 2020。

② 加尔文所谓的正直或圣洁生活,并不像韦伯所认为的那样主要在于追求盈利的经济活动。

③ 在后世加尔文主义者那里,"圣洁生活的呼召"问题得到进一步加强和推进,可参见劳威廉:《敬虔与圣洁生活的严肃呼召》,杨基译,北京:生活·读书·新知三联书店,2013 年。

此世的圣洁生活之所以值得追求,不是因为包含任何足以成全人性的内在目的,而仅仅是因为它作为呼召能够确证上帝的拣选与拯救,进而以此荣耀上帝。也正因此,在目的因意义上,成圣只是拣选的近因,上帝的荣耀才是拣选的最终目的,正如对于建筑而言,造房子只是近因,安居才是最终目的:"因为,上帝的荣耀是最终目的,我们的成圣从属于它。"[①]与坏人的邪恶生活一样,圣徒的圣洁生活也只是荣耀上帝的工具。就此而言,加尔文笔下轻视此生、仰望来生的空无个体,或许比以往任何一个时代的基督徒都更像羁旅于世的匆匆过客(homo viator)。只不过,在尼采宣告"上帝死了"之后,尘世中的这些过客最终成了无家可归、四顾茫然的陌生人。如果丧失了可以荣耀的对象,如果没有了韦伯所说的"新教伦理",作为呼召的工作与成圣是否还能证成自身的意义?相比消极懈怠、放纵私欲的极端自由派,加尔文以呼召之名对圣洁生活的构造与激励是否是一种更深的虚无主义呢?

---

① Calvin, *Comm. Ephesians*, 1:4, *CO* 51, p.147.

结语　新教虚无主义

作为全书的结语,接下来让我们对前述内容做一些简单的总结与补充。众所周知,个体的凸显与再造是现代性最重要的主题之一,我们的研究表明,宗教改革在此过程中扮演着异常关键的角色。[1] 由第三部分的考察可见,为了对抗天主教,路德、加尔文等人从全新的信心神学出发将基督教的个体化原则发挥到极致,一方面使称义摆脱律法与事功的束缚,唯独取决于上帝的恩典与人的信心,另一方面使信徒摆脱教会对人的规定,以便作为"不可还原的个体"(irreducible individual)[2]直接建立自我与上帝之间的关联。拯救是义的外在归算而非内在生成,是上帝白白赐予不配得之人的赦罪恩典,而非通过善功、德性与爱对人性的治愈与赋形。无论在路德还是加尔文那里,信心之义首先都是陌生的外在之义,即个体在律法与事功之外被归算为义人,由此成为上帝面前的义人,而非内在的义人。就此而言,伦理生活本身无疑被剥夺了

---

[1] 　参见马里坦基于托马斯主义对三位改革家所做的批判性研究,尤其是路德部分:Jacques Maritain, *Three Reformers: Luther-Descartes-Rousseau*, London: Sheed & Ward, 1928, pp. 3-50, esp. pp. 14-28。

[2] 　关于"不可还原的个体"之于加尔文神学的重要性,参见史蒂文森围绕"基督徒的自由"与政治问题展开的研究:William R. Stevenson, *Sovereign Grace: The Place and Significance of Christian Freedom in John Calvin's Political Thought*, Oxford: Oxford University Press, 1999, pp. 11-58。

拯救意义。

这种新教式的拯救逻辑不仅意味着对律法之义、行为之义与本质之义的解构，而且意味着对天主教教会中介地位的解构；就是说，拯救的恩典不再是通过教会分配给我的，而是通过聆听圣言的信心直接降临到我身上的。如果说天主教认为教会之外无拯救，新教则认为信心之外无拯救。作为基督教的现代形态，新教完全消解了爱对信的主导，由此将基督教变成直指个体信心的"心教"。拯救的确定性只能是个体内心的事情，而不再可能通过外在的礼制系统建立。即便对十分重视教会论的加尔文来说，这种以"信心"为人性内核的个体也无疑先于教会并构成教会的前提：真正的无形教会只能是真信者聚合而成的团契，且必须还原为不可还原的个体。①

中世纪晚期以降，如何为焦虑不安的个体与社会奠定新的确定性，逐渐成为近现代西方思想家面对的最根本的时代任务。在作为时代之子的路德和加尔文看来，新的确定性首先应该被理解为个体之心的确定性，亦即应该被理解为信心的主观/内在确定性，而非制度与权威的客观/外在确定性。② 新教对个体的再造实则是对信心的再造。就像特洛尔奇所认为的那样，新教之新不在于提出了不同于天主教的新问题，而在于试图用一套关于信心的新方法解决拯救确定性的老问题。这种内在于自由个体的信心，摆脱了人为功德、外在权威与物质礼仪的不确

---

①　根据加尔文，与无形教会相对的有形教会有两个标志，一是传道，二是圣礼："我们看到上帝的言在哪里得到纯正的传讲和倾听，圣礼在哪里根据基督的设立得到施行，哪里无疑就存在上帝的教会。"（4.1.9）传道与圣礼均以功能性的方式服务于个体的信心，并确保教会的公共秩序与和平。加尔文认为，圣礼不具有传递恩典的作用，而只是作为外在的象征印证上帝对人的应许（4.14.1）。

②　这里的"主观"并非绝对意义上的主观，而只是相对天主教的传统救赎机制而言的；毕竟，新教所谓的"信"或"信心"作为恩典的结果亦有其客观性。信心之为主观，主要强调其个体性与内在性。

定性，"带着绝对的确定性与持久性将整个内在人抓到中心位置，使其与上帝的灵性行为直接接触"①。用韦伯的概念来说，新教重构的信心确定性以"现世除魅"（Entzauberung der Welt）为前提，要求从根本上废除巫术性的救赎手段（教会－圣礼），这一点在加尔文神学中表现得最为突出。② 信心之信只可能是发生在自由个体内心的事件，外在世界的一切都被认为是不可靠的；拥有内在确定性的个体面对的是一个完全不确定的空无世界。在特洛尔奇看来，新教之所以能够促进现代世界的兴起，是因为它将现代世界建立在关于自由与人格性信心的"宗教形而上学"（religious metaphysic）基础之上。③

由我们的研究可知，加尔文神学最重要的影响之一就在于，它为这套"宗教形而上学"增添了浓重的宿命论色彩，使其笼罩在新教虚无主义的阴影之下，并将路德率先制造的新教自由个体进一步变成内在空无之人，使他们始终带着紧张不安的气质生活在完全除魅的世界之中。这一结果的出现是加尔文思想中许多观念合力造成的，诸如上帝超越性的强化、内在性的抽空、存在巨链的消失、目的论的瓦解、世界的偶然化、神秘主义的消解，以及（特别是）预定论的还原等等。从这些方面来说，加尔文对天主教与传统秩序的拒斥显然比路德更加激进，与此同时，他对新教现代性及其虚无主义的开启也更加彻底。对加尔文主义

---

① Ernst Troeltsch, *Protestantism and Progress：A Historical Study of the Relation of Protestantism to the Modern World*, trans. W. Montgomery, London：Williams & Norgate, 1921, pp. 191－192. 特洛尔奇这里的判断首先且尤其适用于路德的信心神学。

② 参见韦伯：《新教伦理与资本主义精神》，第82页。

③ 参见 Ernst Troeltsch, *Protestantism and Progress：A Historical Study of the Relation of Protestantism to the Modern World*, pp. 206－207。新教对自由与信心的强调似乎注定会造成宗教的主观主义与个体主义后果。正如特洛尔奇所暗示的："现在整个重心都落在信心的直觉确定性之上，落在内心的运动与冲动之上，落在关于上帝概念内在而必然的获得之上，落在对上帝真实存在的纯粹人格性确信之上……这样，新教就成了在个人的感觉、经验、思想与意志中寻找上帝的宗教。"（pp. 197－198）

的信徒来说，一方面，由于因信就可以称义，拯救从来不曾像现在这样可以简单归结为信心的确定性；但另一方面，由于信心与称义必须还原为没有任何人性根据的拣选，拯救也从来不曾像现在这样变得如此难以把握和承受。尽管加尔文反复劝人从神意与预定中寻求慰藉，但事实上无限上帝的永恒预定不可能不使人感到恐惧（"恐怖的预旨"）。所以韦伯才会感叹：无论牧师、圣礼、教会，还是那让基督为少数被拣选者而死的上帝，都不可能真正帮助加尔文笔下的孤独个体获得拯救。"此一教说（即预定论），以如此悲壮的不近人情，对于信奉这堂皇逻辑的那一代人，必然造成重大的结果，尤其是：个人各自内在空前的孤独感。对于宗教改革那个时代的人而言，人生最重大的事莫过于永恒的救赎，如今就此他只能独行其道，去面对那自亘古以来既已确定的命运。"①

　　像路德一样，加尔文坚决扫除天主教在上帝与自我之间搭建的制度阶梯，以便自我能够以自由人的身份直面上帝。不过悖谬的是，由于神圣超越性、神人异质性以及命运不可知性的加强，上帝与孤独个体之间的距离反而被无限拉大了，以至于自我既不能通过客观的恩典机制分有和靠近上帝（天主教），也不能在信心和试炼的神秘经验中体会与基督的合一（路德）。加尔文比所有神学家都更无情地将个体抛在了尘世之中。

　　接下来，为了理解新教孤独个体的产生与困境，我们不妨首先简单分析一下前文未曾触及的天主教"传统"概念。在天主教那里，教会始

――――――――――――――

　　① 韦伯：《新教伦理与资本主义精神》，第81页。强调为原作者所加。韦伯认为，将个人内在的孤寂，与上帝的超越性和受造物的无价值性相结合，可以解释以下两点：一、清教徒何以会彻底否定文化与信仰里的感官－情感要素；二、个人的孤寂感何以会成为毫无幻想且带有悲观色彩的个人主义的根源之一（参见第82—83页）。

终与"传统"或"圣传"(Tradition)联系在一起,教会之外无拯救同时意味着传统之外无拯救。宗教改革家主张"唯独圣经",就是要消解天主教"传统"及其与《圣经》之间的有机关系,让没有传统的孤独个体在《圣经》指引下直面上帝。① 根据现代天主教神学家孔加尔(Yves Congar)的经典研究,②传统不只是与成文《圣经》相对的启示来源即未成文传统,也不只是礼仪、训导权、教父学说、正典、教会习俗等用来表达传统的"纪念碑"(monuments);相反,传统必须首先从根本上被理解为基督教独特的拯救方式,只有在此基础上才能正确地讨论作为启示来源或表达方式的传统。着眼于traditio一词在罗马法中的本义即"交付",孔加尔认为基督教本身就是"传统",因为拯救的福音就是在教会中通过不断传递的形式展开的。孔加尔指出,福音书与保罗书信都清楚地表明,这一传统的开端必须追溯到圣父对圣子的"交付"(παραδίδωμι)③:

---

① 宗教改革家通常将天主教那里与《圣经》同样重要的"圣传"贬为没有《圣经》根据的"人的传统",比如:"我们已经习惯于把人们在圣言之外关于敬拜上帝颁布的所有谕令称为人的传统(traditiones humanae)。我们就是要驳斥这些传统,而非驳斥那些圣洁有益的教会制度,后者是用来保障纪律、正直或和平的。"(4.10.1)

② 参见 Yves Congar, *La tradition et les traditions*, 2 vols. Paris: Cerf, 2010,尤其是第二卷的神学阐发。该书出过一个很薄的缩写本:Yves Congar, *The Meaning of Tradition*, trans. A. N. Woodrow, San Francisco: Ignatius Press, 2004。为了回应新教与天主教现代主义的冲击,检讨反宗教改革以来的教会保守主义,梵蒂冈第二届大公会议前后的天主教神学家曾经一度掀起"传统"研究热潮,并深刻影响了此次会议的革新运动及其后果。除了孔加尔的著作,另可参见其他天主教神学家的研究:Henri de Lubac, *Scripture in the Tradition*, trans. Luke O'Neill, New York: Herder & Herder, 2000; K. Rahner and J. Ratzinger, *Revelation and Tradition*, New York: Herder & Herder, 1966; Josef Pieper, *Tradition: Concept and Claim*, trans. E. Christian Kopff, South Bend: St. Augustine Press, 2010。关于晚近新教学者对《圣经》与传统问题的反思,参见威廉姆斯:《重拾教父传统》,王丽译,游冠辉校,北京:中国社会科学出版社,2011年。

③ "一切所有的,都是我父交付我的。"《马太福音》11:27,参见《路加福音》10:22。

基督教传统(或者说,基督教作为传统)源于圣父交付给耶稣基督的"一切"。在最深的意义上,传统就是耶稣基督的交付……传统实在论(réalisme)最终的根基在于这样一个事实:上帝"交付"耶稣基督,他的儿子(参见《罗马书》8:31-32),且耶稣基督将自身交付给我们(《加拉太书》2:20;《以弗所书》5:2,5:25)——他就是实在(Réalité),其余一切都只是准备或传承,符号或圣事。①

首先,作为福音和真理,耶稣基督将父交付给他的交付给了人,亦即将他自身交付给了人;然后,基督的交付经由"使徒统绪"(apostolic succession)在教会中一代代传递下去。这一传递就是传统。换句话说,基督教就是耶稣基督的福音与真理("实在")在教会中代代相传的传统本身。这表明,恩典与拯救的获得必须被理解为经由教会进行的传递,而非上帝对每个个体的直接赐予。无论是信仰、福音与拯救,还是信经、圣礼与敬拜,都属于在教会公共秩序中传递和领受的使徒遗产;因此,只有加入教会并变成传统的一部分,同时成为使徒遗产的领受者和传递者,个体才能分有拯救的恩典。传统的首要主体是作为教会的"我们",而不是作为个体的"我";只有通过延续使徒统绪的教会,拯救的恩典才能传递给我。在这个意义上,作为拯救方式的传统显然始终具有社会性与历史性。

从这个角度来看,新教用"唯独圣经"打掉的就不只是作为启示来源的未成文传统,更是作为拯救方式的传统。换句话说,新教坚决拒绝

---

① Yves Congar, *La tradition et les traditions*, vol. 2, p. 113,强调为作者所加。孔加尔在别处写道:"我首先将传统视为基督教之实在(the reality that is Christianity)的传递:这确实就是传统。它就起源而言是使徒性的,就实际的传递而言是教会性的。"Yves Congar, *The Meaning of Tradition*, p. 44.

从"传统实在论"出发理解基督教及其宗教关系,转而围绕非社会性、非历史性的个体信心构建人与上帝之间一对一的关系。信首先是"我"而非"我们"的信,我唯独因自身的个体之信称义。将人从"传统"的交付关系中解放出来,使之变成凭信心直面上帝的自由而孤独的个体,是新教作为"心教"得以成立的基本神学前提,也是新教虚无主义的重要根源。

本书的研究表明,至少在加尔文这里,以唯独信心之名解放出来的新教个体既缺乏文艺复兴作家赋予人的尊严与自由,又缺乏近代哲学家所推崇的理性与主体性。因为,加尔文在解除律法、事功、教会与传统机制对人的约束的同时,也无情地抽空了人性的自然与超自然内容。只有坚持虚无人性论,使人变成没有内在内容的空无个体,变成自我否定的自我,加尔文才能真正构造出一套全新的拯救模式。

正如本书第一章的讨论所证明的,"智慧"的两个构成部分(认识自我与认识上帝)之所以密不可分,主要不是因为自我与上帝之间的类比相似性,而是因为二者之间的差异性或异质性。在从自我到上帝与从上帝到自我的认识论循环中,越是感受到自我的软弱、贫乏、虚无与罪恶,就越能体会到上帝的权能、智慧、存在与善,只有认识前者才能真正认识后者,反之亦然。因此,加尔文从阿奎那的类比之路转向奥古斯丁的自我之路,并不是为了回到深度性的"内在自我",反而是为了抽空上帝之于自我的所有内在性,使上帝不再在存在论意义上对自我具有自然或超自然的规定性。

从内在性的抽空来看,可以说加尔文同时背离了阿奎那与奥古斯丁的道路。我们看到加尔文最终的做法和奥古斯丁正好相反:奥古斯丁把上帝当作比自我还内在的自我放入人的心灵,由此使每个内在人都成为无法把握的深渊般的存在;加尔文则将上帝作为绝对异质的超越者撤出人心,由此将奥古斯丁制造出来的深度自我变成无限空洞的虚无自我。如果说奥古斯丁的上帝对人是内在超越,加尔文的上帝对人则是外在超越。奥古斯丁将上帝称为真正的自我,认为只有上帝才能整合分裂与散失的自我。与此不同,加尔文一方面拒绝将上帝称为真正的自我,另一方面认为严格来说人根本就没有自我,因为他这里的自我主要是自然本性意义上的,而自然本性则是要否定和抽空的对象。

明白这一点,就很容易理解加尔文为什么如此重视"自我否定"在生活构造中的意义,为什么要将"离弃自我"而非"回到自我"当作宗教生活的基本前提之一。在加尔文的新教虚无主义框架中,为了重构神人关系与宗教生活,从天主教传统中解放出来的个体必须变成内在空无的自我否定者(参见本书第十五章)。在解释拣选和弃绝的原因时,加尔文认为这种空无的个体不能为预定提供任何来自人性的根据:对上帝的预定来说,所有人的人性都是无差别的,被拣选者不比被弃绝者更好,被弃绝者也不比被拣选者更差。

也正因此,加尔文才会认为自由意志本身根本就没有任何向善的自然倾向与能力,无论皈依还是坚忍都必须被理解为实效恩典在空无意志中的独自运作。正如在路德那里一样,"自由"在加尔文笔下从自由意志问题转化成了"基督徒的自由"(Christian liberty)问题,即良知不受约束的自由。根据加尔文的分析,所谓"基督徒的自由"具体包括三个方面:一是在律法之外称义的自由,即因信称义的自由;二是自愿遵守律法或服从上帝意志的自由,即对律法的遵守不再出于律法本身的约束;三是毫无顾虑地使用或不使用"无关紧要之事"(adiaphora/indifferent things)的自由。[1] 自由既不是意志的自由运用,也不是意志在恩

---

① 关于"基督徒的自由",加尔文总结道:"但我们必须注意,基督徒自由的所有部分都是属灵之事。其全部力量都在于使恐惧的良知在上帝面前得到平息,不管良知是为赦罪感到不安,还是担心被肉身污秽败坏的、不完善的行为是否蒙上帝喜悦,抑或受困于无关紧要之事的使用问题。"(3.19.9)

典帮助下对律法的成全,①而主要是指拯救或称义免受律法和无关紧要
之事的约束。

从内在性的抽空出发,我们可以更好地理解《要义》第一卷第三、四
章中出现的一个著名概念:神性感(sensus divinitatis)。② 所谓"神性感"
是指,所有人天生或在自然上都拥有关于上帝的知识,就连野蛮人和异
教徒也不例外,而且这种刻在人心的自然知识无论如何都不可能消除。
在内容上,神性感是对神性模糊而抽象的意识,它仅仅告诉我们有个神
存在;至于是怎样的神,他的本质是什么,则不属于神性感的范围。也
许正因此,加尔文才会选择将其称为 sensus divinitatis,即对神性的感知
或意识,而没有直接说对上帝的认识或关于上帝的知识。他这样写道,

> 人的心灵由于自然本能而有某种神性感,这是不容争辩的。为
> 了阻止人以无知为借口,上帝将关于其神性的某种理解植入所有人
> 之中,而且始终不断更新和提醒这种记忆。既然每个人都认识到上
> 帝存在,认识到他是他们的创造者,他们就必被自身的见证谴责,因
> 为他们没有尊荣他,没有将他们的生命献给他的意志。如果可以在
> 什么地方找到不认识上帝者的话,那一定是远离文明的落后民族。
> 不过就像那位著名的异教徒所说的,无论多么野蛮残忍的民族都不

---

① 关于自由作为对律法的摆脱而非成全,对比保尔松的路德研究:Steven D. Paulson, *Luther's Outlaw God*, vol. 1, pp. 57 - 73。

② 钱曜诚译本将 sensus divinitatis 译为"对神存在的意识"或"意识到神存在",徐庆誉译本译为"对神的感觉"。这两种译法基本都把握住了该词的含义,只是都不像是术语。关于"神性感"与加尔文的神学认识论,参见 Edward A. Dowey, *The Knowledge of God in Calvin's Theology*, pp. 50 - 56; Paul Helm, *John Calvin's Ideas*, pp. 218 - 245; Edward Adams, "Calvin's View of Natural Knowledge of God," *International Journal of Systematic Theology* 3 (2001), pp. 280 - 292。关于当代英美哲学对加尔文神性感学说的推进,参见 Derek S. Jeffreys, "How Reformed is Reformed Epistemology? Alvin Plantinga and Calvin's 'Sensus Divinitatis'," *Religious Studies* 33 (1997), pp. 419 - 431。

可能不深信上帝存在。即便在生活的其他方面与野兽差别不大的那些人，也仍然保有某种宗教的种子(religionis semen)。(1.3.1)

在"神性感"的概念来源上，作为人文主义者的加尔文受到了西塞罗《论神性》(De natura deorum)一书的直接影响。在这部对话作品中，伊壁鸠鲁主义的发言人维莱乌斯(Velleius)指出，伊壁鸠鲁认为"诸神必然存在，因为自然本身已经将关于诸神的观念刻在每个人的心灵中"[①]。在奥古斯丁、阿奎那等基督教思想家笔下，我们也不难找到与"神性感"类似的观念。比如奥古斯丁认为，我们的心灵始终记得和知道上帝，因为上帝时刻以内在方式向心灵呈现，这种对上帝的记忆又被他称为永恒之光对心灵的光照。[②] 此外，他还在著作中不厌其烦地强调，我们可以从"所有人都想要幸福"推出所有人都知道幸福，因为人不可能追求自己完全不知道的东西。而幸福就是上帝，因此每个人都知道上帝。[③] 不过在阿奎那看来，虽然从想要幸福能够推出人在自然上就知道上帝，但这只是一般性的模糊认识，而非关于上帝的绝对认识，比如通过"五路"对上帝存在的证明。[④] 加尔文没有像奥古斯丁那样从对

---

① 西塞罗：《论神性》，1.16，石敏敏译，上海：上海三联书店，2007年，第18—19页。在伊壁鸠鲁的认识论中，每个人天生就拥有的这种知识属于不依赖直接感觉的"前把握观念"(prolepsis)。关于prolepsis，参见汪子嵩等：《希腊哲学史》(第四卷)，北京：人民出版社，2014年，第143—149页。

② 参见奥古斯丁：《论三位一体》，14.15.21，第434—436页。

③ 比如奥古斯丁：《论三位一体》，13.4.7，第374—375页；Augustine, Confessiones, 10.20.29。

④ "以天主为人之幸福来说，对天主的存在的一般性的、含混的认知，确是人自然或生而就有的。因为人是自然渴望幸福的，而人自然所渴望的事物，也自然为人所认知。但这并不是绝对知道天主存在。"阿奎那：《神学大全》，Ia, q2, a1, ad1，第一册，第24页。在这个问题上，参见帕克说阿奎那与加尔文所做的对勘：T. H. L. Parker, Calvin's Doctrine of the Knowledge of God, pp. 7–9。

上帝的认识出发证明上帝内在于自我,也没有像阿奎那那样在神性感之外进一步证明上帝的存在。既然如此,他又为何如此重视这种模糊的神性感对于认识上帝的意义呢?

仔细阅读《要义》第一卷第三至四章不难发现,加尔文在处理关于造物的认识过程中将"神性感"引入进来,主要不是为了揭示基于这种自然知识建立真宗教或基督教的可能性(虽然神性感又被称为"宗教的种子"),因为"所有人都从关于上帝的真知识中堕落了",真虔敬在世界中荡然无存(1.4.1)。换言之,神性感在堕落的人性中依然存在,但从这一败坏的宗教种子中只会结出败坏的果实(1.4.4)。加尔文提出"神性感"概念的真正用意,就在于揭示这种自然知识在败坏的本性中具体是怎样起作用的。由加尔文的表述可知,神性感的发动基本等同于良知对罪的见证和审判:

> 判断力健全的人总能确定地认识到,无法抹去的神性感刻在人的心灵中。即便拼命反抗,不虔敬的人也不能消除对上帝的畏惧,他们的悖逆本身足以证明:"存在某个上帝"(esse aliquem De-um)这种观念是所有人与生俱来的,深深地根植于每个人的心灵深处。虽然迪亚哥拉(Diagoras)及其同类嘲笑每个时代关于宗教所相信的东西,虽然迪奥尼修斯(Dionysius)耻笑天上的审判,但这只不过是苦笑,因为比烙铁还厉害的良知蠕虫噬咬他们的内心……虽然不虔敬者用来拒绝上帝的心越来越刚硬,但他们越想消除神性感,神性感反而越兴起和活跃……自然不允许任何人遗忘它,即便有许多人竭力扼杀它。(1.3.3)

加尔文这里提到的迪亚哥拉与迪奥尼修斯都是历史上臭名昭著的

无神论主义者或渎神者。在加尔文看来,恰恰是这些人最能证明人心之中根深蒂固的神性感。不管这些人如何嘲笑、亵渎和反对上帝,他们内心都无法消除对上帝的畏惧。悖谬的是,内心刚硬之人不仅不可能消除神性感,而且他们越想扼杀神性感,神性感越强烈地活跃在他们心中。"神性感始终活跃在所有人心。"(1.3.2)加尔文以罗马暴君卡利古拉(Caligula)为例更清楚地揭示了这一点。他告诉我们,没有人比卡利古拉更蔑视上帝,但当上帝的愤怒显现时,也没有人比他更恐惧和战栗。恐惧与战栗正是神性感在不虔敬者身上起作用的结果:"这种恐惧不就来自神圣威严的报复吗?他们越想逃避上帝的报复,报复就越强烈地击打他们的良知。"(1.3.2)在这个意义上,败坏本性中残留的两部分"光"即神性感与良知,[①]其实并无实质差别。它们不仅使真宗教堕落为迷信或混淆善恶,而且将空无的个体变成恐惧不安的自我分裂者。神性感强烈的人不仅不一定是真正的基督徒,而且很可能是罪大恶极的人,因为只有那些犯罪且极力隐藏罪的人才会遭遇良知的内在揭露与指控。神性感与良知一方面充分暴露了加尔文虚无人性论的内在张力,另一方面也让我们看到,通过这两个概念根本不可能构造自我与上帝之间的内在相似性。

在将奥古斯丁的"内在自我"改造为"空无自我"的同时,加尔文的新教虚无主义也极大地改变了对上帝的传统理解。加尔文从激进版本的唯名论出发构造出的上帝,既不同于奥古斯丁与阿奎那的上帝,也不同于路德的上帝,其最重要的特点可以粗略概括为以下相互关联的五个方面。

[①]　Calvin, *Comm. John*, 1:5, *CO* 47, p. 6. 加尔文认为,神性感与良知都说明"自然理性(naturalis ratio)不可能将人导向基督"。

第一,不同于路德那里处在自身对立面的隐藏之神,加尔文这里的上帝首先且主要是自我启示的显现之神。不过,我们不能认为拒绝十字架神学的加尔文回到了荣耀神学的传统道路,因为所谓显现之神并非荣耀神学意义的上帝(阿奎那的上帝)。

第二,从本质到力量的转向是加尔文上帝论的要害所在。这意味着,认识上帝(造物主)主要不在于认识不可理解的神圣本质,而在于在自我与世界之中感受上帝的无限力量。换言之,加尔文的上帝主要不再是"存在"的上帝,而是"力量"的上帝,他的力量不受存在、善、智慧、理性等概念规定。着眼于这样的力量之神,加尔文将"全能"理解为持续不断的实效性运作,而非抽象的可能性。

第三,与此相关的是,加尔文在最彻底的意义上将上帝变成了唯意志论的上帝,我们在他的著作中几乎看不到理性及其相关概念有任何实质地位。无论神意还是预定,都必须还原为神圣意志的决定与控制。

第四,作为力量与意志之神的上帝时刻通过行动控制着包括人在内的每个受造物,他是"工作日"而非"安息日"的上帝。换句话说,上帝作为造物主主要体现为他是世界的预备者与照看者。

第五,在某种意义上,上帝对受造物所做的一切——不管是对世界的治理,还是对人的拯救与毁灭——都可以归结为一点,即彰显自身的荣耀。也正因此,加尔文才会将世界比喻成巨大的"荣耀剧场"。

简而言之,加尔文的上帝是一位显现之神、力量之神、意志之神、行动之神与荣耀之神。这一上帝论是加尔文所有学说的基本前提。

这里需要特别注意的是,虽然加尔文在存在论上斩断了上帝与受造物之间的内在关联,他却并未因此使上帝远离受造物,反而使之通过力量与意志以无所不在、无孔不入的方式重新内在于世界和人。上帝主要通过控制受造物的方式内在于世界,而非(像奥古斯丁或阿奎那所认为的那样）通过赋予存在，并引导受造物实现自身目的的方式内在于世界。正如那句著名的改革宗信条所言，"有限无法包容无限"（finitum non est capax infiniti），即便被拣选者与上帝的交通，也唯有通过上帝在他们身上"运作"（operatur）且他们也意识到这一点，才可能发生并被他们知觉到。[1] 加尔文用全新的上帝概念抽空了世界的自然根基与人的自然本性，使人与世界再也不可能在上帝的干预之外自行存在。这也是加尔文用神意重构世界秩序的落脚点所在。

本书第二部分的考察表明，加尔文神意论以重构世界秩序的方式解构了传统世界图景，其中的关键在于对世界自然根基与目的论秩序的瓦解。加尔文摧毁了由存在巨链构成的等级世界，使世界中的每个造物都直接受意志化的神意控制。为了保证这一点，加尔文对一般神意论进行了严厉的批判，并将所有神意都理解为特殊神意。结果，神意秩序不再是存在秩序和目的论秩序，而成了以力量与意志为基础的治理秩序。[2]

结果，在这种去目的论且无法理解的神意统摄下，世界陷入了最彻底的偶然化困境。问题是，置身充满不确定性的偶然世界，作为新教信徒的空无个体到底该如何构造自己的生活？加尔文的答案是：成为像上帝一样的"预备者"，在上帝的照看和帮助下积极谨慎地筹划不确定的生活。一方面，正因世界是偶然的，所以人才需要竭力筹划。另一方面，为了给人开辟筹划生活的空间，上帝才将世界制造为偶然的。在极端偶然的虚无主义世界中，真正的加尔文主义者不应该成为消极无为

---

[1]　参见韦伯：《新教伦理与资本主义精神》，第93页。

[2]　沃尔泽就清教政治秩序所说的话，同样适用于加尔文对秩序的一般理解："秩序变成了一个权力问题，而权力则成了一个意志、力量和算计的问题。"沃尔泽：《清教徒的革命：关于激进政治起源的一项研究》，第181页。

的放纵派分子,而应该成为积极、谨慎、敏锐、机警、焦虑与坚忍的行动者,或者用史蒂文森的话说,应该成为一个充满热情和能量的个体(energized individual)。[1]

在关于预定论的讨论中,加尔文新教虚无主义的内在张力得到了更深刻的揭示。一方面,根据双重预定论的拯救模式,一个人是得救还是毁灭,不仅完全取决于上帝的意志,没有任何人性根据,而且理论上是不可能确定知道的。另一方面,加尔文又认为被拣选者将会领受成圣的呼召(拣选以成圣为目的),这意味着人可以从圣洁的生活经验中寻找拯救的证据。面对本身不可知的预定论计划,成圣将是基督徒终生的生活筹划。只有在持续不断的生活筹划中,才有可能化解空无个体内心的焦虑与不可知的命运带给人的虚无感。[2]

根据韦伯,预定论之下的生活筹划为资本主义经济秩序的形成提供了强劲的"心理驱动力"。在他的分析中,将工作视为天职,理性系统地追求利得却不图享乐的资本主义精神,被认为是由入世禁欲的清教伦理孕育出来的。韦伯发现,在后来的清教徒那里,作为天职的职业劳动成了首要甚至唯一的拣选之证据,以至于一个人可以将经济上的成功与成圣等同起来,并将其视为自己从自然状态进入恩典状态的主要标志。恩典状态亦即拣选的确证不是一次性的,亦非仅仅发生在人生中的某些时刻,而是要求个体将自己的整个生活变成系统性的在世禁欲,通过持续不断的自我审视构造理性的生活样式,通过灵魂的自我拷问把每个行为都与不可知的终极命运关联起来。因为,加尔文主义的

---

[1] William R. Stevenson, *Sovereign Grace: The Place and Significance of Christian Freedom in John Calvin's Political Thought*, p. 150.

[2] 在这个意义上,正如沃尔泽所言,对于加尔文主义者来说,克服焦虑成了此世而非来世的行为。参见沃尔泽:《清教徒的革命:关于激进政治起源的一项研究》,第28页。

上帝所要求信徒的，

> 不是个别的"善行"，而是提升成体系的圣洁生活……平常人
> 的伦理实践里的那种无计划性与无系统性，就此被解除，并且因而
> 形塑出笼罩整个生活样式的一套首尾一贯的方法……因为只有在
> 每一时刻、每一行为里的整个生活意义的根本转变，才能证明那使
> 人从自然状态（status naturae）移转到恩典状态（status gratiae）的恩
> 宠作用。"圣徒"的生活绝对只追求一个超越的目标——救赎；但
> 正因如此，在此世的生涯便彻底地被理性化，并且完全被增加神在
> 地上的荣耀这观点支配。[①]

作为超越性救赎宗教的典型形态，基督教从未像加尔文主义这样如此
彻底地暴露尘世生活的虚无性（轻视此生，默想来生），与此同时也从未
像加尔文主义这样如此重视和投入作为荣耀剧场的尘世。以清教徒为
代表的加尔文主义者，不仅要理性地经营作为神圣呼召的职业劳动，而
且要在不间断的生活省察中理性地经营自己的一生，将自己的整个存
在构造成对上帝的荣耀。严格来说，没有内在目的的尘世生活已经丧
失了所有的超越性，对个体的拯救也没有任何实质意义，但恰恰是这样
的生活能够在最大程度上用来荣耀上帝，并作为结果证明自己属于上
帝拣选的"剩下的余数"。对生活的系统性筹划与构造不是为了在其中
安顿焦虑的心性，不是为了获得幸福或快乐，也不是为了将其当成通往
天国的阶梯，而只是为了在此进行圣洁生活的禁欲性操练，为了在爱或

---

① 韦伯：《新教伦理与资本主义精神》，第 98—99 页，强调为原文所有，译文略有
改动。

患难中对自我进行永无休止的否定，为了让上帝通过作为工具的空无人性彰显自身的权能与意志。

对待尘世的正确态度不是像隐修士那样简单粗暴地离弃之，而是在抽空生活自然性的基础上，将其构造成彻头彻尾的禁欲生活，亦即一种不属于世界也不是为了世界的世界生活。韦伯认为，理性资本主义经济的巨大宇宙最初就诞生于此种非理性的禁欲冲动，只不过加尔文及其追随者都没有想到的是，这个巨大的宇宙最终成了囚禁每个人的钢铁牢笼，而不再是荣耀上帝的剧场。没有超越性的世界似乎再也不需要被超越，对救赎无能为力的空无个体似乎再也不需要被救赎。"无灵魂的专家，无心的享乐人，这空无者(dies Nichts)竟自负已登上人类前所未达的境界"①。

---

① 韦伯:《新教伦理与资本主义精神》,第 183 页。

附录一　运动的虚无主义：对路德称义学说的形而上学解释^①

一、引言

"因信称义"是路德神学的中心学说,正如他自己所言,"如果丧失了称义的信条,同时也就丧失了整个基督教教导"(*WA* 40 I,48)。路德提出这一学说旨在批判"因行为称义"的中世纪传统:根据这一传统,罪人只有在恩典的帮助下尽力做出相应的善功,才能变成一个真正的义人。与这种传统观点相反,路德认为,不仅义行对个体的拯救没有实质意义,而且只有首先在行为之外借着"信"被称义,一个人才能做出真正的义行。换言之,义在逻辑上先于所有义的行为:"不是说义人什么都不作,而是说,他的行为并未将他造就为义的,相反,他的义造就了行为。"(*WA* 1,364)概言之,"因信称义"就是指在不依赖善功的情况下,个体单单凭借对基督的信仰就能被上帝视为义人。

不过,路德的称义学说始终面临着一个根本的难题:我们应该如何

---

①　本文原载《哲学研究》2019 年第 7 期,原题为"马丁·路德论称义与运动"。

从哲学上澄清和理解义的性质与生成及其与个体存在之间的关系? 围绕这一问题,学界陷入了长期的争论。[①] 目前有两种代表性的观点,我们可以分别将它们称为"外在的解释"与"内在的解释"。

简单地说,"外在的解释"认为上帝的义对人而言是外在的。这种理解是信义宗和20世纪西方学界的传统观点,在路德著作中能找到大量的文本支持。[②] 毕竟,路德最初解构中世纪称义观的关键就在于,将"义"界定为外在于人的"陌生之义"(iustitia aliena),而所谓称义,仅仅意味着外在的义被"归算"给了人。"归算"是指作为"法官"的上帝赦免人的罪,将罪人白白地算作义人,但这并未改变人本身仍是罪人的事实:"圣徒内在地(intrinsece)总是罪人,所以总是外在地被称义(extrinsece)。"(WA 56,268)称义的外在性,一方面是指义来自人之外的基督,它"在我们之外,对我们是陌生的";另一方面是指,这种陌生之义并没有因人的信而变成人的内在存在。正因此,圣徒才同时既是罪人又是义人:"任何被称义者都还是罪人,但他被算为好像是完全与完善的义人。"(WA 39 I,83)对于"外在地被称义"的人而言,完全的义只有在末世才能真正实现。

"内在的解释"则认为称义意味着个体内在存在的实现。这种观点以晚近兴起的"芬兰学派"为代表,他们从义的内在性出发对外在解释的传统观点进行了颇为有力的批判,试图借助东正教的"成神"(theo-

---

① 参见 G. Rupp, *The Righteousness of God: Luther Studies*, London: Hodder and Stoughton, 1953; O. -P. Vainio, *Justification and Participation in Christ: The Development of the Lutheran Doctrine of Justification from Luther to the Formula of Concord* (*1580*), Leiden: Brill, 2008. Alister E. McGrath, *Iustitia Dei: A History of the Christian Doctrine of Justification*, 3rd ed, Cambridge: Cambridge University Press, 2005, pp. 218 – 248。

② 参见 R. S. Clark, "*Iustitia Imputata Christi: Alien or Proper to Luther's Doctrine of Justification*", in *Concordia Theological Quarterly* 70 (2006), pp. 269 – 310。

sis)概念和柏拉图主义的"分有"学说,将路德这里的称义理解为人神"合一",即人对神圣存在的分有;换言之,称义本质上是指人之存在的内在生成,而非只是义的外在归算。[①] 内在的解释同样不乏文本上的支持,比如,路德就经常使用"更新"(renovatio)这一个经典概念来描述称义。[②] 这里的"更新"不仅意味着个体正在通过圣化(sanctification)而日益趋近完全的义,更意味着义成了人内在的一部分。正如路德所说,"被称义的人还不是义人,但已经处在那朝向义的运动或过程中"(*WA* 39 I,83),"已经拥有义的开端,以便总是寻求更多的义"(*WA* 56,272)。按照内在的解释,义已经通过内在的方式变成了人性的一部分,而不只是外在的与末世性的。

在笔者看来,上述两种观点都存在一些问题。外在的解释虽然整体上更符合路德的新教哲学精神,但它不能很好地阐明陌生之义与人性当下存在之间的关系;内在的解释虽然指出了外在解释的局限性,但又因矫枉过正而错失了路德从"外在性"出发批判中世纪称义模式的深刻用意。因此,本文试图证明,路德所谓的义在本质上确实是外在的,但同时也内在地作用于人性。不过,这不是为了实现人的本质,而是为了摧毁人类本性的内在存在,由此以最彻底的方式证成义的外在性。这样的称义意味着一种始终不安的生活方式,一种变动不居的人性状态,一种持续不断的"运动"。

我们注意到,在讨论因信称义时,路德频繁援引亚里士多德的"运

---

① 参见 Tuomo Mannermaa, *Christ Present in Faith: Luther's View of Justification*。

② 参见 B. Lohse, *Martin Luther's Theology: Its Historical and Systematic Development*, trans. Roy A. Harrisville, Minneapolis: Fortress Press, 1999, pp. 262–263;阿尔托依兹:《马丁·路德的神学》,第229—330页。

动"概念来说明被称义者的存在方式。① 在他看来,称义就是从罪到义的运动,不只是从不信到信的转变,更是已经因信称义之人的整个生活方式。比如,关于《罗马书》12:2 所言,要在内心的"更新"中"重新被赋形"(reformamini),路德指出:"这里说到进展,因为是对早已开始成为基督徒的人说的。他们的生命不在静止中(in quiescere),而是从好被推动到(in moueri)更好,正如病人从生病到健康。"(WA 56,441)显然,路德理解的称义运动已不再是亚里士多德意义上的"质变",因为在他看来罪与义都不是人的品质。那么,他是在何种意义上将"从罪到义"的称义,理解为"从好被推动到更好"的运动呢? 义的外在性与内在性之间的张力,在运动中又是如何体现的? 为了理解这一点,我们将首先考察亚里士多德的运动学说,然后探讨路德如何在利用和改造其运动概念的基础上,从一种虚无主义的视角出发重新诠释罪与义、存在与非存在的关系。

二、毁灭与实现:亚里士多德的运动概念②

在《物理学》中,亚里士多德提供了两条理解运动的思路,分别出现在第一卷第七至九章和第三卷第一至三章:前者关于生成(γένεσις)的分析同样是对运动的讨论,因为生成、运动与变化本质上属于同一个问题;后者则从新的角度入手对运动做了正面界定,进而将全书对运动的

---

① 参见 T. Dieter, *Der junge Luther und Aristoteles*, Berlin: Walter de Gruyter, 2001, pp. 276 – 346。

② 该部分对亚里士多德运动概念的讨论,主要参考了李猛:《亚里士多德的运动定义:一个存在的解释》,《世界哲学》,2011 年第 2 期,第 155—200 页。

分析推向更深的层面。如果说第一卷重在揭示对立本原，从而将运动刻画为"毁灭"，那么第三卷则重在揭示质料与形式之间的存在关联，从而将运动界定为"实现"。

在第一卷关于自然存在之原因与本原的讨论中，针对巴门尼德仅仅承认存在而取消生成，断言存在既不生成也不消灭，亚里士多德提出"载体、形式与缺失"的三本原来解释存在者的存在与生成，把生成理解为对立本原，即形式与缺失，在载体(ὑποκείμενον)上面的出现或消失。比如，无教养的人变成文雅的人，随着文雅对载体(即人)的作用，作为对立一方的无教养则会消失。就是说，生成是通过载体对对立本原的承受而展开的："如果由于自然而存在的事物都有自己的原因和本原，并且我们所说的每种自然都从开始就不是由于偶然而是由于本性才存在和生成的，那么万物就都是从载体和形式生成的。"(《物理学》190b17—20，中文全集第二卷第 23 页)首先，从这样的生成结构来看，运动意味着对立本原在载体之上展开的相互毁灭，因而可以说运动本质上便是毁灭。其次，生成中的非存在与存在指的是缺失与形式，而非载体与形式。载体是缺失形式的东西，却不等于缺失，不是形式的对立面。换句话说，"质料是由于偶性的非存在，而短缺则是由于自身的非存在"(《物理学》192a4—5，中文全集第二卷第 27 页)。

我们注意到，亚里士多德提出将载体作为第三本原，认为所有生成物皆从某个处在下面的东西生成，是为了解决形式与缺失之间的生成难题。具体说来，一切生成之物都生成于对立面，一切消灭之物也都消灭为对立面，"所以，由于自然而生成了的一切事物都应该或者是对立，或者是源于对立"(《物理学》188b25—26，中文全集第二卷第 17 页)。问题在于，对立之为对立，不正是由于双方不能相互生成或作用，而必然相互毁灭吗？怎么能说存在者生成于相互毁灭的形式与缺失呢？为了解决这里的困难,回答生成在什么意义上源于相互毁灭的本原,亚里士多德才引入作为第三本原的载体,使对立本原"都作用于某个有别于它们的第三者"(《物理学》189a25—26,中文全集第二卷第18页),从而使生成得以可能。形式与缺失的对立意味着相互毁灭,当这种毁灭在不变的承载者之上展现出来的时候,便是生成或运动。

如此我们便能理解,亚里士多德为何会认为,他用来解释生成的三本原不同于柏拉图那里的"大、小、理念"。按照他的判断,所谓"大和小"只相当于三本原中的载体或质料,而作为缺失的另一本原却被忽视了。柏拉图的三本原在此被亚里士多德还原成了质料与形式:"他把大和小当作质料,单一是形式。"(《物理学》187a18,中文全集第二卷第12页)准确地说,柏拉图并非没看到缺失,而是不在本原上区分缺失与质料,这在亚里士多德眼里无异于"把大和小与非存在相等同"(《物理学》192a7,中文全集第二卷第27页)。根据亚里士多德,作为非存在的缺失与质料具有完全不同的存在意义:前者是形式的对立面,因而必然渴望毁灭形式,后者尚未被赋形,因而在自然上渴望获得形式。形式与缺失的相互毁灭之所以推动存在的生成,离不开在自然上就渴望形式的质料。如若不区分质料与缺失,从非存在到存在的生成将意味着"相反者渴望自己的消灭。然而,形式不能渴望它自身(因为它并不缺少),形式的反面也不能渴望它,因为相反的双方是彼此消灭的。真实的说法是质料渴望形式"(《物理学》192a19—22,中文全集第二卷第28页)。

可见,亚里士多德在对立本原之外提出第三本原,是由于后者不单是承受生成变化的载体,更是在自然上就倾向于被赋形的质料,正因此,对立本原相互毁灭的渴望才能成就质料对形式的渴望。只不过,根据三本原结构,生成与运动的本质主要不是指质料与形式之间的存在论关联,而是指形式与缺失在载体之上上演的毁灭性斗争。

《物理学》第一卷第八章结尾处指出,还存在另一种解决生成难题的方式,这直接将我们引向第三卷从潜能与实现入手对运动的界定。通常认为,"运动"(κίνησις)的标准定义出自第三卷的首章:"潜在存在作为潜在存在的实现就是运动。"(《物理学》201a10—11,中文全集第二卷第58页)把握这一运动定义的关键在于准确理解"潜在存在"及其"实现"的含义。以青铜和雕像为例,当我们说青铜是潜在的雕像时,"潜在存在作为潜在存在"不是指"青铜作为青铜",因为青铜作为青铜恰恰是现实的而非潜在的。青铜是青铜的现实,雕像才是青铜的潜能。就是说,作为雕像的青铜才是能被运动的东西,而运动即雕塑活动,便是对青铜能制成雕像这一可能性的实现。简言之,正如"潜在存在"不是青铜本身,而是作为雕像的青铜,运动定义中的"实现"也不是最后雕塑成的雕像,而是青铜被用来制作雕像的雕塑活动。

不难发现,"潜在存在作为潜在存在"的潜在性,正是上文所言质料对形式的渴望,对这一渴望的实现便是运动。只有在运动中,青铜才不只是青铜,才充分进入现成存在之外的另一种存在方式,作为潜在的雕像展现对形式、被赋形的渴望。换言之,运动定义中的"潜在存在"根本上是指"一个东西内在地作为另一个东西的倾向或可能性"。[①] 所谓"另一个东西"并非绝对他者意义上的,而只是潜在意义上的,因为一旦这种"作为另一个东西的倾向"通过运动实现出来,与其说运动者变成了另一个东西,不如说在被赋形的意义上更真实地成了自身。

就质料与形式、潜能与实现的存在结构而言,《物理学》第三卷将运动界定为"实现"的思路,与第一卷将生成界定为对立面相互"毁灭"的思路,二者形成了鲜明的对比。在亚里士多德那里,前者比后者具有更

[①] 参见李猛:《亚里士多德的运动定义:一个存在的解释》,第179—180页。

根本的形而上学意义,正像《论灵魂》所指出的那样,运动作为一种承受,"有时是指某事物被对立物所消灭,但更多是指潜在的存在被现实存在所保存,潜能与现实的关系就是这样"(《论灵魂》417b2—5,中文全集第三卷第43—44页)。

与此同时,亚里士多德也清楚地意识到,被定义为"实现"的运动并不是严格意义上的"实现"(ἐνέργεια,在运动文本中经常与ἐντελέχεια互换),因为运动是一种"不完善的实现"(ἐνέργεια…ἀτελής)(《物理学》201b31—33,中文全集第二卷第61页)。运动的不完善性在《形而上学》第九卷中被表述为目的外在于运动:

> 那些有界限的实践(πράξεων)没有一个是目的(τέλος),而是达到目的的手段。例如减肥,在减肥的时候,那些东西自身就这样在运动中,而运动所要达到的东西却尚未出现。像这样的活动不是实践或者不是完善的(因为不是目的),只有那种目的寓于其中的活动才是实践……这两者之中,一个叫运动,一个叫实现活动。一切运动都是不完善的(ἀτελής)。(《形而上学》1048b18—30,中文全集第七卷第209—210页)

由希腊文词ἀτελής(不完善的)可知,运动的不完善性在于它不是自身的目的(τέλος),无法将目的置入自身。一方面,没有目的就没有运动,因为运动意味着渴望被赋形的质料之自然本性的实现;另一方面,作为运动所要达到的东西,目的仅仅构成运动的"界限",却并不出现在运动中,成为其中的一部分。运动与目的无法同时存在:只要还在运动,目的就尚未达到;目的一旦达到,运动必然终止。比如,作为建造房屋这一运动的目的,房屋的建成意味着建筑的结束,而只要还在建筑,房屋就尚未建成。与运动不同,对完善的"实现"而言,活动就是目的,因为目的已经寓于活动中。

可是,既然目的外在于运动,亚里士多德何以还用目的内在于自身的"实现"界定运动呢？这是由于,潜在存在者需要通过运动才能达至自身的目的,质料需要通过运动才能获得自己在本性上就渴望的形式。就此而言,亚里士多德的运动定义实则是一个存在与成性的定义。①外在于运动的目的离不开运动,只有经过这种不完善的存在方式,目的与活动最终才会在完善的实现中同时在场。而运动作为实现活动的不完善性,恰是理解路德运动学说的关键。

三、运动的不完善性

从早期解经著作开始,路德就准确地捕捉到亚里士多德界定运动的两条思路:毁灭与实现。从"毁灭"出发,路德将运动理解为生成与消灭的关系,即相反者的对立:"正如哲学家所说,一个东西的生成就是另一个东西的消灭,运动就是从相反者到相反者。"(WA 57 III,143)从"实现"出发,路德更是直接援引《物理学》202a7—8,将运动说成能运动者的实现:"运动……据亚里士多德说,是能运动者作为能运动者的实现。"(WA 1, 27)不过,路德并未专注于阐释运动定义本身,更无意于对三本原、潜能与实现进行概念分析,他真正感兴趣的是从不完善性入手来理解运动的存在方式:"根据哲学,运动是不完善的实现,总是部分已经获得,部分有待获得,总是在相反者之间,同时处在起点与终点。如

---

① 参见李猛:《亚里士多德的运动定义:一个存在的解释》,第197页。

果只在一端,就已经不是运动了。"(*WA* 4,362—363)

　　把握路德运动概念的关键,就在于澄清这里所说的"不完善性"到底意味着什么。"获得"的不完全性与运动的居间性(在相反者之间,在起点与终点之间),是否就是亚里士多德那里运动目的的外在性呢?

　　首先要注意的是,路德关于不完善性的界定,与其说对应《形而上学》第九卷,不如说直接出自《物理学》第六卷第四章关于运动或变化之可分性的讨论。亚里士多德在那里告诉我们,之所以说变化或变化物必然是可分的,是由于所有变化都是从什么到什么。如果一个东西完全处在起点,或完全处在终点,就不会有变化,因为这时它要么还没开始变化,要么已经不再变化。因此,运动物必然处在起点与终点之间:"正在变化的事物必然部分地处于起点状态中,部分地处于终点状态中;因为它既不能整个地都在两种状态中,也不能不在一种状态中。"(《物理学》234b15—17,中文全集第二卷第167页)在各种变化中,位移与质变以最直观的方式向我们呈现了运动的可分性:位移物的所有部分并非同时到达终点,而是一部分接一部分地先后到达某个位置;对于质变物,如果所有部分同时发生相同的变化,运动就不可能是一下子完成的,而是包含前后不同程度的改变,比如黑发变白要先经过灰。因此,运动必然是可分的,必然部分在起点,部分在终点。

　　对亚里士多德而言,运动的不完善性与可分性是两个不同的问题(虽然相关),当路德把二者混同在一起,用可分性说明不完善性的时候,他不仅偏离了亚里士多德界定不完善性的存在路径,而且改变了对运动本身的分析。亚里士多德所说的不完善性并非运动定义的要素,而只是运动作为"实现"的特点,但经路德重构之后的不完善性转而成了理解运动的中心概念。

　　在上述引文中(*WA* 4,362—363),路德对运动作为"不完善的实现"的界定包括三个方面:一、部分已经获得,部分有待获得;二、在相反者之间;三、同时处在起点与终点。从概念上来看,这三个表述并不是简单的同义反复,而是同时囊括了毁灭与实现两条思路。首先,之所以说运动是不完善的实现,是由于部分已经获得,部分有待获得,亦即部分是实现,部分是潜能。这是从实现思路来看的不完善性。其次,路德进一步认为运动总是"在相反者之间",亦即前面所说"从相反者到相反者"。这主要是从毁灭思路来看的不完善性,因为对立关系意味着一个东西的生成与另一个东西的消灭。(*WA* 57 III, 143)最后,路德告诉我们运动"同时处在起点与终点",仅就此处文本的语境而言,这可以指潜能与实现的关系,也可以指相反者之间的对立关系。不过,既然毁灭与实现在亚里士多德那里是两个相对独立的思路,路德何以不加区分地用相反者之间的"毁灭"来论证运动作为"实现"方式的不完善性?运动的两条思路在此怎么结合在一起了呢?我们认为,这一点与称义问题密不可分。

早期路德反复讨论运动,是为了说明称义的存在方式,而他关于罪与义的学说,又反过来影响着他对亚里士多德运动概念的解释。在路德看来,称义就是一种同时处在起点与终点的运动:

> 根据经文"义人仍旧被称义"(《启示录》22:11),所谓义人,并非义人的人,而是变成义人的人。因为运动部分在起点,部分在终点,正如被治疗的病人,疾病在消退,健康在增加,正如义人总是通过旧人左脚在罪中,通过新人右脚在恩典中。(*WA* 1, 42)

这段话表明,义人之所以仍旧需要被称义,是由于还没能真正获得义的"存在"(est),而只是处在"变成"或"被造成"(fit)义人的过程中。换言之，作为存在方式的称义，不可能直接将内在的义一次性赋予人，也不可能在尘世中拥有完全的实现；相反，称义必将导致人持续被称义，因为称义是一种同时处在起点与终点的运动，起点是罪，终点是义（恩典）。正因此，不仅罪持续存在于此生，而且赦罪意义上的称义亦非转瞬即过的上帝行为，而是"永远的延续"（perpetuo durantis）：作为日常罪人的我们（quotidie sumus peccatores）"持续生活在赦罪之下，基督时时刻刻真实地将我们从罪中解放出来……总是持续拯救我们"（WA 39 I, 94—95）。就像尚未被治愈的病人一样，变成义人的人总是在罪的起点中，因而总是需要朝着义的终点运动。"他既在作为起点的罪中，又在作为终点的义中。所以，如果我们总是在悔改，就总是罪人，但也因此是义人，且被称义。"（WA 56,442）

　　换言之，由于归算性称义的关键是赦罪而非除罪，被称义的基督徒在事实上仍然是罪人，对于同时是义人与罪人的他们而言，称义不只是生命中的一个时刻，而是基督徒的整个生活："义是由信而来的整个生活方式。"（WA 56,332）这样，尘世生活本身就成了一场永恒的运动，一场无处安顿和停息的旅行。"尘世生活就是某种运动和逾越，就是某种过渡和加利利，就是从此世到来世亦即永恒安息的迁移。"（WA 4,363）作为生活方式的义或称义，在尘世没有真正的完成时，而始终处于现在时；称义就是正在称义，一旦被称义就需要永远被称义。正如《德训篇》18:6 所言，"当人完成时，他却正在开始"，而不可认为已经实现义。路德认为，这种由于称义而不断寻求义，"因而总是被称义"的人性状态，便是"义人的处境"（conditio iustorum，WA 3,47）。

　　可见，一方面，称义本身不需要善功，而只需要信就能被赦罪；但另一方面，这种归算式称义虽然在逻辑上是一次性的，表现在时间中却又是持续的运动。而从罪到义的持续运动，与其说是作为称义之结果的成义，不如说是作为存在方式的称义,是外在的上帝之义在个体身上的运作。作为存在方式的称义,目的不是成全人自身的内在之义,而是要用外在之义解构个体内在规定性的存在意义,使人陷入持续被赦罪、总是有待被称义的处境。

被路德比喻成疾病的罪诚然是"原初之义"(iustitia originalis)的缺乏,但对路德而言,原初之义并非上帝加在人类自然本性之上的超自然恩赐,而是自然本性的一部分,因此义的缺乏就是本性存在的整体性败坏。在路德看来,本性败坏最根本的体现在于,人自以为可以通过善功与德性除去罪,恢复人性的正直:"人的理解"(humanus sensus)认为"罪被破坏,人留下来,被清洗干净"。为了对抗这种试图使"罪向人死"的本性之罪,恩典的作用恰恰在于使"人向罪死",或者说,以人向罪死的方式让罪向人死:不是除去罪,使人保持完整,而是除去人,使罪保持完整。"恩典在使灵称义的时候,让贪欲还留在肉身中,留在世界的罪中间……因此只要人还活着,没有通过恩典的更新被除去(tollitur)和改变,就没有任何行为能使之不再处于罪与律法之下。"(WA 56,334—335)也就是说,从罪到义的运动不是逐渐消除罪、获得义的"质变",不是内在之义的实现,而首先意味着罪人本身的毁灭与自然本性的虚无化,因为称义以人在精神上向罪死为前提。

进言之,当路德将处于罪的起点与义的终点之间的运动,说成部分已经实现,部分有待实现的时候,我们不能认为人的内在本性已经部分成义,且每往前推进一步,罪就减少一些,义就增加一些,否则就等于回到内在之义的传统模式。究其原因,这不仅是由于人的罪根和罪性,即罪本身,是不可能消除和减少的,而且是由于,归算式称义非但不以罪的消除为前提,反而要求罪的凸显和放大:因信称义之人,就是那些不仅在自然上是罪人,且在精神上将自己再造为罪人的人。(WA 3,287—288)向罪死的人,罪也向他死,但这仅仅是指,"罪以属灵的方式被除去(即犯罪的意志死了)",而不能

按照形而上学的方式认为"罪的工作与贪欲"被除去了。(WA 56,335)

综上可见,我们不能仅从运动的可分性或目的的外在性角度,来解释路德笔下运动的不完善性,因为严格说来,从起点到终点的称义运动,根本不是真正意义上的实现。罪的哲学意义主要不是潜能,而是义的对立面:罪与义首先不是潜能与实现、质料与形式之间的关系,而是相反者相互毁灭的关系。运动中蕴含的毁灭性才是不完善性的实质内涵。或许正因此,相比"部分已经实现,部分有待实现"这一最接近亚里士多德理论的表述,路德后来才越来越倾向于采用"同时处在起点与终点"来界定运动的内在结构,因为后者既适用于作为毁灭的运动,又适用于作为实现的运动。不过彻底揭示出运动之毁灭面向的,却是路德关于运动的另一个界定:"总是回到起点。"

四、"总是回到起点"

路德之所以不满足于说运动同时处在起点与终点,而是进一步将其还原为"总是回到起点",就是为了与亚里士多德彻底分道扬镳。因为,"总是回到起点"扭转了运动作为实现的内在结构,从而将运动首先理解为不断回到起点的毁灭过程,而非不断靠近终点的实现过程。生活就是一场永恒的运动,之所以如此,不仅是由于这场运动的目的或终点不在此世,更是由于这场运动才刚刚开始。不过,路德为什么,又是在什么意义上将称义的运动界定为"总是回到起点"呢?

前面指出,被称义就是正在被称义、有待被称义,且永远需要被称义,而要做到这一点,就应该"总是回到起点,总是重新开始……因为总有剩余的需要你增加,因此你总是在运动中,在始点"(WA 3,47)。运动不只是在起点,而且总是回到起点,只有重新开始才能保证运动的持续性。整体上看,运动是从起点推进到终点,但这种推进的实质及其得以可能的基础,实则来自"总是回到起点",因为"往前推进不过就是总是开始"(*WA* 4,350)。换言之,运动之所以是一种不完善的实现,不仅是由于运动者处在起点与终点之间,更是由于"总是回到起点,总是重新开始";正由于不断回到起点,运动才始终同时在起点与终点,而如果不再回到起点,运动就不再是运动了。

　　学者通常认为,路德将包括称义在内的运动界定为"总是回到起点",并非说基督徒的生活等于毫无意义的重复或轮回,而只是警告他们不要在称义的进展中停下来。但我们认为,除了这层不断寻求称义的道德劝勉之外,"总是回到起点"这句话在将称义理解为一场永恒运动的同时,还蕴含着关于运动和存在的新理解,其中的关键首先在于称义中罪与义的复杂关系。在《诗篇讲义》(*Dictata super Psalterium*,1513—1515)的一段话中,路德就该问题给出了令人触目惊心的讲法:

> 　　正如上文所言,我们总是在运动中,已经是义人的我们总是有待被称义。由此可知,对下一刻要增加的东西而言,此刻的所有义都是罪……因此,此刻相信自己是义的,并立于这里的人,就已经丧失了义,正如运动中类似的情况所显示的:此刻的终点是下一刻的起点。而起点是罪,我们总是要离开这里。终点是义,我们总是要到达那里。所以,我才会说,对下一刻而言,进展中的义总是罪恶,正如前面说的文字对精义,虚空对成全。(*WA* 4,364)

这段话更清楚地表明,义人不是已经成义之人,而是变成或正在变成义人之人,亦即总是有待进一步被称义之人。称义的运动处在起点与终点之间,就是处在罪与义之间。总是回到起点、重新开始,就是回到罪,从罪重新开始。回到起点不是倒退回原点,而是将已经抵达的终点重新视为起点,将已经实现的义重新变成罪,只有这样才能将生活持续制造为一场永恒的运动。笼统地看,称义的起点与终点可以表示最初的起点与最后的终点,前一刻的起点与此刻的终点,此刻的起点与下一刻的终点。但更重要的是,运动中的每一个点,每一个此刻都同时是起点与终点,相对下一刻是起点,相对上一刻是终点。这意味着,运动中的所有义都同时是罪与义,相对此后的义是罪,相对此前的罪是义。对下一刻的义而言,作为起点的此刻和最初的起点具有同样的存在意义,此刻的罪和作为绝对起点的罪都是罪,正如下一刻的义和作为绝对终点的义都是义一样。罪没有真的消除,义也没有完全获得。运动之为运动,就是永不停息地回到起点,将每个连续到来的现在视为新的起点,用即将到来的下一刻否定现在这一刻对前一刻可能具有的任何实现意义,亦即将到此为止的所有义都当成罪,否定任何已经实现之义对人性的构成意义。义永远存在于有待实现的将来,因为已经实现且可能构成本性的东西总是再次变成起点之罪。

只有在此意义上,我们才能真正理解路德何以说,基督徒始终同时是义人与罪人。既然运动总是回到起点,称义过程中的每一个点就都同时是起点与终点,同时是罪与义:不只是义,因为现在不可能拔除罪根;也不只是罪,因为已经走向义。甚至,当路德有时沿用奥古斯丁的传统观点,说基督徒是部分的义人与部分的罪人时,我们也应该从"总是回到起点"出发加以理解,而不能认为义已经部分实现,罪已经部分除去,不能认为义在运动的推进中逐渐实现并积累下来,因为凡积累下来构成人之现实本性的总是被理解为罪。路德将基督徒的生活制造成一场无法安顿的运动,目的就是要将已然成全的义作为罪抛在身后,使之不至于变成内在本性的一部分。在此意义上,所有关于路德称义哲学的内在解释都难以成立。用他的话说，基督徒总是处在"成为义人"的状态中，不可自认为已经"是义人"，而只有在不断"成为义人"的运动中才能摆脱"是义人"的考验。所以，称义的整个进展本身，相当于将前面已经实现的义作为罪毁灭掉：每一个此刻的罪都是对前一刻实现的义的毁灭，以便向下一刻的义推进；义总是在下一刻，下一刻的义实现之后也将被毁灭为罪，以便继续往前推进。正如阿尔托依兹所言，罪与义的同时性不是静止关系，而是"在这对立的两极间不停地运动"。①如此，称义的运动既是从罪走向义，也是从义走向义，更是从罪走向罪。这就是路德对于外在之义的独特理解：所谓称义，乃是一种发生在罪与义之间，不仅没有内容，而且要消除内容的运动本身。

在归算的意义上，称义是外在的而不是内在的，是末世性的而不是现成性的，因为只有在末日之后，外在之义才能变成人性内在的实现。但与此同时，这种外在的末世之义又临在于称义运动的每个环节、每个时刻，在对抗罪的过程中作为已然临在的义持续发挥作用。只不过，义的作用与其说在于一点点除去罪、增加义，不如说是在罪与义的交织和对立中，以毁灭而非成全的方式，以"人向罪死"的方式更新人的存在，使我现在的存在奠基在对过去的摧毁之上，亦即奠基在虚无之上。

有学者在路德的运动学说中看到了唯名论的深刻影响，比如，路德与奥康一样都侧重从连续性出发，将运动呈现为一个接着一个地连续到来。②奥康认为，运动所描述的仅仅是，运动者总是连续不断地处在一个又一个位置或状态，获得一个又一个形式，其中的任何一点都同时

---

①　阿尔托依兹：《马丁·路德的神学》，第 240 页。

②　参见 T. Dieter, "Luther as Late Medieval Theologian: His Positive and Negative Use of Nominalism and Realism," in *The Oxford Handbook of Martin Luther's Theology*, eds. R. Kolb, I. Dingel and L. Batka, Oxford: Oxford University Press, 2014, pp. 31 – 48; T. Dieter, *Der junge Luther und Aristoteles*, pp. 288 – 295。

指向下一个尚未到来的点。不过,与路德截然不同的是,奥康这里运动的连续性意味着连续不断的获得:一方面,运动总是指向下一刻尚未在场因而有待到来的获得;另一方面,在指向下一刻的同时,此刻的获得本身并未丧失,而是得到保存。就即将获得的而言,运动意味着"将要到来之形式的非存在:'通过这样的否定与肯定,就能在运动中解释连续性。'对奥康来说,运动中的否定不是前一个形式的非存在,而是将来形式的非存在;整个连续的运动本质上是外加部分或指称的获得"。①

　　运动者总是部分在起点、部分在终点,这对奥康而言意味着运动总是部分在肯定中、部分在否定中:"肯定"是指刚刚获得的前一个形式,"否定"是指即将获得的下一个形式。换言之,运动中的"非存在"仅仅是就尚未在场的形式而言的。因此,同时在起点与终点的运动,就不能被还原为"总是回到起点"。对奥康而言,在获得下一个形式时,此前获得的上一个形式得到保存,但对路德而言,前一个形式却必须作为非存在丧失掉,否则便无法继续推进。所以,到路德这里,运动中的任何一点实际上都具有双重的否定性,即尚未获得意义上的非存在(义)与即将丧失意义上的非存在(罪);下一个形式因尚未获得而是非存在,上一个形式因将会丧失而是非存在。在"总是回到起点"的意义上,一切形式与存在都得不到保存,运动源源不断地获得的又源源不断地丧失。

　　至此,路德运动学说的内在张力变得更清晰了。前文指出,路德关于不完善性的界定暗含了毁灭与实现两条思路:运动者既处于相反者之间,同时又被描述为部分已经实现,部分有待实现。基于以上对"总是回到起

---

　　① 参见 J. A. Weisheipl, "The interpretation of Aristotle's *Physics* and the Science of Motion," in *The Cambridge History of Later Medieval Philosophy: From the Rediscovery of Aristotle to the Disintegration of Scholasticism 1100-1600*, eds. N. Kretzmann and A. K. J. Pinborg, Cambridge: Cambridge University Press, 1982, p. 532。

点"的分析,路德显然没有将称义理解为人性潜能的实现,反而理解为罪与义之间的相互毁灭。也就是说,运动中的起点与终点主要不是指潜能与实现,而是指对立的相反者。因为,罪所对应的不是潜在状态下的存在者,或渴望形式的质料,而是形式的缺失。整体上从罪到义的称义诚然是一场义毁灭罪、形式毁灭缺失的运动,但由于运动者总是回到起点、每个终点都同时是起点,这实则是一场罪与义相互毁灭的运动。简言之,路德在一定程度上用亚里士多德那里作为毁灭的运动,解构掉了作为实现的运动;用相反者的相互毁灭,解构掉了运动中的潜能与实现结构。

五、虚无：存在与非存在

只有将运动奠定在毁灭的基础之上,将称义理解为"无中生有"的创造(creatio ex nihilo),路德才能讲出虚无人性论最深的存在论基础。他认为,称义以人的自然本性"被还原为虚无"为前提,而还原为虚无的基本方式便是从自然到恩典的运动:

> 因为根据《诗篇》第二十七章,人的自然本性必然被还原为虚无和纯粹的黑暗："我被还原为虚无,愚昧无知",即我被造成为愚昧无知的,正如经上说"我曾急促地说,人都是说谎的"。当制陶的工匠从泥土制作容器,他不可能在保存泥土先前形式的同时制作一个容器,因为它是容器的对立和缺乏,而且一般而言,正如哲学家所说,一个东西的生成就是另一个东西的消灭,运动就是从相反者到相反者。自然之光就是这样朝着恩典之光被处置,正如黑暗朝着光、无形式朝着形式被处置一样。(*WA* 57 III,143)

在这段话中,路德将称义的运动表述为恩典之光对自然之光的毁灭:恩典的生成伴随着自然的消灭,二者属于相反者之间的对立关系,而非实现对潜能的成全关系,或超自然对自然的超越关系。这表明,路德明确从运动的毁灭思路出发理解"从相反者到相反者"。《物理学》第五卷也曾论及"从相反者到相反者",但亚里士多德只是在一般意义上将其理解为运动起点与终点的对立,以及居间点与起点和终点的对立(224b26—225b5,中文全集第二卷第134—136页)。也正因此,从相反者到相反者的称义,便不属于《物理学》第五卷讨论的狭义运动,即从主体到主体的变化(包括质变、位移、量变),反而属于从非主体到主体的变化(生成),亦即从罪到义、从自然存在到恩典存在、从非存在到存在的变化。

根据路德所举的例子,泥土与容器之间是缺乏与形式的对立关系,而非潜能与现实的成全关系,所以制作容器必然要求泥土被还原为虚无性的质料。引文中提到的"质料"概念丝毫没有呈现出对形式的渴望,反而由于无形式而被视为形式的对立面。与亚里士多德眼中的柏拉图类似,路德在此同样将三本原中的载体与缺失合二为一。面对上帝的工作,人的自然本性将遭遇与"泥土"一样的命运。全然败坏的本性丝毫没有称义的潜能,反而始终用罪对抗义,正因此,在上帝的创造中,人性必须成为恩典之光运作其中的黑暗,成为神圣权力进行赋形的无形式。

简单地说,称义就是自然的消灭、恩典的生成,就是将人的自然本性彻底还原为虚无,进而按照"无中生有"的创造模式进行恩典的拯救。人的自然存在与恩典存在,[①]被路德称为上帝对人的两次创造(WA 4,127):称义的恩典将人再造为新的精神存在,但这必须建立在自然存在

---

① 参见 S. Jununen, "Luther and Metaphysics:What is the Structure of Being according to Luther," in *Union with Christ: The New Finnish Interpretation of Luther*, eds. C. E. Braaten and R. W. Jenson, Michigan: Grand Rapids, 1998, pp. 129 – 160。

被还原为虚无的基础之上,正如自然本就是从虚无中造的。在此意义上,称义作为恩典的新创造,并非意味着对自然的修复与完善,而意味着从存在论上将自然毁灭为虚无,"正如被造前我们是虚无,欲求虚无……我们也应该回到虚无,以便同样认识虚无,欲求虚无,是虚无"(*WA* 1,124)。凡不愿回到虚无的人都没认识到自我本身的虚无性,没有看到"只有在基督中……我们才是某个东西,而在我们自身中则是虚无"(*WA* 4, 192)。也就是说,无中生有的称义,非但不是对人性潜能的实现,反而要彻底消除自然形式对人性的遮蔽,通过彻底暴露人性的虚无化处境来实施拯救。因为,在此过程中,人类本性的"自然状态、智慧、明智、目的与善意不可能保存或延续",它们作为未赋形的质料都要"让位于相反者"。(*WA* 57 III,143)

可见,不同于奥古斯丁哲学与经院传统,路德这里的自然与恩典、自我与上帝,呈现出彻底对立的局面,以至于人只有解构自身的存在才能建立起与上帝的新关联。"他们被如此羞辱,他们自身形式中的美和自身之所是被如此毁坏,是为了成为他们所不是的,即成为上帝的子女与义人。"(*WA* 3,330)换言之,路德笔下的上帝最根本的形而上学特点就是在虚无之上重建人的存在:"上帝之言的本性和上帝意志的秩序,在于首先毁坏我们之中的存在,将我们所是的存在还原为虚无,然后才建立他自身的存在。"(*WA* 3,330)存在的毁坏与再造并非先后发生的两件事,而是称义的两个方面,唯有虚无化的人才能称义,也唯有通过称义才能彻底完成人性的虚无化。在这个意义上,从自然之罪向恩典之义的运动,同时意味着向虚无与上帝的双重回归:"人来自上帝与自身的虚无,所以,回到虚无的人就回到上帝。"[1]

---

① Luther, *Archiv zur Weimarer der Ausgabe Werke Martin Luthers*, Teil II, Köln: Böhlau-Verlag, 1981, s. 305.

而若要深入理解运动的虚无主义,我们必须进一步考察路德关于存在与非存在问题的讨论。在《罗马书讲义》第十二章中,同样是借助亚里士多德哲学的概念,路德给我们提供了关于这个问题更为复杂的阐述。他看到,根据亚里士多德,自然事物的存在包括"非存在、生成、存在、作用、承受"五个阶段,亦即"欠缺、质料、形式、作为(operatio)、承受"。同样,在人这里也有类似的五个阶段:"非存在是没有名称的东西与罪中的人;生成是称义;存在是义;行为是合乎义地做事与生活;承受是被完善与被完成。"(WA 56,442)这样来看,称义就是从非存在到存在的生成:

> 人通过新生从罪进入义,因此也就通过生成从非存在进入存在。这些造成后,他便合乎义地作为。不过,通过承受,即通过被造成别的,进展中(proficiendo)的他就从这个实为非存在的新存在,进入其他新存在、更好的存在,然后再从那里进入别的(新存在)。因为人确实总是在欠缺中,总是在生成或潜能与质料中,总是在实现中。亚里士多德以这种方式对事物提出了哲学的解释,他做得很好,只是人们没有很好地理解他。人总是在非存在中,在生成中,在存在中;总是在欠缺中;总是在潜能中,在实现中;总是在罪中,在称义中,在义中。也就是说,总是罪人,总是悔改者,总是义人。(WA 56,442)

路德这里关于生成、存在与非存在的阐述,用亚里士多德自然哲学的概念讲出了反亚里士多德形而上学的道理,同时为前文讨论的称义运动提供了存在层面的支撑。虽然引文最后也提到潜能与实现,但这里对生成或运动的考察明显是从亚里士多德三本原的思路切入的,因为在路德总结的五个阶段中,从"非存在"到"存在"的生成被理解为从"欠缺"到"形式"的变化。

在这段话中,罪与义被清楚地表述为非存在与存在的关系,称义就是使人在恩典的作用下从罪的非存在生成为义的存在。只不过,生成出的新存在,即作为形式的义,并没有变成人性的内在构成。相反,从称义的进展来看,这个新存在实为非存在,随即便经由对"恩典"的承受而变成非存在,并通过再次生成使人进入另一个新存在。换言之,恩典为人造成的每一个存在都是全新的开端,后一个新存在意味着前一个新存在的毁灭而非增加。义的生成就是不断产生又不断毁灭新存在的运动,其中没有一个新存在与另一个新存在的累积关系,而只有非存在与存在的毁灭关系。因为,每一个新存在都是从非存在的虚无中进行的再创造,都是从欠缺到形式的生成,都是相反者之间的毁灭。这样,从罪到义的运动就成了非存在与存在的相互吞噬,或者说,成了存在从虚无中不断生成又不断毁灭为虚无的轮回。为存在的生成提供动力的正是运动的虚无化机制:只有还原为非存在的虚无,才能回到上帝,从而源源不断地从无中生成更多的新存在。这导致真正的存在,或者说最终完善的义与形式,不可能真正在场,留给人的只是没有内在存在的生成。路德存在学说最大的悖谬正在于此:生活就是一场永恒的虚无化运动,因为称义的生成机制最终使存在不再可能,因为上帝的外在之义不仅破除了自义,而且彻底解构掉了自我可能实现的所有内在存在。①

正因此,新存在的关键是新,而不是存在。新存在之所以是义,与其说是由于存在,不如说是由于新的。若要成为新的,就得不断否定自

---

① 参见 G. Ebeling, *Lutherstudien*, Bd. III, Tübingen: Mohr, 1985, ss. 327-328。

身,进而从毁灭中生成,从虚无中存在,从罪中称义。从称义的存在结构来看,只有去本质化、没有实质内容的新才是义,一旦成了什么就是罪;下一刻新的可能性才是义,过去和现在已经实现的可能性都相当于罪。所以,为了保障新存在生成机制的持续运作,从非存在生成存在,再到作为与承受,就不是一次性的递进过程。相反,路德认为五阶段中的任何一个都能在人这里找到,且始终同时在人这里,共同构成一场流转不息的运动。这场运动的关键是非存在与存在的关系:虽然被称义的基督徒不再只是罪中的人,但最初的非存在仍然临在于生成的每一个时刻,正如最后的存在(即完善)当下也已经在场,二者以对抗和毁灭的方式将称义构造为一场永恒的运动。人“总是”处在称义运动的实现中,却不可能有真正的实现;规定人之存在的与其说是实现,不如说更多的是潜能、非存在、质料、欠缺。在这个意义上,基督徒的称义之旅便是一场作为潜能与欠缺的运动。①

　　可见,当抛弃自然目的论的路德用潜能与实现来理解存在的生成时,他已经极大地改变了这对概念在亚里士多德那里的关系,潜能相比实现获得了更大的优先性。决定存在是否新的关键是潜能而非实现:存在的不断生成,以潜在的新存在不断否定已实现的旧存在为前提,正如上述引文所说,人“总是在欠缺中,总是在生成或潜能与质料中”。只有看到这一点,我们才能明白称义的生成与运动,何以非但没有使外在之义变成人的内在本质,反而在“总是回到起点”的虚无化过程中将自我制造成为没有存在根基的“深渊”。

---

　　① 参见 C. Sommer, *Heidegger, Aristote, Luther: Les sources aristotéliciennes et néo-testamentaires d'Être et Temps*, Paris: Presses Universitaires de France, 2005, pp. 60-61。

附录二 作为经世秩序的上帝：
加尔文三一论与教父传统①

一、加尔文与三一论

从加尔文的整个神学体系来看，三一论在其中的位置显得非常悖谬：一方面，三位一体并未像"神意""律法""称义与成圣""教会"等问题那样成为加尔文最核心的关切之一；另一方面，在这位日内瓦的改革家构建自身神学工程的过程中，他关于三位一体的论述却不断面对各种各样的批评。如果说三一论对加尔文而言仅仅是一个次要问题，而且（正如学界通常所认为的）他在此问题上并未发展出系统性的创见，那么其著作中为数不多的三一论内容何以会致使他陷入与不同阵营的激烈争论呢？在三位一体问题上，加尔文的观点到底是什么？三一论在他的思想世界中到底意味着什么？

我们看到，在1536年初版的《要义》中，三一论作为对《使徒信经》的解释被加尔文安排在讨论"信心"问题的第二章。到了1559年的最

---

① 本文原载《国学与西学》（国际学刊）2020年第19期，原题为"加尔文三一论与教父传统"。

终版,三一论所占篇幅相比之前有所增加,却仍未成为《要义》的核心议题,而是隶属于加尔文对"造物主"的讨论,作为《圣经》启示出来的神圣知识出现在第一卷第十三章。在写作这部巨著的二十几年间,加尔文在三位一体问题上先后与许多论敌针锋相对,其中最重要的人物包括指责加尔文为阿里乌主义的洛桑牧师卡罗利(Pierre Caroli),极端主义者塞尔维特(Michael Servetus),以及流亡到日内瓦的意大利反三一论者,诸如詹蒂莱(Giovanni Valentino Gentile)、布兰德拉塔(Giorgio Blandrata)、格里巴尔迪(Matthias Gribaldi)、阿尔恰蒂(Gianpaulo Alciati)。学界的相关研究表明,加尔文三一论的形成深受这些争论的推动。[①]

　　如果联系《要义》写作过程中出现的争论,就会发现加尔文三一论的学说与立场有多么扑朔迷离。首先,为了维护三位一体教义,首版《要义》已经明确从尼西亚信经的"同质"(homoousios)概念出发批判阿里乌主义,可既然如此,卡罗利当时为什么还要指责加尔文为阿里乌主义者呢? 在对手的要求下,加尔文又为什么拒绝赞同尼西亚信经与阿塔纳修信经呢? 其次,根据正统三一教义,子通过永恒受生的方式分有上帝的独一本质,但根据加尔文的"自存性"(aseity)理论,子的本质并非出自父,而是出自自身,凭自身就拥有这一本质,虽然子与父的本质是同一的。可要是这样的话,加尔文不就否定了正统三一论中的永恒受生与本质相通(communicatio essentiae)了吗? 因为,从尼西亚信经和阿塔纳修信经来看,子出自父的不只有位格,还包括本质。加尔文"自存性"理论的形成与前文提到的反三一论者密不可分,后者认为子的本

---

　　① 参见 Brannon Ellis, *Calvin, Classical Trinitarianism, and the Aseity of the Son*, Oxford: Oxford University Press, 2012。

质是父产生的,因此子必然低于父。为了批判反三一论者的"次位论"(subordination)倾向,保障父与子在本质上的平等性,加尔文才日益强调子的自存性,结果却可能陷入有违正统教义中"生与受生"原则的危险。[①] 在正统与异端之间,加尔文的立场变得微妙而复杂。在《要义》反复修订的漫长历程中,作者有充分的时间和机会进一步明确和完善三一论,但从 1559 年的最终版来看,加尔文似乎无意对自己的学说做实质的调整,反而故意保持这种微妙而复杂的张力,如此便给现代学者的研究造成巨大的困难。

　　现代学者通常认为,若要理解加尔文三一论,就必须追溯这位改革家所诉诸的教父资源,考察他更依赖拉丁传统还是希腊传统。以沃菲尔德为代表的学者认为,加尔文主要采纳奥古斯丁的"关系"(relation)进路来界定三个位格之间的区分。[②] 托伦斯(T. F. Torrance)提供的另一种解释则认为加尔文倚重的主要是阿塔纳修与卡帕多西亚教父(Cappadocians)的希腊传统,其中纳西昂的格列高利对加尔文的影响尤为重大。托伦斯认为,加尔文用来区分位格的"关系"进路直接来自格列高利而不是奥古斯丁,而且奥古斯丁在该问题上也曾受格列高利影响。[③] 沃菲尔德、托伦斯等学者的研究让我们看到,声称从《圣经》出发构建三一论的加尔文不仅不排斥外在于《圣经》的古代传统,而且非常自觉

---

　　① 关于"子的自存性",参见 Brannon Ellis, Calvin, *Classical Trinitarianism*, *and the Aseity of the Son*。

　　② Benjamin B. Warfield, "Calvin's Doctrine of the Trinity," in Samuel G. Craig ed., *Calvin and Augustine*, Philadelphia: Presbyterian & Reformed Publishing, 1956, pp. 189 – 284.

　　③ T. F. Torrance, "Calvin's Doctrine of the Trinity," *Calvin Theological Journal* 25/2 (1990), pp. 165 –193, esp. pp. 49 –50, 58; "The Doctrine of the Holy Trinity in Gregory Nazianzen and John Calvin," *Sobornost* 12/1 (1990), pp. 7 –24.

地吸收东西方教父的思想资源。①

　　不过,从《要义》文本来看,加尔文对待教父三一论的态度却并不是特别明确:一方面,他援引众多前后尼西亚的教父著作,除了奥古斯丁、卡帕多西亚教父和阿塔纳修,还有德尔图良(Tertullian)、希拉利、克里索斯托等;另一方面,加尔文却没有明确告诉我们他是用哪位教父的思想来理解三位一体的,且他对这些教父的引用并不等于毫无保留的赞同,而是时常伴随或多或少的批评。比如,加尔文在讨论三一术语的必要性时指出:"我注意到,古代神学家虽然谈论这些问题时非常敬畏,他们的观点却彼此矛盾,甚至时常自相矛盾。希拉利为大公会议所用的程式辩护,那都是什么程式啊? 奥古斯丁的解释有时多随意啊? 希腊教父与拉丁教父的差别多大啊?"(1.13.5)

　　所以,勾勒加尔文三一论背后的教父谱系或许只是第一步,更重要的是进而理解他的思想本身,即从这位改革家自身的问题意识出发,揭示其三一论的特质及其与加尔文整个学说之间的关联。不是说教父资源对加尔文不重要,而是说在研究加尔文三一论与教父传统的关系时,我们应该把重心放在考察加尔文如何利用教父传统服务于自身的神学构架。我们注意到,正是为了矫正此前进路的偏颇,晚近西方学者逐渐开始将研究重心放在全面探究加尔文自身的学说上面,比如,布廷从神人关系和经世三一入手对加尔文的研究,以及荷兰学者巴尔斯(Arie

---

① 　关于晚近学者对沃菲尔德与托伦斯的矫正,参见 John T. Slotemaker, " John Calvin's Trinitarian Theology in the 1536 *Institutes*: The Distinction of Persons as a Key to His Theological Sources," in Kent Emery ed., *Philosophy and Theology in the Long Middle Ages*, Russell Friedman and Andreas Speer, Leiden: Brill, 2010, pp. 781 – 810。关于加尔文三一论,进一步参见以下研究:Wilhelm Niesel, *The Theology of Calvin*, pp. 54 – 60; Paul Helm, *John Calvin's Ideas*, pp. 35 – 57。在汉语文献方面,可参见林鸿信:《加尔文神学》,台北:校园书房出版社,2011 年,第63—97 页。

Baars）对加尔文三一论所做的细致梳理。[①]

本文旨在围绕 1559 年版《要义》第一卷第十三章及其他相关文本，结合教父传统分析加尔文三一论的基本思路及其思想关切，以便准确、深入地呈现这位改革家自身的理论及其特色。在下面的讨论中，我们将重点探究两个问题：一是加尔文对位格所做的界定及其哲学基础，二是加尔文三一学说背后的经世逻辑。笔者认为，在界定位格及其差异时，加尔文更多借用了希腊教父传统中的"自存体"与"特性"（而非"关系"）概念，而其三一论中的"经世"面向则主要来自德尔图良。在现有的加尔文研究中，德尔图良始终没有得到足够充分的重视，这既导致我们无法全面把握加尔文与古代三一论之间的关联，（更重要的是）又导致我们错失了加尔文三一论背后的"秩序"关切。我们认为，加尔文试图重构一套不同于天主教和中世纪世界的现代"秩序"，[②]这一秩序在很大程度上奠基于三位一体的内在秩序。

二、位格：加尔文与希腊传统

1559 年版《要义》第一卷第十三章是加尔文三一论的核心文本，也是他一生思考的总结。第十三章在整体上隶属于第一卷"认识造物主"的大主题，而从分析进路来看，这一章与前后几章一样，均旨在探讨《圣经》关于上帝所给出的启示。第十三章的标题说得很清楚："《圣经》自

[①]　参见 Philip Walker Butin, *Revelation, Redemption, and Response: Calvin's Trinitarian Understanding of the Divine-Human Relationship*; Arie Baars, *Om Gods verhevenheid en Zijn nabijheid. De Drie-eenheid bij Calvijn*, Kampen: Kok, 2004。

[②]　关于这一问题的专门讨论，参见孙帅：《治理秩序：加尔文神意思想初探》,《比较经学》,2016 年第 1 期,第 177—204 页。

创世本身以来就教导,上帝有一个本质,却在自身中包含三个位格。"从具体内容来看,我们可以将这一章的结构划分为四部分:一、古代三一论术语及其适用性(1.13.1—6);二、圣子和圣灵的神性及其证明(1.13.7—15);三、三个位格的区分与合一(1.13.16—20);四、对异端的反驳,尤其是塞尔维特与意大利反三一论者(1.13.21—29)。在笔者看来,第一、三部分是整个第十三章的关键,加尔文在此给出了其三一论中最重要的观点。

众所周知,三一论通常包含两个方面的问题,一是上帝的"合一",二是位格的"区分"。表面上,加尔文坚持正统的三位一体教义,认为上帝是独一的,同时拥有三个位格。正因此,他才会不遗余力地既批判古代异端,比如阿里乌派的"次位论"和撒伯里乌派(Sabellius)的"形态论",又批判当时的塞尔维特和意大利反三一论者。不过,关键不在于加尔文是否坚持三一教义,而在于他如何理解父、子、灵的合一与区分。

首先需要注意的是,在三一术语的使用上,加尔文倾向于将希腊传统和拉丁传统结合在一起。我们知道,以卡帕多西亚教父为代表的希腊传统将三位一体表述为 mia ousia, treis hypostases,而以奥古斯丁为代表的拉丁传统则表述为 una substantia/essentia, tres personae。加尔文认为希腊表述中的 ousia 与 hypostasis 分别相当于拉丁表述中的 substantia 与 persona,同时将 ousia 与 substantia 理解为"本质"(essentia),将 hypostasis 与 persona 理解为"位格"。(1.13.5)由此看来,加尔文有意综合希腊和拉丁两个传统的三一论表述。不过,他具体是如何理解三位一体的"合一"与"区分"的呢?

有趣的是,加尔文对上帝的"合一"似乎不怎么感兴趣,他真正关心的毋宁说是位格的区分。经过一番关于三一论术语的检讨之后,加尔文终于从正面给出了自己的理解,其中的关键恰恰落脚在三个位格的

区分上面。加尔文写道:

> 因此,我将位格称为上帝本质中的自存体。虽然每个位格都与其他两个位格相互关联,但却由于无法传达的特性(proprietate incommunicabili)而区别开来。我们用"自存体"一词指不同于本质的某种东西。因为如果言纯粹是上帝,没有任何特性,那么,约翰说言与上帝同在就是错误的,但当他紧接着说言是上帝本身时,就是提醒我们上帝本质的合一。如果不住在父里,言就无法与上帝同在,"自存体"就是这样产生的。虽然自存体与本质通过纽带结合在一起,毫不分离,自存体却仍有某种特征使之与本质区分开来。三个自存体彼此相关(ad alias relatam),同时因各自的特性而区别开来。"关系"(relatio)在此得到清晰的表达:当我们简单地提到"上帝"时,这一名称同时包括子、灵和父。其次,每当父与子相比时,二者就因各自的特性彼此区别开来。再者,我认为,每个位格的特性都是不可共享的,因为那属于父并使他被区别出来的特征,不可能传递给子。(1.13.6)

这段话是加尔文就"位格"所做的标准界定,其中涉及四个核心概念,即本质(essentia)、自存体(subsistentia)、特性(proprietas)与关系(relatio)。加尔文首先明确从"自存体"出发理解"位格",将父、子、灵三个位格界定为三个自存体。"自存体"是与"本质"相对的概念:一方面,自存体无法脱离本质,因为自存体是共同本质的体现或个体化;但另一方面,自存体又不同于本质,因为每个自存体都拥有无法共享和传递的"特性"。正因此,加尔文说:"(上帝的)整个本性应该被理解为存在于每个位格中,只是每个位格都有自身的特性。"(1.13.19)自存体由于自身独特的特征而是自存体。本质是三个位格共有的东西，自存体却是个别的，因为自存体之为自存体是由自身的特性规定的；特性不仅使自存体与本质区别开来，更使拥有共同本质的父、子、灵彼此区别开来。由此出发，加尔文进而将三位一体内部的"关系"与"特性"联系起来，正如上面这段话所言，他认为"关系"表示父与子"因他们各自不同的特性"而区别开来。

把握加尔文"位格"思想的关键，首先在于从教父传统出发为其找到准确的定位，确定加尔文的观点是拉丁式的还是希腊式的。从上面这段话来看，其中提到的"关系"概念可谓是加尔文与拉丁传统之间最明显的关联，因为自从奥古斯丁用"关系"来界定位格的区分以来，这一概念便成为拉丁三一论最重要的特色之一。不过笔者认为，奥古斯丁意义上的"关系"对加尔文来说并不那么重要。首先，加尔文位格定义的核心概念是"自存体"和"特性"而非"关系"，后者只是他用解释位格定义（位格即自存体）时提到的附属概念。其次，更重要的是，加尔文对"关系"的理解与奥古斯丁并不完全相同。根据奥古斯丁《论三位一体》中的经典理论，当上帝就自身而言（ad se）被称呼时，说的是实体或本质，比如上帝被称为永恒的。当某个位格就他者而言（ad aliquid）被称呼时，说的则是"关系"，比如父被称为"非受生的"是相对"受生的"子来说的，反之亦然。奥古斯丁认为，无论父、子、灵，还是"生""受生""发出"，都是关系谓词，亦即都是相对他者而言的。"关系"一定是相互的，父相对子是父，必然同时意味着子相对父是子，反之亦然；换言之，父或子，都不是就自身（实体）而言的。在一定意义上，我们可以说父是父之为父的"特性"（虽然奥古斯丁很少用"特性"概念），但这一"特性"首先必须奠基于父与子之间的相互"关系"，因为抛开"关系"不可能有位格的"特性"。换言之，在奥古斯丁那里，"关系"在位格的区分中是首要的，而在加尔文这里，"自存体"及其"特性"才是首要的。

就此来看,奥古斯丁以降的拉丁传统并非加尔文"位格"定义诉诸的主要资源。

我们认为,相比拉丁传统,加尔文界定"位格"时主要依据的是希腊传统。如何理解位格的区分是东西方三一论最大的差异之一,如果说以奥古斯丁为代表的拉丁教父主要从"关系"出发区分位格,希腊传统则主要从自存体的"特性"出发区分位格——这正是加尔文"位格"定义的关键所在。根据东方教父的三一范式,"实体"指父、子、灵共有的同一本质,"位格"则侧重指父、子、灵各自的特性;正是不可变、不可传递的特性,使父、子、灵彼此区分开来,成为各不相同的三位。三者最根本的差异在于:父是非受生的,子是受生的,灵是发出的。正如大马士革的约翰(John of Damascus)所言,子与灵的存在都来自父,父所拥有的他们也都拥有,

> 但非受生、受生与发出除外,因为只有通过这些位格的特性,三位一体的三个神圣位格彼此才能区分开来;以不可分的方式将他们区分开的,不是本质,而是每个位格各自的特性。[①]

对奥古斯丁而言,"非受生"与"受生"首先表示父与子彼此相对称呼的"关系",但对大马士革的约翰身后的希腊传统而言,则首先表示父与子各自的特性。看到这一点,我们便能理解加尔文为什么要将"位格"定义为 substentia(自存体)。

在拉丁文中,希腊三一范式中的 hypostasis 有两个翻译,一是 substantia(实体),一是 subsistentia(自存体)。在 substantia 意义上,ousia 与 hypostasis

---

① John of Damascus, *Expositio accurata fidei orthodoxae*, PG 94, 824B.

的意思几乎相同,但希腊人显然并非在相同意义上使用两个词,根据他们的理解,hypostasis 直译成拉丁词 subsistentia 显然更为合适。subsistentia 来自动词 subsistere,字面含义为"站在下面",进一步引申为"自身持存的东西",强调存在的现实性和个体性。准确地说,作为与 ousia/substantia 相对的概念,subsistentia 指的是那些具有不可共享和传递之特性的、自身持存的个体。当希腊教父将 essentia 与 subsistentia 放在一起使用时,前者强调普遍本质,后者强调与本质相对的个体性。正因此,大马士革的约翰才会认为,hypostasis"指的是依靠自身、持存在自身中的存在:在这个意义上,位格指的是个体,即在数量上区别于他者的东西,比如彼得、保罗、某匹特定的马"。[①] 彼得与保罗都是人,拥有作为共同"本质"的人性,但使他们成为两个个体的东西不是本质,而是 hypostasis。同理,父、子、灵被称为三个"位格",也是要突出他们作为自存体相对于共同本质的个体性。

　　根据加尔文的分析,位格的区分被进一步归结为每个位格自身的 proprietas(特性)。[②] 本质是三个位格共同拥有的东西,特性则是每个自存体独有的,不能变更和替代的东西;也就是说,本质与自存体之间是普遍性与特性的关系,本质是三个位格的同一性,特性则是三个位格的差异性。只有从同一性与差异性出发,我们才能真正理解加尔文神学的基本原则——"区别而不分离"(distinctio sed non separatio)——在三一论中的运用。加尔文写道:"我们并没有将位格与本质分开,而是将位格区分(distinctionem)开来,尽管他们处在本质之中。如果位格真与本质分离……就成了三个上帝,而不是一个上帝之中包含三个位格。"(1.13.25)与此类似,加尔文在另一个段落中说,不能认为父、子、灵是

---

① John of Damascus, *Dialectica*, *PG* 94, 612A‑B.

② poprietas 是希腊三一论概念 ἰδιότης 在拉丁文中的翻译。

空洞的称呼，因为他们揭示了"真正的区分"，亦即"区别而不分裂"："前述引文表明子有不同于父的特性，因为，除非子不同于父，否则言就不会与父同在，而且除非不同于父，否则他就不会与父共荣耀。"（1.13.17）因此，具体到三位一体问题，"区别而不分离"无非是指三个位格各自拥有不可传递的特性，同时却由于共有同一个本质而不可分离。

总之，笔者认为，加尔文三一论，尤其是对位格的界定，所诉诸的教父资源首先来自希腊传统，但这并不像托伦斯所认为的那样，是由于他深受纳西昂的格列高利"关系"进路的影响；相反，上文的讨论充分表明"关系"范畴并非加尔文三一论的核心。为了区分三个位格，加尔文依据的主要概念是希腊传统中的"自存体"和"特性"。不过，希腊三一范式虽然可以帮助加尔文界定位格的区分，却无法全面呈现父、子、灵之间的关系，而正是为了解决这个问题，他才进一步发展出了经世三一的相关思想。

三、经世：加尔文与德尔图良

在梳理三一论的概念争论后，加尔文紧接着提到德尔图良《驳帕克西亚》（*Adversus Praxeam*）中的一个定义："只要我们正确地理解，我并不反对德尔图良的定义：在上帝里面有某种配置或经世（dispositionem vel oeconomiam），丝毫不改变本质的合一。"（1.13.6）随后，当看到反三一论的异端同样诉诸德尔图良的权威时，加尔文再次引用《驳帕克西亚》中的观点，在证明德尔图良坚持三一论的基础上，进一步将后者的经世三一放进自身的神学框架。这两次引用对加尔文三一论具有非常重要的意义，为了理解这一点，我们有必要先来考察一下德尔图良的相关思想。

《驳帕克西亚》是基督教神学史上第一部较为系统的三一论著作,德尔图良写作这本书的目的是为了驳斥"一位一体论"者帕克西安(Praxeas)。根据一位一体论,只有一个上帝,且上帝只有一个位格。来自小亚细亚的帕克西安是一位一体论的最初倡导者,他的思想通常被进一步总结为"形态论"(Modalism)①和"圣父受难说"(Patripassianism)。具体言之,帕克西安为了维护一神论而走向否定三位一体的极端,认为上帝是独一的,上帝就是父;在这个意义上,上帝只有一位而非三位,因为子或灵与父之间并无内在区分,而只有外在区分。所谓"外在区分",是指父在时间中以三种不同的历史形态向世界和人显现,当他创造世界的时候显现为造物主,当他拯救人的时候显现为救主即子,当他施加恩典使人圣化的时候显现为灵。换言之,根本不存在不同于父的子和灵,子和灵只是父的两种显现形态,本质上就是父;正因此,当子在十字架上受难的时候,父也在受难。

为了批判帕克西安,德尔图良引进一个对后世三一论具有深远影响的概念,即"经世"(oeconomia)。与一位一体异端一样,德尔图良也承认只存在一个真正的上帝,但他认为同时必须相信这"一个"上帝拥有自身的"经世"。一位一体论之所以不承认三位一体,是因为他们担心三个位格在"数量上的经世和配置"会分裂神性的合一,从而导致出现三个上帝。但在德尔图良看来,"从自身产生出三位一体的合一,没有被三位一体破坏,反而被它所掌管"。② 德尔图良试图将对"合一"的理解建立在经世的分配之上,以便表明三位一体的"一"与"三"不但不

---

①　"形态的一位一体论"在东方被称为撒伯里主义(Sabellianism),这也是加尔文反复批判的异端。

②　Tertulian, *Adversus Praxeam*, 3.

矛盾，反而相辅相成。用他自己的话说，我们确实应该相信只有"一个
上帝"，但也应该相信这同一个上帝"处于我们称为'经世'的分配
之中"。①

在德尔图良看来，他的对手主张独一上帝的统治，即"主制"
（μοναρχία，亦可译为"帝制"），但拒绝理解这种统治的展开形式，即"经
世"。所谓"经世"，就是上帝在统治世界时进行的"分配"或"配置"。
从创造和救赎的历史来看，"经世"指的是子和灵被父所差遣：首先，子
从父生出，借以创造万物，并生于童贞女，然后经历受难、死亡、复活、升
天，直至将来再次降临以审判众人；其次，子根据他的应许，从父那里将
作为保惠师的圣灵差遣下来，成为信仰三位一体之人的圣化者。简单
地说，历史的经世是神意在时间中的展开。不过，这并非德尔图良三一
论的核心所在，因为他关心的首先或主要不是创造和拯救的外在经世，
而是上帝自身的内在经世，即上帝三个位格中配置的内在结构。② 在此
意义上，三位一体的"三"主要不是指上帝在历史中展开的行为，而是指
三位一体上帝本身的经世结构。用德尔图良自己的话说：

> 经世的奥秘通过安排"三"的秩序，即父、子、灵，将"合一"配
> 置进三位一体，但在保障经世奥秘的同时，"三"指的不是状态而是
> 等级，不是实体而是形式，不是能力而是表现（tres autem non statu
> sed gradu, nec substantia sed forma, nec potestate sed specie）；相反，
> 上帝是一个实体、一个状态、一个能力，因为他是一个上帝，而从上

---

① Tertulian, *Adversus Praxeam*, 2.

② 参见 Kevin B. McCruden, "Monarchy and Economy in Tertullian's *Adversus Praxe-am*," *Scottish Journal of Theology* 55（2002）, pp. 325 – 337。

帝那里,我们可以在父、子、灵的名称之下认出这些等级、形式和表现。①

这段话非常清楚地表明,德尔图良理解的"位格之三"既不同于希腊教父所讲的"自存体或特性之三",也不同于奥古斯丁所说的"关系之三",因为在德尔图良这里,位格的区分意味着上帝自身的内在秩序。这种秩序化的"三"便是经世意义上的"三",德尔图良将其理解为三个位格之间的"分配"或"配置"。上帝需要将其实体性的"合一"配置成"三"的经世秩序。这不是说,上帝本身的状态(status)、②实体或能力有任何不同;而是说,上帝的同一个状态需要展开在不同的等级中,同一个实体需要展开在不同的形式中,同一个能力需要展开在不同的表现中。上面这段话提到德尔图良经世三一的几个核心概念,其中 gradus 侧重指三个位格之间的等级性和秩序性,而 forma 与 species 则侧重指神性通过三个位格启示出的不同形式或样态。

　　为了驳斥一位一体论,德尔图良三一论重在基于内在经世建构三个位格之间的秩序,而不是在哲学上论证上帝本质的合一。问题在于,上帝自我配置的经世秩序到底意味着什么? 或者说,因经世需要而出现的不同"等级""形式""表现"之间是什么关系? 若要澄清这一点,我们需要进一步分析德尔图良对"主制"问题的理解。关于这一点,他写道:

---

　　① Tertulian, *Adversus Praxeam*, 2.

　　② 在德尔图良笔下,status 的意思接近"本性",同时包含"地位"的含义。参见 Jean Daniélou, *The Origins of Latin Christianity*, trans. David Smith and John Austin Baker, London: Westminster Press, 1977, pp. 352–356。

我知道,主制无非是指单独的统治(singulare et unicum imperi-
um),但不能因为是独一者的统治,就规定统治者不能有子,或不能
使自己成为自己的子,或不能通过他所意愿的人掌管自己的主制。
相反,我要说,没有什么支配(dominationem)只是独一者自己的,只
是单个人的,只是君主的,而不通过最亲近的他人(personas),即提
供给他的那些官员来管理(administretur)。如果掌管主制者有一
子,主制并非立刻被分裂,如果被子所分享,主制并非不再是主制;
相反,它在本原(principaliter)上同样是那与子共享者的,由二者一
同掌握的统治是他的,也是主制。①

德尔图良认为,主制的神圣统治与三位一体并不矛盾,其原因在
于,虽然"主制"在定义上是指独一者的统治,但君主(上帝或帝王)的
统治不一定仅仅由他一个来实施,而必然借助"官员"或"使者"来管
理;作为管理者的"官员"具体实施独一者的统治,从而可以说是主制的
分享者。因此,三个位格的经世和配置意味着,上帝的独一统治不是通
过一个位格来完成的,而是展现为一种具体的管理秩序。就此而言,子
和灵都是父(君主)的管理者,正如天使也是父的管理者一样。"神圣的
主制并不因为由千千万万的天使管理……而不再是独一者的统治,并
不因为由众多的力量实施而停止是主制";同样,我们也"不能认为上帝
在处于第二、三位的子与灵中发生了分裂与分散"。② 从"管理"角度来
说,经世秩序并未破坏上帝的主制,反而在根本上保障了这种独一者统
治得以展开的可能性。没有统治,管理就没有权威和根据;没有管理,

---

① Tertulian, *Adversus Praxeam*, 3.
② Tertulian, *Adversus Praxeam*, 3.

统治就无法实施。

　　不过我们同时看到，在统治与管理的经世秩序中，父的地位明显高于子和灵，因为父是独一的统治者，子和灵是具体的管理者、执行者，或（最多可以说）统治权的分享者，他们的管理来自"父权"进行的经世安排。正因此，德尔图良说，子在地上、父在天上并不是一种"分离"，因为上帝靠他的"力量和权能"无处不在；相反，天上地上的安排是"神圣的配置"（dispositio divina），这种配置的根据源于父的意志，因为"在经世中，父意愿子在地上，自己在天上"①。父与子在经世秩序中的统治与管理关系，仅仅是二者不平等地位的具体表现，因为在德尔图良这里，父始终是不可见的，子始终是可见的，后者以可见的方式启示不可见的前者。在经世中，不可见的是父的统治，可见的是子的管理。

　　我们认为，德尔图良的经世三一深刻影响了加尔文对三位一体的理解，下面这个段落对《驳帕克西安》的援引与辩护就是最直接的证据：

　　　　上帝确实是一，但他的言因分配或经世而存在。就实体的合一来说，上帝是一，但合一通过分配的奥秘被配置在三位一体之中。三不是状态，而是等级；不是实体，而是形式；不是权能，而是次序。德尔图良说他为子次于父辩护，但他仅仅是在区分的意义上来理解的……因此君主制并未被位格的区分所破坏……但他的确将圣言和圣灵称为整体的部分，该说法很勉强，但情有可原，因为这关涉的不是实体，而仅仅是指只与位格相关的配置与经世。（1.13.28）

---

　　① Tertulian, *Adversus Praxeam*, 23.

三位一体的内在结构是神圣配置的结果,是因经世需要而安排的等级、形式和次序。对经世而言,三位一体的秩序安排是必然的。如果没有父、子和灵之间的区分,上帝的合一与主制就无法展开成为三个位格的内在秩序,所以,统治世界的上帝必然先行将自身配置为一种管理秩序,子和灵好比是执行父之意志的两位使者。正因此,加尔文说,救主基督的功德并非源于他自身,而"要追溯到上帝的秩序化安排,即第一因"(2.17.1)。

进一步研究不难发现,加尔文将希腊三一模式与德尔图良的经世学说结合在了一起。前文指出,位格被加尔文界定为上帝本质中的自存体,三个自存体的区分在于每一个都拥有各自不可传递的特性。从经世和配置来看,自存体的"特性"与三位一体的"内在秩序"密不可分,因为位格的"特性"本身就蕴含内在的三一秩序:

> 因为位格里的特性自身带有某种秩序,比如本原与起源在父里面,所以当同时提到父和子或灵时,上帝之名就特指父。这样,本质的合一就得以保持,秩序的安排就得以维护,但并未减少子与灵的神性。(1.13.20)

加尔文在此将父的"特性"理解为"本原"或"起源"(而不是通常所说的"非受生"),也就是说,父是子与灵由之而来的源头,但作为起源的父自身则没有任何起源。"本原或起源"便是父在内在经世秩序中的地位。当父相对子和灵被称为上帝的时候,指的正是他的本原性,而非三位一体的本质性或实体性。换句话说,父在三位一体中的本原性,主要不是指子和灵的本质来自父,而是指他们在经世秩序的意义上来自父。所以,当从位格的关系出发称父为上帝时,目的在于强调他是"神性的本原"（deitatis est principium），但"不是由于本质……而是由于秩序"（1.13.26）。只有从内在的经世秩序出发将父理解为本原或起源，加尔文才能真正澄清父与子的区分。他在另一个段落中告诉我们：

> 父在秩序上是最初的，他的智慧生于他，正如上文所言，他应该被认为是整个神性的本原和源头。因此，上帝在不加限定的意义上是非受生的，父则在位格方面是非受生的……因此我们说，在绝对意义上神性的存在是自存的。这样一来我们说，就其是上帝而言，子的存在是自存的，但在位格方面并非如此。就子是子而言，我们说他的存在出于父。因此，子的本质缺乏起源，其位格的起源则是上帝自己。（1.13.25）

上帝本身和父都是非受生的，因为他们的存在都是自存的（ex se ipsa），因而是非受生的，虽然上帝非受生说的是三位一体的本质，父非受生说的是父的自存体或位格。在非受生和"自存"意义上，父依然是最能体现上帝之特点的位格。不过，我们应该如何理解父在加尔文笔下的本原性地位呢？如果说加尔文从德尔图良的经世三一与"主制"观念出发，将父与子（或灵）的地位分别理解为"统治"与"管理"，那么他又如何在"本原"与"秩序"的关系中界定位格之间的区分呢？

加尔文分析指出，三位一体本身遵循着某种"秩序"："父被视为最初的（primus），然后子出于他，最后灵出于父和子。因为每个人的心灵都自然倾向于先想到上帝，然后想到从上帝而来的智慧，最后想到上帝用来执行其计划的旨意的力量。正因此，我们说子只来自父，而灵则同时来自父与子。"（1.13.18）表面上，加尔文这里说的无非是正统三一论的基本常识，即子生/发自父、灵发自父和子，但他其实故意避免直接使用这些概念,[①]因为,父、子、灵构成的"三一秩序"并非简单的"生"或"发"的关系,而是神圣"行为"的内在机制,只有在这个意义上,我们才能理解加尔文为什么会选择将子说成由父而来的"智慧",将灵说成执行旨意的"力量"。

如此,父、子、灵便分别对应"本原""智慧""力量":"归给父的,是行为的本原、万事的起源和源头;归给子的,是智慧、计划,以及行事时的分配本身;而归给灵的,则是行为的权能和效力。"[②]这句话从1536版开始就出现在《要义》中,[③]由此可知从"行为"(ago/actio)出发所做的位格区分对加尔文三一论来说是何等重要。我们看到,加尔文在此颇具创造性地从神圣行为的内在结构,即行为的根据、内容与效能,来界定三个位格之间的区分,这种区分向我们揭示出了三一上帝的内在秩序。之所以将其称为"内在秩序"而不是通常所说的"经世三一",是由于这里的位格区分所根据的,不是父、子、灵在具体的救赎历史中担任的不同职能;相反,上帝从创世到救赎的每个行为,都内在地蕴含这样的三一秩序,都需要父的本原、子的计划和灵的力量。之所以将其称为"内在秩序"而不是"内在三一",则是由于这里的位格区分强调的主要不是上帝的存在或属性,而是三个位格本身所展现的行为秩序,或者说,是作为外在经世之根据的内在经世。

---

① 参见 Arie Baars, "The Trinity," in *The Calvin Handbook*, ed. Herman J. Selderhuis, trans. Henry J. Baron et al, Grand Rapids: Eerdmans, 2009, pp. 245-256。

② *Institutio Christianae religionis*, 1.13.18. 托伦斯认为,加尔文在这个问题上可能受到大巴西尔的影响,参见 T. F. Torrance, "Calvin's Doctrine of the Trinity," p.56。

③ 加尔文:《虔敬生活原理》(《基督教要义》1536年版),2.1.9,王志勇译,北京:生活·读书·新知三联书店,2012年,第53页。笔者在别处简短地讨论过这句话的含义及其与加尔文整体思想之间的关联,这里不再重复,可参见孙帅:《治理秩序:加尔文神意思想初探》,《比较经学》,2016年第1期,第190—191页。

　　加尔文之所以强调三位一体内在的行为秩序，与其对整个世界秩序的重新理解密不可分。关于加尔文对世界秩序的理解，笔者曾专门撰文分析，[①]这里不拟赘述，仅仅简单概括一下文中的基本观点：加尔文笔下的世界秩序已经主要不再是"存在秩序"或"存在巨链"，不再是高低不等的存在者基于充实性、连续性和充足理由律组成的自然序列，而是成了一种统摄整个宇宙的"治理秩序"，即成了上帝借由意志和权力对万物所做的安排、分配、管理与配置。正因此，加尔文才会在《要义》中突出"神意"和"秩序"问题的重要性，才会强调上帝对世界的"照看""管理""治理"。

　　联系加尔文对"治理秩序"的构建，我们便能理解他为什么如此重视德尔图良的"经世"思想，又为什么进一步将父、子、灵三个位格的区分诠释为一种"内在秩序"。上述引文提到的"行为"显然侧重指神意对世界的照看和治理。作为世界的管理者，上帝不仅在治理世界的时候将"秩序"赋予万事万物，而且他作为三位一体本身就包含与外在治理秩序相应的"内在秩序"。上帝对整个世界的保存和管理无疑奠基于三位一体内部的经世秩序，离开了作为本原和起源的父，作为智慧、计划和分配的子，以及作为权能和效力的灵，上帝的"行为"就无法展开，神意的经世及其对世界的照看也就变得不再可能。只有首先将三一理解为与经世相关的内在秩序，加尔文才能在解构"存在秩序"的基础上重构世界的新秩序。

　　综上可见，如果说"自存体"和"特性"是加尔文三一论的起点，"经世"和"秩序"则是加尔文三一论的终点和目的。关于第一个方面，本文考察了加尔文和希腊传统之间的关联。我们认为，加尔文所受希腊教

[①]　参见孙帅：《治理秩序：加尔文神意思想初探》。

父的影响,并非像托伦斯所认为的那样主要来自纳西昂的格列高利的"关系"学说,因为加尔文用来区分位格的核心概念是"自存体"和"特性",而非"关系"。如果说"关系"倾向于指位格相对彼此的称呼,"自存体"及其"特性"则是本质在位格中的个体化。关于第二个方面,我们主要讨论了加尔文对德尔图良经世学说的接受和发展。我们看到,加尔文将德尔图良《驳帕克西亚》中的"经世"观念引入自身的三一论,位格的区分由此被放到更大的经世或治理秩序之中。如果说加尔文从自存体和特性角度对位格的界定是静态的,那么他从经世角度对位格的界定则是动态的。只有澄清上帝"行为"背后的内在逻辑,我们才能真正看到加尔文三一论的实质及其创造性,并进而看到他如何用三位一体的经世秩序为现代世界的新秩序重新奠基。

附录三　加尔文与现代政治的秩序化[①]

　　加尔文及其领导的第二波宗教改革,一向被认为给现代政治社会奠定了十分重要的基础。不过至于如何理解加尔文思想的政治贡献,却存在很大争论,对此不同学者纷纷提出了各种各样的观点。[②] 无论如何,若要准确把握这位改革宗领袖的政治主张,首先都应该充分留意第一波宗教改革所造成的政教困境,因为不管在理论还是实践方面,对这一困境的洞察和克服都恰好构成了加尔文思想的真正起点。早期宗教改革家,尤其是激进的再洗礼派,用基督教"团契"传统极大地冲击了西方的政治传统。[③] 当他们力图用基督徒聚合而成的伙伴关系贬抑甚至

　　① 　本文原载《世界宗教文化》2013 年第 6 期。
　　② 　在这方面,韦伯提出的"新教伦理"论题影响最为深远。对比受到韦伯影响的 Ernst Troeltsch, *The Social Teaching of the Christian Churches*, vol. 2, pp. 576 – 691。汉考克和维特分别从政教关系和法律角度展现了加尔文对现代政治的深刻影响,参见 Ralph C. Hancock, *Calvin and the Foundations of Modern Politics*, Indiana: St. Augustine's Press, 2011; John Witte, *The Reformation of Rights: Law, Religion, and Human Rights in Early Modern Calvinism*, Cambridge: Cambridge University Press, 2007。与他们不同,剑桥学派的斯金纳通过研究"革命理论"(theory of revolution)得出了截然相反的结论,参见 Quentin Skinner, *The Foundations of Modern Political Thought*, vol. 2 (The Age of Reformation), pp. 189 – 358。此外,在沃尔泽看来,加尔文提供的不是系统的政治理论,而毋宁说是一套倡导激进革命的意识形态,参见 Michael Walzer, *The Revolution of the Saints: A Study in the Origins of Radical Politics*, Cambridge & Massachusetts: Harvard University Press, 1965。
　　③ 　沃林:《政治与构想:西方政治思想的延续和创新》,第 175—177 页。

否定国家制度生活的时候,极有可能导致社会陷入政治与宗教的混乱局面,德国农民战争和再洗礼派围攻明斯特的事件就是最突出的教训。

在加尔文这里,宗教改革制造的政治混乱被重新赋予了新的秩序,一种不同于古典城邦和中世纪神权政治的现代秩序。笔者认为,加尔文笔下政治的"秩序化"与路德简单划分精神政府和世俗政府的做法不同,它在根本上以一套深刻的神意和治理学说为基础。而现代政治的治理特征在很大程度上发端于加尔文所推动的秩序化革命。因为,正如我们将会看到的,加尔文眼中的秩序首先且主要表现为治理秩序。

一、神意与治理

在笔者看来,加尔文的政治主张以他对神意问题的独特理解为前提,因此在分析政治问题之前,我们有必要首先澄清作为秩序化观念之神学基础的神意概念。汉语学者经常译为"神意"的拉丁词为 providentia(动词形式为 provideo),其字面意思是"预知、预见",进一步引申为"照看、提供、准备、预防"等含义。[①] 由加尔文的分析不难发现,所谓神意,是指上帝对整个世界的治理,这是他的上帝学说中至关重要的一个观念。对上帝的认识,就是对上帝创造与管理世界,以及对基督救赎人类的认识;而创造、管理与救赎活动都来自神意的安排、属于神意的治理,由此造就了加尔文式的宇宙秩序化图景。

具言之,《要义》开篇指出,人的智慧由两部分组成,即对上帝的认

---

① 参见 C. T. Lewis & C. Short, *A Latin Dictionary*, Oxford: Oxford University Press, 1963. 三联书店版《要义》的中译者将 providentia 译为"护理",颇能传达该词的原义。本文依然沿用"神意"的习惯译法。

识和对我们自身的认识(1.1.1)。问题的关键在于,"认识上帝",并不是认识上帝的存在或本质,而是认识上帝的行为或工作,并不是认识上帝自身的实体,而是认识上帝与人的关系。所以加尔文说,"提出'上帝是什么'(quid sit Deus)这个问题的人不过是在猜谜。知道上帝是怎样的上帝,知道什么符合他的自然,对我们来说更重要"(1.2.2);"用来寻求上帝的最正确的道路和最合适的秩序",不是研究他的本质(essentiam),而是在他的工作(operibus)中沉思他"(1.5.9)。与古典哲学家对神的惯常看法不同,加尔文眼中的上帝始终通过行动与人置身其中的世界发生关系。而由于上帝的本质不可理解,人所能做的主要在于探究上帝的行为及其对人的意义。

从工作而非本质入手思考上帝,是加尔文神学的核心进路。工作中的上帝被归结为两个方面,一是造物主,一是救主。这样,对上帝的认识无疑就包括对上帝创造世界的认识,和对基督拯救人类的认识,二者分别直接对应《要义》第一卷和第二卷的主题。关于上帝的双重认识揭示出上帝与人之间的两层基本关系:一、认识作为制造者的造物主如何"用他的权能支撑我们,用他的神意统治我们,用他的善抚养我们,用他的各种赐福维护我们"(1.2.1);二、认识担任中保职分的基督如何让人类与上帝和解,拯救因原罪而堕落的世人。

关于造物主的知识,只是认识他的创世行为,更是且主要是认识他在创世之后对"世界机器"(1.10.1)所做的治理,因为上帝从未撒手不管他起初制造的被造物,任它们根据其被造的自然生长消息。加尔文写道,"关于上帝的知识,在于认识他对世界的制造和持续治理"(1.5)。而救主基督的救赎工作则是神意治理活动的历史高潮,因为道成肉身事件本来就是上帝永恒计划的内在组成部分。神圣救赎的治理尤其体现了神意的秩序化图景。正如基督的功德必须追溯到上帝起初进行的秩序化安排(ad Dei ordinationem,2.17.1),"主在分配悲悯之约时持守着经世和秩序"(hanc oeconomiam et hunc ordinem,2.10.20)。只不过,在圣子担任中保职分期间,"基督王国中的秩序是必需的"(2.15.5),因为"圣父将权能和主权交给了他,通过他的手来治理我们"(2.14.3)。因此,世界与历史的秩序完全取决于造物主和救主的治理;在根本上,秩序不过就是神意通过意志和权力进行的治理而已。

造物主与救主的双重工作清楚地表明,世界和人类始终受神意治理(1.5.11)。正由于加尔文的秩序化学说以神意观念为基础,《要义》第一卷的讨论最终才落实在神意问题上面,恰如第十六章的标题所表明的那样:"上帝用其德能滋养和照看他所建造的世界,用其神意统治世界的每个部分。"世界中的万物时刻都在上帝的掌管和统治之中,一切的发生都绝非偶然,也不取决于狭义的自然秩序,更不可能受机运盲目的摆布。相反,"万事皆由上帝的隐秘计划来治理"(1.16.2)。从神意的治理出发,加尔文认为我们必须将通常用来形容上帝的全能理解成看护性的、有效力的、运作性的,且表现为持续的行为。这意味着"上帝用其神意治理天地,控制一切,以至于没有什么在其计划之外发生"(1.16.3),意味着上帝"拥有权柄并根据预定的秩序统治权下的一切"(1.16.4)。

在加尔文这里,神意的治理并非仅指依据事物的自然推动被造物的一般神意,而主要是指安排、分配和掌管具体事物的特殊神意。上帝隐秘的意志构成了万物的首要原因,一切都在神圣的秩序化安排中指向自身的目的(1.17.1)。加尔文这里的秩序在根本上是一种治理秩序,而非希腊哲学以来的存在秩序。这种独特的秩序化观念为现代社会制度和个体生活提供了最深刻的思想基础。我们注意到,加尔文频繁使用 rego、guberno、administro、moderor、dispositio、dsipensatio 等概念,以强调上帝凭借意志、权力和德能来维护世界的神意,揭示世界和历史秩序的治理特征。万事万物的秩序都建立在上帝的权力和意志基础之上,秩序的维护依赖于持续的安排和管理;如此,神意的治理所呈现出的,乃是一架其内在结构难以测度的"世界机器"。虽然如此,加尔文相信这并不表明世界是无序的,因为其间无时无刻不体现了"神圣智慧并然有序的分配"(1.8.1)。①《要义》第四卷最后一章专门讨论的"政治管理"(de politica administratione, 4.20)就是神意之治理秩序中重要的执行机制。

二、政治的意义

为了更好地理解政治与神意的关系,我们先要回答一个跳不过去的基础问题:政治的意义何在? 根据加尔文,人是一种具有社会性的被造物,哪怕在堕落之后也仍然保持着对群体生活及其组织原则的基本理解。"由于人在自然上是社会的动物(homo animal est natura sociale),所以他倾向于通过自然本能促进和保存社会。正因此,我们发现,在所有人的心灵中都存在着某种关于公民正直与秩序的共同印记。没有谁不理解,凡是人的集体都应该由法律约束,没有谁不能在心智中把握这些法律的原则……因为法律的种子无须教师和立法者就已经被植入所有人之中……政治秩序的某种种子已经播撒在所有人之中。"(2.2.13)

毋庸置疑,加尔文对人之社会性的判断与古典政治哲学的人性

---

① 关于西方古代哲学和早期基督教中的神意问题,参见 Giorgio Agamben, *The Kingdom and the Glory*, California: Stanford University Press, 2011, pp. 109 – 143。本文对加尔文的研究受到该书的启发。

观——人在自然上是政治的动物——遥相呼应。在基督教哲学家中，奥古斯丁首次明确将人界定为社会性的存在，①但与奥古斯丁关于"社会"所做的去政治性解释不同，加尔文此处提到的"社会的动物"实则是"政治的动物"，换言之，人的社会性就是政治性。所以加尔文说，若抽掉政治生活对人的帮助，就等于剥夺"人性"（humanitatem, 4.20.2）。仅就这一点来看，加尔文的主张显然颇为接近柏拉图、亚里士多德、西塞罗等人从政治入手考察人类共同体的进路。

　　考虑到宗教改革的政教形势，加尔文所面临的迫切问题在于如何正确理解政治在基督徒生活中的位置。他感到自己需要阐明世俗政府的意义，以便驳斥两种极端的主张：一、像再洗礼派那样拿基督徒的自由否定政治生活；二、像马基雅维里那样拿君权对抗神权。② 加尔文知道，第一种极端主张对宗教改革的危害尤为严重，"因为，当某些人听到福音应许的自由不承认人们中间的国王和官长（magistratum）、唯独仰望基督的时候，就以为只要还看到有权能在自己之上，他们便不能享受自由的果实。所以他们断定，除非整个世界变革一新，不再有审判、法律、官长，以及在他们看来限制自由的类似事物，否则任何东西都不会安全"（4.20.1）。

　　需要注意的是，加尔文将人之社会性的核心进一步归结为法律保证下的政治秩序。按照他的著名说法，法律的第二种功用，就是利用人们对惩罚的畏惧来制约那些无视正义和正当之事的人；这种靠畏惧维系的外在正义，或者说，"受约束的和被迫的正义对人的公共共同体而言是必需的"（2.7.10）。加尔文意识到，当基督徒在不完善的此世朝天

---

①　参见孙帅：《自然与团契：奥古斯丁婚姻家庭学说研究》，尤其第250—302页。
②　参见加尔文：《基督教要义》（下），第1538页，注释4。

国"旅行"的时候,他们不得不借助法律的力量约束坏人的恶行,以便保证最基本的外在秩序。虽然基督徒的自由要求个体在律法之外称义,呼召良知从沉重的律法之轭下解放出来,允许人有利用或不利用"无关紧要之事"的选择,但这不意味着要"除去所有的控制和秩序"(3.19.1)。相反,每个人都当谨守自己在秩序中的位置(in suo quisque ordine, 3.19.9),而不能凭借精神自由的平等诉求摧毁现世的政治和法律制度。

　　这样看来,加尔文似乎将政治的砝码完全放在了个体的畏惧和法律的制约上面。按照此种方式建构出的政治秩序注定不能为个体提供更高的价值,而只能提供必要的安全与和平。若真如此,加尔文与路德看待世俗政府的态度便也没有本质差别了。在政治的意义问题上,路德的看法颇为消极。他告诉我们,与塑造基督徒或正义之人的精神王国不同,世俗王国使用法律和权力之剑"控制非基督徒和坏人,强迫他们保持外在的和平与宁静"。① 基督徒本身只属于精神王国,而不属于世俗王国,他们之所以服从法律和权力,甚至担任政治职务,完全是为了非基督徒或坏人的利益。因为后者需要法律的教导、强迫和鞭策,需要世俗王国所保障的和平与惩罚。如若所有人都是真正的基督徒,与信仰无关的政治秩序就没有存在的必要了。

　　但进一步的辨析表明,加尔文虽然受到路德两个王国理论的影响,却并不赞成世俗王国只属于非基督徒的讲法,也不认为法律的意义仅限于遏制恶行、保障和平。法律不仅能够让人知罪认罪,让人因畏惧刑罚而不敢冒犯,更能够让基督徒理解和确认神的意志(2.7.6—12);同

---

　　① Luther, *On Secular Authority*,载《路德和加尔文论世俗权威》,北京:中国政法大学出版社,2003 年,第 11 页。

之处是将财产、安全与和平等公民享有的权利整合进神意的秩序化学说,在此基础上用治理模式重新诠释政治的本质、目的和功能。如此一来,就出现一个颇为悖谬的结果:在奥古斯丁那里,尘世的和平与安全根本就不重要,只是羁旅于世的基督徒需要暂时利用的东西;在加尔文这里,尘世的和平与安全当然也不会带来灵魂的自由和拯救,但却由于治理政治或政治的秩序化之兴起而变得非常重要。和平与安全是治理者应该首先创造和维系的外在秩序。政治活动所能成就的,既不是德性的真正实现,也不是人性的完满成全,而只是公民或信徒都不能也无法脱离的秩序化。不管是审理案件、发动战争,还是征收税赋(4.20.10—13),都是统治者治理人民的必要措施,而不像再洗礼派所认为的那样与基督徒格格不入。总之,"被治理"是加尔文笔下"社会的动物"的基本处境和政治规定性。在世界这个巨大的"荣耀剧场"(1.5.8)中,治理和被治理的秩序化也许是作为政治公民的基督徒对上帝所做出的最高赞美。

从加尔文的神意政治学前提可以很容易推测出,服从是被治理对象即"人民"(populus)的第一德性,否则秩序化的政治将变得不可能,君主或官长将无法使用神授的权能执行神意的治理。作为政治三要素之一,"人民被法律统治,并服从官长"(4.20.3)。对加尔文来说,政治活动的本质是官长治理人民,就像上帝对世界的治理一样,为他们提供和平与安全,并保护信仰免遭亵渎和攻击。作为治理(因而也是服务)的对象,人民必须自愿服从君主或官长。"臣民的首要职分在于对其官长的职务(functione)报以最大的尊敬,将其理解成上帝委派的法权(iurisdictionem),并因此将他们当成上帝的使者和代表来尊荣和敬畏。"(4.20.22)

在一定程度上,人民对君主和官长的服从甚至是无条件的。不管统治者通过何种手段获得权力,是否尽到治理的职责,他们都属于上帝安排的治理者,人民都应该服从他们。既然如此,抵抗官长就是抵抗上帝(4.20.23)。[①] 严格来说,被治理者真正服从的对象不是作为治理者的个体,而是治理者所担任的职分;个体行为的善恶,丝毫不影响职位的神圣性。正因此,加尔文告诉我们,"不是人本身,而是秩序本身值得尊荣和敬畏,不管谁来统治,都会因其统治地位(praefecturae)而得到尊敬"(4.20.22)。

从这个角度来看,我们就很能体会加尔文对摩西十诫中的第五诫"尊荣父母"(honora)进行政治性解读的用意。这条诫命并非只教导子女尊荣自己的父母,而是以尊荣父母为例教导人们尊荣在自己之上的一切权威,敬畏、服从并感激父母、君主、主人或其他掌权者:这是每个人应尽的职分,是上帝所做的秩序化安排。加尔文指出,第五诫的"目的就是:既然主上帝喜悦保存他所做的配置,他所安排的支配等级就不应被破坏"(2.8.35)。说到底,作为神意机制的构成部分,家庭中父母权威的治理(即家政)和世俗政府的治理之间并无本质差别,二者都是神授权力对个体(家人或人民)的规训,因而也是现代社会秩序化的必要环节。

综上所述,加尔文用神意观念建构出一种不同于西方古典或中世纪政治传统的新政治模式。在这种模式之下,世俗政府的主要功能是执行上帝的治理,通过种种配置和安排来保证政治的秩序化。甚至可以说,加尔文笔下的政治秩序就是治理秩序,正如整个世界秩序都是神

---

① 需要注意的是,这并不意味着加尔文笔下的人民必须服从统治者的一切命令。加尔文对服从的条件进行了限定,允许官长在得到神意指示的情况下纠正邪恶君主的统治,允许人民在信仰受到威胁的情况下以服从上帝为理由拒绝服从政治权威。这就是加尔文著名的"抵抗"理论,这一理论与神意治理学说之间存在相当根本的张力,对此笔者将另行撰文分析。

意的治理秩序一样——因为,神意的基本含义无非就是治理。通过关于加尔文的研究,我们可以更深地理解,在早期现代国家形成过程中,为何社会纪律成了一个至关重要的问题,[①]为何治理术最终成了现代政治的核心特征,[②]以及,为何会出现教会和国家共同致力于全面控制个体的信条化(confessionalization)现象。[③] 在这些方面,加尔文的神意和治理学说无疑为现代政治的秩序化运动提供了最坚实的神学基石。

[①]　参见 Gerhard Oestreich, *Neostoicism and the Early Modern State*, Cambridge: Cambridge University Press, 1982。

[②]　参见福柯:《安全、领土与人口》。

[③]　参见 Heinz Schilling, "Confessionalization in the Empire: Religious and Societal Change in Germany between 1555 and 1620," pp. 205 – 245。

参考文献

外文文献

Adams, Edward. "Calvin's View of Natural Knowledge of God," *International Journal of Systematic Theology* 3 (2001), pp. 280 – 292.

Agamben, Giorgio. *The Kingdom and the Glory*, California: Stanford University Press, 2011.

Alfsvåg, Knut. "Cusanus and Luther on Human Liberty," *Neue Zeitschrift für Systematische Theologie Und Religionsphilosophie* 54 (2012), pp. 66 – 80.

Allen, J. W. *A History of Political Thought in the Sixteenth Century*, London: Methuen, 1957.

Anderas, Phil. *Renovatio: Martin Luther's Augustinian Theology of Sin, Grace and Holiness*, Gottingen: Vandenhoeck & Ruprecht, 2019.

Aquinas. *Summa contra Gentiles*, 5 vols., trans. A. Pegis, J. F. Anderson, V. J. Bourke and C. J. O'Neil, New York: Doubleday, 1955 – 1957.

Aquinas. *Summa Theologica*, trans. Fathers of the English Dominican Province, Westminster: Christian Classics, 1981.

Armstrong, Brian G. "*Duplex cognitio Dei*, Or? The Problem and Relation of Structure, Form, and Purpose in Calvin's Theology," in *Probing the Reformed Tradition: Historical Studies in Honor of Edward A. Dowey*, eds. Elsie Anne McKee and Brian G. Armstrong, Louisville: Westminster/John Knox Press, 1989, pp. 135 – 153.

Augustine, *Confessions*, trans. Henry Chadwick, Oxford: Oxford University Press, 2009.

Backus, Irena. "Calvin's Concept of Natural Law and Roman Law," *Calvin Theological Journal* 38 (2003), pp. 7 – 26.

Balke, Willem. "The Word of God and *Experientia* according to Calvin," in *Calvinus Ecclesiae Doctor*, ed. Wilhelm H. Neuser, Kampen: Kok, 1980, pp. 19 – 31.

Balserak, Jon. *Divinity Compromised: A Study of Divine Accommodation in the Thought of John Calvin*, Dordrecht: Springer, 2006.

Bandt, Hellmut. *Luthers Lehre vom verborgenen Gott: Eine Untersuchung zu dem offenbarungsgeschichtlichen Ansatz seiner Theologie*, Berlin: Evangelische Verlagsanstalt, 1958.

Barone, Marco. *Luther's Augustinian Theology of the Cross: The Augustinianism of Martin Luther's Heidelberg Disputation and the Origins of Modern Philosophy of Religion*, Eugene: Wipf and Stock, 2017.

Barth, Karl. *Church Dogmatics*, 4 vols., ed. G. W. Bromiley and T. F. Torrance, trans. T. H. L. Parker, et al. Edinburgh: T. & T. Clark, 1936 – 1967.

Barth, Karl. *The Theology of John Calvin*, trans. Geoffrey W. Bromiley, Grand Rapids: Eerdmans, 1995.

Battles, Ford L. "God Was Accommodating Himself to Human Capacity," *Interpretation* 31 (1977), pp. 19 – 38.

Battles, Ford L. *Analysis of the Institutes of the Christian Religion of John Calvin*, Phillipsburg: P & R, 1980.

Bauke, Hermann. *Die Probleme der Theologie Calvins*, Leipzig: J. C. Hinrichs'schen Buchhandlung, 1922.

Beeke, Joel R. & Sinclair B. Ferguson eds. *Reformed Confessions Harmonized*, Grand Rapids: Baker, 1999.

Beeke, Joel R. "Calvin on Similarities and Differences of Election and Reprobation," in *Theology Made Practical*, eds. Joel R. Beeke, David W. Hall, and Michael A. G. Haykin, Grand Rapids: Reformation Heritage, 2017, pp. 41 - 50.

Beeke, Joel R. "Calvin on Sovereignty, Providence, and Predestination," *Puritan Reformed Journal* 2 (2010), pp. 79 - 107.

Beeke, Joel R. "Does Assurance Belong to the Essence of Faith? Calvin and the Calvinists," *Master's Seminary Journal* 5 (1994), pp. 43 - 71.

Beeke, Joel R. *Debated Issues in Sovereign Predestination: Early Lutheran Predestination, Calvinian Reprobation, and Variations in Genevan Lapsarianism*, Gottingen: Vandenhoeck & Ruprecht, 2017.

Beeke, Joel R. *The Quest for Full Assurance: The Legacy of Calvin and His Successors*, Carlisle: The Banner of Truth Trust, 1999.

Benedict, Philip. *Christ's Churches Purely Reformed: A Social History of Calvinism*, New Haven and London: Yale University Press, 2002.

Biéler, A. *Calvin's Economic and Social Thought*, trans. James Greig, Geneva: WCC Publications, 2005.

Billings, J. Todd. "United to God through Christ: Assessing Calvin on the Question of Deification," *The Harvard Theological Review* 98 (2005), pp. 315 - 334.

Billings, J. Todd. *Calvin, Participation, and the Gift: The Activity of Believers in Union with Christ*, New York: Oxford University Press, 2007.

Boettner, Loraine. *The Reformed Doctrine of Predestination*, Dallas: Gideon House, 2017.

Bossy, John. "The Mass as a Social Institution 1200 - 1700," *Past and Present* 100 (1983), pp. 29 - 61.

Bossy, John. *Christianity in the West 1400-1700*, Oxford: Oxford University Press, 2010.

Bouwsma, William J. *John Calvin: A Sixteenth Century Portrait*, New York: Oxford University Press, 1988.

Boyle, Marjorie O'Rourke. *Senses of Touch: Human Dignity and Deformity from Michelangelo to Calvin*, Leiden: Brill, 1998.

Boyle, Marjorie O'Rourke. *The Human Spirit: Beginnings from Genesis to Science*, Pennsylvania: Pennsylvania State University Press, 2018.

Braaten, Carl E., Robert W. Jenson eds. *Union with Christ: The New Finnish Interpretation of Luther*, Grand Rapids: Eerdmans, 1998.

Bruce Gordon, *John Calvin's Institutes of the Christian Religion: A Biography*, Princeton: Princeton University Press, 2016.

Buckner, Forrest H. *Uncovering Calvin's God: John Calvin on Predestination and the Love of God*, London: Fortress, 2020.

Bulman, James M. "The Place of Knowledge in Calvin's View of Faith," *Review and Expositor* 50 (1953), pp. 323 – 329.

Butin, Philip Walker. *Revelation, Redemption and Response: Calvin's Trinitarian Understanding of the Divine-Human Relationship*, Oxford: Oxford University Press, 1995.

Calvin. *Calvin Commentaries*, trans. Calvin Translation Society, 22 vols., Grand Rapids: Baker Book House, 1989.

Calvin. *Calvin's Calvinism: The Eternal Predestination of God and the Secret Providence of God*, trans. Henry Cole, reprinted, London: Sovereign Grace Union, 1927.

Calvin. *Calvin's New Testament Commentaries*, ed. David W. Torrance and T. F. Torrance, 12 vols., Grand Rapids: Eerdmans, 1959 – 1972.

Calvin. *Commentaries*, ed. and trans. Joseph Haroutunian, Louisville: Westminster John Knox Press, 2006.

Calvin. *Institutes of the Christian Religion*, trans. Ford Lewis Battles, 2 vols., Louisville: John Knox Press, 1960.

Calvin. *Institutes of the Christian Religion*, trans. John Allen, 2 vols., Philadelphia: Board of Christian Education, 1936.

Calvin. *Ioannis Calvini opera quae supersunt omnia*, eds. G. Baum, E. Cunitz, E.

Reuss, 59 vols. (*Corpus Reformatorum*, vols. 29 – 87), Brunswick and Berlin: C. A. Schwetschike, 1863 – 1900.

Calvin. *Ioannis Calvini opera selecta*, eds. P. Barth, W. Niese, and D. Scheuner, 5 vols., Munich: Chr. Kaiser, 1926 – 1952.

Calvin. *The Bondage and Liberation of the Will: A Defense of the Orthodox Doctrine of Human Choice against Phighius*, trans. Graham I. Davies, Grand Rapids: Baker, 1996.

Calvin. *The Institutes of the Christian Religion*, trans. Henry Beveridge, 3 vols., Edinburgh: The Calvin Translation Society, 1845.

Calvin. *Theological Treatises*. trans. J. K. S. Reid, Philadelphia: Westminster Press, 1954.

Calvin. *Tracts and Treatises of John Calvin*, trans. Henry Beveridge, Henry Cole, etc., 8 vols., Grand Rapids: Eerdmans, 1958.

Canlis, Julie. "Calvin, Osiander and Participation in God," *International Journal of Systematic Theology* 6 (2004), pp. 169 – 184.

Canlis, Julie. *Calvin's Ladder: A Spiritual Theology of Ascent and Ascension*, Grand Rapids: Eerdmans, 2010.

Cantey, L. Daniel. "The Freedom of Formlessness: Justification by Faith Alone and the Protestant Experience of Grace," doctoral dissertation, Emory University, 2011.

Capps, Franklin Tanner. "Beholding the Image: Vision in John Calvin's Theology," doctoral dissertation, Duke University, 2018.

Carpenter, Craig B. "A Question of Union with Christ? Calvin and Trent on Justification," *Westminster Theological Journal* 64 (2002), pp. 363 – 386.

Cary, Phillip. *Augustine's Invention of the Inner Self: The Legacy of a Christian Platonist*, Oxford: Oxford University Press, 2000.

Cary, Phillip. *The Meaning of Protestant Theology: Luther, Augustine, and the Gospel That Gives Us Christ*, Grand Rapids: Baker, 2019.

Chin, Clive S. "*Unio mystica* and *imitatio Christi*: The Two Dimensional Nature of John Calvin's Spirituality," doctoral dissertation, Dallas Theological Seminary, 2002.

Cochran, Elizabeth Agnew. *Protestant Virtue and Stoic Ethics*, London: Bloomsbury, 2018.

Cochrane, Arthur C. ed. *Reformed Confessions of the Sixteenth Century*, Philadelphia: Westminster John Knox Press, 1996.

Congar, Yves. *The Meaning of Tradition*, trans. A. N. Woodrow, San Francisco: Ignatius Press, 2004.

Congar, Yves. *La tradition et les traditions: Essai Théologique*, 2 vols., Paris: Cerf, 2010.

Couenhoven, Jesse. "Grace as Pardon and Power: Pictures of the Christian Life in Luther, Calvin, and Barth," *The Journal of Religious Ethics* 28 (2000), pp. 63 – 88.

Couenhoven, Jesse. *Predestination: A Guide for the Perplexed*, London: Bloomsbury, 2018.

Courcelle, Pierre. *Connais-toi toi-même: De Socrate à saint Bernard*, 3 vols., Paris: Études Augustiniennes, 1974 – 1975.

Courtenay, William J. "The Dialectia of Omnipotence in the High and Late Middle Ages," in *Divine Omniscience and Omnipotence in Medieval Philosophy: Islamic, Jewish and Christian Perspectives*, ed. T. Rudavsky, Dordrecht: D. Reidel Publishing Company, 1985, pp. 243 – 269.

Courtenay, William J. *Capacity and Volition: A History of the Distinction of Absolute and Ordained Power*, Bergamo: Pierluigi Lubrina, 1990.

Daniélou, Jean. *The Origins of Latin Christianity*, trans. David Smith and John Austin Baker, London: Westminster Press, 1977.

Dauphinais, Michael et al. eds. *Aquinas the Augustinian*, Washington, D. C. : The Catholic University of America Press, 2007.

David, Thomas J. *This Is My Body: The Presence of Christ in Reformation Thought*, Michigan: Baker Academic, 2008.

Davies, Brian. *The Thought of Thomas Aquinas*, Oxford: Clarendon Press, 1992, pp. 335 – 339.

De Greef, W. *The Writings of John Calvin: An Introductory Guide*, trans. Lyle D. Bierma, Grand Rapids: Baker, 1993.

De Lubac, Henri. *Scripture in the Tradition*, trans. Luke O'Neill, New York: Herder & Herder, 2000.

De Petris, Paolo. *Calvin's Theodicy and the Hiddenness of God: Calvin's Sermons on the Book of Job*, Bern: Peter Lang, 2012.

Denis R. Janz, *Luther and Late Medieval Thomism: A Study in Theological Anthropology*, Waterloo: Wilfrid Laurier University Press, 1984.

Dillenberger, John. *God Hidden and Revealed: The Interpretation of Luther's deus absconditus and Its Significance for Religious Thought*, Philadelphia: Muhlenberg Press, 1953.

Doob, Penelope Reed. *The Idea of the Labyrinth from Classical Antiquity Through the Middle Ages*, Ithaca: Cornell University Press, 1990.

Doumergue, Émile. *Jean Calvin, les hommes et les choses de son temps*, 7 vols., Lausanne: G. Bridel, 1899 – 1927.

Dowey, Edward A. *The Knowledge of God in Calvin's Theology*, Grand Rapids: Eerdmans, 1994.

Drever, Matthew. *Image, Identity, and the Forming of the Augustinian Soul*, Oxford: Oxford University Press, 2013.

Duffy, Eamon. *The Stripping of the Altars: Traditional Religion in England 1400 – 1580*, New Haven and London: Yale University Press, 2005.

Earnshaw, Rebekah. *Creator and Creation according to Calvin on Genesis*, Göttingen: Vandenhoeck & Ruprecht, 2020.

Elwood, Christopher. *The Body Broken: The Calvinist Doctrine of the Eucharist and the*

Symbolization of Power in Sixteenth-Century France, New York: Oxford University Press, 1999.

Engel, Mary Potter. *John Calvin's Perspectival Anthropology*, Atlanta, GA: Scholars Press, 1988.

Eriugena, John Scottus. *Treatise on Divine Predestination*, trans. Mary Brennan, Notre Dame: University of Notre Dame Press, 1998.

Evans, G. R. "Calvin on Sign: An Augustinian Dilemma," *Renaissance Studies* 3 (1989), pp. 35 – 45.

Fedler, Kyle D. "Calvin's Burning Heart: Calvin and the Stoics on the Emotions," *Journal of the Society of Christian Ethics* 22 (2002), pp. 133 – 162。

Fedler, Kyle D. "Living Sacrifice: Emotions and Responsibility in Calvin's Doctrine of the Christian Life," doctoral dissertation, University of Virginia, 1999.

Fesko, J. V. *Beyond Calvin: Union with Christ and Justification in Early Modern Reformed Theology (1517–1700)*, Göttingen: Vandenhoeck & Ruprecht, 2012.

Foxgrover, David. " 'Temporary Faith' and the Certainty of Salvation," *Calvin Theological Journal* 15 (1980), pp. 220 – 232.

Gaffin, Richard B. 'Justification and Union with Christ', in *A Theological Guide to Calvin's Institutes: Essays and Analysis*, eds. David W. Hall and Peter A. Lillback, Phillipsburg: P & R, 2008, pp. 248 – 269.

Gaffin, Richard B. "A Response to John Fesko's Review," *Ordained Servant* 18 (2009), pp. 104 – 113.

Gaffin, Richard B. "Biblical Theology and the Westminster Standards," *Westminster Theological Journal* 65 (2003), pp. 165 – 179.

Gaffin, Richard B. "Justification and Union with Christ," in *A Theological Guide to Calvin's Institutes: Essays and Analysis*, eds. David W. Hall, Peter A. Lillback, Phillipsburg: P & R, 2008, pp. 248 – 269.

Ganoczy, Alexandre. *Calvin, Théologien de l'eglise et du ministère*, Paris: Cerf, 1964.

Ganoczy, Alexandre. *The Young Calvin*, trans. David Foxgrover and Wade Provo, Edinburgh: T. & T. Clark, 1988.

Garcia, Mark A. "Imputation and the Christology of Union with Christ: Calvin, Osiander, and the Contemporary Quest for a Reformed Model," *Westminster Theological Journal* 68 (2006), pp. 219 – 251.

Garcia, Mark A. *Life in Christ: Union with Christ and Twofold Grace in Calvin's Theology*, Eugene: Wipf and Stock, 2008, pp. 197 – 254.

Garstka, Daniel. "A Politics of Piety: The Latent Modernity of Calvin's Christian Philosophy," doctoral dissertation, University of Toronto, 2002.

George, A. C. "Martin Luther's Doctrine of Sanctification with Special Reference to the Formula '*simul iustus et peccator*' : A Study in Luther's Lectures on *Romans* and *Galatians*," doctoral dissertation, Westminster Theological Seminary, 1982.

Gerrish, Brian A. "'To the Unknown God' : Luther and Calvin on the Hiddenness of God," *The Journal of Religion* 53 (1973), pp. 263 – 292.

Gerrish, Brian A. "The Mirror of God's Goodness: Man in the Theology of Calvin," *Concordia Theological Quarterly* 45 (1981), pp. 211 – 222.

Gerrish, Brian A. *Grace and Gratitude: The Eucharistic Theology of John Calvin*, Minneapolis: Augsburg Fortress, 1993.

Gibson, David. *Reading the Decree: Exegesis, Election and Christology in Calvin and Barth*, London: Bloomsbury, 2012.

Grabill, Stephen J. *Rediscovering the Natural Law in Reformed Theological Ethics*, Grand Rapids: Eerdmans, 2006.

Gregory, Brad S. *The Unintended Reformation: How a Religious Revolution Secularized Society*, Cambridge, MA: The Belknap Press of Harvard University Press, 2012.

Haas, Guenther H. *The Concept of Equity in Calvin's Ethics*, Cumbria: Paternoster Press, 1997.

Hancock, Ralph C. *Calvin and the Foundations of Modern Politics*, Indiana: St. Augustine's Press, 2011.

Hardy, L. *The Fabric of this World: Inquiries into Calling, Career Choice, and the Design of Human Work*, Grand Rapids: Eerdmans, 1990.

Harkness, Georgia. *John Calvin: Man and His Ethics*, New York: Henry Holt, 1931.

Hauser, Henri. "L'économie calvinienne," *Études sur Calvin* 100 (1935), pp. 227 – 242;

Hauser, Henri. *Les débuts de capitalisme*, Paris: Alcan, 1927.

Headley, John M. & Hans J. Hillerbrand & Anthony J. Papalas eds. *Confessionalization in Europe, 1555 – 1700*, New York: Routledge, 2016.

Helm, Paul. *Calvin at the Centre*, Oxford: Oxford University Press, 2010.

Helm, Paul. *John Calvin's Ideas*, Oxford: Oxford University Press, 2005.

Hesselink, I. John. "The Development and Purpose of Calvin's Institutes," *The Reformed Theological Review* 24 (1965), pp. 65 – 72.

Hesselink, I. John. *Calvin's Concept of the Law*, Allison Park: Pickwick Publications, 1992.

Higman, Francis. "Linearity in Calvin's Thought," *Calvin Theological Journal* 26 (1991), pp. 100 – 110.

Hoffman, Bengt R. *Theology of the Heart: The Role of Mysticism in the Theology of Martin Luther*, trans. Pearl Willemssen Hoffman, Minneapolis: Lutheran University Press, 2003.

Höpfl, Harro. *The Christian Polity of John Calvin*, Cambridge: Cambridge University Press, 1985.

Horton, Michael. *Calvin on the Christian Life: Glorifying and Enjoying God Forever*, Wheaton, IL: Crossway, 2014.

Horton, Michael. *Justification*, vol. 1, Grand Rapids: Zondervan, 2018, pp. 114 – 141.

Hsia, R. Po-Chia. *Social Discipline in the Reformation: Central Europe, 1550 – 1750*,

London: Routledge, 1992.

Huijgen, Arnold. *Divine Accommodation in John Calvin's Theology: Analysis and Assessment*, Göttingen: Vandenhoeck & Ruprecht, 2011.

Huttinga, Wolter. "Participation and Communicability: Herman Bavinck and John Milbank on the Relation between God and the World," doctoral dissertation, Theologische Universiteit Kampen, 2014.

Jacobs, Paul. *Prädestination und Verantwortlichkeit bei Calvin*, Neukirchen: Erziehungsvereins, 1937.

Janz, Denis R. *Luther and Late Medieval Thomism: A Study in Theological Anthropology*, Waterloo: Wilfrid Laurier University Press, 1984.

Jeffreys, Derek S. "How Reformed is Reformed Epistemology? Alvin Plantinga and Calvin's 'Sensus Divinitatis'," *Religious Studies* 33 (1997), pp. 419–431.

Jorink, Eric. *Reading the Book of Nature in the Dutch Golden Age, 1575–1715*, Leiden: Brill, 2007.

Jowers, Dennis W. ed. *Four Views on Divine Providence*, Grand Rapids: Zondervan, 2011.

Jungmann, Joseph A. *The Mass of the Roman Rite: Its Origins and Development*, trans. Francis A. Brunner, Indiana: Christian Classics, 1951.

Kahane, Henry and Kahane, Renée. "Christian and Un-Christian Etymologies," *Harvard Theological Review* 57 (1964), pp. 23–38.

Kim, Sun Kwon. "L'union avec Christ chez Calvin: être sauvé et vivre en Christ," doctoral dissertation, Université de Strasbourg, 2013.

Kinlaw, C. J. "Determinism and the Hiddenness of God in Calvin's Theology," *Religious Studies* 24 (1988), pp. 497–510.

Kirby, W. J. Torrance. "Stoic and Epicurean? Calvin's Dialectical Account of Providence in the Institute," *International Journal of Systematic Theology* 5 (2003), pp. 309–322.

Klooster, Fred H. *Calvin's Doctrine of Predestination*, Grand Rapids: Calvin Theological Seminary, 1961.

Klubertanz, George P. *St. Thomas Aquinas on Analogy: A Textual Analysis and Systematic Synthesis*, Chicago: Loyola University Press, 1960.

Leith, John H. *John Calvin's Doctrine of the Christian Life*, Louisville: Westminster/John Knox Press, 1989.

Leithart, Peter. "Stoic Elements in Calvin's Doctrine of the Christian Life," *Westminster Theological Journal* 55 (1993), pp. 31 – 54, 191 – 208.

Leppin, Volker. *Die fremde Reformation: Luthers mystische Wurzeln*, Nördlingen: C. H. Beck, 2016.

Lewis, C. T. & C. Short. *A Latin Dictionary*, Oxford: Oxford University Press, 1963.

Lloyd, Genevieve. *Providence Lost*, Cambridge, MA: Harvard University Press, 2008.

Lombard, Peter. *Sentences*, trans. Giulio Silano, 4 vols., Toronto: PIMS, 2010.

Lonergan, Bernard. *Grace and Freedom: Operative Grace in the Thought of St Thomas Aquinas*, Toronto: University of Toronto Press, 2000.

Long, Steven A. *Analogia Entis: On the Analogy of Being, Metaphysics, and the Act of Faith*, Notre Dame, Indiana: University of Notre Dame Press, 2012.

Lotz-Heumann, Ute. "Imposing Church and Social Discipline," in *Cambridge History of Christianity*, vol. 6 (Reform and Expansion 1500 – 1660), ed. R. Po-Chia Hsia, Cambridge: Cambridge University Press, 2007, pp. 244 – 260.

Lucien Smits, *Saint Augustin dans l'oeuvre de Jean Calvin*, 2 vols., Assen: Van Gorcum, 1957 – 1958.

Luther. *D. Martin Luthers Werke*. Kritische Gesamtausgabe (Weimarer Ausgabe), Weimar: Hermann Böhlaus Nachfolger, 1883 – 2009.

Luther. *Luther's Works*, ed. Jaroslav Pelikan, 55 vols., St. Louis: Concordia Publishing House/Philadelphia: Fortress Press, 1955 – 1975.

Luther. *Archiv zur Weimarer der Ausgabe Werke Martin Luthers*, Teil II, Köln:

Böhlau-Verlag, 1981.

Mahoney, Edward P. "Metaphysical Foundation of the Hierarchy of Being according to Sone Late Medieval and Renaissance Philosophers," in *Philosophies of Existence: Ancient and Medieval*, ed. Parvis Morewedge, New York: Fordham, 1982, pp. 165 – 257.

Mannermaa, Tuomo. *Christ Present in Faith: Luther's View of Justification*, trans. Kirsi Stjerna, Minneapolis: Augsberg Fortress Press, 2005.

Marcel, Pierre. "The Relation Between Justification and Sanctification in Calvin's Thought," *Evangelical Quarterly* 27 (1955), pp. 132 – 145.

Margaret R. Miles, "Theology, Anthropology, and the Human Body in Calvin's 'Institutes of the Christian Religion '," *The Harvard Theological Review* 74 (1981), pp. 303 – 323.

Marion, Jean-Luc. *Au lieu de soi: L'approche de Saint Augustin*, Paris: Presses Universitaires de France, 2008.

Maritain, Jacques. *Three Reformers: Luther-Descartes-Rousseau*, London: Sheed & Ward, 1928.

Markus, Robert. "St. Augustine on Sign," *Phronesis* 2 (1957), pp. 60 – 83.

McDonnell, Kilian. *John Calvin, the Church, and the Eucharist*, Princeton: Princeton University Press, 1967.

McGrath, Alister E. *Iustitia Dei: A History of the Christian Doctrine of Justification*, 3rd ed, Cambridge: Cambridge University Press, 2005.

McGrath, Alister E. *Luther's Theology of the Cross: Martin Luther's Theological Breakthrough*, second edition, Oxford: Wiley-Blackwell, 2011.

McInerny, Ralph. *Aquinas and Analogy*, Washington, D. C. : The Catholic University of America Press, 1996.

McNeill, J. T. "The Democratic Element in Calvin's Thought," *Church History* 18 (1949), pp. 153 – 171.

Mentzer, Raymond A. *Sin and Calvinists: Morals Control and the Consistory in the Re-*

formed Tradition, Kirksville: Truman State University Press, 2002.

Michelson, Jared. "Reformed and RadicallyOrthodox?: Participatory Metaphysics, Reformed Scholasticism and Radical Orthodoxy's Critique of Modernity," *International Journal of Systematic Theology* 20 (2018), pp. 104 – 128.

Milbank, John. "Alternative Protestantism: Radical Orthodoxy and the Reformed Tradition," in *Radical Orthodoxy and the Reformed Tradition: Creation, Covenant and Participation*, eds. James K. A. Smith and James H. Olthuis, Grand Rapids: Baker, 2005, pp. 25 – 41.

Milbank, John. *Beyond Secular Order: The Representation of Being and the Representation of the People*, Chichester: John Wiley & Sons, 2013.

Milner, Benjamin C. *Calvin's Doctrine of the Church*, Leiden: Brill, 1970.

Mjaaland, Marius Timmann. *The Hidden God: Luther, Philosophy, and Political Theology*, Bloomington: Indiana University Press, 2015.

Mondin, Battista. *The Principle of Analogy in Prostestant and Catholic Theology*, The Hague: Martinus Nijhoff, 1963.

Montagnes, Bernard. *The Doctrine of the Analogy of Being according to Thomas Aquinas*, trans. E. M. Macierowski, Milwaukee: Marquette University Press, 2004.

Muller, Richard A. "'*Duplex cognitio dei*' in the Theology of Early Reformation Orthodoxy," *Sixteenth Century Journal* 10 (1979), pp. 51 – 61.

Muller, Richard A. "*Ordo docendi*: Melanchthon and the Organization of Calvin's Institutes, 1563 – 1543," in *Melanchthon in Europe: His Work and Influence Beyond Wittenberg*, ed. Karin Maag, Grand Rapids: Baker, 1999.

Muller, Richard A. *After Calvin: Studies in the Development of a Theological Tradition*, Oxford: Oxford University Press, 2003.

Muller, Richard A. *Calvin and the Reformed Tradition: On the Work of Christ and the Order of Salvation*, Grand Rapids: Baker, 2012.

Muller, Richard A. *The Unaccommodated Calvin: Studies in the Foundation of a The-*

ological Tradition, Oxford: Oxford University Press, 2000.

Muller, Richard. "The Placement of Predestination in Reformed Theology: Issue or Non-issue,"*Calvin Theological Journal* 40 (2005), pp. 184 – 210.

Muller, Richard. *Christ and the Decree: Christology and Predestination in Reformed Theology from Calvin to Perkins*, Grand Rapids: Baker Academic, 2008.

Muller, Richard. *Dictionary of Latin and Greek Theological Terms: Drawn Principally from Protestant Scholastic Theology*, 2nd edition, Grand Rapids: Baker Academic, 2017.

Murphy, Francesca A. and Philip G. Ziegler eds. *The Providence of God: Deus habet consilium*, London and New York: Bloomsbury, 2009。

Neeser, Maurice. *Le Dieu de Calvin*, Neuchâtel: Secrétariat de l'Université, 1956.

Nichols, Aidan. *The Shape of Catholic Theology: An Introduction to Its Sources, Principles and History*, Edinburgh: T & T Clark, 1991.

Niesel, Wilhelm. *The Theology of Calvin*, trans. Harold Knight, Philadelphia: The Westminster Press, 1956.

Nygren, Anders. *Agape and Eros*, trans. Phillip S. Watson, London: SPCK, 1982.

O'Donovan, Oliver. *The Problem of Self-Love in St. Augustine*, New Haven and London: Yale University Press, 1980.

Oakley, Francis. "The Absolute and Ordained Power of God in Sixteenth and Seventeenth Century Theology," *Journal of the History of Ideas* 59 (1998), pp. 437 – 461.

Oakley, Francis. *Omnipotence, Covenant & Order: An Excursion in the History of Ideas from Abelard to Leibniz*, Ithaca London: Cornell University Press, 1984.

Oberman, Heiko A. "Luther and the Via Moderna: The Philosophical Backdrop of the Reformation Breakthrough," *Journal of Ecclesiastical History* 54 (2003), pp. 641 – 670.

Oberman, Heiko A. *Luther: Between God and the Devil*, trans. Eileen Walliser-Schwarzbart, New York: Image Books, 1992.

Oberman, Heiko A. "*Initia Calvini*: The Matrix of Calvin's Reformation," in *Calvinus sacrae scripturae professor: Calvin as Confessor of Holy Scripture*, ed. Wilhelm H. Neuser, Grand Rapids: Eerdmans, 1994, pp. 113 – 154.

Oberman, Heiko A. *Dawn of the Reformation: Essays in Late Medieval and Early Reformation Thought*, Grand Rapids: Eerdmans, 1992.

Oberman, Heiko A. *Forerunners of the Reformation: The Shape of Late Medieval Thought*, Cambridge: Lutterworth, 2002.

Oberman, Heiko A. *Masters of the Reformation: The Emergence of a New Intellectual Climate in Europe*, Trans. Dennis Martin, Cambridge: Cambridge University Press, 1981.

Oberman, Heiko A. *The Harvest of Medieval Theology: Gabriel Biel and Late Medieval Nominalism*, Cambridge, MA: Harvard University Press, 1963.

Oliver, Simon. "Augustine on Creation, Providence and Motion," *International Journal of Systematic Theology* 18 (2016), pp. 379 – 398.

Ozment, Steven E. *Homo spiritualis: A Comparitive Study of the Anthropology of Johannes Tauler, Jean Gerson and Martin Luther (1509 – 16) in the Context of Their Theological Thought*, Leiden: Brill, 1969.

Ozment, Steven. *The Age of Reform 1250 – 1550: An Intellectual and Religious History of Late Medieval and Reformation Europe*, London: Yale University Press, 1980.

Park, Jae-Eun. *Driven by God: Active Justification and Definitive Sanctification in the Soteriology of Bavinck, Comrie, Witsius, and Kuyper*, Göttingen: Vandenhoeck & Ruprecht, 2018.

Parker, T. H. L. *Calvin: An Introduction to His Thought*, Louisville: Westminster/John Knox Press, 1995.

Parker, T. H. L. *Calvin's Doctrine of Knowledge of God*, Eugene: Wipf and Stock Publishers, 1952.

Partee, Charles. "Calvin and Experience," *Scottish Journal of Theology* 26 (1973), pp. 169 - 181.

Partee, Charles. *Calvin and Classical Philosophy*, Leiden and New York: Brill, 1977.

Partee, Charles. "Calvin and Experience," *Scottish Journal of Theology* 26 (1973), pp. 169 - 181.

Paulson, Steven D. *Luther's Outlaw God*, vol. 1 (Hiddenness, Evil, and Predestination), Minneapolis: Augsburg Fortress, 2018.

Paulson, Steven D. *Luther's Outlaw God*, vol. 2 (Hidden in the Cross), Minneapolis: Augsburg Fortress, 2019.

Pereira, Jairzinho Lopes. *Augustine of Hippo and Martin Luther on Original Sin and Justification of the Sinner*, Gottingen: Vandenhoeck & Ruprecht, 2013.

Pickstock, Catherine. "Duns Scotus: His Historical and Contemporary Significance," *Modern Theology* 21 (2005), pp. 543 - 575.

Pickstock, Catherine. *After Writing: On the Liturgical Cosummation of Philosophy*, Oxford: Wiley-Blackwell, 1998.

Piper, John. *Providence*, Wheaton: Crossway, 2020.

Pieper, Josef. *Tradition: Concept and Claim*, trans. E. Christian Kopff, South Bend: St. Augustine Press, 2010.

Pitkin, Barbara. *What Pure Eyes Could See: Calvin's Doctrine of Faith in Its Exegetical Context*, New York, Oxford: Oxford University Press, 1999.

Poole, Kristen. "Physics Divined: The Science of Calvin, Hooker, and Macbeth," *South Central Review* 26 (2009), pp. 127 - 152.

Posti, Mikko. *Medieval Theories of Divine Providence 1250 - 1350*, Leiden: Brill, 2020.

Pryor, C. Scott. "God's Bridle: Calvin's Application of Natural Law," *Journal of Law and Religion* 1 (2006 - 2007), pp. 101 - 130.

Rahner K. and J. Ratzinger. *Revelation and Tradition*, New York: Herder & Herder, 1966.

Rainbow, Jonathan. "*Double Grace: John Calvin's View of the Relationship of Justification and Sanctification*," *Ex Auditu: An International Journal of Theological Interpretation of Scripture* 5 (1989), pp. 99 - 105.

Raith II, Charles. "Calvin and Aquinas on Merit, Part II: Condignity and Participation," *Pro Ecclesia* 21 (2012), pp. 195 - 210.

Raith II, Charles. "Calvin's Critique of Merit, and Why Aquinas (Mostly) Agrees," *Pro Ecclesia* 20 (2011), pp. 135 - 166.

Raith II, Charles. *Aquinas and Calvin on Romans: God's Justification and Our Participation*, Oxford: Oxford University Press, 2014.

Ramirez, J. M. "De analogia secundumdoctrinam aristotelico-thomisticam," *La Ciencia Tomista*, 24 (1921), pp. 20 - 40, pp. 195 - 214, pp. 337 - 357; 25 (1922), pp. 17 - 38.

Reardon, Bernard M. G. *Religious Thought in the Reformation*, 2nd edition, London and New York: Longman, 1995, p. 173.

Reardon, P. H. "Calvin on Providence: The Development of an Insight," *Scottish Journal of Theology* 28 (1975), pp. 517 - 534.

Richard, Lucien. *The Spirituality of John Calvin*, Atlanta: John Knox Press, 1984.

Rittgers, Ronald K. *The Reformation of the Keys: Confession, Conscience, and Authority in Sixteenth-Century Germany*, Massachusetts: Harvard University Press, 2009.

Rubin, Miri. *Corpus Christi: The Eucharist in Late Medieval Culture*, Cambridge: Cambridge University Press.

Sammons, Peter. *Reprobation: From Augustine to the Synod of Dort: The Historical Development of the Reformed Doctrine of Reprobation*, Göttingen: Vandenhoeck & Ruprecht, 2020.

Sanchez, Michelle Chaplin. "Calvin, Difficult Arguments, and Affective Responses: Providence as a Case Study in Method," *The Journal of Religion* 99 (2019), pp. 470 - 471.

Sanchez, Michelle Chaplin. *Calvin and the Resignification of the World: Creation, Incarnation, and the Problem of Political Theology in the 1559 Institutes*, Cambridge: Cambridge University Press, 2019.

Schildgen, Brenda Deen. *Divine Providence: A History: The Bible, Virgil, Osorius, Augustine, and Dante*, New York: Bloomsbury Academic, 2012.

Schilling, Heinz. "Confessional Europe," in *Handbook of European History, 1400 – 1600 : Late Middle Ages, Renaissance and Reformation*, vol. 2 (Visions, Programs and Outcomes), eds. Thomas A. Brady, Heiko A. Oberman, and James D. Tracy, Leiden: Brill, 1995, pp. 641 – 675.

Schilling, Heinz. *Religion, Political Culture and the Emergence of Early Modern Society: Essays in German and Dutch History*, Leiden: Brill, 1992.

Schreiner, Susan E. "Exegesis and Double Justice in Calvin's Sermons on *Job*," *Church History* 58 (1989), pp. 322 – 338.

Schreiner, Susan E. *The Theater of His Glory: Nature and the Natural Order in the Thought of John Calvin*, Durham: The Labyrinth Press, 1991.

Schweizer, Alexander. *Die protestantischen Centraldogmen in ihrer Entwicklung innerhalb der reformierten Kirche*, 2 vols., Zürich: Orell, Füssli und Comp., 1854 – 1856.

Sebestyen, Paul. "The Object of Faith in the Theology of Calvin," doctoral dissertation, University of Chicago, 1963.

Selderhuis, Herman J. ed. *The Calvin Handbook*, Grand Rapids: Eerdmans, 2009.

Selderhuis, Herman J. *Calvin's Theology of the Psalms*, Grand Rapids: Baker Academic, 2007.

Senn, Frank C. *Christian Liturgy: Catholic and Evangelical*, Minneapolis: Fortress Press, 1997.

Shepherd, Victor A. *The Nature and Function of Faith in the Theology of John Calvin*, Macon: Mercer University Press, 1983.

Shin, Jung Woo. "God Hidden and Revealed in Luther and Calvin," doctoral dissertation, University of Edinburgh, 2005.

Shuai, Sun. "Fate and Will: Augustine's Revaluation of Stoic Fate in the *De civitate Dei* V, 8 – 11," *Mediaevistik* 25 (2012), pp. 35 – 53.

Skinner, Quentin. *The Foundations of Modern Political Thought*, v. 2 (The Age of Reformation), Cambridge: Cambridge University Press, 2010.

Starkey, Lindsay J. "John Calvin and Natural Philosophy," doctoral dissertation, University of Wisconsin-Madison, 2012.

Stauffer, Richard. *Dieu, la création et la providence dans la prédication de Calvin*, Berne: Peter Lang, 1978.

Stayer, James M. *Anabaptists and the Sword*, revised edition, Lawrence, Kansas: Coronado Press, 1976.

Stayer, James M. *The German Peasants' War and Anabaptist Community of Goods*, new edition, Kingston: McGill-Queen's University Press, 1994.

Steel, Carlos. *Fate, Providence and Moral Responsibility in Ancient, Medieval and Early Modern Thought*, Leuven: Leuven University Press, 2014.

Steinmetz, David C. "Calvin and the Absolute Power of God," in *Calvin in Context*, New York: Oxford University Press, 2010, pp. 40 – 52.

Steinmetz, David C. *Luther and Staupitz: An Essay in the Intellectual Origins of the Protestant*, Durham: Duke University Press, 1980.

Stetina, Karin Spiecker. *The Fatherhood of God in John Calvin's Thought*, Bletchley: Paternoster, 2016.

Stevenson, William R. *Sovereign Grace: The Place and Significance of Christian Freedom in John Calvin's Political Thought*, Oxford: Oxford University Press, 1999.

Stock, Brian. *Augustine's Inner Dialogue: The Philosophical Soliloquy in Late Antiquity*, Cambridge: Cambridge University Press, 2010.

Stuermann, Walter E. *A Critical Study of Calvin's Concept of Faith*, Ann Arbor: Edwards Brothers, 1952.

Sytsma, David S. "John Calvin and Virtue Ethics: Augustinian and Aristotelian

Themes," *Journal of Religious Ethics* 48 (2020), pp. 519 – 556.

Tamburello, D. E. *Union With Christ: John Calvin and the Mysticism of St. Bernard*, Louisville: Westminster/John Knox, 1994.

Tanner, Norman P. ed. *Decrees of the Ecumenical Councils*, 2 vols., London: Sheed & Ward, 1990.

Dom Gregory Dix, *The Shape of the Liturgy*, new edition, Edinburgh: T & T Clark, 2015.

The Roman Catechism: The Catechism of the Council of Trent for Parish Priests, Veritatis Splendor Publications, 2013.

Torrance, Thomas. *Calvin's Doctrine of Man*, London: Lutterworth, 1948.

Trawick, Robert C. "Ordering the Earthly Kingdom: Vocation, Providence and Social Ethics," doctoral dissertation, Emory University, 1997.

Troeltsch, Ernst. *Protestantism and Progress: A Historical Study of the Relation of Protestantism to the Modern World*, trans. W. Montgomery, London: Williams & Norgate, 1912.

Troeltsch, Ernst. *The Social Teaching of the Christian Churches*, 2 vols ., trans. Olive Wyon, New York: The Macmillan Company, 1931.

Vainio, O. -P. *Justification and Participation in Christ: The Development of the Lutheran Doctrine of Justification from Luther to the Formula of Concord (1580)*, Leiden: Brill, 2008.

Van der Kooi, Cornelis. *As in a Mirror: John Calvin and Karl Barth on Knowing God: A Diptych*, trans. Donald Mader, Leiden: Brill, 2005.

Vandrunen, David. "The Context of Natural Law: John Calvin's Doctrine of the Two Kingdoms," *Journal of Church and State* 46 (2004), pp. 503 – 525.

Venema, Cornelis Paul. *Accepted and Renewed in Christ: The "Twofold Grace of God" and the Interpretation of Calvin's Theology*, Göttingen: Vandenhoeck & Ruprecht, 2007.

Visser, Arnoud S. Q. *Reading Augustine in the Reformation: The Flexibility of Intel-*

lectual Authority in Europe, 1500 – 1620 , New York: Oxford University Press, 2011.

Vliet, Jason Van. *Children of God: The Imago Dei in John Calvin and His Context*, Göttingen: Vandenhoeck & Ruprecht, 2009.

Von Loewenich, Walther. *Luther's Theology of the Cross*, Minneapolis: Augsburg Fortress, 1976.

Vos, Arvin. *Aquinas, Calvin and Contemporary Protestant Thought*, Washington, D. C. : Christian University Press, 1985.

Wallace, Ronald S. *Calvin's Doctrine of the Christian Life*, Edinburgh: Oliver & Boyd, 1959.

Walsham, Alexander. *Providence in Early Modern England*, Oxford: Oxford Univeristy Press, 1999.

Wandel, Lee Palmer. "Incarnation, Image, and Sign: John Calvin's *Institutes of the Christian Religion* & Late Medieval Visual Culture," in *Image and Incarnation: The Early Modern Doctrine of the Pictorial Image*, eds. Walter S. Melion and Lee Palmer Wandel, Leiden: Brill, 2015, pp. 187 – 202.

Warfield, Benjamin B. "Calvin's Doctrine of the Knowledge of God," *The Princeton Theological Review* 7 (1909), pp. 219 – 325.

Warfield, Benjamin B. "Calvin's Doctrine of God," *The Princeton Theological Review* 7 (1909), pp. 381 – 436.

Warfield, Benjamin B. *Calvin and Calvinism*, New York: Oxford University Press, 1931.

Wawrykow, Joseph. *God's Grace and Human Action: "Merit" in the Theology of Thomas Aquinas*, Notre Dame: University of Notre Dame Press, 1995.

Wendel, François. *Calvin: Origins and Development of His Religious Thought*, trans. Philip Mairet, New York: Harper & Row, 1963.

Wengert, Timothy J. "Philip Melanchthon and John Calvin against Andreas Osiander: Coming to Terms with Forensic Justification," in *Calvin and Luther: The*

Continuing Relationship, ed. R. Ward Holder, Göttingen: Vandenhoeck & Ruprecht, 2013, pp. 63 – 87.

White, Graham. *Luther as Nominalist: A Study of the Logical Methods Used in Martin Luthers's Disputations in the Light of Their Medieval Background*, Helsinki: Schriften der Luther-Agricola-Gesellschaft, 1994.

Wingren, Gustaf. *Luther on Vocation*, trans. Carl C. Rasmussen, Eugene: Wipf & Stock, 2004.

Wippel, John F. *Metaphysical Themes in Thomas Aquinas II*, Washington, D. C. : The Catholic University of America Press, 2007.

Wippel, John F. *The Metaphysical Thought of Thomas Aquinas: From Finite Being to Uncreated Being*, Washington, D. C. : The Catholic University of America Press, 2000.

Witt, Jared L. *Worship, Politics, and Identity in Calvin's Theology*, doctoral dissertation, Yale University, 2004.

Worden, Blair. "Providence and Politics in Cromwellian England," *Past & Present* 109 (1985), pp. 55 – 99.

Wright, William A. "Negative Experience in Calvin's Institutes and Its Systematic Consequences," *The Journal of Religion* 93 (2013), pp. 41 – 59.

Wright, William A. *Calvin's Salvation in Writing: A Confessional Academic Theology*, Leiden: Brill, 2015.

Wrye, R. Michael. "*Simul iustus et peccator*: Luther's Connection between His Doctrines of Sanctification and the Church," doctoral dissertation, New Orleans Baptist Theological Seminary, 2011.

Zachman, Randall C. "Calvin as Analogical Theologian," *Scottish Journal of Theology* 51 (1998), pp. 162 – 187.

Zachman, Randall C. *Image and Word in the Theology of John Calvin*, Indiana: University of Notre Dame Press, 2007.

Zachman, Randall C. *The Assurance of Faith: Conscience in the Theology of Martin Luther and John Calvin*, Louisville: Westminster John Knox Press, 2005.

Zeeden, Ernst Walter. "Grundlagen und Wege der Konfessionsbildung im Zeitalter der Glaubenskämpfe," *Historische Zeitschrift* 185（1958）, pp. 249－299.

Zwingli, *Commentary on True and False Religion*, in *The Latin Works of Huldreich Zwingli*, vol. 3, trans. Samuel Macauley Jackson, Philadelphia: The Heidelberg Press, 1929.

中文文献

阿尔托依兹:《马丁·路德的神学》,段琦、孙善玲译,南京:译林出版社,1998年。

阿奎那:《神学大全》,周克勤等译,高雄、台南:中华道明会、碧岳学社,2008年。

埃利亚斯:《文明的进程:文明的社会起源和心理起源的研究》,王佩莉、袁志英译,上海:上海译文出版社,2009年。

奥古斯丁:《忏悔录》,周士良译,北京:商务印书馆,1963年。

奥古斯丁:《论自由意志:奥古斯丁对话录二篇》,成官泯译,上海:上海人民出版社,2010年。

奥古斯丁:《论原罪与恩典:驳佩拉纠派》,周伟驰译,北京:商务印书馆,2012年。

奥古斯丁:《论三位一体》,周伟驰译,北京:商务印书馆,2015年。

奥古斯丁:《论秩序:奥古斯丁早期作品选》,石敏敏译,北京:中国社会科学出版社,2017年。

波考克:《马基雅维里时刻:佛罗伦萨政治思想和大西洋共和主义传统》,冯克利、傅乾译,南京:译林出版社,2013年。

程新宇:《加尔文人学思想研究》,北京:中国社会科学出版社,2012年。

凡赫尔斯玛:《加尔文传》(增订版),王兆丰译,北京:华夏出版社,2014年。

福德:《论做十架神学家》,任传龙译,上海:上海三联书店,2017 年。

福柯:《安全、领土与人口》,钱翰、陈晓径译,上海:上海人民出版社,
　　2010 年。

高喆:《辛劳与礼物:工作神学批判研究》,北京:人民出版社,2015 年。

戈尔斯基:《规训革命:加尔文主义与近代早期欧洲国家的兴起》,李钧
　　鹏、李腾译,北京:北京师范大学出版社,2021 年。

汉考克:《加尔文与现代政治的基础》,何涛译,北京:华夏出版社,
　　2017 年。

汉姆:《早期路德:信心的突破》,李淑静、林秀娟译,新竹:中华信义神学
　　院出版社,2017 年。

何涛:《神学个人主义的此世化:加尔文政治思想研究》,博士论文,中国
　　政法大学,2013 年。

何涛:《加尔文:专注此世的神学政治》,《读书》,2017 年第 10 期,第
　　79—89 页。

赫希曼:《欲望与利益:资本主义胜利之前的政治争论》,冯克利译,杭
　　州:浙江大学出版社,2015 年。

黑格尔:《历史哲学》,王造时译,上海:上海书店出版社,1999 年。

黑格尔:《哲学史讲演录》,贺麟、王太庆译,北京:商务印书馆,2017 年。

吉尔松:《中世纪哲学精神》,沈青松译,上海:上海人民出版社,2008 年。

吉莱斯皮:《现代性的神学起源》,张卜天译,长沙:湖南科学技术出版
　　社,2019 年。

加尔文:《基督教要义》(上下),徐庆誉、谢秉德译,北京:宗教文化出版
　　社,2010 年。

加尔文:《基督教要义》(上中下),钱曜诚等译,孙毅、游冠辉修订,北京:
　　生活·读书·新知三联书店,2010 年。

加尔文:《罗马书注释》,赵中辉、宋华忠译,北京:华夏出版社,2012 年。

加尔文：《虔敬生活原理》(《基督教要义》1536 年版)，王志勇译，北京：生活·读书·新知三联书店，2012 年。

加尔文：《约翰福音注释》，吴玲玲译，钱曜诚校，北京：华夏出版社，2014 年。

加尔文：《加尔文书信文集》，陈佐人译，北京：团结出版社，2016 年。

加尔文：《保罗书信注释》(上册)，赵中辉、陈凤等译，北京：宗教文化出版社，2020 年。

凯波尔：《加尔文主义讲座》，载凡赫尔斯玛：《加尔文传》(增订版)，王兆丰译，北京：华夏出版社，2006 年。

凯利：《自由的崛起：16—18 世纪加尔文主义和五个政府的形成》，王怡、李玉臻译，南昌：江西人民出版社，2008 年。

柯瓦雷：《从封闭世界到无限宇宙》，张卜天译，北京：商务印书馆，2018 年。

苗力田主编：《亚里士多德全集》，北京：中国人民大学出版社，2016 年。

劳威廉：《敬虔与圣洁生活的严肃呼召》，杨基译，北京：生活·读书·新知三联书店，2013 年。

雷思温：《敉平与破裂：邓·司各脱论形而上学与上帝超越性》，北京：生活·读书·新知三联书店，2020 年。

林纯洁：《马丁·路德天职观研究》，北京：人民出版社，2013 年。

林鸿信：《加尔文神学》，台北：校园书房出版社，2011 年。

刘林海：《加尔文思想研究》，北京：中国人民大学出版社，2006 年。

洛夫乔伊：《存在巨链：对一个观念的历史的研究》，张传友、高秉江译，北京：商务印书馆，2019 年。

路德：《路德文集》(第 1—2 卷)，路德文集中文版编辑委员会，上海：上海三联书店，2005 年。

路德：《路德选集》，徐庆誉、汤清等译，北京：宗教文化出版社，2010 年。

路德:《罗马书讲义》,李春旺译,新竹:中华信义神学院出版社,2016 年。

罗明嘉:《奥古斯丁〈上帝之城〉中的社会生活神学》,张晓梅译,北京:中国社会科学出版社,2008 年。

马克思、恩格斯:《马克思恩格斯选集》(第一卷),北京:人民出版社,2012 年。

麦格拉思:《加尔文传:现代西方文化的塑造者》,甘霖译,北京:中国社会科学出版社,2009 年。

麦格拉思:《宗教改革运动思潮》,蔡锦图、陈佐人译,北京:中国社会科学出版社,2009 年。

曼多马:《曼多马著作集:芬兰学派马丁·路德新诠释》,黄保罗译,上海:上海三联书店,2017 年。

梅列日科夫斯基:《宗教精神:路德与加尔文》,杨德友译,上海:学林出版社,1999 年。

乔治:《改教家的神学思想》,王丽译,北京:中国社会科学出版社,2009 年。

孙帅:《自然与团契:奥古斯丁婚姻家庭学说研究》,上海:上海三联书店,2014 年。

孙帅:《爱的重量:奥古斯丁世界的自由秩序》,《道风》,第 45 辑,2016 年,第 77—110 页。

孙帅:《基督教与现代性》,《读书》,2017 年第 8 期,第 46—49 页。

孙帅:《马丁·路德论称义与运动》,《哲学研究》,2019 年第 7 期,第 87—98 页。

孙帅:《没有本质的实体:路德思想的形而上学基础》,《世界哲学》,2020 年第 2 期,第 85—98 页。

孙帅:《人性的关系性:奥古斯丁论人作为"形象"》,《云南大学学报(社会科学版)》,2020 年第 6 期,第 26—37 页。

孙帅:《人性的虚无化:路德论罪》,《哲学门》,第 38 辑,2018 年,第 1—17 页。

孙帅:《治理秩序:加尔文神意思想初探》,《比较经学》,2016 年第 1 期,第 177—204 页。

石敏敏、章雪富:《斯多亚主义》(Ⅱ),北京:中国社会科学出版社,2009 年。

泰勒:《自我的根源:现代认同的形成》,韩震等译,南京:译林出版社,2001 年。

托德:《基督教人文主义与清教徒社会秩序》,刘榜离等译,北京:中国社会科学出版社,2011 年。

托尼:《宗教与资本主义的兴起》,沈汉等译,北京:商务印书馆,2017 年。

汪子嵩等:《希腊哲学史》(第四卷),北京:人民出版社,2014 年。

韦伯:《新教伦理与资本主义精神》,康乐、简惠美译,桂林:广西师范大学出版社,2010 年。

韦伯:《支配社会学》,康乐、简惠美译,桂林:广西师范大学出版社,2004 年。

威廉姆斯:《重拾教父传统》,王丽译,游冠辉校,北京:中国社会科学出版社,2011 年。

维特:《权利的变革:早期加尔文教中的法律、宗教和人权》,苗文龙等译,北京:中国法制出版社,2011 年。

沃尔泽:《清教徒的革命:关于激进政治起源的一项研究》,王东兴、张蓉译,北京:商务印书馆,2016 年。

沃格林:《政治观念史稿(卷四):文艺复兴与宗教改革》,孔新峰译,上海:华东师范大学出版社,2016 年。

沃林:《政治与构想:西方政治思想的延续和创新》,辛亨复译,上海:上海人民出版社,2009 年。

吴功青:《内在与超越:奥古斯丁的宇宙目的论》,《哲学研究》,2020 年
    第 11 期,第 96—104 页。

吴天岳:《意愿与自由:奥古斯丁意愿概念的道德心理学解读》,北京:北
    京大学出版社,2010 年。

西塞罗:《论神性》,石敏敏译,上海:上海三联书店,2007 年。

张仕颖:《马丁·路德称义哲学思想》,北京:人民出版社,2012 年。

张仕颖:《马丁·路德与神秘主义》,《同济大学学报(社会科学版)》,
    2013 年第 5 期,第 1—7 页。

张仕颖:《宗教改革前的马丁·路德与经院新学》,《历史研究》,2013 年
    第 6 期,第 120—135 页。

主题索引①

---

① 本索引的范围包括本书正文与附录，主题词涵盖文中涉及到的关键概念、人名与书名，主题词后根据需要标出英文或拉丁文。

后　记

关于加尔文的这本书是我继《自然与团契：奥古斯丁婚姻家庭学说研究》之后完成的第二本习作，最初源于博士后期间所写的一份出站报告。2014年从复旦出站后，我一直试图将出站报告扩展成一本书，但随着时间的推移，我越来越觉得之前写的东西不能再用了，而且更糟糕的是，我发现自己好像正在慢慢丧失对加尔文的兴趣，尤其是出站报告中涉及较多的政教制度问题。最终之所以又决定动笔写这本书，主要原因有两个，一是这两年对路德的阅读刺激我开始重新思考加尔文，二是受职称与生存压力所迫。《抽空》一书的写作十分仓促，其中难免有种种不完善之处，还望各位专家学者和读者朋友不吝指正。在《抽空》之后，我将尽快回到关于奥古斯丁与路德的形而上学研究。

我对学术道路的自觉选择，始于在北大哲学系读书期间。感谢我的博导张志刚教授和硕导徐凤林教授，他们给我树立了为人与为学的榜样。感谢我的博士后合作导师张庆熊教授对我的指导，以及王雷泉、王新生、李天纲、刘平、朱晓红、郁喆隽等老师对我的关心，两年博士后的过渡让我真正开始涉猎加尔文和宗教改革思想。感谢同济人文学院的各位老师，在我在同济工作期间，孙周兴、徐卫翔、韩潮、柯小刚等老师曾经给我提供了各种帮助，与同济同辈学者之间的交往也是我最美好的回忆之一。

感谢人大哲学院的张志伟、姚新中、韩东晖、郝立新、臧峰宇、徐飞等各位领导与老师，他们的支持让我在从同济调到人大后很快便安顿下来，而且可以根据自己的兴趣自由专心地从事科研。特别要感谢人大宗教学教研室的各位老师：李秋零、张风雷、王宇洁、魏德东、何建明、何光沪、温金玉、张文良、姜守诚、曹南来、张雪松、孙毅、惟善、宣方、钟智锋、王俊淇、孙晓雯。他们让我在这个最全面最强大的宗教学研究团队中受益良多。

读书工作以来，我得到吴增定、先刚、李猛、杨立华、丁耘、冯金红等众多师长长期无私的关心，感谢他们对我一如既往的鼓励、支持与包容。

朋友的存在让枯燥的学术工作变得可以忍受。首先感谢大功与老雷，他们是我曾经的同学和现在的同事，也是我读书思考最重要的力量来源之一。另外还要感谢孟琢、谢琰、韩骁、樊沁永、毛竹、赵金刚、李霖、王正、文晗、刘万瑚、朱振宇、姚云帆、陈涛，以及无法在此一一提及的好朋友。

感谢我岳父母帮我们带孩子，尤其是我岳母，这几年她几乎承担了所有家务，以便我和爱人能够从家庭脱身从事科研。五年前，我爱人随我从上海来到北京，在生孩子和换工作的过程中做出了巨大牺牲，感谢她对我无条件的包容和支持。如果没有她，我可能会丧失对生活的所有想象。在本书集中码字过程中，我女儿经常困惑爸爸去哪儿了。作为微不足道的弥补，我把这本书题献给她，希望她长大后能够理解我这个老"青椒"。最让我不能原谅自己的是，近年来我对年迈的父母没有任何陪伴，没能尽到最基本的孝道，甚至还经常让他们为我担心。每每想到这一点，我内心都愧疚不已。

在人大哲学院的课堂上，我先后讲过《基督教要义》前三卷，感谢选修和旁听的同学们，他们的热情与投入使我得以保持对加尔文不间断的阅读和思考。

本书在研究过程中曾受凯风公益基金会资助，出版时得到中国人民大学佛教与宗教学理论研究所的经费支持，在此一并致谢。

2021 年春　识于北京

图书在版编目 (CIP) 数据

抽空：加尔文与现代秩序的兴起 / 孙帅著 . —北京：商务印书馆，2021.6（2022.6 重印）
ISBN 978-7-100-19975-9

Ⅰ . ①抽… Ⅱ . ①孙… Ⅲ . ①加尔文 (Calvin, John 1509-1564) —社会秩序—思想评论 Ⅳ . ① B979.956.5

中国版本图书馆 CIP 数据核字（2021）第 098939 号

抽空

加尔文与现代秩序的兴起

孙 帅 著

商 务 印 书 馆 出 版
（北京王府井大街 36 号　邮政编码 100710）
商 务 印 书 馆 发 行
南京鸿图印务有限公司印刷
ISBN 978-7-100-19975-9

2021 年 6 月第 1 版　　　开本 880×1240　1/32
2022 年 6 月第 2 次印刷　　印张 14⅝

定价：60.00 元